Deutschbuch 7

Sprach- und Lesebuch

Berlin, Brandenburg, Mecklenburg-Vorpommern,
Sachsen, Sachsen-Anhalt, Thüringen

Herausgegeben von
Andrea Wagener

Erarbeitet von
Petra Bowien, Susanne Holthuis-Huff, Birgit Ihlo,
Matthias Jackisch, Ulrike Keune, Birgit Patzelt,
Gerhild Schenk, Luzia Scheuringer-Hillus,
Wolfgang Schmitz, Swetlana Staat, Christiane Stein,
Kerstin Ulbrich

Unter Beratung von
Eike Benzin, Martin Dorr, Hannelore Flämig,
Karin Klett, Silvia Teutloff, Heidrun Totzauer,
Angela Schwarz, Renate Zeuner

Cornelsen

Die Grundlage für dieses Werk wurde erarbeitet von Gerd Brenner, Ulrich Campe, Dietrich Erlach, Ute Fenske, Heinz Gierlich, Cordula Grunow, Alexander Joist, Rolf Kauffeldt, Markus Langner, Angela Mielke, Deborah Mohr, Norbert Pabelick, Christoph Schappert, Bernd Schurf, Marlene Stahl-Busch, Klaus Tetling und Andrea Wagener.

Zu diesem Buch gibt es ein passendes **Arbeitsheft**
ISBN 978-3-06-061996-2

Redaktion Susanne Schulze
Bildrecherche Eireen Junge, Angelika Wagener
Gesamtgestaltung und technische Umsetzung Studio SYBERG, Berlin
Umschlagillustration Peter Hils, Berlin

www.cornelsen.de

Dieses Werk berücksichtigt die Regeln der reformierten Rechtschreibung und Zeichensetzung. Bei den mit [R] gekennzeichneten Texten haben die Rechteinhaber einer Anpassung widersprochen.

1. Auflage, 6. Druck 2020

Alle Drucke dieser Auflage sind inhaltlich unverändert und können im Unterricht nebeneinander verwendet werden.

Druck und Bindung: Livonia Print, Riga

ISBN 978-3-06-061990-0 (Schülerbuch)
ISBN 978-3-06-060512-5 (E-Book)

PEFC/12-31-006

PEFC zertifiziert
Dieses Produkt stammt aus nachhaltig bewirtschafteten Wäldern und kontrollierten Quellen.

www.pefc.de

Inhaltsverzeichnis

Sprechen, zuhören und schreiben

Kompetenzschwerpunkte

1 Wer bin ich, wer will ich sein?
Informieren und berichten 13

1.1 Soziale Netzwerke Über Erfahrungen berichten 14
Mein Profil im Netz – Über sich informieren 14
Freeze Leipzig – Von einem Ereignis berichten 16
Interview mit Sandra (16): „Mega-Ärger statt Mega-Party“ 19
Über eine Umfrage berichten – Direkte und indirekte Rede 21
Teste dein Wissen! Berichten 23

1.2 Computerspiele Berichte untersuchen 24
Die Sims Social auf Facebook 24
Aktionstag „Computerspiele“ am Friedrich-Schiller-Gymnasium 27
Vertiefen und üben Einen Bericht schreiben 30

1.3 Fit in … Berichten 32

Sprechen und zuhören
eigene Redebeiträge gestalten; über Abläufe, Ereignisse und Vorgänge in sachgerechter Sprache hörerorientiert berichten; strukturiert Informationen vermitteln

Schreiben
über komplexe Ereignisse und Sachverhalte informieren; ausgewählte Fachbegriffe verwenden; Stichwortzettel nutzen

Lesen – Umgang mit Texten und Medien
lineare und nichtlineare Sachtexte (Diagramme) entschlüsseln; Texte reflektieren und beurteilen

Sprechen, zuhören und schreiben

Kompetenzschwerpunkte

2 Respekt und Benehmen
Strittige Themen diskutieren 35

2.1 Wozu Regeln? Argumentieren und überzeugen 36
Gutes Benehmen ist in? – Meinungen begründen 36
Markus Peters: Knigge im Klassenzimmer 36
Benimmkurs als Schulfach? – Eine Pro-und-Kontra-Diskussion führen 38
Respekt vor dem Alter? – Einen Leserbrief schreiben 40
Oma und Opa wissen es besser als wir – oder? 40
Teste dein Wissen! Argumentieren und Stellung nehmen 44

2.2 Eine Kultur des Beleidigens? Stellung nehmen 45
oneworld2share: „Das war nicht schlecht, das war richtig gruselig!“ 45
Vertiefen und üben Stellung nehmen 47

2.3 Fit in … Stellung nehmen 49

Sprechen und zuhören
diskutieren und argumentieren; den eigenen Standpunkt vortragen und begründen; Zustimmung oder Ablehnung äußern; Argumente belegen, Beispiele auswählen und darlegen; auf den Vorredner Bezug nehmen; Ergebnisse zusammenfassen bzw. Schlussfolgerungen formulieren

Schreiben
Stellung nehmen; einen Leserbrief formulieren

Lesen – Umgang mit Texten und Medien
Artikel und Meinungsäußerungen in einem Internetforum lesen und auswerten

3 China Beschreiben und erklären 51

3.1 Fernes China Personen, Bilder und Vorgänge beschreiben 52
Ein Portfolio zusammenstellen 52
Menschen in China – Personen beschreiben 54
Traditionelle Malerei – Bilder beschreiben 56
Chinesische Kochkunst – Vorgänge beschreiben 58
Teste dein Wissen! Beschreiben 60

3.2 Leben im Reich der Mitte Literarische Beschreibungen 61
Federica de Cesco: Weißer Kranich über Tibet 61
Sally Grindley: Das Mädchen Lu Si-yan 64
Vertiefen und üben Eine Figur beschreiben 68

3.3 Fit in … Ein Bild beschreiben 70

Schreiben
Personen, Bilder und komplexe Vorgänge inhaltlich-fachlich detailliert und präzise unter Verwendung von Fachsprache und funktionalen Gestaltungsmitteln beschreiben

Lesen – Umgang mit Texten und Medien
literarische Beschreibungen lesen und erfassen

4 Draußen unterwegs Schildern 73

4.1 Draußen sein mit allen Sinnen
Schildern 74
Unwetter – Schildern und Berichten unterscheiden 74
Eiskalt und stockdunkel – Mit bildhafter Sprache schildern 76
Schilderungen machen Erzählungen anschaulich 79
Mark Twain: Tom Sawyer 79
Teste dein Wissen! Schildern 80

4.2 Auf der Jagd nach dem Sturm Reportagen untersuchen 81
Jörg Stock: Heiß auf den Blitz 81
Vertiefen und üben Eine Reportage schreiben 85
Wale in Neuseeland gerettet 85

4.3 Fit in … Schildern 87
Jean Craighead George: Julie von den Wölfen 87

Schreiben
Ereignisse und Stimmungen (Alltag, Naturereignis, Befindlichkeit) schildern;
sprachliche Mittel: ausdrucksstarke Adjektive und Verben, sprachliche Bilder (Metapher, Vergleich, Personifizierung) verwenden;
eine Reportage schreiben

Lesen – Umgang mit Texten und Medien
eine Reportage lesen und untersuchen

5 „Nennt mich nicht Ismael!“ Einen Jugendroman lesen und verstehen 89

5.1 Ismael, Scobie, Barry
Figuren und Handlungsabläufe untersuchen **90**
„Heilung ausgeschlossen“ – Den Erzähler kennen lernen 90
Michael Gerard Bauer: Nennt mich nicht Ismael! 1 90
Ismael Leseur – Die Hauptfigur charakterisieren 92
Michael Gerard Bauer: Nennt mich nicht Ismael! 2 92
Scobie und Barry – Den zentralen Konflikt erschließen 97
Michael Gerard Bauer: Nennt mich nicht Ismael! 3 97
Teste dein Wissen! Eine Figur charakterisieren 102
Michael Gerard Bauer: Nennt mich nicht Ismael! 4 102

5.2 In die Figuren schlüpfen
Zu literarischen Texten gestaltend schreiben **103**
Michael Gerard Bauer: Nennt mich nicht Ismael! 5 103
Michael Gerard Bauer: Nennt mich nicht Ismael! 6 105
Vertiefen und üben Die Sicht einer Figur einnehmen 107

5.3 Fit in … Gestaltend schreiben **109**
Michael Gerard Bauer: Nennt mich nicht Ismael! 7 109

Lesen – Umgang mit Texten und Medien
einen Jugendroman kennen lernen und in Auszügen lesen;
die Erzählperspektive untersuchen;
Visualisierung von Figurenkonstellationen;
Figuren und Handlungsabläufe des Romans untersuchen

Schreiben
eine literarische Figur charakterisieren;
eigene Texte zu Romanauszügen gestalten;
die Sicht einer literarischen Figur einnehmen

6 Clevere Typen Alte und neue Erzählungen 111

6.1 Unterhaltsames und Lehrreiches
Geschichten untersuchen **112**
Auf den Punkt gebracht – Anekdoten 112
Herbert Ihering: Die schlechte Zensur 112
Hermann Schreiber: Der alte Mantel 113
Erika Mann: Mein Vater Thomas Mann 114
Kluges im Kleinformat – Kalendergeschichten 115
Johann Peter Hebel: Eine sonderbare Wirtszeche 115
Das Blindekuhspiel 117
Bertolt Brecht: Der hilflose Knabe 118
Selbst eine Kalendergeschichte schreiben 119
Teste dein Wissen! Eine Kalendergeschichte untersuchen 120
Giufa lässt die Kleider speisen 120

Lesen – Umgang mit Texten und Medien
epische Kleinformen und ihre Merkmale kennen lernen;
Anekdoten und Kalendergeschichten lesen und untersuchen

Sprechen und zuhören
kurze literarische Texte gestaltend vorlesen bzw. szenisch spielen;
Leseeindrücke schildern und vergleichen

Schreiben
eine Anekdote weiterschreiben;
eine Inhaltsangabe einer Kurzgeschichte verfassen

6.2 **Wendepunkte** Eine Inhaltsangabe schreiben — **121**
Federica de Cesco: Spaghetti für zwei — 121
Giovanni Boccaccio: Der Koch und der Kranich — 127
Vertiefen und üben Eine Inhaltsangabe schreiben — 129

6.3 **Fit in …** Eine Inhaltsangabe schreiben — **131**
Herbert Birken: Achmed, der Narr — 131

Lesen – Umgang mit Texten und Medien

Kompetenzschwerpunkte

7 „Mit Erstaunen und mit Grauen" Balladen verstehen und gestalten — 135

7.1 **Von Mut und Übermut**
Balladen untersuchen und vortragen — **136**
Theodor Fontane: John Maynard — 136
Johann Wolfgang Goethe: Der Zauberlehrling — 139
Friedrich Schiller: Der Handschuh — 143
Bertolt Brecht: Die Seeräuber-Jenny — 146
Teste dein Wissen! Balladen untersuchen — 148
Ludwig Uhland: Die Rache — 148

7.2 **Stoff für eine Reportage** Eine Ballade umgestalten — **149**
Wolf Biermann: Die Ballade vom Briefträger William L. Moore aus Baltimore — 149
Vertiefen und üben Eine Reportage schreiben — 151

7.3 **Projekt** Eine Ballade szenisch gestalten — **153**
Emanuel Geibel: Die Goldgräber — 153

Lesen – Umgang mit Texten und Medien
Balladen lesen, untersuchen und ihre Gattungsmerkmale kennen lernen

Sprechen und zuhören
Balladen gestaltend vortragen; Balladen als szenisches Spiel oder als Hörspiel gestalten

Schreiben
eine Ballade in eine Reportage umschreiben

Lesen – Umgang mit Texten und Medien

Kompetenzschwerpunkte

8 „Träum weiter!" Theaterträume — 157

8.1 **„Rosinen im Kopf"**
Figuren und ihre Konflikte untersuchen — **158**
Thomas Ahrens, Volker Ludwig: Rosinen im Kopf, 1. Szene — 158
Thomas Ahrens, Volker Ludwig: Rosinen im Kopf, 2. Szene — 162
Teste dein Wissen! Rund ums Theater — 165

Lesen – Umgang mit Texten und Medien
dramatische Texte und ihre Merkmale kennen lernen; Bezüge zwischen Inhalt und Gestaltungselementen herstellen; Grundbegriffe der Textbeschreibung verwenden

Sprechen und zuhören
dramatische Texte durch Rollenspiele gestalten

Schreiben
selbst Szenen schreiben

8.2 **Nicos Traumwelt** Szenen schreiben und spielen **166**
Thomas Ahrens, Volker Ludwig: Rosinen im Kopf, 3. Szene 166
Vertiefen und üben Theaterszenen schreiben 168

8.3 **Projekt** Das Stück inszenieren **170**
Thomas Ahrens, Volker Ludwig: Rosinen im Kopf, Szenen 170

Lesen – Umgang mit Texten und Medien

Kompetenzschwerpunkte

9 Ausgefallene Sportarten
Sachtexte untersuchen **173**

9.1 **Höher, schneller, verrückter**
Informationen entnehmen und vergleichen **174**
Sachtexte lesen und verstehen 174
Christian Haas: Kuriose Events: After-Grunz-Partys und Zwergenweitwurf 174
Informationen zusammenfassen 177
Mara Schneider: Matschfußball: Wer stehen bleibt, versackt 177
Grafiken und Diagramme auswerten 180
Sina Löschke: Die Reifeprüfung – Mit dem Hundeschlitten durch Alaska 180
Teste dein Wissen! Sachtexte lesen und verstehen 183
Mülltonnenrennen 183

9.2 **Die Olympischen Spiele**
Informationen recherchieren und präsentieren **184**
Holger Sonnabend: Der Anfang der Olympischen Spiele 184
Informationen recherchieren 186
Vertiefen und üben Informationen vergleichen 187
Zwei Sachtexte zur Wiedereinführung der Olympischen Spiele 187
Einen Kurzvortrag gliedern und halten 189

9.3 **Fit in …** Einen Sachtext untersuchen **190**
Kai Hirschmann: Tauchen 190

Lesen – Umgang mit Texten und Medien
Informationen aus Sachtexten (auch Grafiken, Tabellen und Diagrammen) entnehmen; Lesestrategien (Fünf-Schritt-Lesemethode) nutzen; Verfahren zur Texterschließung (z. B. Gliedern, Markieren) anwenden; Informationsmöglichkeiten unterschiedlicher Medien nutzen; Informationen in unterschiedlichen Texten und Medien recherchieren

Sprechen und zuhören
einen Kurzvortrag zu einem Sachthema halten

Schreiben
Textinformationen inhaltlich korrekt wiedergeben; Fragen zu Sachtexten schriftlich beantworten

10 Verlocken, verführen, verkaufen
Werbung untersuchen und gestalten 193

10.1 „We kehr for you" Werbung kennen lernen **194**
Aufbau und Gestaltung von Werbeanzeigen 194
BSR-Werbung, Lichtenauer Mineralquellen, Staatl. Fachingen, Dove 194
Sprachliche Gestaltung von Werbung 198
Radio. Geht ins Ohr. Bleibt im Kopf. 199
Werbung im Internet 200
Dreiste Werbelügen? – Werbung kritisch diskutieren 201
Ferrero: Goldener Windbeutel für „dreisteste Werbelüge" 201
Teste dein Wissen! Eine Werbeanzeige untersuchen 203
Brot für die Welt 203

10.2 Storys in 30 Sekunden Werbespots untersuchen **204**
Die Wirkung filmischer Mittel verstehen 204
Mercedes-Spot „Venedig" 204
Vertiefen und üben Schnitt und Montage 206

10.3 Projekt Einen Werbespot drehen **208**

Lesen – Umgang mit Texten und Medien
verschiedene Formen von Werbung kennen lernen: Plakate, Anzeigen, Rundfunk- und Fernsehspots;
die Strategien von Werbung kennen lernen: Aufbau, Wirkung und sprachliche Gestaltung (z. B. Überfrachtung mit Anglizismen und Amerikanismen);
einen Werbespot im Hinblick auf Kameraführung, Schnitt und Montage untersuchen

11 Gehüpft wie gesprungen? Über Wörter, ihre Bedeutung und Herkunft nachdenken 211

11.1 Verstehen und missverstehen
Wortbedeutungen untersuchen **212**
Wortspiele – Homonyme und Synonyme 212
Ordnen nach Ober- und Unterbegriffen 213
Redewendungen – Wer weiß, was dahintersteckt? 214
Übertragene Bedeutungen – Metaphern 215
Wörter aus anderen Sprachen – Fremdwörter 216
Teste dein Wissen! Homonyme, Ober- und Unterbegriffe, Metaphern 217

11.2 Sprache im Wandel Sprachgeschichte untersuchen **218**
Als die Welt noch jung war – Althochdeutsch 218
Gedichte aus dem Mittelalter – Mittelhochdeutsch 219
Die ersten deutschen Grammatiken – Frühneuhochdeutsch 220
Vertiefen und üben Luthers Bibelübersetzung 221

11.3 Projekt Ein Wörterbuch der Jugendsprache erstellen **223**

Sprachgebrauch und Grammatik untersuchen
Homonyme und Synonyme untersuchen; Oberbegriffe und Unterbegriffe; Redensarten und Metaphern; Fremdwörter; Jugendsprache untersuchen; Sprachgeschichte: Einblick in Vorgänge des Lautwandels und der Bedeutungsveränderung gewinnen;
die Rolle Martin Luthers für die deutsche Sprache kennen lernen

Kompetenzschwerpunkte

12 Grammatiktraining
Wortarten und Formen des Verbs — 225

12.1 K(l)eine Zauberei Wortarten wiederholen — **226**
Zauberer und Magier – Rund um das Nomen/Substantiv — 226
Mit Adverbien genauere Angaben machen — 227
Pronomen stellen Bezüge her: Personal- und Possessivpronomen — 228
Pronomen stellen Bezüge her: Demonstrativ- und Interrogativpronomen — 229
Pronomen stellen Bezüge her: Relativpronomen — 230
Mit Verben Zeitformen bilden: Präsens und Futur I — 231
Mit Verben Zeitformen bilden: Perfekt — 232
Mit Verben Zeitformen bilden: Präteritum und Plusquamperfekt — 233
Vertiefen und üben Die Zeitformen des Verbs — 234
Vorstellungen oder Wünsche ausdrücken: Der Konjunktiv II — 235
Teste dein Wissen! Die Zeitformen und Modi des Verbs — 237

12.2 Zaubertricks Aktiv und Passiv — **238**
Aktiv und Passiv im Vergleich — 238
Täter nennen oder verschweigen? — 239
Aktiv und Passiv in verschiedenen Zeitformen — 241
Ersatzformen für das Passiv — 242
Vertiefen und üben Passiv — 243
Teste dein Wissen! Verbformen im Aktiv und Passiv — 244

12.3 Fit in … Einen Text überarbeiten — **245**

Sprachgebrauch und Grammatik untersuchen
Wortarten unterscheiden, mit lateinischen Bezeichnungen benennen und ihre Funktion erkennen;
die Tempusformen des Verbs kennen und angemessen verwenden;
Bildung und Funktion von Konjunktiv I und II;
Aktiv und Passiv unterscheiden und korrekt anwenden

Schreiben
Fehler erkennen und Texte nach vereinbarten Kriterien überarbeiten

Nachdenken über Sprache

Kompetenzschwerpunkte

13 Grammatiktraining Sätze und Satzglieder — 247

13.1 Spektakuläre Erfindungen
Satzglieder und Sätze unterscheiden — **248**
Satzglieder wiederholen – Subjekt, Prädikat und Objekt — 248
Adverbiale Bestimmungen — 249
Attribute als Teil eines Satzglieds — 251
Relativsätze – Attribute in Form eines Nebensatzes — 252
Satzreihen/Satzverbindungen und Satzgefüge wiederholen — 253
Die Satzreihe/Satzverbindung – Hauptsätze verknüpfen — 253
Das Satzgefüge – Haupt- und Nebensätze verknüpfen — 254
Vertiefen und üben Satzbaupläne zeichnen — 255
Teste dein Wissen! Sätze und Satzglieder — 256

Sprachgebrauch und Grammatik untersuchen
Satzglieder kennen: Subjekt, Prädikat, Objekt, adverbiale Bestimmungen, Attribute (auch in Form von Relativsätzen);
Satzreihen und Satzgefüge untersuchen;
die Funktion von Adverbial-, Subjekt- und Objektsätzen kennen lernen

Schreiben
Fehler erkennen und Texte nach vereinbarten Kriterien überarbeiten

13.2 Experimente mit Luft Gliedsätze unterscheiden ... **257**
Mit Adverbialsätzen Zusammenhänge darstellen ... 257
Vertiefen und üben Adverbialsätze ... 262
Subjekt- und Objektsätze unterscheiden ... 263
Vertiefen und üben Subjekt- und Objektsätze ... 265
Teste dein Wissen! Gliedsätze: Adverbialsätze, Subjekt- und Objektsätze ... 266

13.3 Fit in ... Einen Text überarbeiten ... **267**

Nachdenken über Sprache

Kompetenzschwerpunkte

14 Rechtschreibtraining
Übung macht den Meister ... **269**

14.1 Menschenskinder! Regeln lernen, richtig schreiben ... **270**
Kinder lernen überall – Groß- und Kleinschreibung ... 270
Nominalisierungen ... 270
Groß- und kleingeschriebene Fremdwörter ... 272
Groß- und Kleinschreibung bei Namen von Straßen und Plätzen sowie geografischen Namen ... 273
Groß- und Kleinschreibung bei Zeitangaben, Ortsangaben und Zahlwörtern ... 274
Vertiefen und üben Groß- und Kleinschreibung ... 276
Jugendliche probieren etwas Besonderes aus – Getrennt- und Zusammenschreibung ... 277
Vertiefen und üben Getrennt oder zusammen? ... 281
Teste dein Wissen! Rechtschreibung ... 282

14.2 Wenn Kinder reisen Zeichen setzen ... **283**
Das Komma in Satzgefügen ... 283
Das Komma bei Aufzählungen und Infinitivgruppen mit *zu* ... 286
Das Komma bei Appositionen und nachgestellten Erläuterungen ... 287
Zeichensetzung bei der wörtlichen Rede ... 288
Vertiefen und üben Zeichensetzung ... 290
Teste dein Wissen! Zeichensetzung ... 291

14.3 Fit in ... Richtig schreiben ... **292**
Die eigenen Fehlerschwerpunkte finden ... 293
Training an Stationen ... 295

Rechtschreibung und Zeichensetzung
Anwenden von Regeln der Groß- und Kleinschreibung: Nominalisierungen; Zeit-, Ortsangaben durch Adverbien und Numeralien (Wochentage, Tageszeiten; Temporal- und Lokaladverbien); Anwenden von Regeln der Getrennt- und Zusammenschreibung: fest und unfest zusammengesetzte Verben (Ersetzen, Einfügen, Umstellen); Grundregeln für Zeichensetzung anwenden und reflektieren: in Satzgefügen, Infinitiv- und Partizipialkonstruktionen, Aufzählungen, Appositionen und nachgestellten Erläuterungen, bei wörtlicher Rede; eigene Texte auf richtige Schreibung und Zeichensetzung überprüfen und überarbeiten

15 Ein starkes Team
Gemeinsam arbeiten ... 301

15.1 Umweltschutz
Texte recherchieren, auswerten und beurteilen ... 302
Die Teamarbeit planen und organisieren ... 302
Ein Thema festlegen ... 303
Ein Team bilden, die Aufgaben verteilen ... 304
Informationen recherchieren und auswerten ... 305
Den Kurzvortrag ausarbeiten ... 308

15.2 Ein Thema anschaulich präsentieren ... 309
Eine Bildschirmpräsentation erstellen ... 309
Ein Handout verfassen ... 311
Die Ergebnisse präsentieren ... 312

15.3 Schreibkonferenz
Einen Aufruf verfassen und überarbeiten ... 313

Arbeitstechniken
die Arbeit im Team organisieren: Arbeitsschritte und Aufgabenverteilung; Informationen zu einem Thema recherchieren; Material sichten und Informationen auswerten; einen informierenden Kurzvortrag halten; geeignetes Anschauungsmaterial verwenden und Präsentationstechniken nutzen; ein Handout erstellen; geeignete Körpersprache, Mimik und Aussprache anwenden; eine Schreibkonferenz durchführen; ein Layout am Computer gestalten

Orientierungswissen ... 315

Sprechen und zuhören ... 315
Schreiben ... 315
Lesen – Umgang mit Texten und Medien ... 319
Nachdenken über Sprache ... 327
Arbeitstechniken und Methoden ... 350

Lösungen zu einzelnen Aufgaben ... 357
Textartenverzeichnis ... 361
Autoren- und Quellenverzeichnis ... 362
Bildquellenverzeichnis ... 364
Sachregister ... 365

Wie du mit dem **Deutschbuch** arbeiten kannst

Lernbereiche		**Sprechen, zuhören und schreiben** **Lesen – Umgang mit Texten und Medien** **Nachdenken über Sprache** **Arbeitstechniken und Methoden**
Lernen in drei Schritten Beispiel: **4 Draußen unterwegs** Schildern		**1. Basisteil** Erarbeiten des Hauptkompetenzbereichs mit Überprüfung des Lernerfolgs **4.1 Draußen sein mit allen Sinnen** Schildern
		2. Integration und Differenzierung Integration eines weiteren Kompetenzbereichs, Differenzieren mit Aufgaben auf zwei Niveaustufen **4.2 Auf der Jagd nach dem Sturm** Reportagen untersuchen
		3. Vorbereiten auf eine mögliche Klassenarbeit oder ein Projekt **4.3 Fit in …** Schildern
Orientierungswissen		**Merkwissen** Wichtige Inhalte und Begriffe sind in den Kapiteln deutlich hervorgehoben.
		Methode Hier findest du Arbeitstechniken und Methoden, die für Lernschritte im Kapitel gebraucht werden.
		Checkliste Mithilfe der Checkliste kannst du überprüfen, ob du beim Schreiben eines Textes an alles gedacht hast, und deinen Text ggf. überarbeiten.
	Tipp	Die Tipps geben dir Hilfestellung, wie du an bestimmte Aufgaben herangehen kannst.
Piktogramme		Partnerarbeit Gruppenarbeit
		Arbeiten mit dem Computer
	1	Aufgabe
	1	Zusatzaufgabe
	●○○	Niedriger Schwierigkeitsgrad
	●●○	Mittlerer Schwierigkeitsgrad
	●●●	Höherer Schwierigkeitsgrad

1 Wer bin ich, wer will ich sein?
Informieren und berichten

In diesem Kapitel …

- berichtest du über deine Erfahrungen mit sozialen Netzwerken und Computerspielen,
- informierst du dich über die Möglichkeiten und die Gefahren bei der Selbstdarstellung in sozialen Netzwerken,
- untersuchst und schreibst du Berichte.

1 a Tragt in der Klasse zusammen, was ihr über soziale Netzwerke im Internet wisst. Welche kennt ihr? Wie häufig nutzt ihr sie?
b Beschreibe, welche Möglichkeiten man beim Erstellen eines eigenen Profils hat.

2 Berichte von einem besonderen Erlebnis, das du im Zusammenhang mit einem sozialen Netzwerk hattest.

3 Besprecht gemeinsam, was einen guten Bericht ausmacht.

1.1 Soziale Netzwerke
Über Erfahrungen berichten

Mein Profil im Netz Über sich informieren

friendsworld 1 2 6 Suche

Lisa Schmidt

Geht hier zur Schule: Robert-Schumann-Gymnasium
Wohnt in: Leipzig
Geburtstag: 5. Oktober 1999

Kontakt
Antonienstraße 17, 04229 Leipzig, Germany
lisaschmidt@web.de Handy: 0123-8974986
ICQ: 125431166

Freunde (64)

Than-Cong Vui

Patricia Morau

Julia Müller

Sven Bender

Michael Süß

Francesca Pisu

Schule
Ich bin: eine Schlafmütze
Lieblingsfach: Deutsch
Hassfach: keins *zwinker*, na ja, Mathe mag ich nicht so
Nebenjob: Babysitten
Was ich da mache: auf meine kleine Nichte Saskia aufpassen

Über mich
Auf der Suche nach: netten Leuten
Beziehungsstatus: solo
Hobbys: Tanzen, Shoppen, mit Freunden treffen
Lieblingsmusik: Hip-Hop, R'n'B, Seeed, Katy Perry
Lieblingsfilme: Avatar, Twilight, How I met your mother
Was ich mag: meine süße Nichte, meine Freunde, Ferien
Was ich nicht mag: Hausaufgaben, blöde Sprüche
Lieblingszitat: Träume nicht dein Leben, lebe deine Träume.

1
a Sieh dir das Profil von Lisa Schmidt an.
b Fasse zusammen, welche Informationen du über Lisa erhältst.
c Beschreibe mithilfe des Wortspeichers, welchen Eindruck du von Lisa hast. Begründe deine Einschätzung anhand der Angaben aus dem Profil.

schüchtern | faul | interessant | ernst | kontaktfreudig | fleißig | selbstbewusst | klug | engagiert | langweilig | dumm | unkritisch | hilfsbereit | lustig | leichtsinnig | sportlich | unsportlich

2 a Überlege, welchen Eindruck ein Außenstehender, z. B. ein Lehrer, von Lisa bekommt, wenn er ihr Netzwerkprofil sieht.
b *Dein Netzwerkprofil – Du bist, was du darstellst.* Diskutiert über diese Aussage.

3 Welche Informationen gibst du in einem sozialen Netzwerk von dir preis?
a Notiere in einer Tabelle, welche Angaben du in dein Profil aufnehmen möchtest und wer welche Informationen sehen darf.

Sichtbar für …	niemanden	Freunde	jeden
Meine Adresse	X		
Meine Handynummer			
Mein Profilbild			
Welche Musik ich gerne höre			
…			

b Trage in einem Steckbrief zusammen, welche Angaben du in deinem Profil machen würdest. Überlege dabei auch, wie diese Eintragungen auf andere wirken, z. B.:
- *Hobbys: Klettern, Fußball spielen, Freunde treffen ⟶ wirkt sportlich und unternehmungslustig*
- *Lieblingsfilme: …*

c Stellt eure Ergebnisse in der Klasse vor und diskutiert eure Einschätzungen.

4 Tauscht euch in der Klasse aus:
- Wie geht ihr mit Freundschaftsanfragen, z. B. von unbekannten Personen, um?
- Welche Empfehlungen könnt ihr geben?
- Wie könnt ihr euer Profil schützen, sodass eure Angaben nur für eure Freunde oder gar nicht sichtbar sind?
- Welche Regeln für einen respektvollen und fairen Umgang im Netzwerk kennt ihr?

Methode Ein Profil in einem sozialen Netzwerk erstellen

- Gib in deinem Profil auf keinen Fall **private Daten** wie deine Adresse, deine Telefonnummer und deine Passwörter an.
- Lege nach der Anmeldung in den **persönlichen Einstellungen** fest, welche Informationen unsichtbar sein sollen und welche Angaben nur Freunde sehen dürfen.
  Tipp: Mit der Profilvorschau kannst du jederzeit einsehen, wie dein Profil mit den persönlichen Einstellungen für andere aussieht.
- Bedenke genau, welche Wirkung Informationen, Statusmeldungen, Kommentare oder Fotos auf andere haben. Wenn auf den **Fotos** außer dir noch andere Personen zu sehen sind, musst du sie vorher um Erlaubnis fragen.
- Wenn du **Freundschaftsanfragen** bestätigst oder Einladungen an andere versendest, solltest du bedenken, dass diese alles sehen können, was du in deinem Profil veröffentlichst.
  Bestätige auf jeden Fall **nur Freundschaftsanfragen von Personen, die du wirklich kennst,** und triff dich nicht mit fremden Personen.

Freeze Leipzig Von einem Ereignis berichten

Martin wurde über einen Eintrag in *friendsworld* zu dem geplanten „Freeze Flashmob" eingeladen. Er nahm teil und will nun in der Schülerzeitung über dieses Ereignis berichten. Im Folgenden findest du den Aufruf aus *friendsworld* und Martins Notizen.

FREEZE LEIPZIG! Für 1 Minute Dornröschen sein.

28. November, Start: 16:00 Uhr, Hauptbahnhof Leipzig

Am Dienstag soll der Leipziger Hauptbahnhof zum Dornröschen-Schloss werden. Kommt alle hin und Punkt 16:00 Uhr verharrt ihr für 1 Minute in der gerade ausgeführten Bewegung – egal, ob ihr euch gerade eine Cola kauft, eine Zeitschrift lest, ein Brötchen esst oder die Treppe hinuntergeht. Es wird euch zwar kein Prinz wach küssen, dafür gibt es aber von allen Teilnehmern einen gemeinsamen Applaus. Damit ist der Flashmob beendet und alle bewegen sich weiter.

Ein paar Grundregeln gilt es allerdings zu beachten:

- Behindert keine Unbeteiligten.
- Bleibt nicht mitten in einer automatischen Tür oder auf der Rolltreppe stehen.
- Ist die Haltung für 1 Minute zu anstrengend, setzt euch still hin.
- Wartet, bis ihr um 16:00 Uhr das Startsignal hört.

Weitere Infos unter: **www.friendsworld.de/freezeleipzig**

- *schriller Pfiff als Startschuss*
- *Hunderte Menschen, überwiegend Jugendliche*
- *wird morgen sicher in der LVZ zu lesen und bei youtube zu sehen sein*
- *witzige Positionen (1 Minute Hamburger im Mund, gehobenes Knie, Handy am Ohr)*
- *komisch war animierter Weihnachtsmann, der sich als Einziger bewegte*
- *Gänsehaut bei Applaus*
- *nach 1 Minute alles wieder vorbei*
- *Tauben offensichtlich nicht in sozialen Netzwerken unterwegs; flogen trotz FREEZE*

1 a Lies den Aufruf und die Notizen von Martin zu „Freeze Leipzig".
b Erkläre, was „Freeze Leipzig" ist und was du über die Aktion im Hauptbahnhof erfährst.

2 Plane für die Schülerzeitung einen Bericht über den Flashmob in Leipzig.
a Überlege, welche Informationen du für diesen Bericht verwenden kannst und welche nicht. Begründe deine Meinung.
b Suche aus den Notizen von S. 16 die wichtigsten Informationen für deinen Bericht heraus und bringe sie in die richtige Reihenfolge. Übertrage dazu die folgende Tabelle in dein Heft.

W-Fragen	Informationen
Was?	*1 Minute stillhalten*
Wann?	...
Wo?	*Leipziger ...*
Wer?	...
Wie und warum? (Verlauf des Geschehens)	*Ab dem Startsignal ...*
Welche Folgen? (Ausblick)	...

3 a Der Anfang dieses Berichts ist nicht sachlich genug verfasst. Überarbeite den Bericht, indem du unsachliche oder umgangssprachliche Wendungen umformulierst oder weglässt.

Am 28. November gab's um 16 Uhr im Leipziger Hauptbahnhof einen megacoolen Flashmob. Mehrere hundert Personen, überwiegend Jugendliche, sausten zum „Dornröschen-Schloss". Anlass dieser Aktion war der World Freeze Day, der auf der ganzen Welt in zahlreichen Städten regelmäßig abgefeiert wird. Verschiedene Gruppen in sozialen Netzwerken hatten die Leute zu diesem kollektiven Dornröschenschlaf zusammengetrommelt. Die Sache war ganz easy – einfach eine Minute nichts tun. Nachdem ein schriller Pfiff den Startschuss gegeben hatte, begann die Aktion. Die ganze Meute blieb von diesem Moment an eine Minute lang stehen, egal, was jeder gerade tat. Komisch waren die Leute, die sich weiter bewegten und die Eingefrorenen blöd anguckten. Später kam beim Mega-Applaus totales Gänsehaut-Feeling auf.

b Markiere in deinem Text die Wörter und Wendungen, die die Reihenfolge der Ereignisse deutlich machen (z. B. *zuerst, dann, später*).

4 Untersuche den Tempusgebrauch in deinem überarbeiteten Bericht. Gehe so vor:

a Unterstreiche in deinem Text die Verbformen im Präteritum einfach und die im Plusquamperfekt doppelt.

b Erkläre, wann man das Präteritum und wann man das Plusquamperfekt verwendet.

c Setze die folgenden Sätze in das richtige Tempus und schreibe sie auf:

- *Passanten, die zufällig in den Flashmob geraten, schauen verwundert.*
- *Nach etwa einer Minute ist die Aktion beendet.*
- *Nachdem das Einfrieren beendet ist, gibt es von allen Teilnehmern Applaus.*

5 Verfasse nun auf der Grundlage deines Schreibplans (→ S. 17, Aufgabe 2) einen eigenen Bericht über den Flashmob in Leipzig. Schreibe sachlich, mache die Reihenfolge der Ereignisse deutlich und achte auf den richtigen Tempusgebrauch.

6 Die Überschrift eines Berichts sollte knapp, sachlich und informativ sein. Begründe, welche der folgenden Überschriften für deinen Bericht geeignet wäre.

Der Hauptbahnhof wird zum Dornröschen-Schloss | Das FREEZE in Leipzig | Hunderte verrückte Jugendliche | Ein aufregendes Erlebnis | Eine Minute absolute Stille | FREEZE-Flashmob im Leipziger Hauptbahnhof

! **Merkwissen** Einen Bericht verfassen

Ein Bericht **informiert knapp und genau** über ein vergangenes Ereignis. Er beschränkt sich auf die **wesentlichen Informationen** und beantwortet die **W-Fragen**.

Aufbau

- In der **Einleitung** informierst du knapp darüber, worum es geht. (Was ist geschehen? Wann geschah es? Wo geschah es? Wer war beteiligt?)
- Im **Hauptteil** stellst du den Ablauf der Ereignisse in der zeitlich richtigen Reihenfolge dar. (Wie lief das Ereignis ab? Warum?)
- Im **Schlussteil** nennst du die Folgen des Ereignisses oder gibst einen Ausblick.
- Denke dir eine knappe und treffende **Überschrift** aus, die das Ereignis genau benennt.

Sprache

- Schreibe **sachlich und nüchtern**. Vermeide erzählende Ausschmückungen, Umgangssprache oder Vermutungen.
- Verwende als Tempus das **Präteritum** (z. B.: *startete, begann*). Verwende das Plusquamperfekt, wenn etwas vorher passiert ist, z. B.: *Nachdem ein Pfiff den Startschuss gegeben hatte, begann die Aktion.*
- Mache die **Reihenfolge der Ereignisse** deutlich, z. B.: *Als Erstes ..., Zuerst ..., Anschließend ..., Danach ..., Später ..., Zum Schluss ...*
- Verdeutliche die Zusammenhänge, indem du die Sätze durch treffende Verknüpfungswörter verbindest, z. B.: *weil, und, obwohl, sodass, da, aber, jedoch, denn.*

Tipp: Überlege, zu welchem **Zweck** du den Bericht schreibst. Wenn du z. B. einen Unfallbericht für die Polizei schreibst, beschränkst du dich auf die nötigsten Informationen. Schreibst du einen Bericht für die Schülerzeitung, kannst du auch deine persönliche Meinung wiedergeben.

Interview mit Sandra (16): „Mega-Ärger statt Mega-Party“

MAGDEBURG, 5. 10. 2012 – Bis vor Kurzem war die Magdeburger Schülerin Sandra S. (16) ein ganz normales Mädchen, ging in die Musikschule, gern ins Kino und mit ihren Freundinnen shoppen. Dann postete sie eine Einladung zu einer kleinen Feier versehentlich als öffentliche Mitteilung und versandte diesen Termin nicht nur an ihre Freunde, sondern an die gesamte *friendsworld*-Gemeinschaft. Kurz vor der geplanten Feier waren bereits 14 000 *friendsworld*-Nutzer eingeladen. Über 4400 hatten zugesagt. Diese Situation rief die Polizei auf den Plan, die die Veranstaltung untersagte und einen ganzen Stadtteil der Landeshauptstadt Sachsen-Anhalts am Freitagnachmittag mit mehreren Hundertschaften absperrte. Die Mega-Party blieb aus. Dennoch zogen 500 verhinderte Partygäste durch die Magdeburger Innenstadt und es kam zu Ausschreitungen.

MDZ: Wie hattest du die Feier ursprünglich geplant?

Sandra: Eigentlich wollte ich nur eine kleine Party mit meinen Freunden veranstalten. Es war nie geplant, dass ich Tausende dazu einlade. Mit *friendsworld* wollte ich das besser koordinieren. Weil alle meine Freunde bei *friendsworld* sind, habe ich die Einladungen einfach dort verschickt. Das ging schnell und war unkompliziert.

MDZ: Was passierte dann?

Sandra: Ich erstellte die Veranstaltung versehentlich öffentlich und so konnte jeder Gast seine komplette Freundesliste einladen.

MDZ: Wie hast du reagiert?

Sandra: Ich war schockiert und wusste nicht, wie ich diese Katastrophe noch aufhalten sollte. Ich hatte furchtbare Angst, dass die Situation eskaliert und völlig aus dem Ruder läuft. Die Veranstaltung habe ich natürlich sofort gelöscht, aber viele Gäste hatten schon meine Adresse und wollten trotzdem kommen.

MDZ: Wie haben deine Eltern reagiert?

Sandra: Ich hatte erst mal Angst, es ihnen zu erzählen, weil sie sowieso schon Vorurteile gegen *friendsworld* haben. Anfangs waren sie ziemlich sauer und wütend, aber dann haben sie mich unterstützt und die Polizei informiert. Trotzdem habe ich jetzt erst mal *friendsworld*-Verbot.

MDZ: Wie hast du den Tag und den Abend der Feier tatsächlich verbracht?

Sandra: Meine ganze Familie ist mit dem Auto zu meinen Großeltern nach Stendal gefahren. Dort haben wir den Abend sehr ruhig, aber mit einem mulmigen Gefühl verbracht und sahen uns die Fernsehberichte an.

MDZ: Was sagst du dazu, dass die Feier verboten und der Stadtteil gesperrt wurde?

Sandra: Der Aufwand, der betrieben werden musste, war mir furchtbar peinlich. Ich hätte allerdings genau dasselbe getan. Es war richtig, alles abzusperren. Die Gefahr für die anderen Bewohner und die Umgebung war einfach zu groß. Wer weiß, was sonst noch passiert wäre.
MDZ: Wie lange bist du schon bei *friendsworld*?
Sandra: Seit zwei Jahren, aber es war das erste Mal, dass ich eine Einladung über *friendsworld* versendet habe. Ansonsten hatte ich bis jetzt keine Probleme.
MDZ: Du hast ja bald Geburtstag. Wie wirst du zu deiner Geburtstagsfeier einladen?
Sandra: Natürlich auch bei *friendsworld*, aber diesmal werde ich besser auf die Einstellungen achten.

1 a Erkläre, was Sandra bei ihrer *friendsworld*-Einladung falsch gemacht hat.
b Hast du bei deiner Selbstdarstellung in sozialen Netzwerken auch schon einmal etwas getan, was du bereut hast, z. B. zu viele Informationen preisgegeben oder jemanden beleidigt? Berichte deinen Mitschülern davon.

2 a Beschreibe, was für ein Bild die Nachbarn und Mitschüler/-innen von Sandra wohl bekommen haben.
b Überlege: Was würdest du Sandra raten, wenn sich andere in der Schule über sie lustig machen oder Kommentare über ihre verunglückte Einladung abgeben?
c Benenne grundsätzliche Gefahren und ungewollte Nebenwirkungen sozialer Netzwerke.

3 Plane einen sachlichen Zeitungsbericht über Sandras Erlebnis. Gehe so vor:
a Nenne Beispiele aus dem Text, die du in einen sachlichen Bericht nicht aufnehmen oder die du umformulieren würdest.
b Suche aus dem Interview die wichtigsten Informationen für deinen Bericht heraus. Lege dazu einen Schreibplan nach dem Muster auf S. 17 an.
c Verbinde die folgenden Sätze durch treffende Konjunktionen, sodass der Zusammenhang deutlich wird. Verwende dabei das richtige Tempus.

Sandra lud versehentlich die ganze Online-Welt ein.
4400 Partygäste wollten zu ihrer Party kommen.

Die Polizei wurde von Sandras Eltern verständigt.
Die Polizei konnte nicht verhindern, dass die Partygäste aggressiv wurden.

Sandra verbrachte ihren Geburtstag bei ihren Großeltern in Stendal.
Sie wollte die Menschenmassen durch ihre Anwesenheit nicht zusätzlich provozieren.

Konjunktionen
weil | nachdem | obwohl | sodass | da | aber | denn

4 Verfasse nun einen Bericht für die Zeitung. Achte auf eine sachliche Sprache, passende Verknüpfungswörter und das richtige Tempus. Vergiss die Überschrift nicht.

5 Überarbeitet eure Berichte in einer Schreibkonferenz (→ S. 314).
Erstellt zuerst eine Checkliste zum Berichten. Der Merkkasten (→ S. 18) hilft euch dabei.

Checkliste zum Berichten
- Beantwortet der Bericht die W-Fragen?
- …

Über eine Umfrage berichten Direkte und indirekte Rede

Seit Sandras verunglückter Einladung wird über das Thema „Soziale Netzwerke“ an vielen Magdeburger Schulen heftig diskutiert. Für die Schülerzeitung des Albert-Einstein-Gymnasiums wurde dazu in der letzten Woche vor den Ferien eine Umfrage durchgeführt. Die Frage lautete: „Was hältst du von sozialen Netzwerken?“

Daniela: Auf *friendsworld* kann ich meine Freunde online treffen und ihnen mitteilen, was ich gerade mache oder wie es mir geht.

Sabrina: Ich bin nicht bei *friendsworld*, weil ich Angst davor habe, dass meine Daten missbraucht werden.

Kerstin: In sozialen Netzwerken ist es leichter, seine Persönlichkeit darzustellen und neue Menschen kennen zu lernen.

Henri: Ich finde die Kritik an *friendsworld* völlig übertrieben. Wenn man darauf achtet, welche Informationen man wem zugänglich macht, ist das eine tolle Sache.

Jonas: Was ich an sozialen Netzwerken nicht gut finde, ist die Tatsache, dass es dort ganz schön viel Mobbing und auch Beleidigungen gibt.

Lars: Auf *friendsworld* findet man ganz schnell Menschen, die dieselben Hobbys haben wie man selbst. Und da ich Schach spiele …

Thorsten: Seit wir eine Hausaufgabengruppe auf *friendsworld* haben, komme ich besser in der Schule mit.

1 a Lies die Äußerungen der Magdeburger Schülerinnen und Schüler durch.
b Wähle aus den gegebenen Antworten drei aus, die deine eigene Meinung widerspiegeln, und begründe, warum du sie vertrittst.

2 Du sollst in der Schülerzeitung über die Umfrage und ihre Ergebnisse berichten. Gehe so vor:

a Übertrage den folgenden Schreibplan in dein Heft und ergänze deine eigenen Stichwörter.

> ***Einleitung:*** *Welche Umfrage wurde durchgeführt? Wer? Wann? Wo? Warum? / Aus welchem Anlass?*
> *- Seit Sandras verunglückter Einladung ...*
>
> ***Hauptteil:*** *Welche Meinungen zum Thema „Soziale Netzwerke" wurden in der Schülerschaft vertreten? Lässt sich eine bestimmte Richtung ablesen?*
> *- ...*
>
> ***Schluss:*** *Zusammenfassung der Ergebnisse*
> *- Zusammenfassend lässt sich sagen, dass ...*

b In deinem Bericht darfst du keine direkte Rede verwenden. Forme deshalb die wichtigen Aussagen der Schülerinnen und Schüler in indirekte Rede um, z. B.:
Eine der Schülerinnen sagte, sie könne auf friendsworld ihre Freunde online treffen und ihnen mitteilen, was sie gerade mache oder wie es ihr gehe.

> **Tipp** Pronomen
> Beim Wechsel von der direkten zur indirekten Rede verändern sich oft die Pronomen.

Merkwissen Der Konjunktiv in der indirekten Rede

Wenn man wiedergeben möchte, was jemand gesagt hat, verwendet man die **indirekte Rede**. Das Verb steht dann im **Konjunktiv**, z. B.:
Sandra sagt: „Ich habe seit zwei Jahren ein friendsworld-Profil."
(wörtliche Rede im Indikativ)
Sandra sagt, sie habe seit zwei Jahren ein friendsworld-Profil.
(indirekte Rede im Konjunktiv I)
Wenn sich in der indirekten Rede der Konjunktiv I nicht vom Indikativ Präsens unterscheidet, kann man den **Konjunktiv II** wählen, z. B.:
Leon und Ben sagen: „Für schulische Angelegenheiten finden wir friendsworld besonders praktisch."
(wörtliche Rede im Indikativ)
Leon und Ben sagen, für schulische Angelegenheiten fänden sie friendsworld besonders praktisch.
(indirekte Rede im Konjunktiv II)

Die Bildung des Konjunktivs
Der Konjunktiv I wird durch den Stamm des Verbs (Infinitiv ohne *-en*) und die entsprechende Personalendung gebildet. Die Formen des Konjunktivs II leitet man vom Präteritum Indikativ ab. Bei unregelmäßigen Verben werden *a, o, u* im Wortstamm zu *ä, ö, ü*.

Indikativ Präsens	Konjunktiv I	Konjunktiv II
ich komm-e	*ich komm-e*	*ich käme*
du komm-st	*du komm-est*	*du käm(e)st*
er/sie/es komm-t	*er/sie/es komm-e*	*er/sie/es käme*
wir komm-en	*wir komm-en*	*wir kämen*
ihr komm-t	*ihr komm-et*	*ihr käm(e)t*
sie komm-en	*sie komm-en*	*sie kämen*

Teste dein Wissen!
Berichten

1 Welche Aussagen zum Thema „Berichten" stimmen, welche nicht?
a Schreibe den Text mit den richtigen Aussagen auf.

- Ein Bericht informiert über ein vergangenes Ereignis / einen Vorgang / ein zukünftiges Ereignis.
- In einem Bericht wird die Spannung schrittweise gesteigert / werden die W-Fragen beantwortet / werden verschiedene Argumente angeführt.
- Die Abfolge der Ereignisse in einem Bericht kann nach Belieben gewählt werden / entspricht der tatsächlichen Reihenfolge der Ereignisse / sollte mit dem wichtigsten Ereignis beginnen.
- Ein Bericht schildert vor allem die Gefühle des Berichtenden / enthält Vermutungen / beschränkt sich auf die wichtigsten Informationen.
- Die Überschrift eines Berichts wirft eine Frage auf / ist knapp, sachlich und informativ / weckt die Neugierde der Leser.
- Bei der Sprache sollte man auf Sachlichkeit / anschauliche Adjektive / Spannungsmelder achten.
- Als Tempus wird in der Regel das Präsens / Präteritum / Perfekt verwendet.

b Überprüfe deine Sätze gemeinsam mit einer Lernpartnerin oder einem Lernpartner.

2 Der folgende Bericht für die Website des Erich-Kästner-Gymnasiums ist nicht gelungen.
a Überarbeite den Bericht und schreibe eine verbesserte Fassung auf.
b Überprüfe deinen Bericht gemeinsam mit einer Lernpartnerin oder einem Lernpartner.

VORSICHT, FEHLER!

Letztens gab's am Erich-Kästner-Gymnasium einen Projekttag zum Thema „Internet-Mobbing". Alle Schülerinnen und Schüler der Jahrgangsstufen 7 und 8 kamen dahin.
Die Schulleitung und die SV haben sich für diese Veranstaltung entschieden. Es sind nämlich vorher einige Schüler im Netz gedisst worden. Wir hörten alle in der Aula den Vortrag eines voll guten Experten. Der sagte uns was über Internet-Mobbing. Die häufigsten Arten von Internet-Mobbing sind das Verbreiten von Gerüchten oder das Hochladen peinlicher Fotos oder Videos. Wir machten nach dem Vortrag in kleineren Gruppen Informationsplakate zu verschiedenen Themen wie „Motive der Täter", „Situation der Opfer", „Auf Internet-Mobbing reagieren" oder „Umgang mit privaten Informationen in sozialen Netzwerken". Nachdem wir uns in den Gruppen abgerackert haben, wurden die Plakate im Foyer der Schule aufgehängt. Der Projekttag fand übrigens am 24. Mai statt.
Der Projekttag war supi und wird im nächsten Jahr wieder gemacht.

1.2 Computerspiele
Berichte untersuchen

Die Sims Social auf Facebook

Der Spielehersteller *Electronic Arts (EA)* gab auf der *Electronic Entertainment Expo 2011* in Los Angeles bekannt, sein weltweit erfolgreiches PC-Spiel *Die Sims* auf Facebook laufen zu lassen.
Schon 2002 hatten die Macher des Spiels versucht, *Die Sims* als Online-Spiel zu vermarkten. Damals waren sie allerdings gescheitert: Am 31. Juli 2008 schloss *Electronic Arts* die Pforten der Online-Welt, die trotz des riesigen Erfolgs der PC-Version immer mit niedrigen Nutzerzahlen zu kämpfen hatte. Offenbar war die Fangemeinde der *Sims* nicht zum Abschluss teurer Abonnements bereit.
Jetzt soll endlich auch online der Durchbruch gelingen. Mit *Die Sims Social* hält eine der erfolgreichsten Spielreihen der Welt Einzug auf Facebook und stößt damit in das größte soziale Netzwerk der Welt vor. Das Neue an diesem Spiel, das laut Spielehersteller weltweit in fünf Sprachen auf Facebook verfügbar sein soll: Die Spieler können mit ihren Facebook-Freunden zusammen spielen. Die Idee dahinter: *Die Sims Social* erscheint als Facebook-Spiel und kostet die Spieler im Grunde kein Geld. Dafür übernehmen die Spieler die Werbung, indem sie ihre vernetzten Freunde ins Spiel locken. Bei 500 Millionen Facebook-Nutzern ein lohnendes Geschäft.
Schon die diversen Offline-Versionen der *Sims* sorgten für reichlich Faszination bei den Computerspielern. Mit mehr als 140 Millionen verkauften Spielen innerhalb von elf Jahren gehört es zu den meistverkauften Computerspielen aller Zeiten. Mit der Software konnte man das Leben simulieren. Man erschuf eine Spielfigur, einen computergenerierten Menschen, den man ganz nach seinen eigenen Vorstellungen

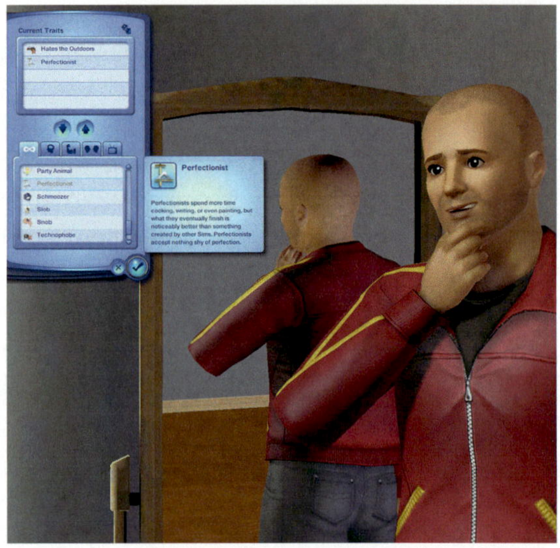

kleidete, frisierte und mit bestimmten Charaktereigenschaften ausstattete. Mit diesem Sim ließ sich dann in der künstlichen Spielwelt das Leben spielen. Inhaltlich lehnte sich der Spielverlauf stark an das Leben in einer etwas spießigen Vorstadt an: Das wesentliche Ziel eines Sim bestand darin, ein Haus zu bauen und es einzurichten, Freundschaften zu pflegen und die eigene Karriere voranzutreiben. Ein Großteil der weiblichen Fans schätzte am Spiel vor allem die Möglichkeit, sich in den Hütten und Palästen als Innenarchitektinnen auszutoben. Nirgendwo sonst ließ sich ein Tapetenwechsel oder eine Badrenovierung schneller durchführen, nie musste man sich mit unzuverlässigen Handwerkern herumärgern. Schließlich konnte man mit einem Sim des anderen Geschlechts eine Familie gründen.
Das alles klappte jedoch nur, wenn der eigene Sim den „richtigen" Charakter aufwies und sich in der Spielwelt erfolgreich bewährte. Flirtfaule Loser hatten es naturgemäß schwerer, sich mil-

lionenteure Villen und schicke Modelfreundinnen zuzulegen. Dafür war das Leben der weniger angepassten Sims meist interessanter, denn sie konnten in lustige Missgeschicke stolpern. Für all diese Entwicklungsmöglichkeiten in der virtuellen *Sims*-Welt waren die Spielfiguren von den Programmierern mit einer künstlichen Intelligenz ausgestattet worden. So konnten die programmierten Figuren auf die Aktionen des menschlichen Spielers reagieren, indem sie z. B. auf einen Flirtversuch eingingen oder nicht. Im Grunde hatte man also nur einen direkten Einfluss auf den eigenen Sim. Die übrigen Figuren, ihr Verhalten und die gesamte Umgebung steuerte das Programm.

Laut *EA* soll mit *Die Sims Social* jetzt noch mehr Lebensnähe ins Spiel kommen. Das fängt schon bei den Finanzen an: Wer sich schnell schick ausstaffieren will, braucht SimCash und muss hierfür – wie im wirklichen Leben – mit echtem Geld bei den Spielemachern bezahlen. Die kleinste Einheit der virtuellen Währung, die mit dem Handy bezahlt werden kann, sind acht SimCash und die kosten 0,99 Euro. Zudem ermöglicht die neue Version des Online-Spiels eine Verknüpfung der Sims unter Facebook-Freunden. Der eigene Sim kann zum Beispiel die Sims der Freunde besuchen, ihnen im Haus helfen oder ihnen fiese Streiche spielen, indem er einen Fisch im Bett versteckt. Man entscheidet also, ob man mit den Sims der Facebook-Freunde befreundet oder verfeindet sein will, ob man mit ihnen zusammen eine Party feiern oder eine Band gründen möchte oder nicht. Die Produzenten des Spiels drückten es auf der Pressekonferenz so aus: „*Die Sims Social* sind jetzt genauso unvorhersehbar wie das Leben."

1 a Lies den Artikel aus einer Computerzeitschrift und fasse dann zusammen, über welches Ereignis berichtet wird. Beantworte dabei die folgenden W-Fragen: Was? Wer? Wann? Wo?
b Hast du das Computerspiel *Die Sims* schon einmal gespielt oder davon gehört? Berichte davon.

2 Erkläre, was die folgenden Wörter und Wendungen im Text bedeuten. Lies hierzu noch einmal genau im Text nach.

Online-Welt (→ Z. 10) | Abonnements (→ Z. 13–14) | diversen (→ Z. 30) | Offline-Versionen der *Sims* (→ Z. 30) | simulieren (→ Z. 36) | spießigen (→ Z. 43–44) | virtuellen *Sims*-Welt (→ Z. 66) | künstlichen Intelligenz (→ Z. 67–68)

3 a In dem Artikel heißt es, dass man mit den *Sims* „das Leben simulieren" kann (→ Z. 35–36). Erkläre genau, was damit gemeint ist.
b „Laut *EA* soll mit *Die Sims Social* jetzt noch mehr Lebensnähe ins Spiel kommen" (→ Z. 76–77). Besprecht, wie diese „Lebensnähe" aussieht. Welche Probleme könnten hierbei entstehen?

4 a „Das wesentliche Ziel eines Sim bestand darin, ein Haus zu bauen und es einzurichten, Freundschaften zu pflegen und die eigene Karriere voranzutreiben“ (Z. 44–47). Findest du diese Ziele interessant oder erstrebenswert? Welche Ziele hast du in deinem Leben?
b Begründe, was genau du an dem Spiel *Die Sims* bzw. *Die Sims Social* reizvoll findest und was dir weniger gefällt.

5 a Lies die Informationen im Merkkasten unten.
b Nenne Textabschnitte, in denen über die Hintergründe des Ereignisses informiert wird. Besprich mit deinen Mitschülern, welchen Zweck diese Zusatzinformationen in dem vorliegenden Artikel haben.

6 Mit dem Computerspiel *Die Sims* bzw. *Die Sims Social* kann man in die Rolle eines selbst erschaffenen Sim schlüpfen. Beschreibe, was für eine Sim-Figur du gerne entwickeln würdest.

7 Für einen Sim kann man aus einer Liste fünf Persönlichkeitsmerkmale auswählen.
a Wähle aus der Liste unten fünf Merkmale aus, die du deinem Sim gerne zuweisen würdest. Begründe deine Auswahl.
b Überlege, ob die Merkmale deinem Sim beim Erreichen des Spielziels dienlich sein können.
c Vergleicht und erläutert die Merkmale eurer Sim-Figuren: Habt ihr einen Sim erschaffen, der euch sehr ähnelt, oder seid ihr in eine völlig neue Rolle geschlüpft?

Draufgänger/-in | ehrgeizig | familienbewusst | genügsam | hasst die Natur | Hitzkopf | kindisch | liebt die Natur | Perfektionist/-in | überemotional | Vegetarier/-in | begeistert | Bücherwurm | Computerfreak | geistesabwesend | Genie | geschickt | grüner Daumen | scharfsinnig | künstlerisch | flirtfaul | athletisch | Chaot/-in | Feigling | Glückspilz | ordentlich | Pechvogel | Schlafmütze | Stubenhocker/-in | tapfer | tollpatschig | zugeknöpft | Einzelgänger/-in | Sinn für Humor | freundlich | romantisch | jähzornig | kein Sinn für Humor | kokett | Loser | mürrisch | Partylöwe | umweltbewusst

! **Merkwissen** Der Hintergrundbericht

In Zeitungen findet man häufig Hintergrundberichte, in denen **ausführlicher über Sachverhalte informiert** wird. Der Hintergrundbericht geht von einem Ereignis aus und beantwortet W-Fragen. Darüber hinaus informiert er auch über Hintergründe des Ereignisses. Durch diese zusätzlichen Informationen, die meist im Präsens verfasst sind, wird das Ereignis in einen größeren Zusammenhang eingeordnet. Dadurch erhalten die Leserinnen und Leser ein umfassenderes Bild.

Aktionstag „Computerspiele“ am Friedrich-Schiller-Gymnasium

Immer mehr Eltern machen sich Sorgen, wenn sie ihren Nachwuchs am Computer spielen sehen. Sie fürchten, dass der digitale Spielspaß einen negativen Einfluss auf ihre Kinder ausübt oder dass diese sogar eine Spielsucht entwickeln. Wann wird jedoch der Umgang mit dem Computer wirklich problematisch?

Um dieser Frage nachzugehen, fand am 12. März am Friedrich-Schiller-Gymnasium ein Aktionstag zum Thema „Computerspiele“ statt.

Im Laufe des Vormittags nahmen Schülerinnen und Schüler der siebten Klassenstufen Computer-, Konsolen- und Online-Spiele genauer unter die Lupe. In Gruppen von vier bis sechs Personen wurden insgesamt neun Spiele getestet und vorgestellt. Jede Gruppe konzentrierte sich auf ein Spiel, das mithilfe eines Fragebogens genauer untersucht und bewertet wurde. Kriterien wie Spielspaß, Grafik, Sound und Steuerung wurden beurteilt, aber auch das Spielverhalten der Testpersonen wurde beobachtet.

Im folgenden Plenum, zu dem sich alle Schülerinnen und Schüler zusammensetzten, wurden die Ergebnisse der Gruppenarbeit vorgestellt. Es entwickelte sich ein offenes Gesprächsklima, bei dem auch das Thema „Exzessives Spielen“ diskutiert wurde.

Nach der Mittagspause gab der Erfahrungsbericht eines 24-Jährigen, der sich selbst als ehemaligen „PC-Junkie“ bezeichnete, einen Einblick in das Thema „Spielsucht“. Er berichtete, dass er ein wahrer Meister im Rollenspiel *World of Warcraft* war. Hier kreierte er über einen langen Zeitraum hinweg einen sogenannten Avatar, ein virtuelles Ich, und konkurrierte oder paktierte im Netz mit anderen Spielern. Er kämpfte gegen böse Bosse, legte sich Reittiere, Gold und immer neue Waffen zu. Er schuf ein immer mächtigeres und erfolgreicheres virtuelles Ich, indem er immer länger und geschickter spielte. Im echten Leben liefen die Dinge für ihn nicht so gut: Er vernachlässigte seine Freunde, ging nur noch unregelmäßig zur Schule und hatte deutliches Untergewicht, weil er vor dem Bildschirm immer wieder vergessen hatte zu essen. Auf dem Höhepunkt seiner Karriere als „PC-Junkie“ hatte er über einen Zeitraum von zwei Jahren 300 Tage (in Stunden zusammengerechnet) am PC gesessen. Hilfe aus der Sucht fand er in einer Beratungsstelle für Computerspiel- und Internet-Abhängige. Hier stieß er auf Experten, die sich mit dem Thema „Spielsucht“ genauestens auskannten und vor allem nicht der Meinung waren, dass Computerspiele an sich etwas Schlechtes sind. Falsch sei übrigens auch zu glauben, dass Computerspieler abgestumpfte Leute seien, so der junge Mann, denn bei den meisten Computerspielen gehe es vor allem um taktisch intelligentes Vorgehen.

Unter großer Beteiligung der Schülerinnen und Schüler wurden am Nachmittag unter der Leitung der Kinder- und Jugendtherapeutin Birgit Volk Merkmale von exzessivem Spielverhalten gesammelt und praktische Hilfestellungen hierzu gegeben. Nach Ansicht der Expertin entfaltet *World of Warcraft* von allen Online-Rollenspielen das größte Suchtpotenzial. Je mehr Zeit ein Spieler in seinen Charakter investiere, desto wertvoller werde die Figur, sodass das Aufhören zunehmend schwerer falle. Verstärkt werde die Suchtgefahr auch durch das Glücksgefühl, das die Spieler erleben, wenn sie schwierige Gegner besiegen oder weitere Stufen im Spiel aufsteigen. Ebenso verhindere der Gruppendruck in den Gilden, zu denen sich mehrere Spieler zusammenschließen, dass sich Mitglieder für längere Zeit vom Spiel abmelden.

Zu der abendlichen Informationsveranstaltung waren auch die Eltern der Schülerinnen und Schüler eingeladen. Damit auch die Erwachsenen einen Einblick in die Welt der Computerspiele gewinnen, wurden die am Vormittag getesteten Spiele vorgestellt und zusammen ausprobiert.

Der Aktionstag führte bei den Schülerinnen und Schülern sowie den Eltern zu einer fruchtbaren Auseinandersetzung mit den Themen „Computerspiele" und „Computersucht". Ein mehr als gelungener Start für ähnliche Folgeprojekte, die geplant sind.

1 a Lies den Text und fasse zusammen, worum es bei dem Aktionstag „Computerspiele" ging.
b Kläre unbekannte Wörter oder Wendungen aus dem Text.

2 Trage zusammen, an welchen Merkmalen du erkennst, dass es sich bei dem Text um einen Bericht handelt. Beantworte dabei auch die W-Fragen.

3 a Beschreibe, worin der Reiz des Spiels *World of Warcraft* besteht. Bedenke dabei auch, worin sich das Leben in der Online-Welt von dem in der realen Welt unterscheidet.
b Erkläre, warum gerade das Online-Rollenspiel *World of Warcraft* ein großes Suchtpotenzial entfaltet.

4 Diskutiert, ob ein solcher Aktionstag auch für euch interessant wäre. Begründet eure Meinung.

5 a Erkläre mithilfe der folgenden Fragen, woran man erkennt, dass der 24-jährige ehemalige „PC-Junkie" süchtig nach Computerspielen war.

Treffen drei der folgenden Merkmale zu, könnte eine Computerspielsucht vorliegen:
- Meine Computerspielzeiten werden immer länger; ich kann kaum noch aufhören.
- Ohne Computerspiele werde ich nervös oder bekomme schlechte Laune.
- Ich spiele lieber am Computer, als etwas mit meinen Freunden zu unternehmen.
- Ich schaffe wegen eines Computerspiels öfter meine Hausaufgaben nicht.
- Wenn ich am Computer spiele, achte ich nicht auf Essen und Körperpflege.

b Prüfe, ob einzelne Merkmale auf dich selbst zutreffen.

6 Formuliert in Partnerarbeit Tipps, wie man eine Abhängigkeit von Computerspielen vermeiden kann, z. B.:
- *Lege vor dem Spielen fest, wie lange du spielen willst. Stelle dir einen Wecker, um …*
- *Hausaufgaben …*

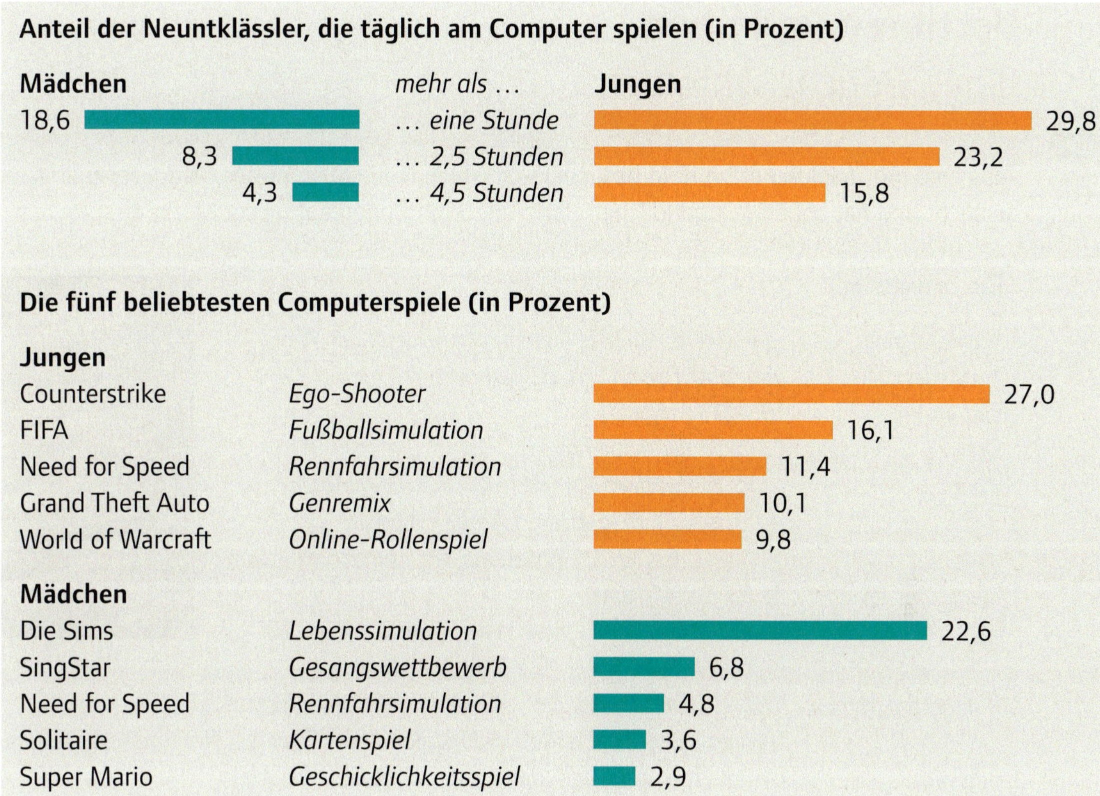

7 Untersucht die Balkendiagramme in Partnerarbeit (→ Diagramme auswerten, S. 324). Geht so vor:

a Seht euch die Diagramme genau an, lest die Überschriften und die übrigen Angaben.

b Beschreibt das Diagramm mit eigenen Worten. Beantwortet dabei die folgenden Fragen:
- Worüber informiert das Diagramm? Für welche Personen gilt es?
- Welche Zahlenangaben werden gemacht?
- Vergleicht die Angaben. Was fällt euch auf?

Das erste Balkendiagramm informiert über … und macht zudem Angaben darüber, welche …
Der Vergleich der täglichen Spielzeit am Computer zeigt, dass …
Mehr als 4,5 Stunden täglich spielen 15,8 Prozent der Jungen mit dem Computer, während es bei den Mädchen …
Das zweite Balkendiagramm macht Angaben darüber, welche …
Auffällig/Bemerkenswert/Erstaunlich ist …

8 Die Angaben aus den Diagrammen gelten für Neuntklässler. Untersucht in Gruppenarbeit, ob die Zahlen eurem Umgang mit Computerspielen entsprechen. Geht so vor:

a Entwerft ein Arbeitsblatt, auf dem ihr eintragen könnt, wie viel Zeit ihr am Tag mit welchen Computerspielen verbringt.

b Legt fest, über welchen Zeitraum ihr eure Untersuchung durchführen wollt, z. B. zwei Wochen.

c Wertet eure Untersuchungsergebnisse aus und veranschaulicht sie in einem Balkendiagramm. Vergleicht sie dann mit den vorliegenden Diagrammen.

Vertiefen und üben
Einen Bericht schreiben

Jonas hat die „gamescom“ in Köln besucht, sich einige Notizen zu dieser Computerspielmesse gemacht und mit anderen Jugendlichen über ihre Erfahrungen auf dieser Messe gesprochen.

Die „gamescom“

Veranstaltung:	„gamescom“: größte Computerspielmesse der Welt
Aussteller:	über 550 Firmen aus 33 Ländern
Datum:	18.–21. August
Ort:	Gelände der Köln-Messe
Ablauf:	– 18.8. geöffnet für Fachleute und Journalisten – 19.8.–21.8. geöffnet für alle Besucher – Abend des 18.8.: Verleihung des „gamescom award“
gamescom award:	Bestes Konsolenspiel: „FIFA 12“ Bestes Online-Spiel: „Star Wars: The Old Republic“ Bestes Browser-Spiel: „Die Sims Social“
Rahmenprogramm:	Während der „gamescom“ abends in der Kölner Innenstadt „City-Festival“ (riesiges Open-Air-Festival mit musikalischen Topacts, alles umsonst und draußen)
Ergebnis:	Besucherrekord bei der „gamescom“ (275 000 Besucher)

Ich war gestern, am 20.8., schon einmal hier, aber da war die Tageskasse wegen Überfüllung leider geschlossen. Darum bin ich heute noch einmal wiedergekommen. Eben hatte ich Gelegenheit, „FIFA 12“ zu testen. Die Bewegungen der Spieler sind noch realistischer als bei „FIFA 11“ und durch das neue Precision Dribbling kann man den Ball viel besser kontrollieren. Man schlüpft so tatsächlich in die Rolle eines Fußballstars.

Mir hat hier bisher „Star Wars: The Old Republic“ am besten gefallen. Ich habe es eben angespielt. Es ist ein Online-Rollenspiel, bei dem man zum Helden der „Star-Wars-Saga“ wird und auf der hellen oder dunklen Seite der Macht kämpft.

Im Gegensatz zur PC- und Konsolenversion von „Die Sims“ läuft „Die Sims Social“ online auf Facebook. Ich kann also mit den Sims meiner Facebook-Freunde zusammen spielen. Schade nur, dass man für die Extras, die man zum Lösen der Aufgaben braucht, Sim-Cash benötigt und hierfür mit echtem Geld bezahlen muss.

●●● 1 Verfasse für die Schülerzeitung einen Bericht über die „gamescom“. Gehe so vor:

a Suche aus den Notizen von Jonas und den Aussagen in den Sprechblasen die wichtigsten Informationen für deinen Bericht heraus. Erstelle hierzu einen Schreibplan, indem du dir Notizen zu den W-Fragen machst und wichtige Informationen zu den Spielen notierst.
→ Hilfen zu dieser Aufgabe findest du auf S. 31.

b Verfasse nun den Bericht. Achte dabei auf eine sachliche Sprache und das richtige Tempus. Vergiss die Überschrift nicht.
→ Hilfen zu dieser Aufgabe findest du auf S. 31.

●○○ 1 **mit Hilfen**

Verfasse für die Schülerzeitung einen Bericht über die „gamescom".
Gehe so vor:

a Suche aus den Notizen von Jonas und den Aussagen der Jugendlichen in den Sprechblasen die wichtigsten Informationen heraus. Vervollständige hierzu den folgenden Schreibplan in deinem Heft.

Einleitung:

Wer war beteiligt?	*über 500 Firmen aus 33 Ländern, 275 000 Besucher*
Was ist geschehen?	*„gamescom", Verleihung des „gamescom award", der Auszeichnung für das beste Spiel*
Wann geschah es?	*...*
Wo geschah es?	*...*

Hauptteil:

Wie und warum geschah es?	*Am ersten Tag (18.8.): Nur für ...* *Abend des 18.8.: Verleihung ...* *19.-21.8.: ...* *20.8.: Wegen Überfüllung musste Tageskasse ...*
Hintergrund-informationen:	*„FIFA 12": ...*
Rahmenprogramm:	*Während der „gamescom" City-Festival ...*

Schluss:

Welche Folgen hatte das Ereignis?	*Besucherrekord*

b Verfasse nun den Bericht. Achte dabei auf eine sachliche Sprache und das richtige Tempus. Gib dem Bericht auch eine passende Überschrift. Beim Schreiben helfen dir die folgenden Formulierungen.

In der Zeit vom 18. bis zum 21. August fand in ... die „gamescom" statt.
An der Veranstaltung nahmen ... aus ... Ländern teil.
Der erste Tag ... Am Abend des 18. August wurde ...
Vom 19. bis zum 21. August war die Messe für alle Besucher ...
Allerdings war am 20. August ... wegen ...
Als bestes Konsolenspiel wurde ..., weil ...
Zum besten Online-Spiel ... Es zeichnet sich dadurch aus, dass ...
Bestes Browser-Spiel ...
Während der „gamescom" fand abends in der Kölner Innenstadt ...
Mit 275 000 Besuchern stellte die „gamescom" einen neuen Besucherrekord auf.

1.3 Fit in …
Berichten

Die Aufgabenstellung richtig verstehen

Stelle dir vor, du bekommst folgende Aufgabe:

Beim Schulfest am Heinrich-Heine-Gymnasium hat ein SingStar-Wettbewerb stattgefunden. Verfasse auf der Grundlage des folgenden Materials einen Bericht für die Schulwebsite, in dem du über den Wettbewerb und das Spiel „SingStar" informierst.

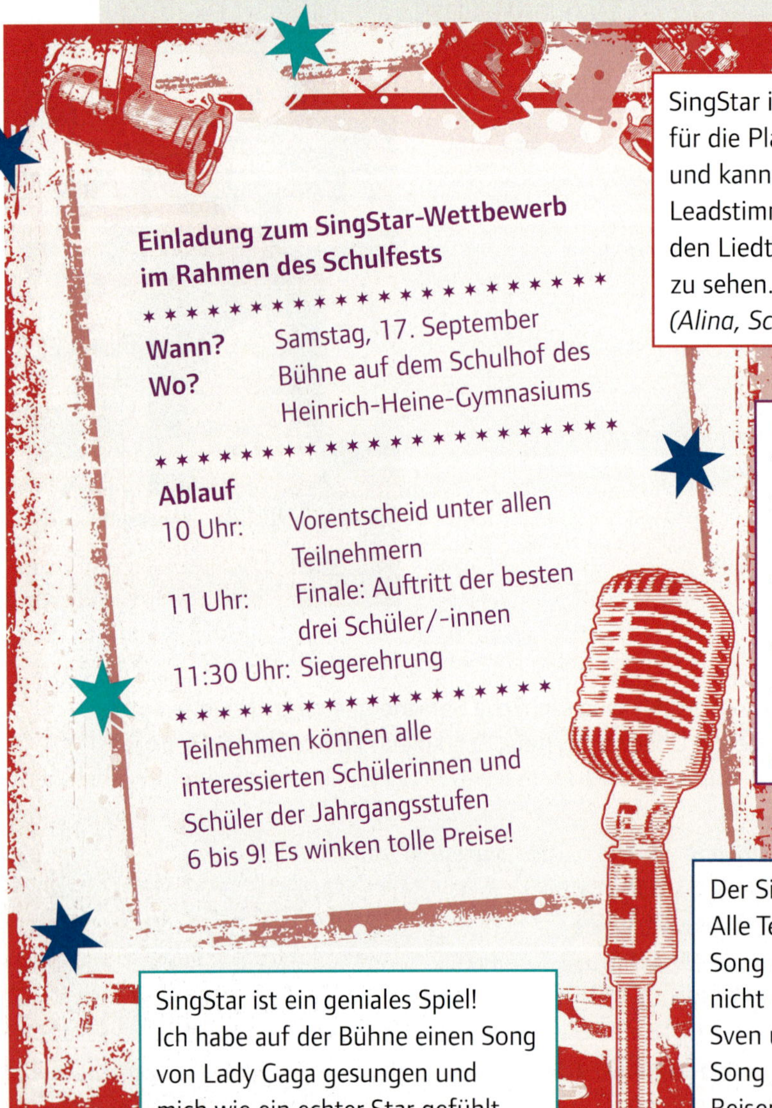

SingStar ist ein voll cooles Karaoke-Spiel für die Playstation. Man kriegt ein Mikrofon und kann dann zu Rock- und Popmusik die Leadstimme trällern. Auf dem Bildschirm gibt's den Liedtext und die Tonhöhen und -längen zu sehen.
(Alina, Schülerin der 6 c)

Ich habe gar nicht geahnt, was für Talente in meinen Schülerinnen und Schülern schlummern! Selbst Jungen und Mädchen, die in meinem Unterricht eher schüchtern sind, haben auf der Bühne mit einem selbstbewussten Auftritt beeindruckt! Im nächsten Jahr wird auf jeden Fall wieder ein SingStar-Wettbewerb stattfinden.
(Herr Noll, Schulleiter)

SingStar ist ein geniales Spiel! Ich habe auf der Bühne einen Song von Lady Gaga gesungen und mich wie ein echter Star gefühlt.
(Vanessa, Schülerin der 8 b)

Der SingStar-Wettbewerb war echt cool. Alle Teilnehmer durften sich vorher einen Song auswählen. Ich habe zwar selbst nicht mitgesungen, aber die Auftritte von Sven und Lea waren echt klasse. Mit dem Song „König von Deutschland" von Rio Reiser hat Sven Winter aus der 7 a dann ja auch den ersten Platz gemacht und einen Gutschein über zwei Kinokarten bekommen. *(Paolo, Schüler der 7 b)*

1 a Lies dir die Aufgabenstellung auf S. 32 sorgfältig durch.
b Hast du verstanden, was du machen sollst? Entscheide, welche der folgenden Antworten richtig sind, und schreibe die zutreffenden Sätze auf.

Ich soll …
- eine spannende Reportage über den SingStar-Wettbewerb verfassen.
- für die offizielle Schulwebsite sachlich über den SingStar-Wettbewerb berichten und dabei die W-Fragen beantworten.
- meine Meinung zum SingStar-Wettbewerb äußern.
- die Einladung und die Kommentare der Beteiligten als Basis für den Bericht verwenden.
- mir neue Informationen ausdenken, um meinen Text auszuschmücken.
- den Bericht so formulieren, dass er auf der Schulwebsite veröffentlicht werden kann.

Informationen sammeln und einen Schreibplan erstellen

2 a Sieh dir die Materialien genau an und überlege, welche Informationen daraus in deinen Bericht gehören.
b Erstelle einen Schreibplan nach dem Muster auf S. 31, z. B.:

1) Einleitung (Wer? Was? Wann? Wo?):
- *Schülerinnen und Schüler der Jahrgangsstufen … des …*
- *SingStar-Wettbewerb*
- *…*

2) Hauptteil (Wie? Warum?):
- *SingStar ist ein …*
- *Vor dem Wettbewerb …*
- *…*

3) Schluss (Welche Folgen?):
- *…*

3 Wähle aus den folgenden Überschriften die aus, die am besten zu dem Bericht über den SingStar-Wettbewerb passt. Trage sie in deinen Schreibplan ein.

- *Der SingStar-Wettbewerb am Heinrich-Heine-Gymnasium*
- *Sven ist unser neuer Superstar!*
- *Sven Winter erhält den ersten Preis beim SingStar-Wettbewerb*
- *Eine großartige Veranstaltung!*

Sachlich und genau berichten

4 Der folgende Anfang des Berichts über den SingStar-Wettbewerb ist noch nicht gelungen. Überarbeite die Sätze und schreibe eine verbesserte Fassung auf.

Letztens gab's auf dem Schulfest einen SingStar-Wettbewerb.
SingStar ist ein voll cooles Karaoke-Spiel für die Playstation. Man kriegt ein Mikrofon und kann dann zu Rock- und Popmusik die Leadstimme trällern. Auf dem Bildschirm gibt's den Liedtext und die Tonhöhen und -längen zu sehen.
Vor dem Wettbewerb durften sich alle Teilnehmer einen Song für den Vortrag auswählen.
Nachdem im Vorentscheid zwischen zehn und elf Uhr die drei besten Teilnehmer ausgewählt werden, treten diese um elf Uhr noch einmal gegeneinander an.

Den Bericht verfassen und überarbeiten

5 Verfasse nun einen Bericht über den SingStar-Wettbewerb am Heinrich-Heine-Gymnasium.
- Formuliere einen Einleitungssatz, der die wichtigsten W-Fragen (Wer? Was? Wann? Wo?) beantwortet.
- Informiere im Hauptteil über den Wettbewerb sowie das Spiel „SingStar".
- Schreibe einen Schlusssatz, in dem du einen Ausblick auf die Folgeveranstaltung gibst.

6 a Setzt euch zu zweit zusammen und überprüft eure Berichte mithilfe der Checkliste unten. Gebt euch gegenseitig eine Rückmeldung darüber, was besonders gut gelungen ist und was ihr noch überarbeiten solltet.
b Überarbeitet eure Berichte.

7 Notiere dir zwei bis drei Dinge, auf die du in der nächsten Klassenarbeit besonders achten willst.

Checkliste Einen Bericht schreiben

- Beantwortet der Bericht alle **W-Fragen**?
- Ist das Geschehen in der **zeitlich richtigen Reihenfolge** wiedergegeben?
- Beinhaltet der Bericht das **Wesentliche** und ist er ohne Nachfrage verständlich?
- Ist der Bericht **sachlich** formuliert?
- Hast du die **Reihenfolge der Ereignisse** deutlich gemacht (*Zuerst …, Nachdem …, Anschließend …, Zum Schluss …*)?
- Ist die **Überschrift** knapp und informativ?
- Wurde das richtige **Tempus** verwendet (Präteritum; wenn etwas vorher passiert ist, verwendet man das Plusquamperfekt)?
- Sind die **Rechtschreibung und die Zeichensetzung** korrekt?

2 Respekt und Benehmen
Strittige Themen diskutieren

1 Kennst du ähnliche Auseinandersetzungen? Berichte über Situationen, in denen es um Respekt und Benehmen geht.

2 Versetze dich in eine der beiden Personen: Welche Argumente fallen dir ein, um die Position des Vaters oder des Sohnes zu stützen?

3 Formuliere Tipps, wie man seine Meinung überzeugend begründen kann.

In diesem Kapitel …

- trainierst du, deine Meinung durch Argumente und Beispiele sachlich zu begründen,
- übst du, in einer Pro-und-Kontra-Diskussion deine Position zu vertreten,
- lernst du, in einem Leserbrief deinen Standpunkt überzeugend zu formulieren.

2.1 Wozu Regeln?
Argumentieren und überzeugen

Gutes Benehmen ist in? Meinungen begründen

Benimmkurse in der Schule
Knigge[1] im Klassenzimmer
von Markus Peters

Essen mit Messer und Gabel und reden ohne Kaugummi: Weil Wirtschaft und Lehrer häufig über ungehobelte Schüler klagen, setzen Schulen auf Benimmkurse – mit überraschenden Resultaten.

Schwarzes Hemd, schwarze Hose, schwarze Lackschuhe. So steht Andreas Lassen vor einer Gruppe von Achtklässlern. Eigentlich betreibt er eine Tanzschule, heute aber steht Benimmunterricht auf dem Stundenplan. Er soll Schülern gute Manieren beibringen, ihnen zeigen, wie man mit ungewohnten Situationen umgeht, wie man sich richtig vorstellt oder sich im Gespräch mit dem Chef verhält. Zweimal 45 Minuten – diese Zeit steht ihm dafür zur Verfügung. Es ist noch nicht lange her, da war ein Tanzkurs für viele Jugendliche ein wichtiger Schritt in die Erwachsenenwelt. Und nebenbei, spätestens zum Abschlussball, kam dabei auch das zur Sprache, was Andreas Lassen „moderne Umgangsformen" nennt und nun doziert[2]. Denn gutes Benehmen soll Schule machen.

Tugenden wie Höflichkeit oder Pünktlichkeit feiern Renaissance[3]. Ratgeber wie „Der neue Knigge" stehen in den Verkaufsregalen. Konnte es Lehrern bislang eher egal sein, wie sich Kinder etwa am Esstisch benehmen, so ist das Thema inzwischen im Schulalltag angekommen. Jugendliche verbringen durch Ganztagsangebote immer mehr Zeit in der Schule.

Hinzu kommen konkrete Klagen: Einer Umfrage des Deutschen Industrie- und Handelskammertages (DIHK) zufolge sind immer weniger Bewerber ausbildungsreif. Nicht nur Rechnen oder Schreiben seien dabei das Problem, vielmehr fehle es oft an Disziplin, Pünktlichkeit und Teamfähigkeit – schlicht an den Grundvoraussetzungen für eine Berufsausbildung.

Grüßen und Konversation[4] sind Teile der heutigen Lektion. Daniel ist an der Reihe, er soll sich

1 Freiherr Adolph Franz Friedrich Ludwig Knigge (1752–1796) ist durch seine Schrift „Über den Umgang mit Menschen" bekannt geworden. Sein Name steht heute stellvertretend für Benimmratgeber.

2 dozieren: unterrichten, lehren

3 die Renaissance: *hier* Wiedergeburt, Neubelebung, Comeback

4 die Konversation: Unterhaltung; häufig unverbindliche Plauderei, die um der Unterhaltung willen geführt wird

vorstellen. Er nennt seinen Vor- und Nachnamen, spricht bestimmt und freundlich. Nur: Er hat seine Kappe auf dem Kopf. Darauf angesprochen, nimmt er sie ab, pfeffert sie in eine Ecke und setzt sich wieder wortlos. „Ich werde hier keine starren Regeln predigen“, sagt Coach[5] Lassen, „ich möchte nur einige Fettnäpfchen zeigen, in die man leicht treten kann.“ Die Kappe ist so eines.

5 der Coach (engl.): Trainerin/Trainer

1 a Äußere dich spontan: Was hältst du von Benimmkursen für Jugendliche? Begründe deine Meinung.
b Formuliere das Thema des Zeitungsartikels in einem vollständigen Satz.

2 a Erkläre anhand des Textes, was in einem Benimmkurs vermittelt werden soll.
b Ergänze selbst Themen, die für einen Benimmkurs geeignet wären.

3 a Untersucht den Text in Partnerarbeit, indem ihr wichtige Argumente und stützende Beispiele für Benimmkurse mit Zeilenangabe notiert.
b Unterstreicht in eurem Heft die Argumente grün und die Beispiele blau.

4 a Notiere deine Meinung zu der Frage: Benimmkurs – ja oder nein? Begründe deinen Standpunkt mit einem Argument und einem anschaulichen Beispiel.

– *der Meinung sein*	*für gut/falsch halten*	*für/gegen … sein*
– *…, weil …*	*…, da …*	*…, denn …*
– *…, z. B. …*	*…, beispielsweise …*	*…, insbesondere …*

b Prüft, ob die Argumentation überzeugt und die Sätze sinnvoll miteinander verknüpft sind.

5 a Führt in Kleingruppen eine kurze Diskussionsrunde zur Frage „Benimmkurs – ja oder nein?“ durch. Achtet auf ein faires Gesprächsverhalten. Knüpft an den Beitrag eures Vorredners an, z. B.:
Ich stimme dir zu, dass … *Das sehe ich anders, weil …* *Ich finde, dass …*
b Beurteilt eure Diskussion: Was ist gut gelungen, was könnt ihr verbessern?
c Benimmkurs – ja oder nein? Einigt euch und findet einen Kompromiss, z. B.:
Ich bin einverstanden, wenn … *Ich möchte einen Kompromiss vorschlagen: …*

!

Merkwissen Argumentieren: Meinung, Argument, Beispiel

Beim Argumentieren versucht man, seine Meinung überzeugend zu begründen. Man stellt eine **Meinung** (Behauptung) auf, die man durch **Argumente** stützt und durch **Beispiele** veranschaulicht bzw. erklärt:
- **Meinung:** *Bei einem persönlichen Gespräch sollte man das Handy ausschalten.*
- **Argument:** *…, weil es unhöflich ist, wenn man sich durch das Handy ablenken lässt.*
- **Beispiel:** *Als mein Handy kaputt war, konnte ich mich viel besser auf Gespräche konzentrieren.*

Tipp: Argumente kannst du mit den folgenden Konjunktionen einleiten: *weil, da, denn.*

Gesprächsverhalten: Eine Diskussion kann man durch sein Verhalten fördern oder hemmen. Zu einer guten Diskussion gehören das Einhalten von **Gesprächsregeln**, das **Nachfragen**, wenn man etwas nicht verstanden hat, und das **Vermeiden von Killerphrasen**, die den Gesprächspartner unter Druck setzen, z. B.: *Du immer mit deinem …; Jedes Kind weiß doch, dass …*

Benimmkurs als Schulfach? Eine Pro-und-Kontra-Diskussion führen

Die Schülerinnen und Schüler fit zu machen für das Leben ist unsere Aufgabe. Dazu gehören auch ein höflicher Umgangston und angemessene Umgangsformen. Höfliches Auftreten, nicht zu verwechseln mit „Schleimen“, eröffnet die Chance, positiv von anderen wahrgenommen zu werden. Auch das Kennenlernen nützlicher Verhaltensregeln, die man z. B. im Ausland beachten sollte, können im Leben hilfreich sein.
(Herr Mayer, Lehrer)

Wenn es einen Benimmkurs an unserer Schule gibt, müssen wir bestimmt noch für ein weiteres Fach lernen. Außerdem bleibt mir jetzt schon am Nachmittag wenig Zeit für meine Freunde und meine Hobbys. Deshalb bin ich gegen einen Benimmkurs als Unterrichtsfach.
(Katharina, 13 Jahre)

Ich habe an einer anderen Schule an einem solchen Benimmkurs teilgenommen. Viele sagen, dass sich der Kurs positiv auf das Schulklima ausgewirkt hat.
(Tim, 13 Jahre)

Richtiges Benehmen bringe ich meinen Kindern schon selber bei. Dazu brauche ich die Schule nicht. Die soll sich lieber um wichtigere Dinge kümmern.
(Doris Schmitt, Mitglied des Elternbeirats)

1 a Lies die vier Aussagen zum Thema „Benimmkurs“ und begründe, wem du zustimmst.
b Welcher Argumentation kannst du dich überhaupt nicht anschließen? Warum?

2 a Erstellt eine Positionslinie zu der folgenden Frage: „Soll es an unserer Schule für alle 7. Klassen einen Benimmkurs am Nachmittag geben?“
- Denkt euch eine Linie im Klassenraum, deren eine Seite für (pro), die andere gegen (kontra) einen Benimmkurs steht.
- Stellt euch nun auf die Seite, die eure eigene Meinung wiedergibt. Je weiter ihr rechts oder links steht, desto eindeutiger ist eure Haltung für oder gegen den Benimmkurs.

b Wertet die Positionslinie aus und stellt fest, wie die Meinungen in der Klasse verteilt sind.

3 Bereitet in Gruppen eine Pro-und-Kontra-Diskussion zu folgender Frage vor:
„Soll es an unserer Schule für alle 7. Klassen einen Benimmkurs am Nachmittag geben?"

a Bildet mit den Schülerinnen und Schülern, die eure Position vertreten, Gruppen.

b Legt eine Stoffsammlung für die Diskussion an: Notiert Argumente, die eure Meinung stützen. Sucht anschauliche Beispiele für eure Argumente.
Tipp: Nutzt hierzu auch den Text auf S. 36–37 und die Aussagen auf S. 38.

c Bestimmt in eurer Gruppe eine Sprecherin oder einen Sprecher, die/der eure Position in einem kurzen Eingangsvortrag (Statement) zusammenfasst.
- Formuliert gemeinsam das Statement und haltet es fest, z. B. auf einer Karteikarte.
- Notiert den stärksten Einwand gegen eure Position und entkräftet ihn.

Eingangsvortrag (Statement)

1. Position:
Wir sind der Auffassung, dass ...

2. Überleitung:
Für unsere Position gibt es mehrere Argumente ...

3. Argumente und Beispiele:
- Ein besonders wichtiges Argument ist ...
- Außerdem ...
- Ein weiterer Gesichtspunkt ist, dass ...

4. Zusammenfassender Schlusssatz:
Die genannten Argumente zeigen, dass ...

Tipp Einwände entkräften
Wenn ihr einen möglichen Einwand vorwegnehmt und entkräftet, nehmt ihr euren „Gegnern" sozusagen den „Wind aus den Segeln", z. B.:
- *Es stimmt schon, wenn ..., aber ...*
- *Wir können verstehen ... Dennoch ...*

4 a Führt nun eine Pro-und-Kontra-Diskussion durch mit Diskussionsleitung, Pro- und Kontra-Gruppe und Beobachtern.

b Führt mehrere Diskussionsrunden durch. Wertet aus, wie eure Diskussion verlaufen ist. Achtet besonders darauf, wie sich die jeweils Sprechenden gegenüber den Zuhörenden verhalten haben. Haben sie sachlich/emotional, verständlich/unklar, kompromissbereit/einseitig argumentiert? Haben sie monologisiert (nur für sich selbst gesprochen) oder dialogisiert (sich an den Gesprächspartner gerichtet)?

c Führt weitere Diskussionsrunden durch und wertet diese ebenso aus.

! **Merkwissen** Eine Pro-und-Kontra-Diskussion führen

Die **Sprecher** der Pro- und der Kontra-Gruppe tragen nacheinander ihren Eingangsvortrag (Statement) vor. Danach beteiligen sich alle an der Diskussion.
Diskussionsleitung: eröffnet die Diskussion, erteilt den Sprechern des Statements das Wort und beendet die Diskussion.
Beobachter: notieren während der Diskussion, was ihnen auffällt, z. B.:
- Meinung gut begründet?
- Bei der Sache geblieben?
- Auf andere eingegangen?
- Gesprächsregeln eingehalten?

Respekt vor dem Alter? Einen Leserbrief schreiben

Oma und Opa wissen es besser als wir – oder?

Müssen Jugendliche die Meinung älterer Menschen ohne Widerspruch annehmen, nur weil diese mehr Lebenserfahrung haben?

Pro

Laura: Da gibt es ja wohl nichts zu diskutieren. Ich brauche bloß an meine Oma zu denken. Die ist jetzt 86 oder so, jedenfalls unglaublich alt. Und was die so alles draufhat – krass!
Natürlich wollen die Augen nicht mehr so richtig und ein bisschen tattrig ist sie auch. Aber was soll's? Wichtig ist doch nur, dass sie im Kopf klar ist. Außerdem ist sie echt spitze, wenn es darum geht, mir Ratschläge zu geben. Sie hat schon so viel erlebt, dass sie nichts mehr umhauen kann. Mal ganz ehrlich: Ich mit meinen 13 Jahren hab zwar schon 'ne Menge Ahnung von der Welt, aber mit Oma kann ich nicht mithalten. Wenn die von ihren Reisen oder anderen Erlebnissen erzählt, kann ich nur sagen: Respekt!
Respekt ist übrigens ein gutes Stichwort. Davon gibt es doch heutzutage viel zu wenig. Vor allem gegenüber Älteren. Ich denke da z. B. an meine täglichen Busfahrten. Wie oft müssen irgendwelche Omis mit schweren Einkaufstaschen stehen, weil die Sitzplätze alle vergeben sind. Und viele davon an Kinder oder Jugendliche. Auf die Idee, mal aufzustehen und der alten Dame den Platz anzubieten, kommt so gut wie keiner. Im Gegenteil: Immer wieder kommt es vor, dass sich Jungs über die Alten lustig machen und blöde Sprüche von sich geben. Unfassbar! Manchmal wünsche ich mir fast, ich könnte mich zurückbeamen in die Zeit der Urvölker. Die haben ihre Stammesältesten noch echt verehrt. Für die war „Respekt" noch kein Fremdwort. Für einen Indianer etwa wäre respektloses Auftreten gegenüber seinem Opa undenkbar gewesen.
Wenn es nach mir ginge, müssten uns die Lehrer viel mehr beibringen über die Menschen von früher und deren Umgang mit Älteren. Davon könnten sich die meisten von uns eine Scheibe abschneiden. Das ist doch viel wichtiger, als sich dusselige Vokabeln in die Birne zu knallen oder so sinnloses Zeugs zu lernen wie den Unterschied zwischen einer Satzreihe und einem Satzgefüge.

Kontra

Simon: Super, Laura! Toll, dass du wieder auf dem Erwachsenen-Versteher-Trip bist. Und dein Wissen über die Urvölker ist echt beeindruckend. Aber jetzt ganz im Ernst: Hast du schon mal was von Kinderrechten gehört? Wieso sollen denn nur die Jüngeren den Älteren Respekt entgegenbringen? Haben wir das nicht genauso verdient? Guck dir bloß mal an, wie respektvoll

Eltern mit ihren Kindern in Spanien oder Italien umgehen. Und was ist bei uns? Findest du es etwa in Ordnung, wenn Onkel Jens mir immer wieder mit derselben Leier kommt: „Du bist einfach noch zu jung, Simon. Das kannst du noch nicht verstehen. Lern du erst einmal das Leben kennen, bevor du mitreden willst." Bei solchen Sprüchen geht mir echt der Hut hoch. Was gibt denn meinem Onkel das Recht, so mit mir zu reden? Bin ich etwa geistig minderbemittelt, nur weil ich jünger bin? Alt werden ist doch keine Leistung, auf die man stolz sein kann. Natürlich respektiere ich Lebenserfahrung. Aber das heißt doch nicht, dass ich alles gut finde, was mein 40 Jahre älterer Onkel so von sich gibt. Von Computern z. B. hat der nicht halb so viel Ahnung wie ich. Und ich möchte, dass das anerkannt wird. Ein Erwachsener würde hier wohl von Wertschätzung reden, mit der man anderen Menschen begegnet. Darum geht es doch in erster Linie, den anderen für das zu schätzen, was er leistet. Das Alter spielt dabei überhaupt keine Rolle. Im Gegenteil. Manchmal kriegen alte Leute überhaupt nicht mehr mit, was heute so abgeht. „Früher war alles viel besser", heißt es dann, weil sie die Welt von uns Jugendlichen überhaupt nicht mehr verstehen. Und zu deinen Omis im Bus: Die sind manchmal unfassbar unverschämt gegenüber Schülern. Da wird schon gemeckert, nur weil einer mal aus Versehen etwas fallen lässt.

Respekt, Laura, ist keine Einbahnstraße. Und weil ich zwei Monate älter bin als du, solltest du mir das glauben.

Quelle: Die Alleskönner (Schülerzeitung), März 2012

1 a Lies den Artikel aus der Schülerzeitung. Erkläre mit eigenen Worten, um welche Diskussionsfrage es geht.

b Kannst du die Meinung von Laura oder Simon teilen? Ergreife spontan Partei für einen der beiden Standpunkte.

2 a Kläre Wörter oder Textstellen aus dem Zeitungsartikel, die dir unklar sind.

b Untersuche, an welchen Stellen die Meinungen von Laura und Simon besonders deutlich werden. Nenne entsprechende Zeilenangaben.

c In dem Artikel spielt der Begriff „Respekt" eine große Rolle. Erkläre, was Laura und was Simon unter Respekt verstehen. Was bedeutet „Respekt" für dich?

3 Wertet die Positionen (Pro und Kontra) aus. Beantwortet hierzu die folgenden Fragen:
- Welche Meinung wird jeweils vertreten?
- Welche Argumente und stützenden Beispiele werden jeweils genannt? Notiert sie mit Zeilenangaben.

Lauras Meinung:
Laura vertritt den Standpunkt, dass …

Argumente	Beispiele
- zu wenig Respekt gegenüber Älteren (Z. 20–22) - …	- tägliche Busfahrten (Z. 22–25) - …

Simons Meinung:
Simon vertritt den Standpunkt, dass …

Argumente	Beispiele
- …	- …

In einem Leserbrief äußern die Leserinnen und Leser ihre Meinung zu einem Artikel oder Thema in der Zeitung. Schreibe nun einen Leserbrief an die Schülerzeitungsredaktion, in dem du deinen Standpunkt zu dem Artikel „Oma und Opa wissen es besser als wir – oder?“ begründest. Gehe so vor:

4 Lege dir eine Stoffsammlung für deinen Leserbrief an.

a Schreibe deine Meinung zu der folgenden Diskussionsfrage aus dem Zeitungsartikel auf: „Müssen Jugendliche die Meinung älterer Menschen ohne Widerspruch annehmen, nur weil diese mehr Lebenserfahrung haben?“
- *Ich bin der Meinung, dass …*
- *Ich vertrete den Standpunkt / die Position, dass …*

b Sammle Argumente und Beispiele, die für deine Position sprechen. Du kannst hierzu auch den Zeitungsartikel (→ S. 40–41) bzw. deine Ergebnisse aus Aufgabe 3 (→ S. 41) zu Hilfe nehmen.

Argumente	Beispiele
…	…

5 Bilde ein Schreibteam mit einer Schülerin oder einem Schüler, die/der deine Meinung vertritt. Bearbeitet dann die folgenden Aufgaben:

a Sucht weitere Argumente (und Beispiele) für eure Position und ergänzt sie in eurer Tabelle.

b Ordnet eure Argumente nach ihrer Überzeugungskraft, indem ihr Punkte verteilt (1 = schwaches Argument; 2 = stärkeres Argument; …). Wählt die drei überzeugendsten Argumente aus.

c Teilt euch abwechselnd eure Meinung mit und begründet sie mithilfe der drei Argumente (und Beispiele). Nehmt hierzu die Formulierungsbausteine im Kasten unten zu Hilfe.

d Notiert einen Einwand, der gegen eure Position spricht, und entkräftet ihn. Auch dafür findet ihr im Kasten unten Formulierungshilfen.

! **Merkwissen** Formulierungshilfen für die Argumentation

Einleitungen und Überleitungen
- Ein Argument/Beispiel für … ist …
- Hinzu kommt, dass …
- Ein weiterer Grund für/gegen … ist …
- Besonders wichtig ist …
- zudem/außerdem/darüber hinaus/daher/deshalb/weil/da/denn
- *Für/Gegen … spricht außerdem die Tatsache, dass …*
- *Es darf nicht übersehen werden, dass …*
- *Außerdem sollte man bedenken, dass …*
- *Noch wichtiger ist …*

Einwände entkräften
- *Sicherlich kann man einwenden, dass … Dennoch habe ich die Erfahrung gemacht, dass …*
- *Obwohl … denken, dass …, habe ich festgestellt, dass …*
- *Es ist schon richtig, dass … Man darf aber nicht übersehen, dass …*

6 Verfasse nun deinen Leserbrief. Die folgende Vorlage und die Formulierungshilfen auf S. 42 helfen dir dabei.

Betreffzeile	– *Artikel „Oma und Opa ...?“,* *Die Alleswisser (Schülerzeitung), März 2012*
Anrede	– *Liebe Redaktion, / Hallo Alleswisser,*
Einleitung Anlass des Leserbriefs (Überleitung zum Hauptteil)	– *ich habe mit Interesse euren Artikel über ... gelesen, in dem ...* *In dem Artikel ... vertritt ... die Meinung, dass ...* *Weil ich selbst ..., möchte ich meine Position ...*
Hauptteil Meinung Argumente und Beispiele (Einwand entkräften)	– *Ich vertrete die Auffassung, dass ...* – *Ein wichtiges Argument für/gegen ... ist, dass ...* – *Hinzu kommt, dass ...* – *Zwar ..., aber ...*
Schluss Zusammenfassung, Vorschlag	– *Aus diesen Gründen bin ich der Meinung, ...* – *Ich fände es gut, wenn ...*
Grußformel Unterschrift	– *Viele Grüße / Mit freundlichen Grüßen* *...*

7 Überarbeitet eure Leserbriefe in Gruppen. Beachtet die folgenden Fragen:
- Ist die Meinung klar formuliert? Überzeugen die Argumente und Beispiele?
- Sind die Teile der Argumentation sprachlich gut verknüpft (→ Formulierungshilfen, S. 42)?

Merkwissen Stellung nehmen in einem Leserbrief

In einem Leserbrief nimmst du persönlich Stellung zu einem Thema oder einem Artikel aus einer Zeitung oder einer Zeitschrift.
Einleitung: Hier stellst du knapp den Anlass deines Leserbriefs dar. Dann leitest du zum Hauptteil über. Du kannst auch schon kurz deine Meinung zum Thema sagen (ohne Begründung).
Hauptteil: Im Hauptteil formulierst du deine Meinung zum Thema und nennst Argumente und Beispiele, die deine Meinung stützen. Mache den Zusammenhang deiner Argumentation deutlich und entwickle eine Argumentationskette, indem du die Argumente und Beispiele sprachlich gut einleitest und miteinander verknüpfst (→ Formulierungshilfen, S. 42).
Deine Argumentation wird überzeugender, wenn du auf die Anordnung der Argumente achtest. So können z. B. das erste oder das letzte Argument besonders schlagkräftig sein.
Mögliche Einwände (Gegenargumente) kannst du nennen, um sie zu entkräften.
Schluss: Fasse zum Schluss noch einmal deinen Standpunkt zusammen oder formuliere einen Vorschlag oder einen Wunsch für die Zukunft.
Tipp: Der Leserbrief ist übersichtlicher, wenn du zwischen Einleitung, Hauptteil und Schluss Absätze setzt. Wie andere sachliche Briefe enthält er meist eine Betreffzeile (Bezug zum Zeitungsartikel), eine Anrede und endet mit einer Grußformel und deiner Unterschrift.

Teste dein Wissen!
Argumentieren und Stellung nehmen

1 a Bestimme bei jeder Aussage, ob sie eine Meinungsäußerung (M), ein Argument (A) oder ein Beispiel (B) ist. Schreibe die Ziffer der Aussagen auf und notiere daneben: **M** für Meinungsäußerung, **A** für Argument oder **B** für Beispiel.

1 Ein Schulvertrag sorgt für ein besseres Schulklima und stärkt die Schulgemeinschaft.
2 Ich finde, dass wir einen Schulvertrag einführen sollten, in dem wir festhalten, wie wir miteinander umgehen wollen.
3 Ich habe die Erfahrung gemacht, dass ich mehr Spaß und bessere Lernerfolge in der Schule habe, wenn wir freundlich miteinander umgehen und uns gegenseitig helfen.
4 Das Kant-Gymnasium hat schon seit zwei Jahren einen Schulvertrag. Eine Schülerin berichtete, dass es seitdem keinen Mobbingfall mehr gegeben hätte.
5 Es würde weniger Streitigkeiten auf dem Schulhof geben.

b Entwickle eine Argumentationskette, indem du die Meinungsäußerung und die Argumente und Beispiele aus dem obigen Kasten sinnvoll miteinander verknüpfst. Verwende hierfür geeignete Verknüpfungswörter und verschiedene Überleitungen.

Meinung — *1. Argument mit Beispiel* — *2. Argument mit Beispiel*

c Überprüft und korrigiert eure Ergebnisse aus den Aufgaben 1 a und b in Partnerarbeit.

2 In der Schülerzeitung wurde ein Artikel abgedruckt, in dem ein Schüler für die Einführung eines Schulvertrags wirbt. Lino hat den Artikel gelesen und will nun an die Redaktion der Schülerzeitung einen Leserbrief schreiben.

a Überarbeite den Anfang des Leserbriefs, sodass die Anrede und die Einleitung den Anforderungen an einen Leserbrief genügen.

Hi, ich bin der Lino!

Euren Artikel über den Schulvertrag fand ich echt krass. Ist man da denn echt vertraglich verpflichtet, sich zu benehmen?
Also die Idee ist auf alle Fälle klasse, denn Teamgeist ist echt wichtig, so für später.
Jetzt möchte ich euch aber mal meine Meinung zu der ganzen Sache sagen.

b Vergleicht und prüft eure Überarbeitung in Partnerarbeit.

2.2 Eine Kultur des Beleidigens?
Stellung nehmen

„Das war nicht schlecht, das war richtig gruselig!"

16. September
von *oneworld2share*

Mit dem Respekt voreinander geht es anscheinend bergab. Manchmal habe ich das Gefühl, dass jeder nur darauf aus ist, den anderen als Idioten dastehen zu lassen. Auch bei uns an der Schule passiert es immer wieder, dass Mitschüler peinliche Situationen im Sport, auf dem Schulhof oder sogar auf der Toilette fotografieren oder filmen. Dann stellen sie die Aufnahmen mit hässlichen Kommentaren ins Netz. Wenn man die Missetäter auf solche Respektlosigkeit gegenüber anderen anspricht, reden sie sich mit einer Pseudo-Witzigkeit heraus. Und wer nicht die Ellenbogen ausfährt und auf hart macht, bekommt schnell das Etikett „Loser" aufgeklebt.
Wundern müsste ich mich eigentlich nicht darüber. Die Medien liefern uns schließlich genügend schlechte Vorbilder. Dieter Bohlen steht mit seinen fiesen Sprüchen zum Beispiel als Held da. Er hat bei „Deutschland sucht den Superstar" schon Hunderte Nachwuchsmusiker vor aller Welt lächerlich gemacht. Bei einem Kandidaten ging er sogar so weit, dass der einen Nervenzusammenbruch erlitt und mit dem Krankenwagen abtransportiert werden musste. Das Fernsehen ist voll von Sendungen, in denen Beleidigungen und Respektlosigkeiten völlig normal sind und als tolle Show verkauft werden.
Wenn Journalisten die Fernsehmacher deswegen kritisieren, tun diese ganz unschuldig. Die Teilnahme sei ja freiwillig und die Zuschauer wollten solche Unterhaltungsshows sehen. Außerdem helfe den wirklich Guten eine originelle Kritik. Bohlen behauptet sogar, dass solche Shows junge Menschen auf die harten Realitäten des Showbusiness vorbereiten würden. Das ist jedoch nicht der Fall: Erst kürzlich habe ich im Internet eine Studie entdeckt, in der ca. 1200 junge Zuschauer von „Deutschland sucht den Superstar" befragt wurden. Das Ergebnis: Obwohl die Jugendlichen denken, dass Tugenden wie Disziplin, hartes Training oder der Umgang mit Kritik eine wichtige Rolle im Leben spielen, finden sie die blöden Sprüche von den Jurymitgliedern eher nervig.
In Wirklichkeit geht es den Sendern nur um die Quote. Sie spielen mit den Träumen Zehntausender Jugendlicher, die auf ein Leben als Star hoffen. Aber die Fernsehmacher verschweigen, dass solche Träume in der Realität praktisch nie in Erfüllung gehen. Wer kann sich noch an den ersten Gewinner von „DSDS" erinnern? Echte Stars werden woanders gemacht.
Am wenigstens verstehe ich, dass praktisch alle in unserer Schule sich diese Shows ansehen. Vielleicht liegt es daran, dass wir Jugendlichen von der Welt nicht wirklich ernst genommen werden. Und deshalb fühlen wir uns besser, wenn wir dabei zusehen können, wie sich jemand zum Affen

macht. Stattdessen sollten wir aber denjenigen Respekt erweisen, die sich etwas trauen. Jeder Versuch kann schließlich schiefgehen. Aber es ist mutiger, etwas auszuprobieren, als nur zuzusehen und zu grinsen, wenn dann etwas nicht klappt. Die Welt besteht eben nicht nur aus einer Hand voll Gewinnern und einer grauen Masse von Losern.

Kommentare:

1. Die Leute haben selbst Schuld (fabi2000, 17.9., 16:53)
Ich finde es richtig, dass die Jury schlechte Kandidaten hart rannimmt. Denn wenn Leute ihre Fähigkeiten überschätzen, haben sie deutliche Kritik verdient. Müssen sie denn unbedingt öffentlich ihrer Umwelt mit grausigen Auftritten auf die Nerven gehen? Sie werden doch nicht gezwungen, bei „DSDS" aufzutreten. Das Ganze ist meiner Meinung nach doch sowieso nur eine Show und das wissen auch die Kandidaten und die Zuschauer. Außerdem muss man auch im späteren Leben Kritik und dumme Sprüche einstecken können. *Weiterlesen …*

2. Super Beitrag (XoliX, 17.9., 17:15)
Ich bin genau der Meinung von oneworld2share. Wir haben uns an diese Kultur des Beleidigens inzwischen gewöhnt. Von mir aus müsste es Sendungen wie „DSDS" nicht geben, weil viele Leute sich dort die Respektlosigkeit und das schlechte Benehmen abgucken. Sie glauben, es sei cool, sich wie Bohlen zu verhalten. Zum Glück gibt es auch andere Castingshows, wie zum Beispiel „The Voice of Germany". Die Coachs haben hier bewiesen, dass eine Musikshow auch ohne dämliche Sprüche funktioniert. Sie gingen mit ihren Kandidaten höchst respektvoll um und haben damit spektakuläre Quoten eingefahren. *Weiterlesen …*

1 a Lies den Artikel „Das war nicht schlecht, das war richtig gruselig" aus einem Internetforum.
b In welchen Bereichen des öffentlichen Lebens sieht die Schreiberin oder der Schreiber fehlenden Respekt? Lies noch einmal genau im Text nach und liste die Beispiele auf.

2 a Welche Meinung zum Thema „Castingshows" wird in dem Artikel vertreten? Suche entsprechende Textstellen.
b Erkläre mit eigenen Worten, was die Kernaussage des Textes ist.

3 a Lies die beiden Kommentare unter dem Beitrag. Erstelle ein erstes Meinungsbild: Welcher Position kannst du dich spontan anschließen?
b Erläutere, wie du den Einfluss der Medien auf Respektlosigkeit im Alltag einschätzt.

4 Kennst du Foren, in denen man Meinungen zu strittigen Themen austauscht? Berichte davon.

Tipp Ein **Internetforum** ist eine Plattform (Ort) im Internet, auf der Meinungen, Gedanken und Erfahrungen schriftlich ausgetauscht werden.

Vertiefen und üben
Stellung nehmen

In den beiden Kommentaren (→ S. 46) äußern die Schreiber ihre Meinung darüber, ob sie den respektlosen Umgang mit den Kandidaten in Castingshows für problematisch halten oder nicht.
Was ist deine Meinung dazu? Schreibe selbst einen Kommentar zu dem Artikel aus dem Internetforum, in dem du deinen Standpunkt begründest. Der Kommentar sollte nicht länger als 20 bis 30 Zeilen sein. Gehe so vor:

●●● 1 Findest du es problematisch, wenn in Castingshows respektlos mit den Kandidaten umgegangen wird? Notiere deine Meinung.
→ Hilfen zu dieser Aufgabe findest du auf S. 48.

●●● 2 a Sammle Argumente und Beispiele für deine Position. Du kannst den Artikel und die Kommentare von S. 45–46 zu Hilfe nehmen. Achtung: Suche nur die Argumente (und Beispiele) heraus, die für deine Position sprechen.

Respektloser Umgang ist ein Problem.	Respektloser Umgang ist kein Problem.
- schlechtes Vorbild	- Jury macht nur Show
- ...	- ...

b Ordne deine Argumente nach ihrer Überzeugungskraft, indem du Punkte verteilst (1 = schwaches Argument; 2 = stärkeres Argument; ...). Du solltest mindestens zwei gute Argumente (mit Beispielen) für deine Position haben. Ergänze gegebenenfalls deine Stoffsammlung.
→ Hilfen zu dieser Aufgabe findest du auf S. 48.

●●● 3 Notiere einen Einwand, der gegen deine Position spricht, und entkräfte ihn.
→ Hilfen zu dieser Aufgabe findest du auf S. 48.

●●● 4 a Schreibe nun einen Kommentar, der nicht länger als 20 bis 30 Zeilen ist. Deine Meinung, die Argumente und Beispiele sollten sprachlich gut eingeleitet und miteinander verknüpft werden, sodass sich ein zusammenhängender Text ergibt.
→ Hilfen zu dieser Aufgabe findest du auf S. 48.

Einleitung: *Ich finde ...*
Argumente und Beispiele: *...*
Einwand entkräften: *Zwar ..., aber ...*
Schluss: *Mit den Castingshows wird meiner Meinung nach ... / Ich würde mir wünschen, dass ...*

b Überarbeitet eure Kommentare mithilfe der Formulierungshilfen auf S. 42.

5 Lies deinen Kommentar in der Klasse vor und diskutiere anschließend deine Position zum Thema „Respektlosigkeit in Castingshows“.

1 mit Hilfen

Findest du es problematisch, wenn in Castingshows respektlos mit den Kandidaten umgegangen wird? Lies noch einmal die Kommentare auf S. 46. Welcher Postion kannst du dich anschließen? Notiere deine Meinung.

- *Ich finde den respektlosen Umgang in Castingshows …*
- *Meiner Meinung nach ist es ein Problem / kein Problem, wenn …*

2 mit Hilfen

a Sammle Argumente und Beispiele für deine Position. Du kannst die Kommentare und den Artikel von S. 45–46 zu Hilfe nehmen. Aber Achtung: Suche nur die Argumente (und Beispiele) heraus, die für deine Position sprechen.

Respektloser Umgang ist ein Problem.

- *schlechtes Vorbild, bauen falsche Helden auf*
- *Kanditaten werden entmutigt*
- *Castingshows fördern respektloses …*
- *Konkurrenz untereinander wird gefördert*

Respektloser Umgang ist kein Problem.

- *Jury macht nur Show*
- *Kandidaten wissen, worauf sie sich …*
- *bereiten die Kandidaten auf …*
- *schlechte Kandidaten haben Kritik …*

b Ordne deine Argumente nach ihrer Überzeugungskraft, indem du Punkte verteilst (1 = schwaches Argument; 2 = stärkeres Argument; …). Wähle dann mindestens zwei gute Argumente (mit Beispielen) für deine Position aus.

3 mit Hilfen

Notiere einen Einwand, der gegen deine Position spricht, und entkräfte ihn.

- *Viele meinen zwar, dass … Aber …*
- *Es ist schon richtig, dass … Trotzdem …*

4 mit Hilfen

a Schreibe nun einen Kommentar, der nicht länger als 20 bis 30 Zeilen ist. Leite deine Meinung und die Argumente (mit Beispielen) sprachlich gut ein und verknüpfe sie miteinander, sodass sich ein zusammenhängender Text ergibt.

Einleitung:
Meiner Meinung nach ist der respektlose Umgang … | Ich finde, dass der respektlose …

Argumente und Beispiele:
Zunächst … | Außerdem spielt eine Rolle, dass … | Besonders wichtig ist, dass … | Hinzu kommt, dass … | Wenn …, dann … | Darum … | Ich selbst habe … | … zum Beispiel … | Das sieht man daran, dass …

Einwand entkräften: *Viele meinen zwar, dass … Aber das ist aus meiner Sicht …, weil …*

Schluss: *Mit den Castingshows wird meiner Meinung nach … | Ich würde mir wünschen, dass …*

b Überarbeitet eure Kommentare mithilfe der Formulierungshilfen auf S. 42.

2.3 Fit in …
Stellung nehmen

Die Aufgabenstellung richtig verstehen

Stelle dir vor, du bekommst folgende Aufgabe:

Die Hausordnung eurer Schule soll um sechs Regeln zum respektvollen Umgang miteinander ergänzt werden. Der unten stehende Entwurf wurde in der Schülerzeitung abgedruckt. Schreibe einen Leserbrief an die Schülerzeitung, in dem du Stellung zu den neuen Regeln nimmst. In deiner Argumentation kannst du den einzelnen Regeln zustimmen, sie ablehnen oder einen Kompromiss vorschlagen.

Neue Regeln für die Hausordnung

Um unser Schulklima angenehmer und freundlicher zu gestalten, wollen wir neue Regeln in unsere Hausordnung aufnehmen.

A Für jeden sind Höflichkeit und gute Umgangsformen selbstverständlich:

1. Alle Schüler/-innen sind verpflichtet, Lehrer/-innen bei der ersten Begegnung am Tag freundlich zu grüßen, und zwar mit den Worten „Guten Tag, Frau … / Herr …“.
2. Auch die Schüler/-innen sollen sich grüßen. Jüngere Schüler/-innen müssen ältere Schüler/-innen zuerst grüßen.
3. Schüler/-innen machen Erwachsenen immer unaufgefordert den Weg frei, wenn sie sich im Schulgebäude begegnen. Sie halten Taschen tragenden Lehrkräften die Türen auf.

B Jeder verhält sich anderen gegenüber tolerant, respektvoll, rücksichtsvoll und friedlich:

4. Wir behandeln uns mit Respekt. Keiner darf herabsetzende oder beleidigende Bemerkungen über das Aussehen, die Kleidung oder das Verhalten anderer machen.
5. Meinungsverschiedenheiten sollen sachlich und fair gelöst werden. Jede Form von Gewalt soll vermieden werden.
6. Jede Art von unnötigem Lärm ist zu vermeiden. Lautes Kreischen und Lachen sind nicht gestattet.

1 Lest die Aufgabenstellung genau. Erklärt euch gegenseitig, was ihr bei eurem Leserbrief beachten müsst. Beantwortet hierzu die folgenden Fragen:
- Zu welchem Thema sollt ihr eure Meinung darlegen?
- Zu wie vielen Einzelregeln sollt ihr Stellung nehmen?
- Wie formuliert ihr eure Meinung zu einer Regel, die ihr ablehnt bzw. befürwortet? Wie formuliert ihr einen Kompromiss?

Ideen sammeln (Stoffsammlung)

2 a Lies die sechs neuen Regeln, die in die Hausordnung aufgenommen werden sollen.
b Entscheide, welchen Regeln du zustimmen kannst und welchen nicht.

Regeln, die mich überzeugen	Regeln, die mich nicht überzeugen
4. Keine herabsetzenden oder ... *5. ...*	*2. Jüngere Schüler müssen ...* *3. ...*

3 a Entscheide dich für drei Regeln, zu denen du Stellung nehmen willst. Markiere sie in deiner Tabelle.
b Formuliere zu jeder der drei Regeln deine Meinung und begründe sie mit einem Argument und einem Beispiel. Du kannst hierzu die folgenden Meinungsäußerungen zu Hilfe nehmen.

Ich finde es zwar richtig, wenn sich alle Schüler/-innen grüßen. Aber dass jüngere Schüler ältere Schüler zuerst grüßen sollen, sehe ich nicht ein, weil das unfair ist. *(Ayla, 7. Klasse)*

Ich kann verstehen, dass man unnötigen Lärm vermeiden soll. Aber Lachen kann man nicht verbieten, denn das widerspricht der freien Entfaltung von Jugendlichen. Außerdem ist es doch schön zu hören, wenn die Schüler auch in der Schule Spaß haben und sich gut verstehen. *(Stefan Hofmann, Schulleiter)*

Ich finde es gut, dass Meinungsverschiedenheiten fair und ohne Gewalt gelöst werden sollen, denn das sorgt wirklich dafür, dass wir uns in der Schule wohl fühlen. *(Ömer, Klasse 9)*

Den Leserbrief formulieren und überarbeiten

4 Schreibe nun einen Leserbrief an die Redaktion der Schülerzeitung, in dem du Stellung zu den Regeln nimmst.

5 Überarbeitet eure Leserbriefe in Partnerarbeit. Nutzt dazu die folgende Checkliste.

Liebes Schülerzeitungsteam,
in unsere Hausordnung neue Regeln aufzunehmen, die für ein besseres Schulklima sorgen, finde ich grundsätzlich gut. Bei den vorgeschlagenen Regeln gibt es einige, die ich für sinnvoll halte. Aber es werden auch Regeln vorgeschlagen, die ...

Checkliste In einem Leserbrief Stellung nehmen

- **Einleitung:** Hast du einleitend den Anlass genannt, der dich zum Schreiben bewegt?
- **Hauptteil:** Hast du deine **Meinung** klar formuliert? Führst du **Argumente** für deine Position an und stützt sie durch **Beispiele?** Sind deine Argumente sprachlich miteinander verknüpft?
- **Schluss:** Hast du am Ende deine Position zusammengefasst oder einen Vorschlag oder Wunsch geäußert?

3 China
Beschreiben und erklären

In diesem Kapitel …

- beschreibst du chinesische Personen, Bilder und Kochrezepte,
- legst du ein Portfolio mit Informationen über China an,
- liest und untersuchst du Geschichten, die in China spielen.

1 Auf dem Foto siehst du die chinesische Stadt Shanghai. Beschreibe deinen Eindruck.

2 Was weißt du bereits über China? Trage deine Kenntnisse in Form von Stichwörtern zusammen.

3 Sammle Fragen: Was möchtest du über das Land China und seine Menschen erfahren?

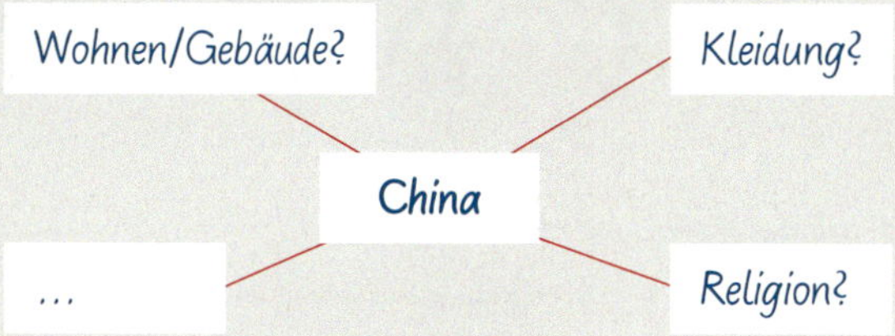

3.1 Fernes China
Personen, Bilder und Vorgänge beschreiben

Ein Portfolio zusammenstellen

CHINA

Was möchte ich erfahren?
Bisher weiß ich, dass China ein riesiges Land ist. Von der Chinesischen Mauer, die das längste Bauwerk der Welt sein soll, habe ich auch schon gehört. Ab und zu gehe ich mit meiner Familie chinesisch essen. Die chinesischen Schriftzeichen auf den Stäbchen finde ich interessant.
Was ich über dieses Land und seine Menschen erfahren möchte:

China
- Sprache/Schriftzeichen
- Schule
- Berufe
- Speisen/Getränke
- Religion
- Feste
- Sehenswürdigkeiten
- Kleidung

Erste Rechercheergebnisse:
1. Die chinesische Schrift:
   - Die chinesische Schrift ist die älteste Schrift der Welt, die heute noch verwendet wird.
   - Ursprünglich war die chinesische Schrift eine Bilderschrift. Das heißt, jedes Schriftzeichen war ein kleines Bild, das etwas Bestimmtes darstellte, z. B. Sonne, Wasser, Mond. Jedes Zeichen stand für ein Wort. Im Laufe der Zeit …

Quellen: www.chinaseite.de, www.kinder-hd-uni.de/china0.html

1 Sieh dir die Seite aus einer Sammelmappe (Portfolio) zu China an (→ S. 52). Erkläre, wie sie aufgebaut ist.

2 Lege dir eine Sammelmappe (ein Portfolio) an, in der du deine Materialien zu China sammelst. Orientiere dich dabei an den Informationen im unten stehenden Kasten.

3 In einem Portfolio kannst du auch deine Lernergebnisse bewerten.

a Sieh dir den folgenden Bewertungsbogen an und erkläre, auf welche Weise hier das eigene Lernen und Arbeiten bewertet wird.

Was ich gelernt habe:	Das beherrsche ich … ☺	☺	☹	Was mir geholfen hat (z. B. Regeln, Tipps):	Üben sollte ich noch:
Eine Person beschreiben		*X*		…	*statt „hat“ und „ist“ treffende Verben verwenden*
Einen Vorgang beschreiben		*X*		…	*wie man …*
…				…	…

b Entwirf für dein Portfolio einen eigenen Bewertungsbogen und fülle ihn nach und nach aus.

Methode Ein Portfolio zusammenstellen

Ein Portfolio ist eine selbst zusammengestellte Sammelmappe, in der du Materialien zu einem Thema, wie z. B. China, sammelst. Diese Mappe wird z. B. während einer Unterrichtseinheit nach und nach ergänzt. In deinem Portfolio könnte Folgendes enthalten sein:

Inhalt
- ein interessantes Deckblatt, das zum Thema passt (z. B. zu China)
- ein Inhaltsverzeichnis, in dem alle Materialien aufgeführt sind
- selbst geschriebene Texte rund um das Thema (z. B. Beschreibungen von Personen, Bildern und Vorgängen, die einen Bezug zu China haben)
- recherchierte Materialien, die ausgedruckt, kopiert oder ausgeschnitten worden sind (z. B. Texte und Bilder aus Zeitungen oder aus dem Internet)

Bewertung
Außerdem kannst du auch Lernergebnisse bewerten. Du kannst z. B. festhalten,
- was du bereits gelernt hast und wie gut du das Gelernte beherrschst,
- welche Regeln und Tipps besonders hilfreich waren und
- was du noch üben solltest.

Menschen in China Personen beschreiben

1 Betrachte die beiden Fotos genau. Welche Merkmale einer Person sollte man beschreiben, damit sich ein anderer diese genau vorstellen kann? Beispiel: *Geschlecht, Alter, …*

2 Erstellt in Partnerarbeit zu der chinesischen Frau einen Steckbrief nach dem folgenden Muster. Ihr könnt passende Angaben aus dem Kasten auswählen.

Gesamteindruck
Geschlecht: weiblich
Alter: etwa …
Größe: etwa …
Figur: …
- …

Haare und Gesicht
Haarfarbe und Frisur: …
Gesichtsform: …
Augen: braun, mandelförmig …
Augenbrauen: …
Nase: …
- …
- …

Kleidung und Schmuck
Kleidungsstil: sportlich, modisch
- weißes T-Shirt
- violette Jeansjacke
- …
- …

Besondere Kennzeichen
- …

volle/schmale Lippen | schlank/füllig/zierlich | Stupsnase/breite Nase | helle/leicht gebräunte Haut | feine/buschige Augenbrauen | runde/ovale Gesichtsform

3 a Erkläre, was an der Personenbeschreibung der chinesischen Frau noch nicht gelungen ist.

VORSICHT, FEHLER!

Die chinesische Frau sieht ganz süß und sympathisch aus. Sie ist ungefähr 18 Jahre alt.
Sie ist ein bisschen kleiner als ich.
Sie hat längere, schwarze Haare. Sie hat ein ovales, schmales Gesicht. Sie hat braune, mandelförmige Augen. Sie hat fein geschwungene, schwarze Augenbrauen. Sie hat eine kleine Nase und volle Lippen. Das Kinn ist eher eckig. Sie hat eine Jeansjacke an. Die Klamotten sehen ganz cool aus.
Mit ihrer sportlichen, extravaganten Kleidung und dem Handy wirkt sie sehr modern und lebenslustig.

b Überarbeitet den Text zu zweit. Die folgenden Fragen helfen euch:
- An welchen Stellen kann man die Person genauer beschreiben?
- Welche Passagen sind unsachlich formuliert?
- Wo kannst du statt *hat* und *ist* treffendere Verben verwenden?

Treffende Verben
tragen | aussehen | besitzen | aufweisen | auffallen | wirken

4 Beschreibe den chinesischen Mann auf dem rechten Foto (→ S. 54). Gehe so vor:
a Lege dir eine Stoffsammlung wie auf S. 54 an und trage passende Angaben zusammen.

Gesamteindruck	*Haare und Gesicht*
Geschlecht: …	*– …*
Alter: etwa …	*– grauer Oberlippenbart; langer, grauer Kinnbart*
Größe: …	*– …*
Figur: …	*Kleidung*
	– dunkelgrüner Turban
	– …

b Beschreibe den chinesischen Mann. Nutze auch die Informationen aus dem Merkkasten unten.

5 a Hängt in der Klasse große Abbildungen von verschiedenen Personen, z. B. aus China, auf.
b Stelle genaue Angaben zu einer Person zusammen und trage sie dann in der Klasse vor. Die anderen hören zu und melden sich, wenn sie sicher sind, um welche Person es sich handelt.
c Verfasse eine Personenbeschreibung für dein Portfolio.

!

Merkwissen Eine Person beschreiben

- **Einleitung:** Mache in der Einleitung allgemeine Angaben zur Person (z. B. Geschlecht, Alter, Nationalität).
- **Hauptteil:** Beschreibe im Hauptteil das Aussehen der Person in einer geordneten Reihenfolge, z. B. von oben nach unten, also vom Kopf bis zu den Füßen, einschließlich Kleidung.
- **Schluss:** Hier kannst du beschreiben, wie die Person auf dich wirkt.
- Suche **aussagekräftige Adjektive**, um die Person zu beschreiben, z. B.: *schlank, tiefschwarz.*
- Verwende anstelle der Wörter *ist, sind, hat* und *haben* **treffende Verben**, z. B.: *tragen, aussehen, besitzen, aufweisen, wirken, umgeben.*
- **Vermeide persönliche Wertungen** wie *schön, süß, lieb* oder *hässlich*. Sie helfen nicht dabei, anschaulich und genau zu beschreiben, weil nicht alle das Gleiche darunter verstehen.
- Schreibe im **Präsens**.

Traditionelle Malerei Bilder beschreiben

Nur wohlhabende Chinesen konnten es sich im 19. Jahrhundert leisten zu reisen. Dass das Reisegefährt von einem Diener geschoben wird, weist auf einen reichen Mann hin.

1 a Sieh dir das Bild eine Weile an.
b Äußere dich spontan: Was ist dir als Erstes aufgefallen?
c Beschreibe, welche Szene das Bild festhält und welche Stimmung es vermittelt.

2 Untersuche den Bildaufbau genau. Beschreibe, was im Vordergrund, im Mittelgrund und im Hintergrund zu sehen ist.

- *Im Vordergrund sieht man ...*
- *In der Mitte / Im Mittelgrund ...*
- *Im Hintergrund ...*

3 Arbeitet zu zweit und lest die folgenden Notizen zum Bild.
Ergänzt die lückenhafte Beschreibung und ordnet die Notizen, sodass das Bild in einer logischen Reihenfolge beschrieben wird (von vorne über die Mitte nach hinten).

Anonym: Reisender mit Diener (1850), farbige und schwarze Tusche auf Papier

Bildinhalt
Flusslandschaft mit ...

Einzelheiten des Bildes
- *Papierschirme; fließende Gewänder*
- *Felsen ragen ...*
- *Reisender mit ...; der Diener schiebt ...*
- *Frau mit ...; die Frau greift ...*
- *kleine Brücke in Dreiecksform, dahinter liegen ...*
- *in den Fluss hinein ragen ...*
- *Reisegefährt sieht aus wie ...; grüne Holzkiste ...*

4 a Erstelle selbst Farbpaletten, indem du Farbbezeichnungen für verschiedene Rot-, Grün-, Gelb- und Brauntöne suchst.

b Beschreibe die Farben des Bildes mithilfe deiner Farbbezeichnungen.

c Ergänze den folgenden Satz in sinnvoller Weise:
Der Himmel und der Reiseweg besitzen die gleiche ? . Durch diese Farbgebung bilden sie ? .

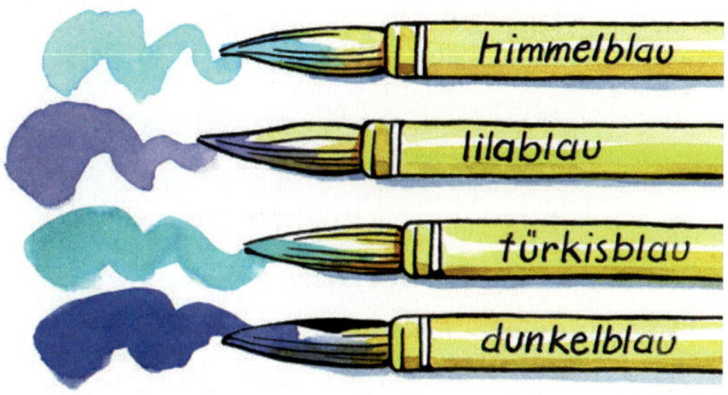

5 Fertige eine Beschreibung des Bildes „Reisender mit Diener" an. Gehe so vor:

a Beginne mit der Einleitung, indem du die folgenden Sätze in deinem Heft ergänzt:
Das hochformatige Bild eines unbekannten ? mit dem Titel ? stammt aus dem Jahr ? . Es ist mit ? und ? auf ? gemalt. Abgebildet ist eine Flusslandschaft, in der ? mit seinem Diener ? .

b Beschreibe das Bild in einer geordneten Reihenfolge. Mache auch Angaben zur Farbgestaltung. Deine Vorarbeiten aus den Aufgaben 3 und 4 und die Satzteile unten helfen dir dabei.

Im Vordergrund des Bildes
- *Reisender auf einer Art Schubkarre, wird vom Diener geschoben*
- *grüner Reisekoffer auf der rechten Seite des Gefährts mit einer Schnur festgebunden; aufgespannter Papierschirm zum Schutz vor der Sonne*
- *typische chinesische Kopfbedeckung; braunes Gewand; Gesicht mit schmalem Schnauzbart*
- *Diener trägt mittelblaues, langärmeliges Hemd, mit Gürtel zusammengebunden; kakifarbene Hose bis kurz über die Knie; Riemchen-Sandalen ohne Strümpfe; eher junger Mann*
- *beide haben eher eine blasse Gesichtsfarbe mit rötlichen Wangen*

Treffende Verben
abgebildet ist/sind | gezeigt wird/werden | zu sehen ist/sind | stellt dar | tragen | aussehen | besitzen | aufweisen | wirken | umgeben

c Beende deine Bildbeschreibung mit Angaben zur Wirkung und Stimmung des Bildes.

d Überarbeite deine Bildbeschreibung und nimm den Text in dein Portfolio über China auf.

! **Merkwissen** Ein Bild beschreiben

- **Einleitung:** Mache Angaben zum Titel, zur Künstlerin oder zum Künstler, zum Erscheinungsjahr, zur Technik (z. B. Aquarell, Öl auf Leinwand), zum Format des Bildes (Hochformat oder Querformat) sowie allgemeine Angaben zum Bildinhalt.
- **Hauptteil:** Gehe vom **Gesamteindruck** des Bildes oder von dem **Hauptmotiv** aus (was ist abgebildet?). Dann erwähnst du die **Einzelheiten**. Gehe dabei geordnet vor, ohne zu springen: von der linken zur rechten Bildhälfte, von oben nach unten oder von vorne (Vordergrund) über die Mitte (Mittelgrund) nach hinten (Hintergrund).
  Mache auch genaue Angaben zur **Farbgestaltung** (überwiegen helle oder dunkle Farbtöne? Welche Farben liegen vor und wie sind sie verteilt?) und eventuell zu den **Formen** (z. B. *rund, eckig, weich*).
- **Schluss:** Hier kannst du beschreiben, wie das Bild insgesamt auf dich wirkt.

Die Bildbeschreibung wird im **Präsens** und in einer **sachlichen Sprache** verfasst.

Chinesische Kochkunst Vorgänge beschreiben

Man braucht für ca. 50 Jiaozi

Teig
500 g Weizenmehl
ca. 1/4 l Wasser

Füllung
350 g Schweinehackfleisch
1 walnussgroßes Stück Ingwer, geschält und fein zerhackt
1 dünne Lauchstange, fein geschnitten
1 EL Sojasoße
1 TL Sesamöl
2 EL Reisessig (oder Balsamico-Essig)

1 Jiaozi ist ein traditionelles chinesisches Gericht, das am Neujahrsfest als Teil eines Menüs gegessen wird. Manchmal wird in einer der Teigtaschen eine Münze oder eine Erdnuss versteckt, die dem Finder Glück bringen soll.
Kennst du das Gericht Jiaozi oder andere chinesische Gerichte? Berichte davon.

2 Auf den Bildern ist dargestellt, wie man Jiaozi zubereitet. Wie geht man Schritt für Schritt vor? Beschreibe jedes Bild in einem vollständigen Satz. Wechsle hierbei zwischen Aktiv- und Passivformulierungen ab, z. B.:
1. Mehl und Wasser werden zu einem Teig verarbeitet. Den Teig lässt man eine Stunde …
2. …

Tipp Aktiv und Passiv
Im Aktiv wird gesagt, wer handelt / etwas tut.
Im Passiv wird betont, was geschieht.
Aktiv: *Der Koch knetet den Teig.*
Passiv: *Der Teig wird geknetet.*
(→ mehr zu Aktiv und Passiv, S. 238 ff.)

3 Beschreibe nun die Zubereitung des chinesischen Gerichts Jiaozi. Gehe so vor:
a Formuliere eine treffende Überschrift.
b Schreibe einen Einleitungssatz, in dem du die nötigen Zutaten nennst, z. B.:
Für die Zubereitung der Jiaozi braucht man …
c Beschreibe im Hauptteil, wie man bei der Herstellung vorgehen muss. Mache die Abfolge der Arbeitsschritte deutlich und wechsle zwischen Aktiv- und Passivformulierungen, z. B.:
Zuerst werden Mehl und Wasser zu einem Teig verarbeitet, den man eine Stunde lang ruhen lässt. Während der Teig ruht, werden alle Zutaten für die Füllung …
d Gib zum Schluss einen weiterführenden Hinweis, z. B.:
Manchmal wird in einer der Teigtaschen eine Münze …

Tipp Mache die Abfolge deutlich: *bevor, dann, danach, anschließend, zum Schluss, während, nachdem.*

4 Überprüft eure Vorgangsbeschreibungen in Partnerarbeit. Nehmt die Informationen im Methodenkasten unten zu Hilfe.

5 Auf den folgenden Abbildungen siehst du, wie man mit Stäbchen isst.

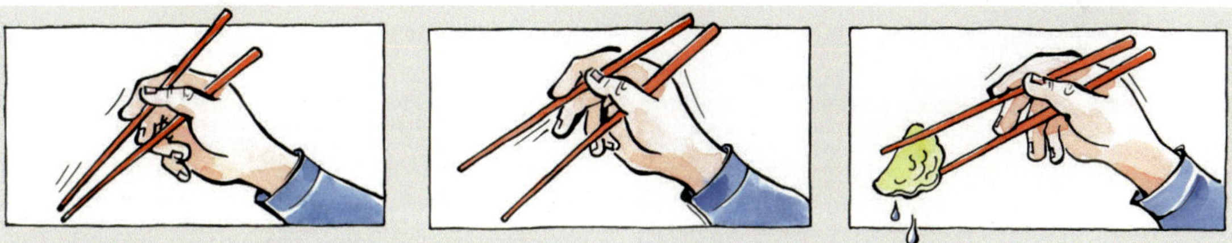

Das untere Stäbchen liegt fest in der Hand, nur das obere Stäbchen ist beweglich.
Den Umgang mit Stäbchen kannst du auch mit Stiften oder Pinseln üben.

a Hast du schon einmal versucht, mit chinesischen Stäbchen zu essen? Erkläre mithilfe der Bilder, wie man mit Stäbchen isst und worauf man achten muss.
b Welche Regeln gibt es beim Essen mit Messer und Gabel? Erkläre sie Gästen aus China.

6 Sammle für dein Portfolio weitere interessante Vorgänge, z. B. chinesische Kampfsportarten wie Tai-Chi. Beschreibe eine Sportart ausführlich.

Methode Einen Vorgang beschreiben

- **Einleitung:** Nenne die notwendigen **Materialien** und/oder **Vorbereitungen**, z. B.: *Man braucht 500 Gramm Mehl, einen Viertelliter Wasser, 350 Gramm …*
- **Hauptteil:** Beschreibe **Schritt für Schritt den Ablauf des Vorgangs**, z. B.: *Zuerst werden Mehl und Wasser zu einem Teig verarbeitet. Danach …*
- **Schluss:** Hier kannst du einen weiterführenden Hinweis geben, z. B.: *Manchmal wird in einer der Teigtaschen eine Münze versteckt, die dem Finder Glück bringen soll.*
- Verwende im Aktiv nur **eine Form der Ansprache**: *Man springt …* oder *Du springst …*
- Wechsle zwischen Aktiv- und Passivformulierungen, dann wird deine Beschreibung lebendiger, z. B.: *Der Teig wird geknetet. Danach lässt du ihn eine Stunde ruhen.*
- Wähle passende Wörter, die die **Reihenfolge** der einzelnen Schritte **deutlich machen**, z. B.: *zuerst, dann, danach, zum Schluss …*
- Schreibe im **Präsens**.

Teste dein Wissen!
Beschreiben

In einer Personenbeschreibung

A soll man die Person in einer geordneten Reihenfolge (z. B. von oben nach unten) beschreiben.
M muss man das Aussehen der Person zum Schluss persönlich bewerten.
E soll man möglichst wenig Adjektive verwenden, weil sie den Text zu lang machen.
N soll man das Präsens verwenden.
I soll man genaue Angaben machen.
O kann man verschiedene Zeitformen verwenden, je nachdem, ob die Person noch lebt oder nicht.
L verwendet man möglichst oft die Verben *haben* und *sein*.
H macht man auch allgemeine Angaben zur Person (z. B. Alter, Geschlecht).
C nennt man auch die besonderen Merkmale einer Person, z. B. eine Tätowierung, eine auffällige Narbe.

1 Nicht alle Aussagen in der Checkliste zur Personenbeschreibung sind richtig. Schreibe die Buchstaben der richtigen Aussagen auf. Richtig zusammengesetzt ergeben sie ein Lösungswort.

2 Die folgende Beschreibung des Jungen ist noch nicht gelungen.
a Überarbeite die Personenbeschreibung und schreibe eine verbesserte Fassung auf.
b Besprecht eure Texte dann in Partnerarbeit.

VORSICHT, FEHLER!

Der Junge hat hellbraune Haut und trägt am linken Arm eine große Armbanduhr mit einem schwarzen Armband. Der Junge hat moderne Freizeitkleidung an. Seine Haare sehen ziemlich gewöhnungsbedürftig aus. Seine rötlich braunen Haare sind mittellang. Sie sind auf der rechten Kopfseite in die Stirn gekämmt und stehen oben auf dem Kopf ab. Der Junge hat die Hände mit leicht gespreizten Fingern auf die Hüften gestemmt. Er hat einen knallroten, weiten Pullunder. Er hat eine hellbraun gemusterte Hose und ein schwarzes T-Shirt, dessen Ärmel bis zu den Ellbogen reichen. Der Kopf ist leicht zur rechten Seite geneigt. Der Junge steht aufrecht. Der Junge lächelt den Betrachter an. Der Junge hat ein rundliches Gesicht mit einem relativ breiten Mund. Er hat etwas aufgeworfene Lippen, leicht vorstehende Wangenknochen und relativ schmale Augen. Der Junge ist schlank und sieht meiner Meinung nach ziemlich cool aus. Er hat eine kurze Kette mit einem rechteckigen Anhänger.

3.2 Leben im Reich der Mitte
Literarische Beschreibungen

Federica de Cesco
Weißer Kranich über Tibet

Tibet ist ein ausgedehntes Hochland in Zentralasien, das im Süden einen großen Teil des Himalaja-Gebirges umfasst. Seit vielen Jahren steht es unter chinesischer Herrschaft.
Sonam, die Ich-Erzählerin, und ihr Freund Osher wollen aus Tibet ins freie Nepal fliehen. Ihr gefährlicher Weg führt sie dabei über die schneebedeckten Höhenpässe des Himalajas. Auch ihre Pferde, Komtse und Powo, werden höchsten Belastungen ausgesetzt.

Eines Abends entdeckten wir in der Ferne eine Ansammlung dunkler Punkte: Hirten waren mit Yakherden[1] ihrer Kommune[2] unterwegs. Wir ritten ihrem Lagerplatz entgegen. Frauen und Männer waren in schmuddelige Kleider und Windjacken gehüllt. Ihr Haar war in strähnigen Zöpfen geflochten und die Frauen trugen Muschelketten um den Hals und Amulette in kleinen Lederbeuteln an einer Schnur. Die Hirten freuten sich über den Besuch, der Abwechslung in ihr eintöniges Dasein brachte. Wir übernachteten mit ihnen in einem großen Zelt aus schwarzen Yakhaaren, in dessen Mitte sich ein aus Lehmziegeln geformter Ofen befand. Immer stärkere Windböen fegten inzwischen über das Hochtal[3], sodass wir sehr dankbar waren, die Nacht in der Wärme verbringen zu können. Frühmorgens, als wir die Pferde sattelten, kam ein Mann mit einem Reisigbündel auf den Schultern zu uns.
Er warnte uns. An vielen Stellen habe die Sonne den Neuschnee zum Schmelzen gebracht, sodass Gletscherarme jetzt Hochwasser führten. Auch das Hochtal, welches wir überqueren mussten, sei überflutet. „Ihr dürft die Brücke nicht verfehlen", sagte der Mann. „Sie ist nicht für Reiter gemacht, aber es gibt keine andere. Mögen die Götter euch schützen!"
Als wir aufbrachen, flammte die Bergkette mohnrot. Die Hirten segneten uns; ihre Hunde bellten und die jüngeren Burschen liefen eine Zeit lang winkend und lachend neben den Pferden her. Der Felsabhang fiel in steilen Stufen ab, dahinter bildete die Himalaja-Kette eine riesige Wand aus schimmerndem Weiß. Das Hochtal, von senkrecht aufragenden Felsen umschlossen, war von halb gefrorenen Bächen durchzogen.

1 der Yak: Rinderart, die in Zentralasien verbreitet ist
2 die Kommune: *hier* Gemeinschaft von Hirten
3 das Hochtal: Tal im oberen Drittel eines Gebirges

Schon von Weitem hörten wir das Rauschen des Wassers und trafen schon bald auf den Gletscherarm. Schäumende Wellen rissen Brocken von Bruchholz, vereiste Erdschollen und Steine ins Tal. Plötzlich machte der Fluss einen Bogen; gleich dahinter war die Brücke. Ihr Anblick war alles andere als ermutigend: Zwei Baumstämme, wackelig und morsch, waren über das Wasser gelegt worden und führten steil abwärts zu dem anderen, sehr viel niedrigeren Felsufer.

Wir tauschten einen betroffenen Blick. – Ich fragte Osher:

„Glaubst du, dass wir es schaffen?"

Er schnalzte mit der Zunge: „Schwierig! Wir müssen die Pferde am Zügel führen."

Das Rauschen des Wassers dröhnte gewaltig; man konnte sein eigenes Wort nicht verstehen. Beklommen stiegen wir aus dem Sattel und führten die Pferde dem vereisten, schlüpfrigen Steg entgegen. Osher gab mir durch Zeichen zu verstehen, dass er zuerst gehen würde. Vorsichtig, Schritt für Schritt, begab er sich auf die Baumstämme. Ich hielt den Atem an. Powo betrat die Brücke nur mit äußerstem Widerwillen. Argwöhnisch betastete er mit dem rechten Vorderfuß das glitschige Holz, setzte ihn dann langsam nieder. Der hintere folgte, ebenso vorsichtig tastend. Osher hielt die Zügel, ermutigte den Rappen mit Koseworten und Schmeicheleien. Powo überwand sein Misstrauen nur mit Mühe. Nach ein paar Schritten blieb er zitternd vor Anstrengung stehen. Mein Herz klopfte stürmisch. Was nun? Sollte er nicht lieber umkehren? Doch der Steg war zu schmal und zu steil – umdrehen konnte das Tier jetzt nicht mehr. Widerwillig setzte sich Powo schließlich in Bewegung. Noch einen Schritt … jetzt noch einen. Endlich! Der Hengst erreichte das andere Ufer, schüttelte sich und schlug mit dem Schwanz, während Osher ihm den Hals tätschelte, das Gesicht liebevoll an seine Nüstern legte. Er ließ das Pferd sich von seiner Anstrengung ausruhen, indem er den Sattelgurt lockerte. Dann wandte er sich zu mir, hob den Arm: Ich sollte kommen.

Ich nahm meinen ganzen Mut zusammen und betrat den Steg, wobei ich Komtse am Zügel hinter mir herzog. Ich brauchte das Tier nicht anzutreiben, es hatte gesehen, dass der Rappe es geschafft hatte, und ging von selber weiter. Die Augen hielt ich fest auf Osher gerichtet und mied den Anblick des schäumenden Wassers unter mir. Plötzlich wurde ich mit solcher Wucht zur Seite geschleudert, dass nur mein Instinkt mich vor dem Sturz in die Tiefe rettete. Mein Herzschlag setzte aus; das Wasser, die Berge, die Brücke drehten sich im Kreis. Alles vollzog sich in Bruchteilen von Sekunden, bevor ich – wie durch ein Wunder – mein Gleichgewicht wiederfand. Und da sah ich auch schon, was geschehen war. Der rechte Hinterhuf des Pferdes war auf der halb vereisten Rinde ausgerutscht und hatte sich zwischen den beiden Stämmen festgeklemmt. Komtse zitterte am ganzen Körper, seine Ohren waren flach zurückgelegt. Die angstvoll verdrehten Augen gaben das von einem rötlichen Adernetz durchzogene Weiß des Augapfels frei. Dann senkte er den zottigen Hals. Stoßweise atmend sammelte er seine Kräfte, versuchte, den gefangenen Fuß zu befreien. Vergeblich. Wieder und wieder zog er, so fest es ging, wobei das morsche Holz seine Haut blutig scheuerte. Als er merkte, dass es ihm nicht gelingen würde, drang ein dumpfes, verzweifeltes

Wiehern aus seiner Kehle. Ich stand da mit verkrampftem Magen, unfähig, mich zu rühren. Osher rief mir etwas zu, machte mir heftige Zeichen. Das Wasser brauste und tobte, ich verstand kein Wort. Dann trat er ganz nahe an den Rand der Böschung, streckte die Hand nach mir aus. Ich ließ die Zügel los, die ich immer noch hielt, wankte über den Steg und erreichte die andere Seite. Osher packte meine Hand und zog mich hoch. Ich krallte mich an seiner Schulter fest.

„Osher!", schrie ich. „Können wir nichts tun? Irgendwas?"

„Warte!", schrie er zurück. Er kletterte an mir vorbei, stapfte vorsichtig über den Steg auf das Pferd zu. Ich schwitzte; alles, was ich anhatte, klebte. Und gleichzeitig liefen mir Schauer durch den ganzen Körper, bis in die Kniekehlen hinunter. Inzwischen bückte sich Osher, kroch auf allen vieren unter dem Bauch des Pferdes weiter. Dicht hinter dem Wallach drehte er sich gelenkig um, wobei er sich an den schwankenden Stämmen festhielt. Dann kniete er nieder, zog sein Messer hervor und begann, den Spalt zwischen den Stämmen zu vergrößern. Das Pferd stand da wie eine schwarze Bildsäule. Nur hier und da zuckte ein Muskel unter dem klebrigen Fell. Einige bange Minuten vergingen. Doch das aufgeweichte Holz ließ sich schnell lösen und bald war der Spalt so weit offen, dass Komtse mit einem kurzen, kräftigen Ruck seinen Fuß herausziehen konnte. Es war ein Wunder: Ohne das Gleichgewicht zu verlieren, stellte Komtse seinen Huf ganz behutsam dicht neben Oshers Gesicht, sehr bemüht, ihm nicht weh zu tun. Und ganz geduldig wartete der Braune, bis der Junge unter seinem Bauch hervorgekrochen war, sich aufgerichtet und die Zügel ergriffen hatte. Jetzt setzte das Tier einen Fuß vor den anderen und folgte ihm, vorsichtig balancierend, über den schwankenden Steg. Am Ufer starrten wir uns an, keuchend und schwitzend, den Schrecken immer noch in den Gliedern. Dann schlug unsere Spannung ins Gegenteil um: Wir brachen in Gelächter aus. Angst und Übelkeit waren wie verflogen: Wir lachten, bis wir fast erstickten und uns setzen mussten.

1 Sammle deine ersten Eindrücke von dem Text: Was ist dir aufgefallen? Was hat dich erstaunt, hat dir gut oder weniger gut gefallen? Was ist dir unklar?

2 Sonam und Osher brechen auf, um das Hochtal zu überqueren (→ Z. 39–57).
- a Macht euch in Partnerarbeit ein genaues Bild von dem Hochtal und der Brücke, indem ihr entsprechende Textstellen herausschreibt.
- b Untersucht, wodurch bei dieser Beschreibung Anschaulichkeit entsteht. Achtet dabei auf die sprachlichen Mittel und deren Wirkung.
- c Erstellt mithilfe eurer Notizen eine Zeichnung von der Landschaft und der Brücke. Nehmt den Text und die Zeichnung in euer Portfolio auf.

3 Lies noch einmal genau im Text nach. Beschreibe dann den Vorgang der Rettungsaktion.

4
- a Untersuche, wie die Hirten zu Beginn des Textes beschrieben werden.
- b Informiere dich über das Leben der Hirten im Himalaja. Recherchiere Fotos für dein Portfolio und beschreibe eine Person genau.

5 Die Überquerung der Brücke wird besonders spannend erzählt. Erkläre anhand des Textes, wodurch hier Spannung aufgebaut wird.

Sally Grindley

Das Mädchen Lu Si-yan *1*

Lu Si-yan wächst zusammen mit ihrem jüngeren Bruder Li-hu bei ihren Eltern in einem chinesischen Dorf auf. Der Vater betreibt eine kleine Landwirtschaft und schickt seine Tochter sogar zur Schule, damit sie eines Tages studieren kann. Doch Lu Si-yans Leben ändert sich schlagartig, als der Vater plötzlich stirbt. Mutter und Tochter versuchen zwar, die wenigen Felder zu bestellen, aber es reicht kaum für das Nötigste. Der Onkel, das neue Familienoberhaupt, vermittelt schließlich die zwölfjährige Lu Si-yan gegen ihren Willen an die reiche Familie Chen. Dort, in der Großstadt, soll sie als Hausmädchen arbeiten.

Als wir die Wohnung betraten, zeigte eine Uhr an der Wand, dass es bereits vier war. Vier Uhr morgens. Alles war mucksmäuschenstill. Herr Chen öffnete die Tür zu einem Schlafzimmer.
„Das ist dein Zimmer“, sagte er. „Versuch zu schlafen. Um acht Uhr wirst du geweckt.“
Ich nickte und sah zu, wie der Lichtspalt aus dem Flur immer kleiner wurde und verschwand, als er die Tür zuzog. Ohne mich auszuziehen, warf ich mich auf das Bett, das so groß und bequem war, als läge man auf einer Wolke, doch ich war zu hungrig und zu verängstigt, um schlafen zu können.
Zu Hause hatte ich das Bett mit meiner Mutter und Li-hu geteilt und es war seltsam, plötzlich ein Bett für mich allein zu haben, dazu noch mit einer richtigen Matratze und einem Kissen. Als es im Zimmer allmählich heller wurde, sah ich mich um. Die Wände waren weiß gestrichen, die Vorhänge hellblau mit einem Muster aus fliegenden weißen Kranichen, die Bettdecke war ebenfalls hellblau, es gab einen kleinen Holztisch mit einer Lampe, in einer Ecke ein Waschbecken mit einem Spiegel darüber, eine niedrige Kommode und einen Holzstuhl, und ein wunderschöner Seidenteppich schmückte den Boden.
„Das ist dein Zimmer“, hatte Herr Chen gesagt. Es war ein hübsches, sauberes Zimmer, schöner als alle Zimmer, die ich je gesehen hatte. „Das ist mein Zimmer“, murmelte ich ungläubig und widerwillig zugleich.
Allmählich wurde mir unter der schweren Bettdecke zu warm. Ich warf die Decke zurück, huschte durchs Zimmer, schob die Vorhänge zur Seite und blinzelte aus dem Fenster.
Wir waren hoch oben in der Luft! Das hatte ich mir nicht träumen lassen. Tief unten hatte sich trüber Nebel wie ein Schleier um die schneeweißen Wohnblocks gelegt, die zu beiden Seiten

aufragten. Durch die dünne Nebeldecke ließen sich die heruntergekommenen Dächer der älteren Wohnblocks auf den Hängen weiter unten erkennen. Dahinter erstreckte sich, so weit das Auge reichte, eine trostlose Trümmerlandschaft. Wo war ich bloß? In diesem Panorama aus schneeweißen neuen Wohnhäusern, blassscheckigen Nebelschwaden und schmutzig grauer Landschaft war nicht der winzigste Tupfer Farbe zu sehen. Es war, als würde man auf eine Geisterstadt hinabblicken, in der sich eine entsetzliche Katastrophe abgespielt hatte. Ein lautes Klopfen riss mich aus meinen Gedanken.

„Es ist acht Uhr, Lu Si-yan", rief eine Frauenstimme. „Komm frühstücken."

Sosehr ich mich auch vor dem fürchtete, was mich womöglich jenseits meiner Zimmertür erwartete, konnte mein hungriger Magen der Aufforderung nicht widerstehen. Vorsichtig öffnete ich die Tür und lugte auf den Flur hinaus, der auf einer Seite um die Ecke bog und ins Ungewisse führte. Es war niemand zu sehen, doch zogen die verlockendsten Gerüche vorbei und aus der anderen Richtung drang nahes Stimmengemurmel auf den Korridor. Zögernd folgte ich dem Geräusch und machte um zwei Türen einen großen Bogen, aus Angst, sie könnten sich womöglich öffnen. Hinter einer angelehnten Tür am Ende des Flurs war ein lautes Hämmern zu hören, und ich blieb unschlüssig davor stehen. Als es verstummte, klopfte ich zaghaft an.

„Komm herein, mein Kind", sagte die Frauenstimme.

Ängstlich trat ich in eine hell erleuchtete Küche. Sie war voll mit Gerätschaften, deren Verwendungszweck ich nicht einmal kannte. Auf einem Tisch in der Mitte stand eine Porzellanschüssel mit einem Suppenlöffel und einem Paar Essstäbchen daneben und schien nur auf mich zu warten. Frau Chen, oder zumindest hielt ich sie dafür, trat hinter einer Schranktür hervor.

Vollkommen verdattert starrte ich sie an. Sie war unfassbar schön, tadellos gekleidet und trug feinste Seide und Perlenschmuck. Sie sah aus, als wäre sie geradewegs einer Modezeitschrift entstiegen.

Sie musterte mich von oben bis unten, sodass ich vor Scham beinahe im Boden versunken wäre. Dann lächelte sie plötzlich.

„Du siehst aus wie ein zerbrechliches Schilfrohr. Ein Windstoß, und du knickst um. Wir müssen dich wohl ein wenig aufpäppeln, Lu Si-yan. Setz dich und iss."

Sie reichte mir einen heißen Lappen, mit dem ich mir Hände und Gesicht abwischte, und setzte mir eine Schüssel Suppe und Platten mit Hühnchen, Gemüse und Reis vor die Nase. Offenbar war das ganze Essen nur für mich, denn es sah nicht so aus, als würde ich Gesellschaft bekommen.

Während ich mir Suppe auftat, nahm Frau Chen schweigend am anderen Ende des Tisches Platz. Ich steckte mir den ersten Löffel in den Mund und bemerkte, dass sie jede meiner Bewegungen beobachtete. Ich kam mir mit einem Mal dumm und ungeschickt vor. Ich aß, so viel ich konnte, um möglichst wenig übrig zu lassen und niemanden vor den Kopf zu stoßen. Dann rang ich mir ein schüchternes Lächeln ab und sagte: „Danke, Frau Chen. Das war köstlich."

„Deinen Tischsitten werden wir noch nachhelfen müssen", antwortete Frau Chen und lächelte zurück. „Sobald du mit dem Abwasch fertig bist, bringe ich dich zum Friseur, und dann kaufen wir dir etwas zum Anziehen."

1 Trage in Stichwörtern zusammen, inwiefern sich die Lebenssituation von Lu Si-yan verändert.

2 a „Als es im Zimmer allmählich heller wurde, sah ich mich um" (→ Z. 30–32). Beschreibe, wie das neue Zimmer von Lu Si-yan aussieht. Lies dazu noch einmal genau im Text nach.

b Beschreibe auch den Blick aus ihrem Fenster. Was sieht sie und worüber wundert sie sich?

3 Untersuche, mit welchen sprachlichen Mitteln es gelingt, die neue Umgebung und damit auch die Atmosphäre der Großstadt einzufangen. Sieh dir noch einmal die einzelnen Sätze in den Zeilen 50–66 an. Führe zum Beispiel die Weglassprobe durch:

Tief unten hatte sich trüber Nebel wie ein Schleier um die schneeweißen Wohnblocks gelegt, die zu beiden Seiten aufragten. (Z. 51–54) ⟶ *Unten hatte sich Nebel um die Wohnblocks gelegt.*

4 a Beschreibe die erste Begegnung des Mädchens mit Frau Chen: Welchen Eindruck erhält sie von Frau Chen?

b Erläutere, wie sich Lu Si-yan bei den Chens fühlt. Stelle passende Textstellen zusammen.

Sally Grindley

Das Mädchen Lu Si-yan *2*

Wir fuhren in die Stadt. Frau Chen hatte ihr eigenes Auto! Sie hielt vor einer Reihe kleinerer Läden, von denen sich einer als Frisier- und Schönheitssalon entpuppte. Als der Inhaber Frau Chen erblickte, eilte er zur Ladentür und hielt sie ehrerbietig grüßend auf.

„Ihr Haar muss in Ordnung gebracht werden, sie bekommt am besten einen kurzen Bubikopf mit geradem Pony, der ihre Augen frei lässt. Außerdem muss etwas mit ihren Händen passieren. Sehen Sie sich das an; der Himmel weiß, was sie damit gemacht hat."

„Jawohl, Frau Chen, selbstverständlich, Frau Chen."

Nachdem Frau Chen ihre Anweisungen gegeben hatte, setzte sie sich hin, blätterte in einer Zeitschrift und ließ sich von einem Angestellten Tee bringen. Mit Tränen in den Augen blinzelte ich in den Spiegel und sah zu, wie mein dickes schwarzes Haar in dichten Büscheln zu Boden fiel und einem artigen Bubikopf wich. Meine Hände wurden geschrubbt und eingeölt und meine Nägel zu Halbmonden gestutzt. Der Inhaber ließ das Ergebnis von Frau Chen begutachten, die es als gewaltige Verbesserung bezeichnete, und schon ging es zur nächsten Etappe meiner Verwandlung.

Die Aussicht auf neue Kleider war ziemlich aufregend – Kleider, die passten und schön aussahen, so wie bei den Mädchen, die ich hier und da auf der Straße sah und nach denen ich mich trotz Frau Chens missbilligender Miene staunend umdrehte. Vielleicht würde ich genauso hübsch aussehen.

Vor einem kleinen Bekleidungsgeschäft blieben wir stehen. Auch hier riss uns der Inhaber die Tür auf, um Frau Chen zu Diensten zu stehen.

„Ich brauche eine Art Uniform für dieses Kind

hier“, sagte sie. „Sie wissen schon, was ich meine. Eine Bedienstetenuniform, wadenlang, schwarz oder dunkelblau, mit weißem Kragen.“

„Selbstverständlich, gnädige Frau. Wie wäre es hiermit?“

Der Inhaber nahm ein schlichtes, gerade geschnittenes Kostüm mit einer schmalen Rockfalte, langen Manschettenärmeln und einem weißen Kragen von der Stange.

„Probier es an, Lu Si-yan.“

Als ich aus der Umkleidekabine trat, klatschte Frau Chen in die Hände.

„Perfekt“, sagte sie lächelnd. „Wir nehmen zwei davon und dazu zwei weiße Blusen, einen von diesen dunkelblauen Mänteln da drüben und außerdem noch zwei Garnituren Unterwäsche, Strümpfe und Schlafanzüge – nichts allzu Ausgefallenes.“

Mit unseren Einkäufen bepackt, wurde ich zu einem Schuhgeschäft gelotst, und Frau Chen suchte ein Paar schwere schwarze Schnürschuhe für mich aus.

„Gut und robust“, sagte sie. „Nichts Extravagantes. Wir möchten doch deine jungen Füße nicht verderben, nicht wahr?“

Ich könne mich glücklich schätzen, dass für ein kleines Mädchen wie mich so viel Geld ausgegeben wurde, sagte sie auf dem Rückweg zum Auto. Sobald wir zu Hause wären, sollte ich meine neuen Sachen anziehen und die alten wegwerfen.

Es war fast Mittag, als wir wieder in der Wohnung waren. Ich hatte fünf Minuten Zeit, um mich umzuziehen und im Arbeitszimmer zu erscheinen, wo ich weitere Anweisungen erhalten sollte. Ich starrte in den Spiegel und erkannte mich selbst nicht mehr. Mein Gegenüber sah älter, dünner und ernster aus als das Mädchen, das ich in Erinnerung hatte. Auch wirkte es irgendwie verzagt. Dagegen versuchte ich sofort anzugehen und versteckte meine abgetragene Lieblingsbluse hinter der Kommode. Frau Chen würde nicht alles von mir bekommen.

1 a „Die Aussicht auf neue Kleider war ziemlich aufregend“, heißt es in Z. 28–29. Erkläre, welche Kleidungsstücke Lu Si-yan hofft zu bekommen.

b Frau Chen meint auf dem Rückweg, Lu Si-yan könne sich glücklich schätzen, weil so viel Geld für sie ausgegeben wurde (vgl. Z. 64–67). Ist Lu Si-yan nach dieser Einkaufstour glücklich? Begründe deine Meinung anhand des Textes.

2 a Stelle die Textstellen zusammen, in denen beschrieben wird, welche Veränderungen Frau Chen an Lu Si-yan vornehmen lässt, z. B.:

Z. 7–12: Anweisung von Frau Chen: „Ihr Haar muss in Ordnung gebracht werden, sie …“

b Erkläre: Wie soll Lu Si-yan nach der Vorstellung von Frau Chen aussehen und wirken? Du kannst den folgenden Wortspeicher nutzen:

elegant | schlicht | ungepflegt | ordentlich | sauber | gepflegt | schick | extravagant | modisch | schön

c Überlege, warum Frau Chen das Äußere von Lu Si-yan in dieser Weise verändern will. Denke dabei auch daran, wie Frau Chen selbst aussieht (→ S. 65, Z. 96–100). Was sagt dies über das Verhältnis der beiden Figuren zueinander aus?

3 Lies noch einmal die Zeilen 74–81. Erkläre: Was nimmt Lu Si-yan im Spiegel wahr? Warum versteckt Lu Si-yan ihre alte Bluse?

Vertiefen und üben
Eine Figur beschreiben

Stelle dir vor: Nach zwei Wochen schreibt Frau Chen ihrer Schwester Gui Lian einen Brief, in dem sie beschreibt, wie Lu Si-yan bei ihrer Ankunft aussah und wie sie jetzt aussieht.

●●● 1 Versetze dich in die Rolle von Frau Chen und schreibe diesen Brief. Gehe so vor: Lege dir eine Stoffsammlung an, indem du zusammenträgst, wie Lu Si-yan als Bauernmädchen aussah und was sich jetzt in ihrer Rolle als Dienstmädchen verändert hat. Nimm hierzu die beiden Abbildungen oben zu Hilfe.
→ Hilfen zu dieser Aufgabe findest du auf S. 69.

Lu Si-yan als Bauernmädchen	Veränderungen als Dienstmädchen
Gesamteindruck	Gesamteindruck
- schlank	- sieht älter, dünner, ernster aus
- …	- …
Haare und Gesicht	Haare und Gesicht
- langes, dickes, schwarzes Haar	- kurzer Bubikopf
- …	- …
Kleidung	Kleidung
- …	- …

●●● 2 Schreibe nun Gui Lian einen Brief, in dem du das Aussehen Lu Si-yans vor und nach ihrer „Verwandlung" beschreibst.
→ Hilfen zu dieser Aufgabe findest du auf S. 69.

Liebe Gui Lian,

ich hoffe, es geht dir gut und du arbeitest nicht allzu viel.
Wie du weißt, haben wir vor zwei Wochen ein neues Dienstmädchen bekommen. Sie heißt …

Stelle dir vor: Nach zwei Wochen schreibt Frau Chen ihrer Schwester Gui Lian einen Brief, in dem sie beschreibt, wie Lu Si-yan bei ihrer Ankunft aussah und wie sie jetzt aussieht.

1 mit Hilfen
Versetze dich in die Rolle von Frau Chen und schreibe diesen Brief. Gehe so vor:
Lege dir eine Stoffsammlung an, indem du zusammenträgst, wie Lu Si-yan vorher (als Bauernmädchen) aussah und wie sie jetzt (als Dienstmädchen) aussieht. Nimm hierzu die beiden Abbildungen auf S. 68 zu Hilfe.

Lu Si-yan als Bauernmädchen	Veränderungen als Dienstmädchen
Gesamteindruck - zwölfjähriges chinesisches Mädchen - ca. 1,65 m groß und schlank - gebräunte Haut - schmutzige Fingernägel und Hände - sieht fröhlich aus	Gesamteindruck - sieht älter, dünner, ernster aus - saubere Fingernägel und Hände - hellere Haut
Haare und Gesicht - langes, dickes, schwarzes Haar - rundliches Gesicht - dunkelbraune, mandelförmige Augen - kleine Stupsnase und volle Lippen	Haare und Gesicht - kurzer Bubikopf - schmales Gesicht
Kleidung - ...	Kleidung - ...

2 mit Hilfen
Schreibe nun Gui Lian einen Brief, in dem du das Aussehen Lu Si-yans vor und nach ihrer „Verwandlung" beschreibst.

Liebe Gui Lian,

ich hoffe, es geht dir gut und du arbeitest nicht allzu viel.
Wie du weißt, haben wir vor zwei Wochen ein neues Dienstmädchen bekommen. Sie heißt Lu Si-yan, ist zwölf Jahre alt, ca. 1,65 m groß und kommt aus einer Landarbeiterfamilie. Als sie vor zwei Wochen bei uns ankam, sah sie wirklich noch wie ein einfaches Bauernmädchen aus. Ihre Haut war gebräunt und ihre Hände und Fingernägel waren vollkommen schmutzig von der Feldarbeit. Sie hatte langes, dickes ... Nachdem wir in der Stadt beim Friseur waren und viele neue Kleidungsstücke gekauft haben, sieht Lu Si-yan nun sehr gepflegt und ordentlich aus. Ihre Haut ...

3.3 Fit in ...
Ein Bild beschreiben

Die Aufgabenstellung richtig verstehen

Stelle dir vor, du bekommst folgende Aufgabe:

Auf einer China-Ausstellung hast du dir ein Bild für dein Portfolio ausgesucht.
Beschreibe das Bild in einem zusammenhängenden Text. Berücksichtige dabei Folgendes:
- Einleitung: Angaben zum Titel, zum Künstler, zum Erscheinungsjahr, zur Maltechnik, zum Format und zum Motiv,
- Hauptteil: genaue Beschreibung des Bildes in einer geordneten Reihenfolge und Angaben zur Farbgestaltung,
- Schluss: Beschreibung der Gesamtwirkung.

Anonym: Ländliche Szene (1750), farbige und schwarze Tusche auf Papier

1 a Lies dir die Aufgabenstellung oben aufmerksam durch.
b Besprecht in Partnerarbeit, was ihr tun sollt und worauf ihr bei der Beschreibung des Bildes achten müsst.

Eine Stoffsammlung anlegen

2 a Sieh dir das Bild (→ S. 70) eine Weile an. Achte dabei auch auf die Einzelheiten, die auf dem Bild dargestellt sind:
- Welche Figuren sind zu sehen?
- Wie sehen sie aus, wo stehen sie?
- Welche Naturelemente und Bauwerke sind dargestellt?
- Welche Farben werden verwendet?

b Notiere, welches Motiv bzw. welche Szene auf dem Bild dargestellt ist, z. B.:
Das Bild zeigt eine Landschaft mit einem breiten Fluss, in der eine Figurengruppe …

3 Untersuche nun die Einzelheiten des Bildes.

a Halte fest, welche Farben verwendet werden. Welche überwiegen? Gibt es Farbakzente?

Vorherrschende Farben sind … Die Farben … und … werden in verschiedenen Abstufungen verwendet. Einige wenige Farbakzente wurden gesetzt. Farblich heben sich … ab.

b Notiere, was im Vordergrund, im Mittelgrund und im Hintergrund zu sehen ist. Ergänze hierzu die folgenden Notizen mit deinen eigenen Beobachtungen:

Vordergrund
- *drei Figuren auf einer sandfarbenen Brücke: ein alter chinesischer Bauer, …*
- *Bauer steht gebeugt, seine rechte Hand …; der Mann links steht etwas weiter entfernt von … und dreht seinen Kopf zu …*
- *Bauer: gebräunte Haut, weißer Bart (Oberlippenbart und spitz zulaufender Kinnbart), buschige, weiße Augenbrauen, blaue Kopfbedeckung, hellbraunes Gewand, das bis …*
- *Kind: auf seiner rechten Hand sitzt ein Vogel, es zeigt diesen …; helle Haut, roter Mund, tannengrünes Hemd, blassrosa Hose, schwarze …*
- *Frau: …*
- *…*

Mittelgrund
- *breiter Fluss in der Farbe Grau*
- *auf der rechten Seite des Flusses …*

Hintergrund
- *…*

c Beschreibe möglichst in einem Satz, wie das Bild insgesamt auf dich wirkt.
Das Bild wirkt auf mich fröhlich/traurig/harmonisch/friedlich/festlich/idyllisch/…

Die Bildbeschreibung verfassen und überarbeiten

4 Beschreibe das Bild „Ländliche Szene“ in einem zusammenhängenden Text. Gehe so vor:

a Beginne mit der Einleitung, indem du die folgenden Sätze in deinem Heft ergänzt:
Das fast quadratische Bild eines unbekannten … mit dem Titel … stammt aus dem Jahr …
Es ist mit … auf … gemalt. Abgebildet ist eine Landschaft mit …

b Beschreibe das Bild in einer geordneten Reihenfolge. Mache auch Angaben zur Farbgestaltung. Verwende hierfür deine Vorarbeiten aus Aufgabe 3.
Du kannst die folgenden Satzanfänge und die Verben im Kasten zu Hilfe nehmen:

Im Vordergrund des Bildes sind drei Figuren dargestellt, die auf einer sandfarbenen … |
Zu sehen ist ein alter chinesischer Bauer, ein Kind und eine Frau. |
Der alte Mann steht gebeugt da und hat seine rechte Hand … |
In seiner linken Hand hält er … |
Das Kind trägt auf seiner rechten Hand einen Vogel, den es … |
Der Mittelgrund des Bildes verläuft … |
Auf der rechten Uferseite des Flusses sieht man … |
Zwei Figuren sind im Bereich der Wohnhäuser zu sehen. Eine lehnt … Beide tragen … |
Im Hintergrund des Bildes ist eine weitere Brücke … | Einige Felssteine ragen in den … |
Die vorherrschenden Farben in dem Bild sind … |
Diese Farben werden in verschiedenen Abstufungen … Farblich heben sich … ab. |
Die silbergraue Farbe des Flusses geht in den Himmel über, der die gleiche Farbe …

Treffende Verben
abgebildet ist | gezeigt wird | zu sehen ist |
stellt dar | zu erkennen ist | tragen | aussehen | besitzen |
verlaufen | aufweisen | wirken | umgeben

5 a Überarbeitet eure Texte in Partnerarbeit mithilfe der folgenden Checkliste.
b Bewertet anschließend eure Lernergebnisse mithilfe des Bewertungsbogens in eurem Portfolio.

✓ **Checkliste** Ein Bild beschreiben

- Hast du in der Einleitung **Angaben** zum Titel, zum Künstler, zum Erscheinungsjahr, zur Maltechnik und zum Format gemacht?
- Hast du im Hauptteil das **Hauptmotiv** und die **Einzelheiten** des Bildes beschrieben? Bist du auch auf die **Farbgestaltung** eingegangen?
- Hast du das Bild in einer **geordneten Reihenfolge** beschrieben, z. B. von vorne (Vordergrund) über die Mitte (Mittelgrund) nach hinten (Hintergrund)?
- Hast du **treffende Verben** und **anschauliche Adjektive** verwendet?
- Hast du zum Schluss die **Gesamtwirkung** des Bildes beschrieben?
- Hast du durchgehend das **Präsens** verwendet?
- Ist die Beschreibung in einer **sachlichen Sprache** verfasst?
- Sind **Rechtschreibung** und **Zeichensetzung** korrekt?

4 Draußen unterwegs
Schildern

In diesem Kapitel …

- erfährst du, wie man „mit Worten malen“ und Stimmungen anschaulich schildern kann,
- übst du, ausdrucksstarke Wörter und sprachliche Bilder zu verwenden,
- liest und schreibst du Reportagen über Naturereignisse.

1 a Gib wieder, welche Eindrücke und Empfindungen du beim Betrachten des Bildes hast.
b Hast du schon einmal an einer ähnlichen Veranstaltung teilgenommen? Erzähle davon.

2 Versetze dich in die dargestellte Situation. Stelle zusammen, was du mit deinen Sinnen wahrnehmen kannst.
- Was siehst du?
- Was hörst, fühlst und riechst du?

Hitze … Stimmen … alles ist eng …

4.1 Draußen sein mit allen Sinnen
Schildern

Unwetter Schildern und Berichten unterscheiden

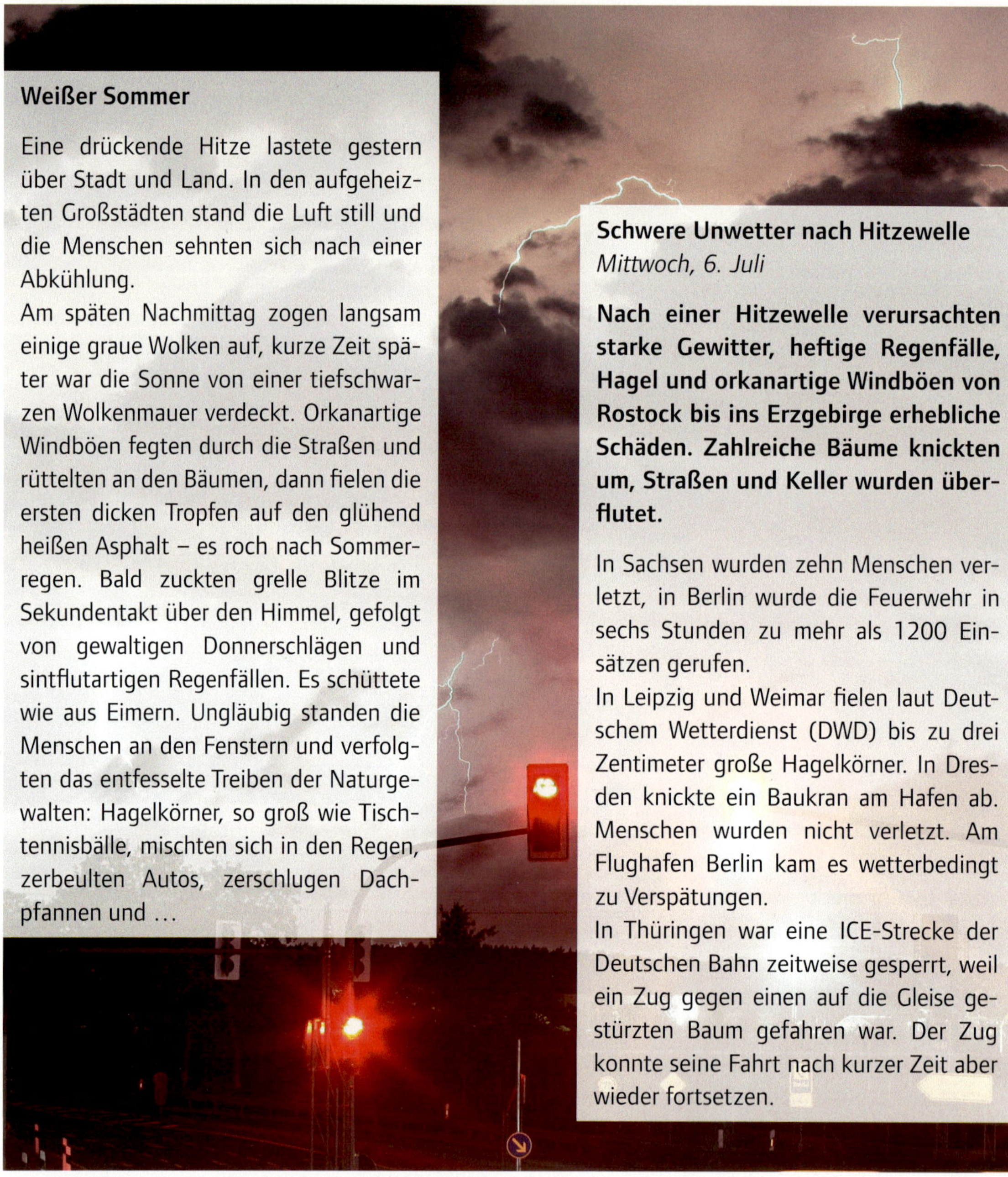

Weißer Sommer

Eine drückende Hitze lastete gestern über Stadt und Land. In den aufgeheizten Großstädten stand die Luft still und die Menschen sehnten sich nach einer Abkühlung.
Am späten Nachmittag zogen langsam einige graue Wolken auf, kurze Zeit später war die Sonne von einer tiefschwarzen Wolkenmauer verdeckt. Orkanartige Windböen fegten durch die Straßen und rüttelten an den Bäumen, dann fielen die ersten dicken Tropfen auf den glühend heißen Asphalt – es roch nach Sommerregen. Bald zuckten grelle Blitze im Sekundentakt über den Himmel, gefolgt von gewaltigen Donnerschlägen und sintflutartigen Regenfällen. Es schüttete wie aus Eimern. Ungläubig standen die Menschen an den Fenstern und verfolgten das entfesselte Treiben der Naturgewalten: Hagelkörner, so groß wie Tischtennisbälle, mischten sich in den Regen, zerbeulten Autos, zerschlugen Dachpfannen und …

Schwere Unwetter nach Hitzewelle
Mittwoch, 6. Juli

Nach einer Hitzewelle verursachten starke Gewitter, heftige Regenfälle, Hagel und orkanartige Windböen von Rostock bis ins Erzgebirge erhebliche Schäden. Zahlreiche Bäume knickten um, Straßen und Keller wurden überflutet.

In Sachsen wurden zehn Menschen verletzt, in Berlin wurde die Feuerwehr in sechs Stunden zu mehr als 1200 Einsätzen gerufen.
In Leipzig und Weimar fielen laut Deutschem Wetterdienst (DWD) bis zu drei Zentimeter große Hagelkörner. In Dresden knickte ein Baukran am Hafen ab. Menschen wurden nicht verletzt. Am Flughafen Berlin kam es wetterbedingt zu Verspätungen.
In Thüringen war eine ICE-Strecke der Deutschen Bahn zeitweise gesperrt, weil ein Zug gegen einen auf die Gleise gestürzten Baum gefahren war. Der Zug konnte seine Fahrt nach kurzer Zeit aber wieder fortsetzen.

1 a Schreibe jeden der Texte weiter, indem du noch zwei bis drei Sätze ergänzt.
b Erläutere, worauf du beim Schreiben geachtet hast.

2 a Untersucht die beiden Texte in Partnerarbeit genauer: Wie wird das Unwetter jeweils dargestellt? Stellt die Unterschiede der Texte in einer Tabelle gegenüber.

Weißer Sommer	Schwere Unwetter nach Hitzewelle
– Sprache: … – …	– Sprache: sachlich, nüchtern – …

b Begründet: Bei welchem Text könnt ihr euch die Unwetterstimmung bildhafter vorstellen?

c Überlegt, welche Absicht die Texte jeweils haben. Begründet eure Meinung.

3 a Stelle zusammen, welche Sinneseindrücke (sehen, hören, riechen, fühlen) im Text „Weißer Sommer" geschildert werden.

b Trage zusammen, mit welchen sprachlichen Gestaltungsmitteln das Geschehen in dem Text „Weißer Sommer" geschildert wird. Übertrage dazu die Tabelle in dein Heft und fülle sie mit Beispielen aus dem Text. Die Informationen im Merkkasten unten helfen dir.

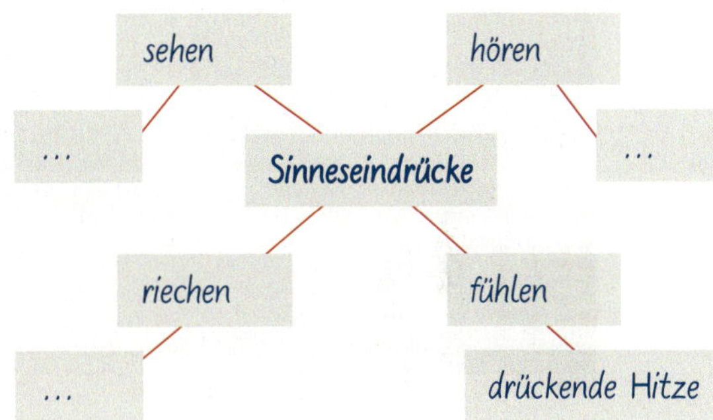

ausdrucksstarke Verben	anschauliche Adjektive und Partizipien	sprachliche Bilder: Vergleiche, Metaphern, Personifikationen
– lastete (Z. 1)	– **drückende** Hitze (Z. 1)	…

4 Schildere selbst ein Unwetter, das du erlebt hast.

a Notiere in Stichwörtern Sinneseindrücke, die du mit einem Unwetter verbindest.

b Versuche, mit deiner Schilderung „ein Bild zu malen", und setze die sprachlichen Mittel so ein, dass du die Fantasie deiner Leser anregst.

! **Merkwissen** Sprachliche Bilder

Der Vergleich: Bei einem Vergleich werden zwei verschiedene Vorstellungen durch *wie* oder *als ob* miteinander verknüpft, z. B.: *kalt wie Eis; so nass, als ob ich durch einen Fluss geschwommen wäre.*

Die Metapher: Bei einer Metapher wird ein Wort nicht in seiner wörtlichen, sondern in einer übertragenen (bildlichen) Bedeutung gebraucht, z. B.: *Nussschale für kleines Boot; Suppe für dichten Nebel.*

Man verwendet Metaphern, weil sich zwei Dinge aufgrund einer Eigenschaft ähnlich sind.

Im Unterschied zum direkten Vergleich fehlt bei der Metapher das Vergleichswort *wie*, z. B.: *Die Sonne war (wie) von einer Wolkenmauer verdeckt.*

Die Personifikation (Vermenschlichung) ist eine besondere Form der Metapher: Leblose Gegenstände, Begriffe oder die Natur werden vermenschlicht, das heißt, ihnen werden menschliche Verhaltensweisen und Eigenschaften zugesprochen, z. B.: *die Natur schläft; der Wind rüttelt an den Bäumen; der Tag verabschiedet sich; das Veilchen träumt.*

Eiskalt und stockdunkel Mit bildhafter Sprache schildern

1 Versetze dich in die Situation „Wintermorgen an der Haltestelle". Sammle Stichwörter zu den Wahrnehmungen, Sinneseindrücken und möglichen Gedanken, die du mit dieser Situation verknüpfst.

warten
- *Schneematsch spritzt*
- *Ob der Bus wieder zu spät kommt?*
- *Eiseskälte*
- *Autos rasen vorbei*
- *nasse Füße*
- *...*

2 Wenn man eine Situation schildert, versucht man, ein anschauliches Bild mit Worten zu malen und seine persönlichen Eindrücke wiederzugeben.

a Erläutere, mit welchen sprachlichen Mitteln der vorliegende Text überarbeitet wurde.

Ein ~~kalter~~ Wind bläst mir ins Gesicht. → *eiskalter*
~~Müde~~ ziehe ich meine Jacke enger. → *Todmüde und fröstelnd*
~~Die Zeit vergeht nicht~~. → *Die Minuten kriechen nur so dahin.*
~~Es ist neblig und ich denke an Paul~~. → *Nebelschwaden hängen in den Bäumen und ich frage mich, wann Paul endlich kommen wird.*

b Formuliere selbst einige Sätze, in denen du deine Eindrücke und Gedanken zur Situation „Wintermorgen an der Haltestelle" schilderst. Nutze hierzu deine Stichwörter aus Aufgabe 1.

c Überarbeitet eure Sätze in Partnerarbeit. Wendet hierbei auch die Ersatzprobe und die Erweiterungsprobe an (→ Ersatzprobe und Erweiterungsprobe, S. 336).

3 Stelle dir vor, du sitzt abends an einem Lagerfeuer am See und willst einem Freund oder einer Freundin die Situation und die Stimmung schildern.

a Lass vor deinem inneren Auge – wie in einem Film – ein Bild entstehen. Notiere, was du wahrnehmen und beobachten kannst.

- *Flammen züngeln*
- *...*

b Beschreibe deine Wahrnehmungen (Beobachtungen, Geräusche, Gerüche), Empfindungen und Gedanken anschaulich. Nutze dazu ausdrucksstarke Adjektive, Partizipien und Verben sowie sprachliche Bilder. Du kannst die Wörter im Kasten unten zu Hilfe nehmen.

- *das Feuer flackert im Dunkeln*
- *der Geruch von ...*
- *... züngelnde ...*
- *Wellen glucksen*

Tipp Beschreibe die **Einzelheiten** anschaulich. Denke z. B. an eine Kamera, die sich den einzelnen Details annähert. Viele Filme beginnen mit einer Totalen, dann werden Einzelheiten herangezoomt und manchmal schwenkt die Kamera auch wieder zurück.

zucken | flackern | knistern | qualmen | züngeln | glühen | lodern | glimmen | treiben | sich abzeichnen | sich spiegeln | glänzen | leuchten | riechen | Funken | Glut | Himmel | Wolkenfetzen | Silhouette | Umrisse der Berge | Stille | Stockbrot | Bratwurst | Duft | Geruch | Wärme | Flammen | Rauch | dunkel | tiefschwarz | goldgelb | hellblau | kupferrot | würzig | heiß | langsam

4 Schildere nun die Situation und die Stimmung beim Lagerfeuer anschaulich. Schreibe in der Ich- oder Wir-Form und verwende das Präsens. Gehe so vor:

a Formuliere einen einleitenden Satz, der in die Situation einführt, z. B.:

- *Die Sonne ist noch nicht untergegangen, als wir unser Lagerfeuer am See entzünden.*
- *Schon von Weitem sehe ich die hellen Flammen unseres Lagerfeuers. Ein Geruch von … liegt in der Luft, als ich …*

b Schildere im Hauptteil die Atmosphäre am Lagerfeuer. Beschreibe die Situation anschaulich und gib deine Sinneseindrücke wieder. Lies hierzu auch den Merkkasten unten.

c Schreibe einen Schlusssatz, in dem du z. B. einen abschließenden Gedanken äußerst.

Nach und nach werden die Flammen größer und langsam verbreitet sich eine wohlige Wärme. Durch den Abendhimmel treiben noch einige Wolkenfetzen, die von der untergehenden Sonne …

- *Mit einem dumpfen Knall fallen die Holzscheite zusammen und bläuliche Rauchschwaden …*
- *Das Lagerfeuer leuchtet in der Dunkelheit und ich denke …*

5 a Lest eure Schilderungen vor und gebt euch gegenseitig ein Feedback, was besonders gut gelungen ist und was ihr noch verbessern könnt.

b Überarbeitet eure Sätze. Wendet auch die Ersatz- und die Erweiterungsprobe an (→ S. 336).

- *Die Holzscheite fallen mit einem ~~lauten~~ Knall zusammen.* *dumpfen*
- *Die ⌉ Flammen …* *⌉ hellen*

6 Stelle dir einen besonderen Ort oder eine alltägliche oder ausgefallene Situation vor und schildere deine Wahrnehmungen und Gedanken, z. B.: in einer belebten Fußgängerzone, am Flughafen, auf einem Popkonzert, in einem Raumschiff auf dem Weg ins All, in der Wüste.

! **Merkwissen** Schildern

Wenn man eine Situation oder Stimmung schildert, versucht man, **mit Worten ein anschauliches** und **lebendiges Bild** zu **malen.** Man beschreibt z. B. eine Landschaft, eine belebte Straße, die Stimmung bei einem Konzert so, dass die Leser die Situation und die Atmosphäre genau vor Augen haben. Schilderungen sind handlungsarm und geben **Wahrnehmungen, Sinneseindrücke** (sehen, hören, fühlen, riechen/schmecken) sowie **persönliche Gedanken und Empfindungen** wieder. Sie beruhen auf genauen Beobachtungen.
Die folgenden Fragen können dir helfen, eine Situation mit allen Sinnen wahrzunehmen:
Was sehe ich? Was höre ich? Was rieche/schmecke ich? Was empfinde ich? Was denke ich?
Schilderungen können im Präsens, aber auch im Präteritum verfasst werden.
Folgende **Gestaltungsmittel** helfen dir, besonders anschaulich zu schildern:
- **anschauliche Adjektive** und **Partizipien,** z. B.: *stockdunkel, eiskalt, fröstelnd, frierend*
- **ausdrucksstarke Verben,** z. B.: *kriechen, rascheln, knistern*
- **sprachliche Bilder** wie Vergleiche, Metaphern und Personifikationen (→ S. 322)

Schilderungen machen Erzählungen anschaulich

Mark Twain
Tom Sawyer

Je eifriger Tom sich bemühte, seine Aufmerksamkeit auf das Buch zu konzentrieren, desto mehr irrten seine Gedanken ab. So gab er es schließlich mit einem Seufzer und Gähnen auf. Ihm schien, die Mittagspause werde nie kommen. Die Luft war totenstill. Nicht der leiseste Windhauch regte sich. Es war der schläfrigste aller schläfrigen Tage. Das einlullende Gemurmel der fünfundzwanzig lernenden Schüler umschmeichelte die Seele wie das magische Summen der Bienen. Fern im flammenden Sonnenschein stiegen die grünen Ränder des Cardiff-Hügels auf, hinter einem flimmernden Hitzeschleier, durch die Entfernung violett gefärbt. Auf trägen Schwingen schwebten hoch oben am Himmel ein paar Vögel. Sonst war kein Lebewesen zu sehen, außer einigen Kühen, und die schliefen.

1 a Fasse zusammen, worum es in diesem Textauszug geht.
b Untersuche, aus wessen Sicht erzählt wird. Wie nennt man einen solchen Erzähler?

2 Erkläre, wie Tom in diesem Text auf dich wirkt. Begründe deine Meinung.

3 Untersuche, durch welche sprachlichen Gestaltungsmittel die Wahrnehmungen von Tom besonders anschaulich werden. Nenne Textbeispiele und beschreibe die Wirkung auf den Leser.

4 a Setzt die Schilderung in Partnerarbeit fort. Versetzt euch in die Situation von Tom, sodass vor eurem inneren Auge ein genaues Bild entsteht. Sammelt Ideen und haltet sie in einem Schreibplan fest. Orientiert euch hierbei an dem folgenden Muster:

Toms Beobachtungen, Empfindungen	mögliche Formulierungen
– *Tom sah in der Ferne den Fluss.* – *Tom blickte auf die Uhr im Klassenzimmer.* – *Er beobachtete seinen Mitschüler Ben.*	– *Das Wasser glitzerte in der Sommersonne, …* – *Die Zeiger krochen …* – *…*

b Überarbeitet eure Texte. Wendet hierbei das ESAU-Verfahren an:

Methode Texte überarbeiten: Das ESAU-Verfahren

Das ESAU-Verfahren ist eine Methode der Textüberarbeitung. ESAU steht für **E**rgänzen, **S**treichen, **A**ustauschen und **U**mstellen.
- **E**rgänzen: fehlende Wörter, Sätze, Gedanken, Abschnitte hinzufügen
- **S**treichen: überflüssige Wörter, Sätze, Gedanken und Abschnitte weglassen
- **A**ustauschen: unpassende Wörter, Sätze, Gedanken und Abschnitte durch treffendere Formulierungen ersetzen
- **U**mstellen: unstimmige Reihenfolge von Wörtern, Satzgliedern, Sätzen, Gedanken und Abschnitten ändern (verschieben)

Teste dein Wissen!
Schildern

1 a Lies die unterschiedlichen Formulierungen aufmerksam durch und ordne die inhaltlich verwandten Sätze einander zu. Notiere so: 1 = …, 2 = …

sachliche Formulierungen
1 Das Meer war schwarz.
2 Ich war müde.
3 Keiner sagte ein Wort.
4 Als die Sonne unterging, sah das Meer rot aus.
5 Es war sehr neblig.

schildernde Formulierungen
A Eine Mauer des Schweigens empfing mich.
B Meine Augenlider waren schwer wie Blei.
C Das Meer glänzte schwarz wie die Nacht.
D Nebelschwaden hüllten die Häuser wie Watte ein.
E Die untergehende Sonne färbte das Meer rot.

b Bestimme bei den Sätzen A bis E, durch welche sprachlichen Gestaltungsmittel die Formulierungen jeweils anschaulich werden.
Tipp: In einigen Sätzen findest du mehrere Gestaltungsmittel.

c Vergleicht eure Ergebnisse in Partnerarbeit. Nehmt hierzu auch die Merkkästen von S. 75 und 78 zu Hilfe.

2 Die folgende Schilderung ist noch nicht gelungen.
a Überarbeite den Text so, dass sich der Leser die Situation bildhaft vorstellen kann.
- Schildere Einzelheiten und beschreibe sie mit anschaulichen Adjektiven/Partizipien, ausdrucksstarken Verben und sprachlichen Bildern.
- Achte auch auf abwechslungsreiche Satzanfänge, indem du z. B. Satzglieder umstellst.

VORSICHT, FEHLER!

Ich ging durch den Wald. Es war Herbst und die Sonne schien.
Es war windig, sodass die Blätter von den Bäumen raschelten. Ich sah in zirka 20 Metern Entfernung einen Höhleneingang. Der Eingang der Höhle befand sich an einer Felswand, die ganz schön steil und grün vom Moos war. Vor der Öffnung der Höhle kam mir so eine typische Höhlenluft entgegen. Ich knipste meine Taschenlampe an. Vor mir war ein Gang, der immer dunkler wurde. Wasser tropfte von der Höhlendecke, sodass am Boden Pfützen zu sehen waren.

b Besprecht eure Texte in Partnerarbeit. Gebt euch gegenseitig ein Feedback, was besonders gut gelungen ist und was ihr noch überarbeiten müsst. Wendet hierbei das ESAU-Verfahren an (→ S. 79).

4.2 Auf der Jagd nach dem Sturm
Reportagen untersuchen

Heiß auf den Blitz
von Jörg Stock

Markus Ehrentraut aus Berggießhübel jagt mit seiner Kamera gern Stürmen hinterher. Er träumt davon, einmal einen Tornado abzulichten.

Blauer Himmel über Struppen. Für einen Gewitterfreund muss das ein furchtbar langweiliger Anblick sein. Aber Markus Ehrentraut hat nichts gegen Sonne. Er geht gern wandern. Da kann er auf Blitz und Donner verzichten. Wir wollen heute auch ein wenig wandern gehen. Wir suchen den Kahlschlag, den ein Unwetter vorigen Mittwoch in den Wald bei Obervogelgesang fräste. Markus Ehrentraut ist gespannt. Könnte es ein Tornado gewesen sein?
Markus Ehrentraut, 24-jähriger Kaufmannslehrling aus Berggießhübel, gehört zur Hand voll Wetterverrückter, die bei Gewittern, anstatt den Kopf einzuziehen, diesen hinterherjagen und ihre Ausbrüche fotografieren. Die Urgewalten faszinieren den jungen Burschen. Manchmal springt er nachts aus dem Bett, wenn es draußen rumpelt. Er träumt davon, einmal einen Tornado zu erjagen. Das ist das Größte, was man als Wetterfreak vor die Linse kriegen kann, sagt er.
Dass ein Tornado für den Baumsalat von Obervogelgesang verantwortlich sein soll, war am Tag des Unwetters gerüchteweise zu hören. Gesehen hat ihn niemand. Wir gehen das Loch im Wald von oben her an, biegen hinter Struppen links in einen Wiesengang ein und stoßen unter alten Buchen auf den Malerweg, der uns direkt zur Schadstelle führen soll.
Markus Ehrentraut sieht nicht gerade wie der verwegene Sturmjäger aus, den man vom Hollywood-Kino kennt. Er ist ein schmaler Typ mit Jungengesicht, trägt ein kurzes Hemd, kurze Hosen und Turnschuhe. Man staunt, wenn er

berichtet, wie er im Mai 2010 seinen Kleinwagen an den Tornado von Großenhain heransteuerte. Zu nahe heran, wie er heute weiß. Ehrentraut musste auf der Autobahn einen Nothalt machen. Der Sturm schüttelte seinen Renault derart durch, dass ihm der Atem stockte. Das erste zersplitterte Holz liegt am Weg. Markus Ehrentraut betrachtet es neugierig. Manchmal kann das Schadbild verraten, welches Wetterphänomen zugeschlagen hat. Beim Tornado mit seinen rotierenden Aufwinden zum Beispiel fallen Bäume nicht nur in eine Richtung, sondern werden nach allen Seiten zu Boden geschleudert, manchmal sogar kreisförmig. Ehrentraut macht ein paar Aufnahmen mit seiner Nikon-Kamera. Die Fotos wird er später ins Forum von Skywarn stellen, damit die anderen Gewitterfans sie diskutieren können. Skywarn? Das ist Englisch und bedeutet so viel wie Himmelswarndienst. Es handelt sich um einen Verein, der nach amerikanischem Vorbild ein ehrenamtliches Unwetterbeobachtungssystem in Deutschland aufbaut. Seit 2007 ist Markus Ehrentraut dort Mitglied und gibt auch selbst Meldungen ab. Trotz moderner Technik sind Unwetter schwer vorherzusagen. Viele treffen nur ein kleines Gebiet und rutschen durch das Messnetz der Wetterdienste. Die sind froh, wenn Privatleute Unwetter beobachten und melden. Etwas Fachwissen braucht man dazu. Bei Skywarn gibt es einen kleinen Kursus mit Prüfung für „Spotter". Den hat auch Markus Ehrentraut durchlaufen, damit man nicht in jeder „Furzwolke" einen Tornado sieht.

Als Kind hatte Ehrentraut Angst vor Gewittern. Er wäre nie auf die Idee gekommen, vor die Tür zu gehen. Aber irgendwie, sagt er, müssen ihn die Blitze schon damals in den Bann gezogen haben. Mit genügend Abstand, das weiß er heute, ist das Risiko vertretbar. Sechs Kilometer sollten es schon sein, sagt er. Beim Verfolgen des Sturms hilft ihm sein Laptop. Als Skywarner kann er laufend auf die neuesten Radarbilder des amtlichen Wetterdienstes zugreifen. Die verraten dem Gewitterjäger, wo ein Unwetter entsteht und wohin es zieht.

Baumfriedhof gibt Rätsel auf

Wir sind da. Der ehemalige Wald sieht aus, als hätte ein Riese im Vorbeigehen einen Zahnstocher gesucht. Die Bäume liegen entwurzelt in Büscheln herum, andere Stämme ragen zwar kerzengerade empor, sind aber sauber geköpft – Indiz für die große Kraft des Windes.

Markus Ehrentraut schaut staunend über den Baumfriedhof. Das ist nicht die Hinterlassenschaft eines normalen Sturms, sagt er. Andererseits ist ihm die Fallrichtung der Stämme zu gleichförmig für einen Tornado. Am späten Abend stehen die Fotos bei Skywarn zur Diskussion. „Was hier am Werk war, weiß ich nicht", schreibt Ehrentraut. Vielleicht haben seine Sturmjägerkollegen ja eine Idee?

Web www.skywarn.de/forum

1 a Wie wirkt diese Reportage auf dich: spannend, informativ, abenteuerlich, lehrreich, wie eine reale oder wie eine erfundene Geschichte? Begründe, indem du Textstellen heranziehst.
b Hast du schon einmal einen Tornado oder etwas Ähnliches erlebt? Erzähle davon.
c Berichte, was du über Tornados weißt.

2 a Lies den Text ein zweites Mal und betrachte die beiden Fotos.
b Fasse in eigenen Worten zusammen, worum es in dem Text geht. Erkläre auch, was auf den Fotos zu sehen ist.

3 a Lies die folgenden Aussagen zum Text und entscheide, welche richtig und welche falsch sind.

A Markus Ehrentraut ist schon immer bei Gewitter gerne draußen gewesen.
B Der Reporter ist überrascht, als er den jungen Mann kennen lernt.
C Ehrentraut hält schwere Unwetter mit seiner Kamera fest.
D „Skywarn" ist ein Verein, der aus ehrenamtlichen Mitgliedern besteht.
E Diese Art der Wetterbeobachtung stammt aus den USA.
F Mitglieder von „Skywarn" arbeiten in Konkurrenz zu den amtlichen Wetterdiensten.
G Um „Spotter" zu werden, muss man eine Prüfung ablegen.
H Gleichförmig in eine Richtung gestürzte Bäume weisen auf einen Tornado hin.
I Markus Ehrentraut ist sich sicher, dass es sich bei dem Unwetter um einen Tornado gehandelt hat.
J Mithilfe modernster Technik lassen sich Unwetter heute präzise vorhersagen.

b Korrigiere die falschen Aussagen und schreibe sie richtig auf.
c Überprüfe deine Ergebnisse, indem du sie mit einem Lernpartner vergleichst.

4 a Überlege: Was unterscheidet den ersten Absatz der Reportage (→ Z. 4–13) von der Einleitung eines möglichen Berichts (→ S. 18), z. B. über einen schweren Sturm?
b Mache dir Notizen und trage deine Ergebnisse in der Klasse vor.

5 Eine Reportage enthält sachliche Informationen, gibt aber auch die persönlichen Eindrücke des Verfassers wieder.
a Suche Textstellen heraus, in denen Fakten genannt werden, und solche, in denen der Reporter die Situation anschaulich schildert.
b Durch welche Textstellen kannst du dich besonders gut in die beschriebene Situation hineinversetzen? Nenne Beispiele und beschreibe die Wirkung der genannten Textpassagen.
c Stelle die Textstellen zusammen, in denen der Reporter die Worte von Markus Ehrentraut wiedergibt.

6 a Untersuche die zeitliche Gestaltung der Reportage. Welche Passagen sind im Präsens geschrieben, welche im Präteritum?
b Beschreibe, wie die Textabschnitte im Präsens, wie die im Präteritum auf dich wirken.

7 Wer eine Reportage schreibt, muss den Lesern das Gefühl geben, live (mit allen Sinnen) vor Ort zu sein. Der Verfasser muss also seine Eindrücke anschaulich vermitteln.
a Untersucht in Partnerarbeit, durch welche sprachlichen Gestaltungsmittel die Verwüstungen durch den Sturm besonders anschaulich werden. Übertragt die folgende Tabelle in euer Heft und sammelt darin Beispiele aus dem Text.

ausdrucksstarke Verben	**anschauliche Adjektive und Partizipien**	**sprachliche Bilder: Vergleiche, Metaphern, Personifikationen**
fräste (Z. 12) ...	...	*Hand voll (Z. 15)* ...

b Forme die Zeilen 84–90 in einen sachlichen Bericht um. Streiche die schildernden Passagen und ersetze ausdrucksstarke Wörter durch sachliche Formulierungen.
c Vergleiche die Wirkung deines Textes mit der des Originals.

8 Schreibe mithilfe der Informationen aus der Reportage einen sachlichen Bericht über das Unwetter von Obervogelgesang. Fehlende Informationen kannst du dir ausdenken und ergänzen.

9 a Rufe die Seite www.skywarn.de auf, sieh sie dir genau an.
b Stelle die Seite deinen Mitschülern vor und erkläre, welche Informationen sie zur Verfügung stellt.

! Merkwissen Reportage

Eine **Reportage informiert in besonders anschaulicher und lebendiger Weise über ein Ereignis.** Sie ist ein **Erlebnisbericht,** denn bei einer Reportage schreibt ein Reporter über ein Geschehen, das er selbst als Augenzeuge miterlebt hat.
- Reportagen **führen direkt in eine interessante Szene ein** (szenischer Einstieg), sodass die Neugier der Leser geweckt wird, z. B. durch die Schilderung einer Situation.
- Eine Reportage enthält **sachliche Informationen** (Beantwortung der W-Fragen), gibt aber auch **die Eindrücke und die persönliche Sichtweise des Verfassers** wieder.
- Die Reportage will den Lesern das Gefühl geben, dass sie live (mit allen Sinnen) bei dem Geschehen dabei sind. Deshalb **beschreibt** der Reporter anschaulich **die Atmosphäre und Stimmung vor Ort** und **schildert seine Wahrnehmungen.** Zitate von Personen und eine bildhafte Sprache (ausdrucksstarke Verben, anschauliche Adjektive sowie sprachliche Bilder) sorgen für diese **Anschaulichkeit.**
- Die Zeitform der Reportage wechselt oft zwischen **Präteritum** und **Präsens.** Das Präsens vermittelt den Lesern den Eindruck, direkt vor Ort dabei zu sein.

Vertiefen und üben
Eine Reportage schreiben

Wale in Neuseeland gerettet
Kaikoura, 18. Juni

Rund 200 Tierschützer und freiwillige Helfer haben 21 gestrandete Grindwale in Neuseeland gerettet. Sie schafften es am Mittwoch bei Flut, die drei Tonnen schweren Tiere per Kran wieder zurück ins Meer zu transportieren. Auch Schulkinder waren an der Rettungsaktion bei Farewell Spit auf der Südinsel beteiligt. Eine Sprecherin der Naturschutzbehörde lobte den 24 Stunden währenden Einsatz der Helfer, die die hilflosen Tiere mit feuchten Laken, Decken und Eimern mit Meerwasser nass und kalt hielten, um sie vor Überhitzung zu schützen. Nach der Rückkehr der Tiere ins tiefere Wasser waren bis zum späten Abend Taucher und Boote im Einsatz, um zu verhindern, dass die Tiere erneut in Küstennähe gerieten. Es ist das dritte Mal in diesem Jahr, dass Wale in dieser Region an der Küste strandeten.

Damit die gestrandeten Wale nicht an Überhitzung sterben, werden sie mit feuchten Laken nass und kalt gehalten.

Die Wale werden auf Planen gerollt und in einer Schlinge von einem Kran hochgehoben.

●●● 1 Schlüpfe in die Rolle einer Reporterin oder eines Reporters, die bzw. der bei dieser Walrettung vor Ort war. Schreibe für die Zeitung eine Reportage über dieses Ereignis. Gehe so vor:

a Schreibe aus dem Zeitungsbericht alle Informationen heraus, die auf die W-Fragen antworten.

b Versetze dich in die Situation vor Ort und lass vor deinem inneren Auge ein Bild entstehen. Sammle Ideen und notiere sie:
- Was tun die Helfer vor Ort? Wie fühlen sie sich?
- Was kannst du sehen und hören (z. B. Geräusche, Rufe)? Was empfindest du?
- Wie wirken Atmosphäre und Stimmung bei dieser Rettungsaktion?

c Erfinde Aussagen von Personen, die du befragt haben könntest, z. B.: *„Wir versuchen alles, um …"*

→ Hilfen zu dieser Aufgabe findest du auf S. 86.

●●● 2 Verfasse deine Reportage. Schildere deine Eindrücke und lass die Leser am Geschehen teilhaben. Schreibe in der Ich-Form.
- **Einleitung:** Mitten ins Geschehen führen und Neugier wecken, z. B.: *Wie riesige, schwarz glänzende Felsen liegen die gestrandeten Wale …*
- **Hauptteil:** Darstellung des Geschehens aus deiner Sicht (Sachinformationen, Schilderung von persönlichen Eindrücken und der Atmosphäre vor Ort, Aussagen von Personen)
- **Schluss:** Ereignis abrunden oder den Anfang wieder aufgreifen

→ Hilfen zum Schreiben deiner Reportage findest du auf S. 86.

●○○ 1 mit Hilfen

Schlüpfe in die Rolle einer Reporterin oder eines Reporters, die bzw. der bei dieser Walrettung vor Ort war. Schreibe für die Zeitung eine Reportage über dieses Ereignis. Gehe so vor:

a Schreibe aus dem Bericht (→ S. 85) Informationen heraus, die auf die W-Fragen antworten:

Was ist passiert?	*– 21 gestrandete Grindwale sind gerettet worden.*
Wann?	*– 18. Juni (24 Stunden lang)*
Wo?	*– …*
Wer?	*– 200 Tierschützer und freiwillige Helfer, darunter auch Schulkinder*
Wie und warum?	*– gestrandete Wale werden mit feuchten Decken …*
	– die drei Tonnen schwere Wale werden per Kran ins Meer zurücktransportiert
	– nach der Rückkehr der Wale ins Meer verhindern Taucher und …

b Versetze dich in die Situation vor Ort und lass vor deinem inneren Auge ein Bild entstehen. Sammle Ideen und notiere, was du wahrnehmen und empfinden könntest, z. B.:

A Was tun die Helfer vor Ort? Wie fühlen sie sich?
- *rennen mit Decken immer wieder zum Meer, um die Wale zu befeuchten*
- *fühlen sich verantwortlich für das Überleben …*
- *…*

B Was kannst du sehen und hören (z. B. Geräusche, Rufe)?
- *Wale liegen wie riesige, schwarze Felsen in der Morgensonne, die Wellen rauschen*
- *die Helfer rufen sich zu, welches der Tiere am nötigsten Wasser braucht*
- *…*

C Wie wirken Atmosphäre und Stimmung bei dieser Rettungsaktion?
- *Helfer arbeiten konzentriert, Spannung …*

c Erfinde Aussagen von Personen, die du befragt haben könntest, z. B.:
- *Sprecherin der Naturschutzbehörde: „Wir versuchen alles, um diese Tiere zu retten."*
- *Schülerin: „Wir haben heute schulfrei bekommen, damit wir bei dieser Rettungsaktion …"*

●○○ 2 mit Hilfen

Verfasse deine Reportage. Schildere deine Eindrücke und lass die Leser live am Geschehen teilhaben. Schreibe in der Ich-Form.

- **Einleitung:** Führe die Leser mitten ins Geschehen ein und wecke ihre Neugierde, z. B.: *Wie riesige, schwarz glänzende Felsen liegen die gestrandeten Wale …*
- **Hauptteil:** Stelle das Geschehen aus deiner Sicht dar. Schildere deine persönlichen Eindrücke und lasse Menschen vor Ort zu Wort kommen (Zitate), z. B.: *Eilig werden die Wassereimer von Hand zu Hand gereicht. „Schnell hierher", schallt es …*
- **Schluss:** Runde das Ereignis ab, z. B. indem du die Schlussszene beschreibst: *Langsam schwimmen die Wale ins tiefere Wasser. Nach einiger Zeit sind sie nur noch als kleine schwarze Punkte im Meer erkennbar. Ich kann kaum glauben, dass …*

4.3 Fit in …
Schildern

Die Aufgabenstellung richtig verstehen

Stelle dir vor, du bekommst folgende Aufgabe:

Der folgende Auszug aus dem Roman „Julie von den Wölfen" bricht plötzlich ab.
Setze den Textauszug mithilfe der Schreibideen schildernd fort.
Berücksichtige dabei die Erzählform und das Tempus der Vorlage.

Jean Craighead George
Julie von den Wölfen

Miyax, ein dreizehnjähriges Eskimomädchen, das mit englischem Namen Julie heißt, ist aus einer Kinderehe geflüchtet. Sie will zum Hafen in Point Hope, um von dort mit einem Schiff nach San Francisco zu fahren, wo ihre Brieffreundin wohnt. Auf ihrem Weg in die Hafenstadt verirrt sie sich jedoch in der arktischen Tundra. Miyax erkennt, dass in dieser verlassenen Gegend außer ihr nur noch ein Wolfsrudel lebt.

Ein erschreckender Augenblick war das gewesen, als sie zwei Tage zuvor plötzlich gewahr wurde, dass die Tundra ein Ozean aus Gras war, in dem sie Kreise ging, immer im Kreis. Miyax hatte nicht viel mitschleppen können, als sie von zu Hause weglief, sie nahm nur Dinge mit, die sie für die Reise brauchen würde – einen Rucksack, Proviant für eine Woche oder so, Nähnadeln, Zündhölzer, ihren Schlafsack, eine Decke als Unterlage, zwei Messer und einen Kochtopf.

Als Miyax die Wölfe entdeckt hatte, ließ sie sich in ihrer Nähe nieder mit der Hoffnung, es würde von dem Futter der Wölfe auch für sie etwas abfallen. Hier wollte sie bleiben, bis die Sonne unter den Horizont sank und die Sterne am Himmel erschienen und ihr den Weg wiesen. Sie hatte ein Haus aus Grasziegeln errichtet, wie die alten Eskimos ihre Sommerwohnungen bauten. Jeder Ziegel war mit einem Ulo, dem halbmondförmigen scharfen Messer der Eskimofrauen, aus dem Boden geschnitten.
Sehr kunstgerecht gebaut war ihr Haus nicht, denn Miyax hatte nie zuvor eines bauen müssen, aber inwendig war es behaglich. Sie hatte …

Schreibideen

1 Das selbst errichtete Haus von Miyax
- Rentierfelle als Teppich, Schlafsack, niedriger Tisch aus Moosziegeln
- außerhalb des Hauses: Feuerstelle mit Kochtopf

2 Miyax ist sehr hungrig und fühlt sich in der Weite der Tundra einsam und verloren
- endlose Ebene, keine Bäume, keine Straße
- Moose, Grase, Flechten, einige Blumen, Tümpel und Seen
- Tundraboden war ständig gefroren, starker, kalter Wind
- Miyax konnte nichts Essbares finden; sie hatte Angst zu verhungern

3 Miyax beobachtet von einem Hügel aus die Wölfe
- vier erwachsene Wölfe, fünf Wolfsjunge, die vor einem Höhleneingang lagen
- sie hoffte, etwas von dem erbeuteten Fleisch abzubekommen
- die Wölfe bemerkten Miyax zunächst nicht; erst als eine Vogelschar aufflog, entdeckte der Leitwolf sie; Miyax hatte große Angst

1 a Lies dir die Aufgabenstellung und den Textauszug aus „Julie von den Wölfen" aufmerksam durch. Sieh dir dann die Schreibideen auf den Seiten 87–88 an.
b Klärt in Partnerarbeit, was die Aufgabenstellung von euch verlangt.

Ideen für die Fortsetzung der Geschichte sammeln

2 Auf S. 87–88 findest du Ideen für die Fortsetzung der Geschichte. Formuliere zu den einzelnen Erzählschritten schildernde Textpassagen, sodass die Leser die Situation von Miyax genau vor Augen haben.
Verwende anschauliche Adjektive/Partizipien, ausdrucksstarke Verben und sprachliche Bilder.
Tipp: Lass dich auch von den Fotos auf S. 87–88 inspirieren.

Die Schilderung schreiben und überarbeiten

3 Setze den Textauszug mithilfe deiner Vorarbeiten aus Aufgabe 2 schildernd fort. Beschreibe das Haus und die Landschaft (Tundra) anschaulich und detailliert. Schildere auch, was Miyax denkt und empfindet. Schreibe in der Sie-Form und verwende das Präteritum.

4 Überarbeitet eure Texte in Partnerarbeit. Wendet hierbei das ESAU-Verfahren an (→ S. 79) und nutzt die folgende Checkliste:

Checkliste Aus der Perspektive einer literarischen Figur schildern

- Werden die **Beobachtungen**, **Gedanken** und **Empfindungen** der Figur deutlich?
- Habt ihr die Situation vor Ort (z. B. die Landschaft, das Haus, die Wölfe) so detailliert beschrieben, dass die Leser ein **genaues Bild** vor Augen haben?
- Ist die **Sprache bildhaft und abwechslungsreich**? Verwendet ihr z. B.:
  - anschauliche Adjektive und Partizipien, z. B.: *goldgelb, baumlos, verzweifelt*
  - ausdrucksstarke Verben, z. B.: *erblicken, beobachten, bemerken, starren*
  - sprachliche Bilder, z. B.: *Sie schluckte ihre Angst hinunter.*
- Sind die **Satzanfänge abwechslungsreich**?
- Habt ihr die Erzählform und das **Tempus** der Vorlage übernommen?

5 „Nennt mich nicht Ismael!"
Einen Jugendroman lesen und verstehen

In diesem Kapitel …

- lernst du einen modernen Jugendroman kennen,
- untersuchst du die Figuren und die Handlungsabläufe in diesem Roman,
- charakterisierst du die Hauptfiguren,
- gestaltest du eigene Texte zu Romanauszügen.

1 Das Bild stammt aus dem Jugendroman „Nennt mich nicht Ismael!".
   a Tauscht eure Ideen aus: Um welche Themen könnte es in diesem Jugendbuch gehen?
   b Notiere deine ersten Gedanken zu den Figuren aus dem Roman „Nennt mich nicht Ismael!".

2 Überlege: Warum ist es sinnvoll, die Figuren einer Geschichte genauer zu untersuchen?

3 Erkläre, was du von einem guten Jugendbuch erwartest. Welches Jugendbuch kannst du anderen empfehlen?

5.1 Ismael, Scobie, Barry
Figuren und Handlungsabläufe untersuchen

„Heilung ausgeschlossen“ Den Erzähler kennen lernen

Michael Gerard Bauer
Nennt mich nicht Ismael! *1*

Der australische Schriftsteller Michael Gerard Bauer (geb. 1955 in Brisbane) erzählt in seinem Jugendroman „Nennt mich nicht Ismael!“ von einem 14-jährigen Jungen, der wegen seines exotischen Vornamens in der Schule gemobbt wird und durch verschiedene Erlebnisse zu neuem Selbstbewusstsein findet.

Ich weiß nicht, wie ich es sagen soll, deshalb sage ich es einfach geradeheraus – es wird Zeit, sich der Wahrheit zu stellen: Ich bin vierzehn Jahre alt und leide am Ismael-Leseur-Syndrom. Heilung ausgeschlossen.

Soweit ich weiß, bin ich weltweit der einzige schriftlich belegte Fall von Ismael-Leseur-Syndrom. Wahrscheinlich hat der Berufsstand der Ärzte bislang nicht einmal vom Ismael-Leseur-Syndrom gehört. Aber es existiert, glaubt mir. Doch genau da liegt das Problem: Wer glaubt *mir* schon?

Eine Weile habe ich es einfach ignoriert, aber in diesem Schuljahr waren die Symptome so schrecklich schmerzhaft, dass ich sie zur Kenntnis nehmen musste. Und ich übertreibe nicht, nicht im Geringsten: Das Ismael-Leseur-Syndrom macht aus einer völlig normalen Person eine wandelnde Katastrophe, die auf der nach oben offenen Idioten-Skala mindestens den Wert neun Komma neun erreicht.

Deshalb habe ich beschlossen, alles aufzuschreiben. Jetzt werden endlich alle die Wahrheit begreifen. Statt mich zum Bürgermeister von Versagerhausen zu wählen, werden sie einfach nachsichtig lächeln und nicken: „Okay, alles klar. Der arme Junge leidet am Ismael-Leseur-Syndrom. Er kann nichts dafür.“

Aber ich greife vor, statt am Anfang zu beginnen und die Dinge gründlich zu durchleuchten. Vermutlich muss ich die Sache wissenschaftlich angehen, wenn ich euch davon überzeugen will, dass dies alles wahr ist.

Also der Reihe nach: Ich heiße Ismael Leseur. Stopp, ich weiß, was ihr sagen wollt: Ich habe denselben Namen wie meine Krankheit. Wahrscheinlich meint ihr, ich hätte die Krankheit nur erfunden, damit ich eine Entschuldigung habe, wenn ich mich mal wieder komplett zum Narren mache. Aber da seid ihr schiefgewickelt. So einfach ist das nicht. Ihr müsst euch klarmachen, dass mein Name die Krankheit ist, zum Teil jedenfalls. Wie das im Einzelnen funktioniert, weiß ich nicht genau. Schließlich bin ich kein Wissenschaftler, sondern das Opfer der Krankheit, aber ich habe so meine Theorien:

THEORIE EINS: Das Ismael-Leseur-Syndrom wird von einem tödlichen Virus ausgelöst, das aus der Verbindung von „Ismael" und „Leseur" entsteht.

Über diese Theorie habe ich sehr viel nachgedacht, deshalb möchte ich euch gern meine Schlussfolgerungen darlegen. Die einzelnen Buchstaben sind meiner Ansicht nach für sich selbst genommen völlig harmlos. Auch die Bildung der Worte „Ismael" und „Leseur" aus diesen Buchstaben scheint noch einigermaßen unverfänglich zu sein. Zum Beweis verweise ich auf meine engsten Verwandten: und zwar meinen Vater Ron Leseur, Versicherungsvertreter und Mitbegründer der 80er-Jahre-Rockband „Dugongs", meine Mutter Carol Leseur, Stadträtin und Hauptorganisatorin der Familie, und meine 13-jährige Schwester Prue Leseur.

Wie ihr seht, tragen alle den Namen Leseur, aber ich versichere euch, dass keiner auch nur an einem einzigen der schrecklichen Symptome leidet, die ich euch gleich näher beschreiben werde. Ich muss sogar sagen, dass meine Mutter und mein Vater fast immer einen außerordentlich glücklichen und zufriedenen Eindruck machen. Meine Schwester ist, was die Sache noch schlimmer macht, nach Ansicht jedes Freundes, Verwandten und Fremden, der sie jemals zu Gesicht bekommen hat, einfach „hinreißend". Außerdem hat sie einen IQ, der sich im Bereich „Genie" bewegt. Wenn Gehirne Autos wären, dann wäre Prue ein Rolls-Royce, ich dagegen ein aufgebocktes Goggomobil, dem der halbe Motor fehlt. Und wie fühle ich mich wohl dabei? Ich will es euch sagen: Wie der einzige Mensch, der den Job des Dorftrottels nicht bekommen hat, weil er hoffnungslos überqualifiziert ist.

1 a Lies den Anfang des Romans „Nennt mich nicht Ismael!" und beschreibe anschließend deinen ersten Eindruck.
b Begründe: Findest du diesen Romananfang lustig, spannend ...? Reizt er dich zum Weiterlesen?

2 a Trage in Stichwörtern zusammen, was du über die Hauptfigur Ismael und seine Situation erfährst.
b Stelle Vermutungen an, was das „Ismael-Leseur-Syndrom" sein könnte.

3 a Seht euch in Partnerarbeit den Erzähler der Geschichte genau an. Aus wessen Sicht wird erzählt? Wie nennt man einen solchen Erzähler?
b Lest die Zeilen 36–40 laut vor. An wen richtet sich der Erzähler? Wie wirkt das? Nennt andere Textstellen, die ähnlich gestaltet sind.
c Findet heraus, ob der Erzähler am Geschehen beteiligt ist oder ob er einen Überblick über das Geschehen hat und darüber berichtet.

Merkwissen Ich-Erzähler oder Er-/Sie-Erzähler

- Der **Ich-Erzähler** (oder die Ich-Erzählerin) ist selbst als handelnde Figur in das Geschehen verwickelt. Er/sie schildert die Ereignisse aus seiner/ihrer persönlichen Sicht, z. B.: *Ich blickte aufs Meer. Da sah ich in der Ferne ein kleines Boot.*
- Der **Er-/Sie-Erzähler** ist nicht am Geschehen beteiligt und erzählt von allen Figuren in der Er-Form bzw. in der Sie-Form, z. B.: *Marie blickte aufs Meer, bis sie in der Ferne das kleine Boot sah.*

Ismael Leseur Die Hauptfigur charakterisieren

Michael Gerard Bauer
Nennt mich nicht Ismael! *2*

Ich möchte nicht, dass ihr einen falschen Eindruck bekommt. Ich habe nicht mein Leben lang am ILS[1] gelitten. Keineswegs. Die ersten zwölf Jahre meines Lebens zeigte ich gar keine Symptome. Aber dann kam ich auf die weiterführende Schule, und zwar auf das St Daniel's Boys College[2].

Davor hatte ich an der Moorfield Primary sieben ereignislose Jahre mit Klassenkameraden verbracht, die sich nicht darum geschert hätten, wenn mein Name Slobo Bugslag gewesen wäre (zufällig hieß der beliebteste Junge der Schule so). Doch in Klassenstufe acht wurde alles anders. Nach der Grundschule verteilte sich unsere Klasse auf die verschiedenen weiterführenden Schulen in unserer Stadt und nur eine Hand voll landete im St Daniel's.

Dort veränderte sich meine Welt dramatisch. In der Moorfield Primary waren wir zu zwölft in der Klasse. Am ersten Tag im St Daniel's wartete ich im Foyer mit über hundert anderen Achtklässlern darauf, dass wir auf vier Klassen verteilt wurden. Als ich dann in der Klassenliste nachschaute, stellte ich fest, dass ich von den einzigen beiden Jungen, die ich aus der Grundschule kannte, getrennt worden war. In der Klassenlehrerstunde ging unser Lehrer Mr Brownhill die Liste durch und überprüfte, ob wir alle da waren. Auf der Hälfte sagte er: „Ismael Leseur." Ich antwortete: „Ja, hier", wie alle anderen vor mir.

„Ismael?", wiederholte er und hielt zum ersten Mal während der Anwesenheitsüberprüfung inne. „Interessanter Name."

Fünfundzwanzig Augenpaare richteten sich auf mich. Keines von ihnen schien mich auch nur im Geringsten interessant zu finden. Eines der Augenpaare gehörte Barry Bagsley.

1 ILS: Gemeint ist das „Ismael-Leseur-Syndrom".

2 Der Roman spielt in Australien, wo nach der 7. Klasse auf die weiterführende Schule gewechselt wird.

THEORIE ZWEI: Der am Ismael-Leseur-Syndrom erkrankte Patient kann beunruhigendes Verhalten in anderen auslösen.

Nun, Barry Bagsley war in dieser Hinsicht ein sehr extremer Fall. Den ersten zarten Hinweis darauf erhielt ich durch seine einleitenden Worte, die er an diesem ersten Tag im Pausenhof an mich richtete:

„Ismael? Was ist denn das für ein scheißblöder Name?“

Was sollte ich darauf sagen? Bis zu diesem Moment hatte ich nicht einmal geahnt, dass es ein scheißblöder Name war. Niemand hatte mich warnend darauf hingewiesen, dass ich einen scheißblöden Namen trug. Warum sollten meine Eltern mir überhaupt einen scheißblöden Namen gegeben haben? War Herman Melville[3] sich im Klaren darüber, dass dies ein scheißblöder Name war? Ich konnte nur dastehen und blöd lächeln, während Barry Bagsley und seine Freunde lachten und mich im Vorbeigehen anstießen, als wäre ich eine Drehtür.

Ich stand da wie ein Vollidiot.

Und ich fühlte mich beschissen.

Am Abend betrachtete ich mich im Badezimmerspiegel. Irgendwie sah ich anders aus. Wie damals, als ein Freund mir gesagt hatte, mein linkes Ohr stehe weiter ab als mein rechtes. Zu Hause maß ich den Abstand nach und stellte fest, dass beide genau gleich weit von meinem Kopf abstanden. Trotzdem musste ich jedes Mal, wenn ich mein Spiegelbild sah, unwillkürlich daran denken, dass eines meiner Ohren wie ein Winker ein Zeichen zum Linksabbiegen gab. Ich fühlte mich wie damals. Mein Spiegelbild kam mir irgendwie anders vor. Ich sah anders aus. Aber warum? Und dann wurde es mir schlagartig klar.

Ich sah aus wie ein Junge mit einem scheißblöden Namen. Und nicht nur das, ich schwöre, dass mein linkes Ohr abstand wie eine offene Autotür.

Als ich am nächsten Tag in die Klasse kam, wartete Barry Bagsley schon auf mich.

„Was stinkt hier? Ach ja! Piss-mael!“

Wie ich bereits sagte, irgendetwas in meinem Namen brachte das Schlechteste in Barry Bagsley zum Vorschein. Wie ein bösartiger Hund einen Schuh zerfetzt, riss und zerrte er an meinem Namen, bis er so verstümmelt und verdreht war, dass es selbst mir schwerfiel, mich daran zu erinnern, wer ich in Wirklichkeit war.

Ismael wurde zu Piss-mael verdreht. Piss-mael zu Küss-mal verballhornt und Küss-mal zu Fischmehl zermatscht. Nicht einmal mein Nachname war vor Verschandelung sicher. Aus Leseur (das eigentlich Le-sör ausgesprochen wird) wurde Schiss-eur, Piss-oir, Le Sau, Le Bauer, Le Tölpel und zuletzt Stinkstiefel, abgekürzt auch Stinki.

Am Ende meines ersten Schuljahres in der Highschool hatte Barry Bagsley meinen Namen auf wundersame Weise von Ismael Leseur in Fischmehl Stinkstiefel verwandelt.

Und das fasste in etwa zusammen, wie ich mich fühlte.

Bald war allen Achtklässlern klar, dass es nur zwei Verhaltensweisen gab, wenn man seinen Aufenthalt im St Daniel's Boys College halbwegs unbeschadet überstehen wollte: Entweder man ging Barry Bagsley unter allen Umständen aus dem Weg, wofür sich die Mehrheit entschied, oder man riskierte die seltener gewählte Variante und suchte die trügerische Sicherheit von Barry Bagsleys innerem Kreis von „Freunden“.

Für mich war Aus-dem-Weg-Gehen die einzige Option. Ich begriff sehr schnell, dass alles in Ordnung war, solange ich größtmöglichen Abstand von Barry Bagsley hielt und nichts Dummes tat – etwa im Unterricht eine Frage stellen oder beantworten; ungewöhnliche Laute von mir geben, wie Rufen, Lachen oder Sprechen; mich freiwillig für etwas melden; meinen Namen auf eine Liste setzen; eine Sportart ausprobieren;

3 Herman Melville (1819–1891): berühmter amerikanischer Schriftsteller, in dessen Roman „Moby Dick“ der Erzähler Ismael heißt. Nach diesem Erzähler benennen Ismaels Eltern ihren Sohn.

einen Gegenstand an einem Ort lassen, wo er bewegt, beschrieben oder als Wurfgeschoss verwendet werden könnte; den Blick in die Nähe von Barry Bagsley oder seinen Freunden richten oder sonst etwas tun, was darauf hindeuten könnte, dass ich tatsächlich existierte.

Im Grunde war die wichtigste Lektion, die ich letztes Jahr lernte, ein möglichst kleines Ziel abzugeben. Ich entwickelte mich zum wahren Meister darin. Für Barry Bagsley und seine Kumpel wurde ich praktisch unsichtbar. Manchmal konnte ich mich selbst kaum mehr erkennen. Mein erstes Jahr an der weiterführenden Schule verbrachte ich also mehr oder weniger in Deckung.

1 a Haben sich deine Vermutungen über das Ismael-Leseur-Syndrom bestätigt (→ Aufgabe 2 b, S. 91)? Was hattest du erwartet, was hat dich überrascht?

b Notiere deine Gedanken, Fragen und Gefühle zu Inhalt und Figuren des Romans in ein Lesetagebuch. (→ Lesetagebuch, S. 101)

2 a Der Erzähler beschreibt, dass er am „Ismael-Leseur-Syndrom“ leidet. Schreibe in dein Lesetagebuch, was du über diese „Krankheit“ erfährst. Lies dazu noch einmal genau im Text nach.

b Erkläre in deinem Lesetagebuch, wie du den folgenden Vergleich verstehst:

> Wie ein bösartiger Hund einen Schuh zerfetzt, riss und zerrte er an meinem Namen, bis er so verstümmelt und verdreht war, dass es selbst mir schwerfiel, mich daran zu erinnern, wer ich in Wirklichkeit war. (→ S. 93, Z. 86–90)

3 Erläutere, welche zwei Verhaltensweisen gemeint sind, für welche sich Ismael entscheidet und was dies für sein Leben am College bedeutet.

> Bald war allen Achtklässlern klar, dass es nur zwei Verhaltensweisen gab, wenn man seinen Aufenthalt im St Daniel's Boy College halbwegs unbeschadet überstehen wollte: …
> (→ Z. 105–108)

4 Mache dir ein genaues Bild von Ismael, der Hauptfigur des Romans. Übertrage die Übersicht in dein Lesetagebuch und halte alle Informationen über ihn in Stichpunkten fest. Nimm die beiden Textauszüge (→ S. 90–91; S. 92–94) zu Hilfe.

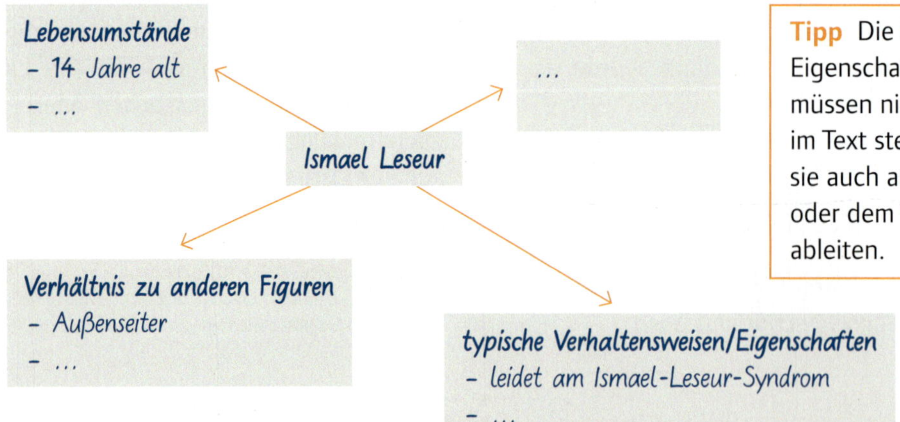

Tipp Die Merkmale und Eigenschaften einer Figur müssen nicht wörtlich im Text stehen. Man kann sie auch aus den Gedanken oder dem Verhalten ableiten.

5 Charakterisiere Ismael genau und anschaulich. Nimm deine Notizen aus Aufgabe 4 und die unten stehenden Wortschatzkästen zu Hilfe. Du kannst so beginnen:

Ismael Leseur ist 14 Jahre alt und besucht das St Daniel's Boys College.
Er fühlt sich nach eigenen Aussagen wie ein Dorftrottel.
Das liegt zum einen daran, dass seine 13-jährige Schwester Prue …
Zum anderen leidet er am …
In der neuen Schule wird er …
Um …, verändert er seine Verhaltensweise. Beispielsweise …
Nach dem ersten Jahr an der neuen Schule …

Ismael wirkt … / Ismael ist … und macht sich viele Gedanken über …
Zusammenfassend kann man sagen …

Formulierungshilfen
wirken | auffällig (ist) | besitzen | verfügen (über) | macht einen … Eindruck | wird als … dargestellt | auftreten | aussehen | (sich) bezeichnen | bewerten | sich fühlen | sich Gedanken machen über

Eigenschaften

nachdenklich	⟷	gedankenlos
ernst/traurig	⟷	fröhlich/heiter
selbstbewusst	⟷	unsicher/schüchtern
sensibel	⟷	gefühllos
unverschämt/frech	⟷	fair/gerecht
beliebt	⟷	unbeliebt

6 Stelle dir vor, du bist ein Mitschüler und bekommst Barrys Verhalten gegenüber Ismael mit. Schreibe einen Tagebucheintrag, in dem du auf das Verhalten von Barry und Ismael eingehst.

! **Merkwissen** Eine literarische Figur charakterisieren

In literarischen Texten werden die Figuren durch eine Reihe von Merkmalen und Eigenschaften beschrieben. Wenn du eine Figur charakterisieren willst, gehst du so vor:

1. Schritt: Die Charakterisierung vorbereiten
Sammle Informationen über die Figur, z. B. über ihr Aussehen, ihre Lebensumstände, ihre Verhaltensweisen, Eigenschaften, Gefühle und ihr Verhältnis zu den anderen Figuren.
Tipp: Man kann die Merkmale und Eigenschaften einer Figur auch aus den Gedanken oder dem Verhalten ableiten, z. B.:
„Wer glaubt mir schon?" (→ S. 90, Z. 18–19) ⟶ *Ismael denkt, dass ihn keiner ernst nimmt.*

2. Schritt: Die Charakterisierung schreiben
- **Einleitung:** Nenne allgemeine Informationen zur Figur, z. B.: Name, Alter, Beruf.
- **Hauptteil:** Beschreibe die Figur anschaulich und genau, z. B.: ihr Aussehen, ihre Verhaltensweisen, ihre Eigenschaften und ihr Verhältnis zu den anderen Figuren.
- **Schluss:** Hier kannst du angeben, wie die Figur auf dich wirkt (persönliche Einschätzung).

Verwende als Tempus das **Präsens**. Formuliere sachlich und anschaulich.

7 a Lest den zweiten Textauszug noch einmal durch und notiert die verschiedenen Schauplätze, von denen Ismael erzählt.
b Beschreibt diese Schauplätze in Partnerarbeit und überlegt, was die Orte für Ismael bedeuten und wie sie sein Verhalten beeinflussen. Notiert eure Ergebnisse in einem Cluster.

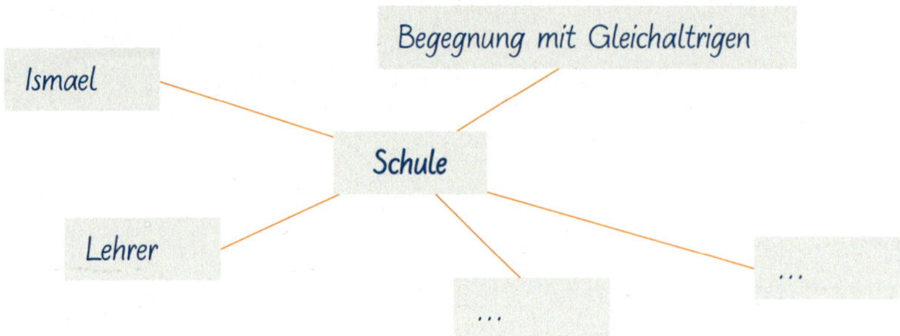

Tipp Handlungsraum
Die Schauplätze, an denen sich die Figuren einer Geschichte bewegen, bilden ihren Handlungsraum. Diese Orte stehen in einem direkten Bezug zu den handelnden Figuren. Sie beeinflussen ihre Einstellungen und ihr Verhalten.

In der Klassenlehrerstunde ging unser Lehrer Mr Brownhill die Liste durch und überprüfte, ob wir alle da waren. Auf der Hälfte sagte er: „Ismael Leseur.“ Ich antwortete: „Ja, hier“, wie alle anderen vor mir.
„Ismael?“, wiederholte er und hielt zum ersten Mal während der Anwesenheitsüberprüfung inne. „Interessanter Name.“
Fünfundzwanzig Augenpaare richteten sich auf mich. Keines von ihnen schien mich auch nur im Geringsten interessant zu finden. (→ S. 92, Z. 26–37)

8 Untersucht die Zeitgestaltung im obigen Textauszug.
a Findet heraus, wie lange das Lesen des Textauszugs dauert. Einer liest laut vor, ein anderer ermittelt die Lesezeit.
b Spielt die in der Passage beschriebene Klassenlehrerstunde möglichst genau so, wie sie sich zugetragen haben könnte. Ein Zeitnehmer ermittelt die Dauer des Spiels.
Tipp: Bedenkt dabei, wie viele Schülerinnen und Schüler in der Klasse sitzen.
c Vergleicht nun die Lesezeit mit der Spielzeit. Was stellt ihr fest?
d Lest das Merkwissen im Kasten unten und sucht im zweiten Textauszug (S. 92–94) je ein Beispiel für Zeitdehnung und für Zeitraffung. Diskutiert eure Ergebnisse mit anderen Teams.

! **Merkwissen** Zeitgestaltung in Erzähltexten

Der Umgang mit der Zeit spielt in literarischen Texten eine wichtige Rolle. Man versteht dabei unter **Erzählzeit** die Zeit, die ein Leser zum Lesen des Textes braucht, und unter **erzählter Zeit** den Zeitraum, über den sich das Erzählte erstreckt.
Dauert das Lesen ungefähr so lange wie das erzählte Ereignis, spricht man von **Zeitdeckung**. Oft wird dabei ein Dialog wortwörtlich und ohne Erläuterung wiedergegeben.
Dauert das Lesen länger als das erzählte Ereignis, spricht man von **Zeitdehnung**. Dies geschieht oft bei der Beschreibung von Gedanken und Gefühlen einer Person.
Dauert das Lesen weniger lang als das erzählte Ereignis, nennt man dies **Zeitraffung**. Oft werden hierbei mehrere Ereignisse zusammengefasst.

Scobie und Barry Den zentralen Konflikt erschließen

Michael Gerard Bauer
Nennt mich nicht Ismael! *3*

Während des zweiten Schuljahrs am St Daniel's Boys College kommt ein neuer Schüler namens James Scobie in die Klasse. Der Junge scheint die ideale Zielscheibe für Barry und seine Clique zu sein. Er ist klein, altmodisch gekleidet und schneidet seltsame Grimassen. Zu Ismaels Entsetzen soll Scobie neben ihm sitzen. Barry nimmt Scobie schnell ins Visier seiner Beleidigungen, doch Scobie wehrt sich.

„Du bist verrückt, Spatzenhirn. Warum verschwindest du nicht einfach, bevor du dir auch noch in die Hosen pisst?"

Zum Glück gab es, zumindest für Barry Bagsley, keine Situation, auf die eine Beleidigung nicht eine akzeptable Reaktion gewesen wäre.

James Scobie dachte gebührend lang über Barrys Bemerkung nach, bevor er antwortete: „Natürlich weiß man selbst am wenigsten, wie es um die eigene geistige Gesundheit bestellt ist, nur ein Psychiater[1] kann das richtig beurteilen. Ich *glaube* jedoch nicht, dass ich verrückt bin. Und eines weiß ich sicher: Egal ob ich verrückt bin oder nicht, ich weiß, dass ich keine Angst vor dir habe."

Barry Bagsley lächelte höhnisch, schüttelte den Kopf und beugte sich nach vorn über den Tisch. Obwohl er immer noch saß, kamen seine Augen auf eine Höhe mit Scobies Augen und sein grobknochiges Gesicht hing bedrohlich wie ein Todesstern vor Scobies Gesicht.

„Und du bist ganz sicher, dass du keine Angst vor mir hast?"

„Ich bin ganz sicher."

„Und warum *genau* hast du keine Angst?"

James Scobie kniff die Augen zusammen, spitzte seinen Mund zu einer Schnute und beschrieb damit einen vollen Kreis, dann nahm er die Brille von der Nase und blinzelte dreimal mit weit aufgerissenen Augen, bevor er sie wieder aufsetzte. Er wartete, bis sein Gesicht zur Ruhe kam wie das Meer, wenn die Welle vorbei ist.

1 der Psychiater: Facharzt für seelische Erkrankungen

Dann sagte er einfach: „Weil ich vor gar nichts Angst habe."

Vor gar nichts Angst! Diese Aussage wurde von Barry Bagsleys Anhängern mit Gejohle quittiert, während der Rest der Klasse eine ungläubige Miene aufsetzte. Ich fand, dass James Scobie den Bogen jetzt wirklich überspannt hatte.

„Woooooooo", sagte Barry Bagsley mit hervorquellenden Augen und erhobenen Händen, als müsse er ein Monster abwehren. „Ich glaube, du willst uns da einen dicken, fetten Bären aufbinden, du kleine Scobie-Ratte."

Scobie blinzelte zweimal und runzelte die Stirn. „Sehe ich so aus, als hätte ich Angst?"

Und genau das war der Punkt: Er sah wirklich nicht so aus.

Barry Bagsley schaute Scobie unterdessen an wie etwas, das er einfach von seiner Schuhsohle wegwischte. „Und was ist dein Geheimnis, Superman? Du bist aus Stahl, was? Oder hast du irgendwelche Superkräfte? Warte, ich hab's, du bist ein Junge aus der Zauberwelt, ja, mit Zaubersprüchen. Du schwingst deinen Zauberstab und verwandelst mich in eine Kröte."

„Dazu braucht es nicht viel Zauberei", bemerkte James Scobie lächelnd.

Gedämpftes Lachen breitete sich in der Klasse aus. Danny Wallace lachte am lautesten, verstummte jedoch rasch unter Barry Bagsleys durchdringendem Blick und schaute James Scobie finster an, als wäre er selbst das Ziel der Beleidigung gewesen.

Vor unseren Augen fand ein Kampf statt, aber es war nicht der Showdown[2] aus dem Western, wie ich zunächst vermutet hatte, sondern viel eher ein Boxkampf. In der schwarzen Ecke stand Barry „Rambo" Bagsley und präsentierte seine Schwinger, mit denen er alle vorangegangenen Kontrahenten so blau und blutig geschlagen hatte, dass sie nur noch Deckung suchten. In der weißen Ecke stand James „Ohne Angst" Scobie, der die Haken an seinem Gesicht vorbeizischen ließ und erst dann zum Gegenschlag ausholte. Natürlich glaubte ich nicht eine Sekunde lang, dass James Scobie Barry Bagsley tatsächlich k. o. schlagen könnte, aber er landete ein paar Treffer, die ihm Punkte einbrachten, und ein Klassenzimmer voller erfahrener Kampfrichter notierte sie alle.

An diesem Punkt war Barry Bagsleys Geduldsfaden (falls er so etwas wie Geduld überhaupt besaß) so dünn geworden wie die Haare auf dem Kopf meines Großonkels Darryl. Barry Bagsley lehnte sich wieder nach vorn, bohrte den Zeigefinger in James Scobies mickrige Brust und unterstrich dann seine Worte, indem er seinen Finger in einem unheilvollen Rhythmus immer wieder in Scobies Brust stieß.

„Mann, wenn ich wollte, könnte ich dich *in der Mitte durchbrechen* wie eine *Brezel. Wenn* du also, wie du sagst, tatsächlich *keine Angst* hast, würde ich dir dringend empfehlen, langsam Angst zu *bekommen*."

Zack! Wieder segelte ein Bagsley-Schwinger an James Scobies Nase vorbei.

„Pass auf", sagte James Scobie mit dem ihm eigenen, leicht ungeduldigen Unterton. „Ich bin sicher, dass du sehr stark und tapfer bist, immerhin musst du dich jeden Tag im Spiegel anschauen ..."

Kurze Gerade!

„... und vielleicht *sollte* ich ja Angst vor dir haben, denn wenn es stimmt, wie man sagt, dass der Halbgebildete schlimmer ist als der Unwissende, dann bist du wahrscheinlich absolut tödlich ..."

Kurze Gerade!

Im ganzen Klassenzimmer hoben sich Augenbrauen, Kiefer klappten nach unten, und auf Wertungstabellen wurden Punkte addiert. Barry Bagsley starrte James Scobie an wie jemand, der weiß, dass er beleidigt worden ist, aber nicht genau einschätzen kann, wie und in welchem Ausmaß.

---

2 der Showdown: dramatischer Machtkampf bzw. Entscheidungskampf; als klassische Showdowns gelten die mit Revolvern ausgetragenen Duelle in Westernfilmen

„… aber es tut mir leid." Scobie sprach ungerührt weiter. „Ich habe keine Angst. Das hat nichts mit dir zu tun. Sondern damit."

Mit diesen Worten schob er die Haare über seiner linken Schläfe weg. Über seinem Ohr wurde eine lange, ovale Narbe sichtbar. Scobie drehte sich, damit alle sie sehen konnten.

„Und was ist das? Haben sie dir da das Gehirn entfernt?"

Zack!

„Nein, wenn man jemandem das Gehirn entfernt, sogar jemandem wie dir, der so viel graue Zellen hat wie das Lichtspektrum …"

Kurze Gerade!

„… würde das eine viel größere Narbe geben. Allerdings, wenn ich genauer darüber nachdenke, würde in deinem Fall wahrscheinlich ein minimalinvasiver Eingriff ausreichen."

Kurze Gerade!

„Nein", fuhr James Scobie lässig fort, „da wurde mir ein Hirntumor entfernt."

Stille kroch durch den Raum wie ein geschlagener Hund.

„Ach, jetzt verstehe ich", sagte Barry Bagsley, und seine Stimme troff vor Verachtung. „Wir sollen alle Mitleid mit dir haben, nicht wahr, dir das Händchen halten und dir den Hintern wischen, weil du krank bist. Darauf willst du doch raus?"

„Keineswegs", sagte James Scobie, als ob ihn dieser Gedanke überraschte. „Mir geht's wieder gut. Der Tumor ist weg. Aber die Operation hatte eine kleine Nebenwirkung."

„Ach ja? Sie hat aus dir einen Deppen gemacht?"

Zack!

„Nein, denn dann wären wir die besten Freunde."

Kurze Gerade!

„Ich freunde mich nicht mit Irren an."

Zack!

„Na ja, versuch's ruhig mal. Vielleicht bekommen sie Mitleid mit dir und senken ihre Ansprüche."

Kurze Gerade!

Barry Bagsleys Miene verfinsterte sich. Langsam wurde es richtig gemein. Oder, was Barry Bagsley anging, noch gemeiner.

„Ja, aber was ist denn passiert? Du weißt schon, bei der Operation und den Nebenwirkungen und so?" Barry warf Danny Wallace einen finsteren Blick zu, sodass dieser, allerdings wenig überzeugend, versuchte, seine Neugier zu verbergen, und rasch hinzufügte: „… falls mich das überhaupt interessieren würde."

„Wie ich bereits sagte, verlief die Operation zur Entfernung des Tumors erfolgreich. Aber dann merkte ich eines Tages, dass etwas anders war als vorher. Ich war anders. Schließlich fand ich heraus, was es war. Ich konnte keine Angst mehr empfinden. Ich versuchte es, aber ich konnte es einfach nicht."

1 Wie treten Scobie und Barry am Anfang und am Ende dieses Gesprächs auf? Verdeutlicht dies in zwei Standbildern. Arbeitet in Gruppen und geht so vor:

a Entscheidet, wer Scobie, wer Barry spielen soll.
b Überlegt, welche Gestik und Mimik am besten zu den Figuren in den beiden Situationen passen. Probiert unterschiedliche Möglichkeiten.
c Stellt eure Standbilder vor. Gibt es ein Standbild, das die Gefühlslage und die Beziehung zwischen den Figuren besonders gut darstellt? Belegt eure Meinung mit Textstellen.

Tipp Standbilder bauen
Bei einem Standbild schlüpfen mehrere Schülerinnen und Schüler in die Rolle von Figuren und machen die Gefühle und die Beziehungen der Figuren allein durch Mimik und Gestik deutlich. Die Darstellerinnen und Darsteller werden als unbewegliche Statuen aufgestellt.

2 a Wie gefällt dir der Dialog zwischen Scobie und Barry? Belege deine Meinung anhand des Textes.
b Benenne mindestens zwei Textstellen, an denen Scobie besonders deutlich Widerstand gegen Barry leistet. Begründe deine Wahl.

3 a Erkläre die folgende Metapher, mit der der Erzähler den Dialog zwischen Scobie und Barry beschreibt. „Vor unseren Augen fand ein Kampf statt, aber es war nicht der Showdown aus dem Western, wie ich zunächst vermutet hatte, sondern viel eher ein Boxkampf“ (→ S. 98, Z. 74–77).
b Auf welche Weise wird dieser „Boxkampf“ auch sprachlich dargestellt? Suche entsprechende Textstellen.
c Erläutere, welche Mittel Scobie in dieser Auseinandersetzung einsetzt und ob er diese gewinnt.

4 Untersuche, welche sprachlichen Bilder (→ sprachliche Bilder, S. 75) der Erzähler nutzt, um die Situation und die Gefühlslage der Figuren zu beschreiben. Suche Vergleiche und Metaphern aus dem Text heraus und erkläre, wozu sie dienen bzw. welche Bedeutung sie haben, z. B.:

Z. 10: „Spatzenhirn“ → beleidigende Metapher für Dummheit/Beschränktheit …
Z. 28–30: „sein grobknochiges Gesicht hing bedrohlich wie ein Todesstern vor Scobies Gesicht“ → der Vergleich macht anschaulich, …

5 Mache in einer Figurenskizze deutlich, in welcher Beziehung Scobie, Ismael und Barry am Ende dieses „Boxkampfes“ stehen.

Merkwissen Eine Figurenskizze erstellen

In einer Figurenskizze kannst du die Beziehung der Figuren deutlich machen.
- Schreibe die Namen der Figuren auf.
- Zeichne zwischen den Figuren Pfeile, die die Beziehungen verdeutlichen.
- Beschrifte jeden Pfeil mit einem aussagekräftigen Wort, z. B.: *liebt, bewundert, hasst.*

6 a Stellt euch gegenseitig eure bisherigen Eintragungen im Lesetagebuch vor. Achtet auf Gemeinsamkeiten und Unterschiede.
b Trage in dein Lesetagebuch weitere Beobachtungen zu den gelesenen Textauszügen aus „Nennt mich nicht Ismael!" ein.

Methode Lesetagebuch

Wenn du einen Roman liest, kannst du deine Leseerfahrungen in einem Lesetagebuch festhalten. Schreibe in ein besonderes Heft deine persönlichen Gedanken zum Gelesenen. Notiere außerdem Hinweise zu Inhalt, Form und sprachlicher Gestaltung.

Verfasse nach jedem Leseabschnitt (evtl. nach jedem Kapitel) einen Eintrag. Notiere z. B.:
- persönliche Leseeindrücke
- Hinweise zu den Figuren und ihrem Verhalten
- Beobachtungen zur Textgestaltung
- Feststellungen hinsichtlich der sprachlichen Gestaltung
- Anmerkungen zu Illustrationen, z. B. auf dem Buchdeckel
- Hintergrundinformationen

7 Verfasse mithilfe deiner Einträge ins Lesetagebuch eine Textkritik zu „Nennt mich nicht Ismael!".
a Beschreibe zuerst wesentliche Inhalte und Merkmale des Romans.
b Nimm Stellung zum Roman, indem du deine Meinung zum Text mit Argumenten begründest.
c Die folgenden Textbausteine kannst du für deine Textkritik verwenden:

In Michael Gerard Bauers Jugendroman „Nennt mich nicht Ismael!" erzählt der 14-jährige Ismael Leseur von seinen Erfahrungen und Problemen. Weil er von … gemobbt wird, … Ismael, die Hauptfigur des Romans, ist zugleich der Ich-Erzähler. Er beschreibt sehr genau, was … Dabei spricht er die Leser immer wieder an, als seien sie … Auf diese Weise … Ismael hat ein besonderes Talent: Er schreibt sehr anschaulich und humorvoll. So vergleicht er … Mir haben die Textauszüge …, denn … Deshalb bewerte ich …

Merkwissen Eine Textkritik schreiben

Nachdem du einen Text, z. B. ein Jugendbuch, gelesen hast, kannst du eine eigene kurze Textkritik verfassen. Beziehe dich dabei auf den Inhalt, die formale und die sprachliche Gestaltung:

Inhalt: Was wird erzählt? Wie stehen die Figuren zueinander? Ist der Inhalt sehr/einigermaßen/ gar nicht interessant?
Formale Gestaltung: Wer erzählt? Wie sieht die Zeit- und Raumgestaltung aus? Was gefällt dir sehr/weniger/gar nicht?
Sprachliche Gestaltung: Wie wird erzählt? Werden sprachliche Bilder verwendet? Ist das Buch anschaulich/spannend/langweilig?

Teste dein Wissen!
Eine Figur charakterisieren

Michael Gerard Bauer
Nennt mich nicht Ismael! *4*

Der neue Junge war kein Elefantenmensch oder so was. Eigentlich unterschied er sich gar nicht so sehr von allen anderen, und doch war er gerade um so viel anders, dass er direkt in der Gefahrenzone stand. Nicht so viel anders, dass er Mitleid erwarten konnte, aber anders genug, um Barry Bagsleys Augen zum Leuchten zu bringen.

James Scobie war klein und ein bisschen zu adrett. Sein perfekt gescheiteltes Haar war aus der Stirn gekämmt wie eine Welle, kurz bevor sie sich bricht. Die Linien, die die Zähne des Kamms hinterlassen hatten, zeichneten sich so deutlich ab wie Fußabdrücke auf dem Mond. Seine Kleider sahen aus, als würde sein Großvater ihn in Sachen Mode beraten: Die Strümpfe waren bis zu den Knien hochgezogen und an beiden Beinen genau gleich weit umgeschlagen. Sein Hemd steckte ordentlich in der kurzen Hose, die weit oben über der kleinen Rundung seines Bauches saß. Zu allem Überfluss war seine Haut so bleich, dass man befürchten musste, eine starke Brise könne blaue Flecken hinterlassen.

All das wurde von der Klasse rasch registriert und dann ad acta gelegt. Was unsere Aufmerksamkeit wirklich erregte, war James Scobies Gesicht oder vielmehr noch, was er mit seinem Gesicht machte.

Das Gesicht an sich war nicht bemerkenswert, vielleicht ein bisschen pausbäckig, mit einer recht kleinen Nase und ein bisschen zu rosig an den Wangen, aber sonst war alles dort, wo es sein sollte. Allerdings verzog und verzerrte James Scobie seinen Mund immer wieder so sehr zu einer Seite, dass ein Auge von einem faltigen Blinzeln und einer wie eine Kapuze überhängenden Augenbraue verschluckt wurde. Dann entspannte sich sein Mund wieder und sein Gesicht zog sich in die Länge, während seine Augen hervorquollen wie bei dem Jungen in „Kevin allein zu Haus". Dann wiederholte sich das Ganze auf der anderen Seite des Gesichts. Und während all das geschah, wackelte James Scobies Nase hin und her, als ob er für die Hauptrolle im Remake von „Verliebt in eine Hexe" üben wollte.

1 Richtig, falsch oder anhand des Textes nicht überprüfbar? Schreibe die Großbuchstaben ab und notiere daneben *f* (= falsch), *r* (= richtig) oder *nü* (= nicht überprüfbar).
A Äußerlich fällt der neue Schüler in der Klasse gar nicht auf.
B Das Gesicht des neuen Jungen zeigt eine komische Mimik.
C Barry sieht in Scobie ein neues Opfer.
D Scobie legt Wert auf moderne Kleidung.
E Scobie lebt allein.
F Der neue Mitschüler ist schlank.

2 a Suche zwei Vergleiche, mit denen der Erzähler Scobies Aussehen und Verhalten beschreibt.
b Schreibe zwei Textstellen heraus, in denen der Erzähler Scobies äußere Erscheinung bewertet.

3 Überprüft eure Ergebnisse aus den Aufgaben 1 und 2 in Partnerarbeit.

5.2 In die Figuren schlüpfen
Zu literarischen Texten gestaltend schreiben

Michael Gerard Bauer
Nennt mich nicht Ismael! *5*

James Scobie findet durch seine Sprachbegabung bald große Anerkennung in der Klasse. Als er einen Debattierklub gründet, überredet er den zögerlichen Ismael, dabei mitzumachen. Die fünf Jungen gewinnen bei einem Debattierwettbewerb Runde um Runde. Als James Scobie wegen seiner schweren Erkrankung beim Halbfinale ausfällt, verlieren die Jungen knapp. Nach dem Halbfinale erhält Ismael einen Brief von James Scobie, der noch nichts von der Niederlage weiß.

Lieber Ismael,
hier gab es Probleme und es sieht jetzt so aus, als würde ich das Debattierfinale verpassen.
Es geht um die Tumoroperation, über die wir gesprochen haben. Ich muss alle sechs Monate zu einer Untersuchung, bei der sie nachschauen, ob alles immer noch in Ordnung ist, ob nichts zurückgekommen ist. Keine große Sache. Nur, dieses Mal haben sie etwas gefunden. Einen „Schatten“, sagen sie. Im Augenblick wissen sie noch nicht, was es ist. Sie müssen noch mehr Untersuchungen und Röntgenbilder machen, aber die Ärzte sind zuversichtlich, dass es wahrscheinlich nichts ist, worüber man sich Sorgen machen müsste. Ich weiß nicht, wann ich wieder in die Schule zurückkomme. Viel Glück beim Finale! Ich verlass mich darauf, dass du das Team zusammenhältst.
James

PS: Könntest du das für dich behalten?
PPS: Miss Tarango[1] hatte Recht damit, dass Wörter sehr mächtig sind. Sogar Wörter wie „wahrscheinlich“ können dir weh tun.

Nachdem ich das gelesen hatte, fiel mir ein, dass Scobie gesagt hatte, die letzte Operation habe alle seine Angst aufgezehrt. Ich fragte mich, ob das stimmte. Ich konnte mir nicht vorstellen, wie es sich anfühlte, in seiner Lage zu sein und allem noch einmal ins Auge blicken zu müssen.

1 Miss Tarango: Klassenlehrerin von Ismael und James Scobie

1 a Besprecht, wie dieser persönliche Brief an Ismael auf euch wirkt. Begründet eure Meinung.
b Fasse zusammen, worum es in dem Brief geht.
c Erkläre, wie Scobie über seine erneute Erkrankung berichtet und was Ismael darüber denkt.

2 a Stelle Vermutungen an, warum Scobie Ismael bittet, „das“ für sich zu behalten (→ vgl. Z. 30).
b Scobie erwähnt die verletzende Wirkung des Wortes „wahrscheinlich“. Erläutere dies.

3 Versetze dich in die Lage Ismaels, nachdem er Scobies Brief gelesen hat. Schreibe einen Antwortbrief an James Scobie.
a Notiere, was Ismael denken und fühlen könnte. Was könnte er Scobie sagen?
Tipp: Bedenke auch, dass Scobie noch nichts von dem verlorenen Halbfinale weiß.
b Plane den Aufbau deines Briefs.
Wie beginnt dein Brief?
Was steht im Hauptteil?
Wie willst du den Schluss gestalten?
c Schreibe nun den Brief an James Scobie.
Verwende die Ich-Form. Du kannst die folgenden Formulierungsbausteine zu Hilfe nehmen:

Nachdem ich deinen Brief gelesen habe, habe ich … |
Ich habe das Gefühl, … |
Es tut mir unglaublich leid, dass … |
Ich kann mir einfach nicht vorstellen, … |
Ich hoffe, dass … / Hoffentlich … |
Du kannst sicher sein, dass … |
Seitdem du nicht mehr da bist, … |
Du fehlst mir sehr, weil … |
Beim Debattierwettbewerb haben wir … |
Wärst du dabei gewesen, dann … |
Wie geht es bei dir jetzt weiter? |
Können wir dich besuchen?

Briefkopf (Ort, Datum)

Anrede, z. B.:	Lieber …; Hallo …
Einleitung, z. B.:	Bezug auf Scobies Brief
Hauptteil, z. B.:	Gedanken, Gefühle, Schilderung der eigenen Situation …
Schluss, z. B.:	Frage, Bitte, Wunsch
Grußformel, z. B.:	Herzliche Grüße; Viele Grüße
Unterschrift	

4 Lest eure Briefe vor. Überlegt, ob der Antwortbrief inhaltlich und sprachlich zu der Figur Ismaels und der Handlung des Romans passt.

Methode Aus der Perspektive einer literarischen Figur schreiben

Wenn du aus der Perspektive (Sicht) einer literarischen Figur schreibst (z. B. einen Brief oder einen Tagebucheintrag), versetzt du dich in die Figur hinein. Überlege:
- Was denkt und fühlt die Figur?
- Was könnte sie sagen?
- Was weiß sie, was weiß sie nicht?

Schreibe in der **Ich-Form**.

Du kannst zum Beispiel
- die Gedanken und die Gefühle der Figur zum Ausdruck bringen, z. B.: *Ich bin sehr traurig.*
- Fragen stellen, z. B.: *Ich wusste nicht, was ich tun sollte.*
- emotionale Ausdrücke verwenden, z. B.: *Ich bin echt schockiert!*

Wichtig ist, dass Inhalt und Sprache zur Figur und zur Handlung des Textes passen.

Michael Gerard Bauer
Nennt mich nicht Ismael! *6*

Weil James Scobie wegen seiner bevorstehenden Operation nicht mehr in der Schule ist, hat Barry wieder freie Schusslinie auf Ismael und lässt keine Gelegenheit aus, ihn, aber auch Bill Kingsley, einen Mitschüler von Ismael, zu demütigen. Doch dann ergibt sich eine einmalige Gelegenheit, Barry ein für alle Mal vor der gesamten Schule bloßzustellen: Auf der Feier zum Schuljahresende will Ismael vor allen Schülern und Eltern folgende Fürbitte vortragen: „Lasst uns darum beten, dass Barry Bagsley lernt, andere Leute einfach so zu lassen, wie sie sind, statt sie zu drangsalieren und zu erniedrigen." Bevor Ismael auf die Bühne geht, zeigt er Barry die Fürbitte.

Wir stiegen die Stufen zur Bühne hinauf und stellten uns in einer Reihe hinter dem großen Rednerpult auf.

Es dauerte nicht lang, bis ich Barry Bagsley ausfindig gemacht hatte. Er saß ungefähr auf halber Strecke zur rückwärtigen Wand, fast genau in der Mitte. Er sah nicht fröhlich aus, vielmehr traf der Ausdruck „vor Wut schnaubend" hier einmal mehr ins Schwarze. Seine Augen hatten sich zu dunklen Schlitzen verengt und er fletschte mit bebenden Lippen die Zähne. Ich bin mir sicher, dass meine Fantasie mir einen Streich spielte, aber es sah aus, als würde er knurren. Wenn er ein Hund gewesen wäre, hätte die Stadtverwaltung ihn für gefährlich erklärt und auf der Stelle aus dem Verkehr gezogen.

Während Razzas Vortrag funkelte mich Barry Bagsley weiterhin finster an, aber als Razza fertig war, erschien der erste Riss in der Fassade. Barry Bagsley brach den Blickkontakt ab, schaute rasch nach rechts und links und rutschte unruhig in seinem Sitz hin und her.

Ich beobachtete Barry Bagsley ganz genau. Es passierte etwas mit ihm. Er versuchte zwar weiterhin, seinen wütenden Blick aufrechtzuerhalten, aber es gelang ihm nicht. Seine Augen schossen unruhig hin und her. Einmal drehte er sich sogar um und warf einen flüchtigen Blick auf den hinteren Teil der Turnhalle. Als er wieder Blickkontakt zu mir aufnahm, spiegelten sich die unterschiedlichsten Emotionen auf seinem Gesicht wider. Und irgendwo zwischen der ganzen Arroganz, dem Zorn, dem Trotz und der Drohung blitzte kurz, aber unverkennbar Panik auf.

Ich trat nach vorn und stieg auf die kleine Plattform am Fuß des Rednerpults. Das Mikrofon schwebte direkt vor meinem Mund. Barry Bagsley wand sich in seinem Sitz. Sein Gesicht sah aus wie Teig. Er schüttelte immer noch den Kopf, aber jetzt war in der Bewegung keinerlei Drohung mehr.

Ich zog das Mikrofon zu mir herunter und beugte mich ein bisschen nach vorn. „Lasst uns beten.“ Meine Stimme füllte die Halle. Ich hatte das Gefühl, als komme sie von einem anderen, von irgendwoher außerhalb meines Körpers. Zum ersten Mal in meinem Leben stand ich vor einem Publikum, ohne im Mindesten nervös zu sein. Ich schaute zu Barry Bagsley hinunter. Er drückte sich in seinen Sitz hinein, als spürte er den Schub einer startenden Rakete. Sein Kopf bewegte sich immer noch hin und her, aber so minimal, dass nur ich es bemerkte. Seine Lippen formten immer noch Worte, aber jetzt erkannte ich nur „nein“, „nicht“ und „bitte“. Ich sah ihm in die Augen. Die Arroganz war verschwunden. Ich sah nur noch Angst und Verzweiflung. Es waren die Augen eines Menschen, der wusste, dass es keinen Ausweg gab. „Lasst uns beten, dass Barry …“

Ich sprach langsam und deutlich, und als ich seinen Namen sagte, versank Barry Bagsley tief in seinem Sitz, wie ein Boxer, der weiß, dass er die nächste Runde nicht übersteht. Seine Augen hatten sich noch einmal verändert. Sie wirkten jetzt matt, leer und geschlagen. Dieser Ausdruck kam mir bekannt vor. Ich hatte ihn schon viele Male gesehen. Ich hatte ihn auf dem Gesicht von Kelly Faulkners kleinem Bruder gesehen und bei Bill Kingsley. Auch ich hatte oft so geschaut.

Eine unbehagliche Stille kroch durch die Turnhalle. Alle warteten darauf, dass ich sprach. Ich schaute ein letztes Mal zu Barry Bagsley hin. Jeden einzelnen Tag der vergangenen Woche hatte ich von diesem Augenblick geträumt. Jetzt war er gekommen. Ich würde Rache nehmen.

Noch einmal fing ich mit meiner Fürbitte an. Ich wollte das gut machen:

„Lasst uns beten …“

Ich hielt die Harpune in der Hand.

„… dass Barry …“

Ich hob sie an und fasste Tritt.

„… dass Barry …“

Jetzt muss ich sie nur noch werfen.

„… dass … Barrieren, die uns trennen und uns einander fernhalten, überwunden werden und dass wir lernen, gut miteinander auszukommen.“

1 a Ismael hat beschlossen, dass Barry für sein Verhalten büßen soll. Erläutere seinen Plan.
b Stelle Vermutungen an, warum Ismael sein Vorhaben dann doch nicht in die Tat umsetzt.
c Erkläre, wie du an Ismaels Stelle gehandelt hättest.

2 Man kann sich die Szene auf der Abschlussfeier sehr gut vorstellen. Suche mindestens drei Textstellen heraus, die besonders anschaulich gestaltet sind. Erkläre auch, wodurch diese Anschaulichkeit entsteht.

3 Die Passage, in der Ismael zum Rednerpult geht und anfängt zu sprechen (→ Z. 51–104), wird besonders ausführlich erzählt. Das Geschehen läuft sozusagen in Zeitlupe ab. Untersuche anhand des Textes, wodurch diese Zeitdehnung entsteht.

Vertiefen und üben
Die Sicht einer Figur einnehmen

Der Ich-Erzähler Ismael stellt das Geschehen auf der Abschlussfeier aus seiner Sicht dar.
Er berichtet sehr anschaulich, was geschieht und was er beobachtet.

●●● 1 Stelle dar, wie sich Barry Bagsleys Verhalten im Laufe der Abschlussfeier verändert.
Gehe dabei folgendermaßen vor:
- a Gliedere den Textauszug „Nennt mich nicht Ismael! (6)" (→ S. 105–106) in Handlungsschritte. Notiere, wie sich Barry jeweils verhält, und ergänze passende Textzitate.
- b Beim Vortrag ändert Ismael seine Fürbitte und sagt nichts über Barrys gemeines Verhalten. Überlege, wie sich Barry dabei fühlen könnte.

→ Hilfen zu dieser Aufgabe findest du auf S. 108.

●●● 2 Am Abend schreibt Barry in sein Tagebuch, wie er sich bei der Abschlussfeier gefühlt hat.
Versetze dich in Barrys Lage und verfasse seinen Tagebucheintrag.
Nutze deine Notizen zu Aufgabe 1 und schreibe in der Ich-Form.

→ Hilfen zu dieser Aufgabe findest du auf S. 108.

Gedanken und Gefühle ausdrücken

Unsicherheit
etwas mit gemischten Gefühlen erleben, nervös und gereizt sein, zwischen Angst und Wut hin- und hergerissen sein

Ärger, Wut
vor Wut beben, sich grün und blau ärgern

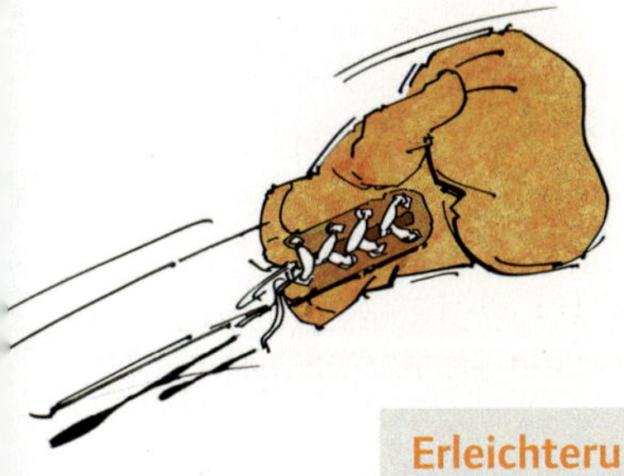

Freude
vor Freude in die Luft springen, einen Freudenschrei ausstoßen

Angst
in Angst und Schrecken versetzt sein, jemandem wird angst und bange, eine tiefe Beklemmung spüren, von lähmender Furcht ergriffen sein

Erleichterung
erleichtert sein, jemandem fällt ein Stein vom Herzen

3 Stellt euch eure Tagebucheinträge gegenseitig vor. Diskutiert anschließend, ob Barry und seine Gefühle jeweils nachvollziehbar dargestellt werden.

Der Ich-Erzähler Ismael stellt das Geschehen auf der Abschlussfeier aus seiner Sicht dar. Er berichtet sehr anschaulich, was geschieht und was er beobachtet.

1 mit Hilfen

Stelle dar, wie sich Barry Bagsleys Verhalten im Laufe der Abschlussfeier verändert. Gehe dabei folgendermaßen vor:

a Gliedere den Textauszug „Nennt mich nicht Ismael! (6)" (→ S. 105–106) in drei Handlungsschritte. Notiere, wie sich Barry jeweils verhält, und ergänze passende Textzitate.

Handlungsschritt 1: Ismael kommt auf die Bühne und erspäht Barry im Publikum.
Barry ist wütend: „sah nicht fröhlich aus" (Z. 22), „..." (Z. ...), ...

Handlungsschritt 2: Ismael beobachtet Barry, während Razza seine Fürbitte vorträgt.
Barry zeigt Unsicherheit und Angst: „die unterschiedlichsten Emotionen" (Z. 46), „..." (Z. ...)

Handlungsschritt 3: Ismael beginnt seine Fürbitte und sieht dabei Barry an.
Barry ist verzweifelt, hat große Angst vor einer Bloßstellung: „Seine Lippen formten [...] ‚nein', ‚nicht' und ‚bitte'" (Z. 69–71), „..." (Z. ...), ...

b Beim Vortrag ändert Ismael seine Fürbitte und sagt nichts über Barrys gemeines Verhalten. Überlege, wie sich Barry dabei fühlen könnte.
Ismaels Verhalten könnte in Barry verschiedene Gefühle auslösen, z. B.:
Erleichterung, weil ... *Schadenfreude, weil ...*
Überlege mögliche Erklärungen, warum sich Barry so fühlen könnte.

2 mit Hilfen

Am Abend schreibt Barry in sein Tagebuch, wie er sich bei der Abschlussfeier gefühlt hat. Versetze dich in Barrys Lage und verfasse seinen Tagebucheintrag. Notiere dazu, was er in den folgenden Situationen denkt und fühlt:

- **Situation 1:** Als Ismael die Bühne betritt, ist Barry wütend.
  Wahrscheinlich will mich Ismael nur einschüchtern. Ich glaube nicht, dass er ...
- **Situation 2:** Während Razzas Vortrag haben Ismael und Barry Blickkontakt. Barry gerät in Panik.
  Ob er wirklich ...
  Es kann doch nicht sein, dass ...
  Wieso starrt der mich ...
- **Situation 3:** Ismael tritt ans Rednerpult, bei Barry breiten sich Angst und Verzweiflung aus.
  Hätte ich bloß ...
  Wieso habe ich ...
  Am liebsten wäre ich ...

3 Stellt euch eure Tagebucheinträge gegenseitig vor. Diskutiert anschließend, ob Barry und seine Gefühle jeweils nachvollziehbar dargestellt werden.

5.3 Fit in …
Gestaltend schreiben

Die Aufgabenstellung richtig verstehen

Stelle dir vor, du bekommst folgende Aufgabe:

Lies den folgenden Text und versetze dich anschließend in Ismael. Nach der Begegnung mit Barry und seiner Mutter beschließt du, deinem Freund Scobie einen Brief zu schreiben. Du willst ihm erzählen, wie sich Barry verhalten hat und was du dir für das kommende Schuljahr vorgenommen hast.

Michael Gerard Bauer
Nennt mich nicht Ismael! *7*

Unmittelbar nach der Abschlussfeier begegnet Ismael Barry erneut.

„Ich wusste, dass du nicht den Mumm haben würdest, es zu tun", fauchte er.
Ich machte mir nicht die Mühe, mit ihm zu streiten. Ich hatte vom Podium aus sein Gesicht gesehen. Wir beide kannten die Wahrheit.
„Ich möchte nur, dass du Bill Kingsley in Ruhe lässt, das ist alles."
„Wenn ich du wäre, dann würde ich mir mehr Sorgen um mich selbst machen. Vielleicht kommst du heute Abend noch mal davon, aber nächstes Jahr kannst du dich nirgends verstecken."
Er hatte Recht. Aber das war egal. Ich hatte es satt, mich immer möglichst kleinzumachen. Ich wollte nicht mehr der unsichtbare Junge sein. „Ich werde mich nicht verstecken", sagte ich.
Wir standen einander gegenüber. Es war schrecklich still und ich hätte mich nicht gewundert, wenn ein rollender Busch sich zwischen uns geschoben hätte.
„Barry, da bist du ja! Oh, Entschuldigung, dich habe ich gar nicht gesehen", sagte Mrs Bagsley und wandte sich an mich. „Hallo."
„Barry, wo bleibt dein gutes Benehmen? Willst du mir deinen Freund nicht vorstellen?"
Zum Glück schaute Mrs Bagsley mich an, sodass sie nicht sah, dass ihr Sohn eine Grimasse schnitt, als hätte er eine stählerne Bratpfanne ins Gesicht bekommen.
„Er ist nicht …"
Mrs Bagsley wandte ihr blendendes Lächeln ihrem Sohn zu.
„Ähm … das ist … er heißt … Ismael." Barry Bagsley sprach meinen Namen aus, als hätte man ihn gezwungen, Gift zu schlucken.
Barry Bagsley wartete, bis seine Mutter außer Sichtweite war. Dann zeigte er mit dem Finger auf mich und verengte seine Augen. Er schien um Worte zu ringen, die den Gefühlen, die in ihm tobten, Ausdruck verleihen konnten.
„Nächstes Jahr", sagte er und schaffte es irgendwie, dass diese beiden Wörter klangen wie eine Bombendrohung.
„Ich werde da sein", sagte ich, und zum ersten Mal seit einer Ewigkeit wusste ich, dass das stimmte.

1 Lest die Aufgabenstellung sorgfältig. Erklärt euch gegenseitig, was genau ihr machen sollt und worauf ihr bei der Bearbeitung achten müsst.

Ideen sammeln und einen Schreibplan erstellen

2 Überlege, was in diesem Textauszug passiert. Gliedere den Text in drei Handlungsschritte und notiere wichtige Einzelheiten zur Handlung, z. B.:

1. *Ismael und Barry begegnen sich (Z. 3–23)*
   - *Barry ist wütend und ...*
   - *Ismael will, dass Barry Bill Kingsley ...*
2. *Barrys Mutter kommt hinzu (Z. 24–38)*
   - *...*
3. *Ismael und Barry „verabschieden" sich (Z. 39–49)*
   - *...*

3 Versetze dich in Ismael und überlege, was er seinem Freund Scobie über diese Begegnung schreiben könnte. Notiere deine Ideen. Die folgenden Fragen helfen dir:
- Wie bewertet Ismael Barrys Verhalten? Was denkt er über Barry?
- Was denkt er über die Drohung Barrys, ihn im nächsten Schuljahr wieder zu demütigen?
- Was nimmt sich Ismael vor, damit er nicht mehr der „unsichtbare Junge" ist?

4 Plane den Aufbau deines Briefs und ordne deine Ideen: Wie beginnt dein Brief, was steht im Hauptteil, wie willst du den Schluss gestalten?

Den Brief formulieren und überarbeiten

5 Schreibe nun den Brief an James Scobie. Schreibe in der Ich-Form. Erkläre deine Situation: Wie schätzt du Barrys Verhalten und seine Drohung ein? Was nimmst du dir für das nächste Schuljahr vor? Du kannst die folgenden Formulierungsbausteine zu Hilfe nehmen:

Du kannst dir nicht vorstellen, was mir heute ... | Zuerst war ich schockiert, als ... | Ich glaube, dass Barry in Wirklichkeit ... | Irgendwie habe ich mich in der Situation ... gefühlt. | Du hättest sein Gesicht sehen sollen, als seine Mutter ... | Ich befürchte zwar ..., aber ...

6 Tauscht euren Text mit dem eurer Banknachbarin oder eures Banknachbarn aus. Gebt euch mithilfe der folgenden Checkliste Tipps, was ihr noch verbessern könnt.

Checkliste Einen Brief an eine literarische Figur schreiben

- Hast du in der **Einleitung** den Anlass deines Briefs genannt (hier: Begegnung mit Barry)?
- Hast du im **Hauptteil** erzählt, was passiert ist und welche Gedanken und Gefühle der Schreibende hat (hier: Bewertung von Barrys Verhalten, Plan für das kommende Schuljahr)?
- Enthält der **Schluss** einen Wunsch, eine Bitte, eine persönliche Einschätzung oder Frage?
- Passen **Sprache** und **Inhalt** deines Textes zur Figur und zur Handlung des Textes?

6 Clevere Typen
Alte und neue Erzählungen

Ludwig XIV.[1] sagte einmal im Kreise seiner Hofleute: „Die Könige haben ihre Macht von Gottes Gnaden, und wenn ich einem von Ihnen befehle, ins Wasser zu springen, haben Sie ohne Zögern zu gehorchen."
Da erhob sich der Herzog von Guise und wollte hinausgehen.
„Wohin?", rief der König.
„Schwimmen lernen, Sire!"

1 Ludwig XIV. war von 1643–1715 französischer König.

In diesem Kapitel …

- liest und untersuchst du Geschichten, die belehren und unterhalten,
- lernst du die Merkmale von kurzen Geschichten kennen,
- übst du, wie man den Inhalt einer Geschichte zusammenfasst.

1 Beschreibe das Verhalten des Königs und des Herzogs.

2 Besprecht, was ihr in dieser kleinen Geschichte über die Machtverhältnisse am Hof und über die Charaktereigenschaften der beiden Figuren erfahrt.

3 Kennst du Geschichten, die das Verhalten und die Eigenschaften einer Person auf witzige Weise verdeutlichen? Erzähle sie deinen Mitschülern.

6.1 Unterhaltsames und Lehrreiches
Geschichten untersuchen

Auf den Punkt gebracht Anekdoten

Herbert Ihering (1888–1977)
Die schlechte Zensur

Brecht[1], der schwach im Französischen war, und ein Freund, der schlechte Zensuren im Lateinischen hatte, konnten Ostern nur schwer versetzt werden, wenn sie nicht noch eine gute Abschlussarbeit schrieben. Aber die lateinische Arbeit des einen fiel ebenso mäßig aus wie die französische des anderen. Darauf radierte der Freund mit einem Federmesser einige Fehler in der Lateinarbeit aus und meinte, der Professor habe sich wohl verzählt. Der aber hielt das Heft gegen das Licht, entdeckte die radierten Stellen und eine Ohrfeige tat das Übrige.
Brecht, der nun wusste, so geht das nicht, nahm rote Tinte und strich sich noch einige Fehler mehr an. Dann ging er zum Professor und fragte ihn, was hier falsch sei. Der Lehrer musste bestürzt zugeben, dass diese Worte richtig seien und er zu viele Fehler angestrichen habe. „Dann“, sagte Brecht, „muss ich doch eine bessere Zensur haben.“
Der Professor änderte die Zensur und Brecht wurde versetzt.

1 Bertolt Brecht (1898–1956): berühmter deutscher Schriftsteller

1 a Lies die Geschichte durch und überlege anschließend, worin die überraschende Wende (die Pointe) der Geschichte liegt.
b Diskutiere mit deinen Mitschülern, welche Wesenszüge von Brecht hier besonders deutlich werden. Wie bewertet ihr das Verhalten des Schülers Brecht?

2 Spielt die Geschichte in Gruppen als Sketch. Geht dabei folgendermaßen vor:
a Legt gemeinsam fest, welche Rollen ihr vergeben wollt, und entwickelt Dialoge. Nehmt die im Text enthaltene direkte und indirekte Rede zu Hilfe und erfindet eigene Dialogpassagen hinzu.
b Tragt euren Sketch vor und gebt euch in der Klasse anschließend gegenseitig eine Rückmeldung.

Hermann Schreiber (*1920)

Der alte Mantel

In New York besuchte Einstein einmal einen Kollegen, der sehr auf sich hielt und dem Professor aus Europa beim Abschied zu bedenken gab, dass er sich doch hier in den Staaten einen neuen Regenmantel kaufen solle, in dem zerschlissenen alten Stück könne man in New York doch einfach nicht herumlaufen.

„Warum nicht?", protestierte Einstein. „Hier kennt mich doch niemand!"

Ein Jahr später stattete der amerikanische Gelehrte Einstein einen Gegenbesuch ab und suchte ihn in dem kleinen Universitätsstädtchen Princeton[1] auf. Einstein wartete höflich bereits am Bahnhof – und trug noch immer den alten Regenmantel.

„Aber lieber Kollege", sagte der Amerikaner indigniert[2], „jetzt haben Sie dieses alte Stück noch immer am Leib! Was sollen denn die Leute von Ihnen denken?"

„Das spielt hier in Princeton doch keine Rolle", wehrte Einstein ab, „hier kennt mich längst jedes Kind!"

1 Princeton: Stadt in New Jersey (USA) und Ort einer der angesehensten Universitäten der Welt

2 indigniert: entrüstet

1 a Lies die Geschichte oder lasse sie dir vorlesen.
b Tausche dich mit deinen Mitschülern darüber aus, wie euch diese Geschichte gefällt.

2 a Notiere, was du in der Geschichte über die Einstellung Einsteins erfährst.
b Vergleiche deine Ergebnisse anschließend mit denen eines Lernpartners.

3 „Wenn es nicht wahr ist, so ist es doch gut erfunden", sagt ein italienisches Sprichwort.
a Diskutiert in der Klasse darüber, ob es wichtig ist, dass sich eine Geschichte, wie z. B. die über Einstein, tatsächlich so zugetragen hat.
b Überlegt gemeinsam, warum auch möglicherweise erfundene Geschichten über Personen erzählt werden.

4 Die Geschichten auf S. 111–114 nennt man Anekdoten. Beschreibt in Partnerarbeit, welche Merkmale solche Geschichten haben.

Erika Mann (1905–1969)

Mein Vater Thomas Mann[1]

Dies spielt während des Ersten Weltkrieges, wo wir nichts zu essen hatten, absolut nichts, und wo zwischen uns vier Kindern jede Winzigkeit, die es gab, genau und mathematisch geteilt wurde. Also es wurden quasi die Erbsen gezählt. Nun also eines schönen Tages war eine Feige übrig geblieben und es war ganz klar, dass diese Feige zwischen uns vier Kindern geteilt werden musste – meine Mutter war der Ansicht und wir vier waren der Ansicht. Was tat mein Vater? Er gab mir allein diese Feige und sagte: „Da, Eri, iss." Ich natürlich fing sofort an zu fressen, die anderen drei Geschwister staunten entsetzt und mein Vater sagte sentenziös[2] mit Betonung: „Man soll die Kinder früh an Ungerechtigkeit gewöhnen."

1 Thomas Mann: berühmter deutscher Schriftsteller; seine Tochter Erika Mann (1905–1969) war ebenfalls Schriftstellerin

2 sentenziös: knapp und pointiert

1 Tausche dich mit deinen Mitschülern darüber aus, wie euch diese Geschichte gefällt.

2 a Schreibt den Text in Partnerarbeit weiter. Wie könnten z. B. die Geschwister oder die Mutter reagieren? Was könnte der Vater, Thomas Mann, erwidern?
b Diskutiert mithilfe eurer Texte, was ihr von dem Schlusssatz der Anekdote haltet.

3 a Lies das Merkwissen über die Anekdote und vergleiche es mit deinen Arbeitsergebnissen zur Aufgabe 4 auf S. 113.
b Überprüfe dein Wissen, indem du die Merkmale am Text von Erika Mann nachweist.

Merkwissen Die Anekdote

Eine Anekdote ist eine **kurze Geschichte** über eine **bekannte Persönlichkeit**. Auf humorvolle Weise verdeutlicht sie das Verhalten oder die Eigenarten dieses Menschen. Wie der Witz enthält die Anekdote am Ende eine **Pointe (überraschende Wendung)**.
Das, was über die Person erzählt wird, muss nicht unbedingt wahr sein. Wichtig ist vielmehr, dass in der Anekdote **das Typische einer Person** erkennbar wird.

Kluges im Kleinformat Kalendergeschichten

Johann Peter Hebel (1760–1826)

Eine sonderbare Wirtszeche

Manchmal gelingt ein mutwilliger Einfall, manchmal kostet's den Rock, oft sogar die Haut dazu. Diesmal aber nur den Rock.

Denn obgleich einmal drei lustige Studenten auf einer Reise keinen roten Heller mehr in der Tasche hatten, alles war verjubelt, so gingen sie doch noch einmal in ein Wirtshaus und dachten, sie wollten sich schon wieder hinaushelfen und doch nicht wie Schelme davonschleichen, und es war ihnen gar recht, dass die junge und artige Wirtin ganz allein in der Stube war. Sie aßen und tranken guten Mutes und führten miteinander ein gar gelehrtes Gespräch, als wenn die Welt schon viele tausend Jahre alt wäre und noch ebenso lang stehen würde und dass in jedem Jahr, an jedem Tag und in jeder Stunde des Jahres alles wieder so komme und sei, wie es am nämlichen Tag und in der nämlichen Stunde vor sechstausend Jahren auch gewesen sei.

„Ja", sagte endlich einer zur Wirtin, die mit einer Strickerei seitwärts am Fenster saß und aufmerksam zuhörte, „ja, Frau Wirtin, das müssen wir aus unsern gelehrten Büchern wissen."

Und einer war so keck und behauptete, er könne sich wieder dunkel erinnern, dass sie vor sechstausend Jahren schon einmal da gewesen seien, und das hübsche freundliche Gesicht der Frau Wirtin sei ihm noch wohl bekannt. Das Gespräch wurde noch lange fortgesetzt, und je mehr die Wirtin alles zu glauben schien, desto besser ließen sich die jungen Schwenkfelder den Wein und Braten und manche Brezel schmecken, bis eine Rechnung von fünf Florin und 16 Kreuzern[1] auf der Kreide stand. Als sie genug gegessen und getrunken hatten, rückten sie mit der List heraus, worauf es abgesehen war.

„Frau Wirtin", sagte einer, „es steht diesmal um unsere Batzen nicht gut, denn es sind der Wirtshäuser zu viele an der Straße. Da wir aber an Euch eine verständige Frau gefunden haben, so hoffen wir, als alte Freunde hier Kredit zu haben, und wenn's Euch recht ist, so wollen wir in sechstausend Jahren, wenn wir wiederkommen, die alte Zeche samt der neuen bezahlen."

Die verständige Wirtin nahm das nicht übel auf,

1 Der Florin (= Gulden) und Kreuzer sind alte Währungsbezeichnungen.

war vollkommen zufrieden und freute sich, dass die Herren so vorliebgenommen, stellte sich aber unvermerkt vor die Stubentüre und bat, die Herren möchten nur so gut sein und jetzt einstweilen die fünf Florin und 16 Kreuzer bezahlen, die sie vor sechstausend Jahren schuldig geblieben seien, weil doch alles schon einmal so gewesen sei, wie es wiederkomme. Zum Unglück trat eben der Vorgesetzte des Ortes mit ein paar braven Männern in die Stube, um miteinander ein Glas Wein in Ehren zu trinken. Das war den gefangenen Vögeln gar nicht lieb. Denn jetzt wurde von Amts wegen das Urteil gefällt und vollzogen: „Es sei aller Ehren wert, wenn man sechstausend Jahre lang geborgt habe. Die Herren sollten also augenblicklich ihre alte Schuld bezahlen oder ihre noch ziemlich neuen Oberröcke in Versatz geben." Dies Letzte musste geschehen und die Wirtin versprach, in sechstausend Jahren, wenn sie wiederkommen und besser als jetzt bei Batzen seien, ihnen alles Stück für Stück wieder zuzustellen.
Dies ist geschehen im Jahre 1805 am 17. April im Wirtshause zu Segringen.

1 Die Geschichte wurde vor über 200 Jahren verfasst und enthält viele Wörter und Wendungen, die heute nicht mehr gebräuchlich sind.

a Klärt in Partnerarbeit, was die folgenden Wörter und Ausdrücke in der Geschichte bedeuten. Lest dazu noch einmal im Text nach.

> obgleich (→ Z. 4) | sie wollten sich schon wieder hinaushelfen (→ Z. 8) |
> am nämlichen Tag und in der nämlichen Stunde (→ Z. 17–18) |
> bis eine Rechnung von fünf Florin und 16 Kreuzern auf der Kreide stand (→ Z. 33–34) |
> es steht diesmal um unsere Batzen nicht gut (→ Z. 38–39) |
> eine verständige Frau (→ Z. 41) | nahm das nicht übel auf (→ Z. 46) |
> aller Ehren wert (→ Z. 60) | geborgt (→ Z. 61) | in Versatz geben (→ Z. 64)

b Klärt weitere Wörter oder Textstellen, die ihr nicht auf Anhieb versteht.

2 a Schildere deinen ersten Leseeindruck. Erkläre, wer hier wen mit welcher List hereinlegt.

b Beschreibe, worin die Pointe (überraschende Wendung) der Geschichte liegt.

c Erkläre, wie die Handlung der Geschichte aufgebaut ist: Gliedere sie hierzu in Einleitung, Hauptteil und Schluss und gib jedem Teil eine treffende Überschrift.

3 Untersuche, mit welcher Absicht die Geschichte erzählt wird. Gehe so vor:

a Sieh dir den Anfang der Geschichte (→ Z. 1–3) genau an:
- Wer spricht und welche Bedeutung hat dieser Satz für das Verständnis der Erzählung?
- In welchem Tempus steht der Anfangssatz, in welchem die nachfolgenden? Hast du eine Erklärung für den Unterschied?

b Begründe, ob der Erzähler am Geschehen beteiligt ist oder ob er die Geschichte von einem höheren Standpunkt aus darstellt. Nenne Beispiele aus dem Text und erläutere deren Wirkung.

c Formuliere eine Lehre, die sich aus der Geschichte ziehen lässt.

4 a Schreibe die Geschichte ab Z. 68 weiter: Was könnten die Studenten antworten?

b Präsentiert eure Arbeitsergebnisse vor der Klasse und diskutiert, ob ihr die Bestrafung (→ Z. 61–64) für gerechtfertigt haltet.

Unbekannter Verfasser (ca. 19. Jh.)
Das Blindekuhspiel

In ein Wirtshaus zu Helmstadt kamen eines Abends sieben oder acht Studenten, die Abschied feiern wollten, und zechten gehörig. Als gegen Mitternacht die junge Wirtin, eine leibliche Einfalt, die Rechnung machte, wollte keiner dulden, dass der andere den Geldbeutel hervorlange. „Bruderherz“, hieß es hin und her, „lass mich bezahlen, denn der Himmel weiß allein, ob wir unser Lebtag jemals wieder zusammenkommen.“
Endlich, nachdem sie lange genug miteinander gestritten hatten, schlug einer vor, man solle der lieben Frau Wirtin ein Schnupftuch vor die Augen binden, und welchen sie als Ersten von ihnen erhasche, der solle das ganze Gelage bezahlen. Die Wirtin schlug vor Freude über den Spaß die Hände zusammen; aber sie hatte das Tuch noch nicht lange vor den Augen, so machte sich einer nach dem andern sachte davon.
Der Wirt, der unten im Hause bei den andern Gästen saß, wunderte sich, da er die Studenten alle hatte fortgehen sehen, was seine Frau doch da oben noch ganz alleine zu schaffen habe, und ging die Stiegen hinauf. Sie hatte ihn auch gleich, als er zur Türe hereintrat, beim Kragen, hielt ihn fest und rief: „Gefangen, Herr, Ihr müsst allein die ganze Zeche zahlen, die andern gehen alle ledig aus“, womit sie die Wahrheit gesprochen hatte.

1 Lies die Geschichte und kläre anschließend Wörter oder Textstellen, die dir unklar sind.

2 Diskutiert in der Klasse folgende Fragen:
- Warum haben die Studenten „miteinander gestritten“ (→ Z. 15–16)?
- Wieso hat die Wirtin mit ihrem letzten Satz „die Wahrheit gesprochen“ (→ Z. 37–38)?
- Welche Lehre erteilt die Geschichte?

3 Der erste Absatz enthält eine Zwischenbemerkung des Erzählers (Erzählerkommentar). Suche sie heraus und erkläre, was sich aus ihr für den Verlauf der Geschichte ablesen lässt.

4 Vergleiche die Geschichten „Das Blindekuhspiel“ und „Eine sonderbare Wirtszeche“ (→ S. 115–117). Worin liegen die Gemeinsamkeiten, worin die Unterschiede?

5 Wähle eine der drei folgenden Aufgaben und untersuche anschließend, ob dein Text inhaltlich und sprachlich zu dem Ausgangstext „Das Blindekuhspiel“ passt.
a **Die Wirtin verstehen:** Versetze dich in die Lage der jungen Wirtin und erzähle die Geschichte „Das Blindekuhspiel“ aus ihrer Sicht. Schreibe in der Ich-Form.
b **Die Studenten verstehen:** Nimm die Rolle eines Studenten ein und erzähle die Geschichte aus seiner Sicht. Schreibe in der Ich-Form.
c **Der Wirtin helfen:** Schreibe die Geschichte an einer Stelle um, die du dir aussuchst, sodass sie einen anderen Verlauf nimmt.

Bertolt Brecht (1898–1956)
Der hilflose Knabe

Herr K. sprach über die Unart, erlittenes Unrecht stillschweigend in sich hineinzufressen, und erzählte folgende Geschichte: „Einen vor sich hin weinenden Jungen fragte ein Vorübergehender nach dem Grund seines Kummers. ‚Ich hatte zwei Groschen für das Kino beisammen', sagte der Knabe, ‚da kam ein Junge und riß mir einen aus der Hand', und er zeigte auf einen Jungen, der in einiger Entfernung zu sehen war. ‚Hast du denn nicht um Hilfe geschrien?' fragte der Mann. ‚Doch', sagte der Junge und schluchzte ein wenig stärker. ‚Hat dich niemand gehört?' fragte ihn der Mann weiter, ihn liebevoll streichelnd. ‚Nein', schluchzte der Junge. ‚Kannst du denn nicht lauter schreien?' fragte der Mann. ‚Nein', sagte der Junge und blickte ihn mit neuer Hoffnung an. Denn der Mann lächelte. …

R

A ‚Dann laß uns deinen Groschen zurückholen', sagte er und nahm den Jungen an die Hand."

B ‚Mach dir nichts draus', sagte er, gab dem Jungen einen Groschen und ging fröhlich weiter."

C ‚Dann gib auch den her', sagte er, nahm ihm den letzten Groschen aus der Hand und ging unbekümmert weiter."

1 a Wie endet die Geschichte? Entscheide dich spontan für einen Schluss (A, B oder C).
b Lies die Geschichte noch einmal und achte dabei auf Signale, die auf einen der drei Schlüsse hinweisen könnten. Bleibst du bei deiner ersten Wahl?
c Begründe, warum du dich für den jeweiligen Schluss entschieden hast.

2 a Lies den Schluss in der Originalfassung von Brecht auf der S. 355. Diskutiert dann miteinander, wie ihr die Geschichte findet, z. B. lustig, traurig, erschreckend.
b Mit welcher Absicht wird die Geschichte erzählt? Achte besonders auf den ersten Satz.

3 Du kannst die Geschichte verändern. Wähle dazu eine der folgenden Aufgaben:
a Spiele die Geschichte zusammen mit anderen. Ihr dürft den Text verändern und eigene Konfliktlösungen erproben.
b Erzähle den Vorfall aus der Ich-Perspektive des Knaben. Schreibe, was er denkt und fühlt.
c Schreibe eine mögliche Fortsetzung des Textes: Wie könnte der Knabe oder der Mann den Vorfall mit dem Abstand vieler Jahre darstellen und beurteilen?

4 Untersuche, welche Merkmale der Kalendergeschichte du in den Texten von S. 115–118 findest.

Merkwissen Die Kalendergeschichte

Eine Kalendergeschichte ist eine **kurze Geschichte**, die **unterhalten und belehren** soll und **meist** mit einer **Pointe (überraschenden Wendung)** endet. Bis ins 19. Jahrhundert wurden diese Geschichten in Jahreskalendern abgedruckt. Neben der Bibel waren diese sogenannten Kalendergeschichten für viele Familien oft die einzige Lektüre. Ab dem 20. Jahrhundert erschienen die Kalendergeschichten nur noch in Buchform. Der bekannteste Autor von Kalendergeschichten ist Johann Peter Hebel (1760–1826).

Selbst eine Kalendergeschichte schreiben

1 Schreibe zu den Bildern oben eine eigene Kalendergeschichte. Gehe so vor:
Überlege,
- worin die Pointe der Geschichte besteht.
- welche Figuren handeln und in welchem Verhältnis sie zueinander stehen.
- ob du deiner Geschichte einen „allwissenden" Erzähler geben möchtest, der den Ausgang der Geschichte von vornherein kennt und die Geschichte kommentiert.
- wie du deine Figuren miteinander reden lassen oder wie du ihre Rede wiedergeben möchtest (in direkter oder in indirekter Rede).

2 Ordne deine Ideen in einem Schreibplan.

Einleitung: Wer? Wann? Wo?
Hauptteil: Was geschieht? Erzählschritte, überraschende Wendung
Schluss: Wie endet die Geschichte? Lehre?

Tipp Besonders anschaulich wird deine Geschichte, wenn du die Gefühle der Figuren beschreibst. Verwende hierzu aussagekräftige Adjektive, treffende Verben, bildhafte Wendungen und Vergleiche.

3 Überarbeitet eure Kalendergeschichten in einer Schreibkonferenz (→ S. 314).
Lest euch eure Geschichten gegenseitig vor und korrigiert sie inhaltlich und sprachlich. Erklärt und begründet dem jeweiligen Verfasser eure Verbesserungsvorschläge.

Teste dein Wissen!
Eine Kalendergeschichte untersuchen

Unbekannter Verfasser
Giufa lässt die Kleider speisen

Giufa, dem man von Weitem den Liederjan ansah, waren alle Leute immer aus dem Weg gegangen; und wenn er gelegentlich in einem Bauernhof anklopfte und um ein Stück Brot bat, jagte man die Hunde auf ihn. Meist bellten die Hunde nur hinter ihm drein, aber eines Tages geschah es, dass sie wirklich auf ihn losfuhren und ihm die Hosen in Stücke zerrissen. Zerfetzt, wie er war, wagte er sich tagsüber nicht ins Dorf und kam erst zur Nachtstunde heim.
„Wer hat dich so zugerichtet?", fragte die Mutter. „Die Stacheln", sagte Giufa.
„Nein, die Stacheln reißen nicht so."
„Dann eben die Hunde ..."
Und damit erzählte er sein böses Erlebnis im Bauernhof. Da ärgerte sich die Mutter, verschaffte Giufa am nächsten Morgen eine feine Hose und eine Samtweste und schickte ihn in denselben Bauernhof. Giufa klopfte an, man machte auf und lud ihn an den Mittagstisch ein. Die Tochter lächelte ihm zu und alle sagten ihm hundert Höflichkeiten. Als aber die Mahlzeit aufgetragen wurde, da steckte Giufa die guten Sachen mit der Linken in den Mund und mit der Rechten füllte er die Taschen und den Hut. Dazu sagte er: „Speist nur, teure Kleider, speist, denn nicht ich bin's, sondern ihr seid's, die sie eingeladen haben!" Die Bauersleute blickten betreten auf die Teller und schwiegen. Nach dem Essen stand Giufa auf und sagte: „Meine Kleider danken euch für den köstlichen Braten." Die Bauersleute schauten beschämt zu Boden; aber die Mutter, mit der er am Abend die heimgebrachten Sachen verspeiste, sagte: „Kleider machen wirklich Leute und es ist nur schade, dass du und deinesgleichen es nicht verstehen wollt."

1 Lies den Text sorgfältig und notiere den Buchstaben der Lösung. Der Text will ...

A sachlich informieren und belehren.
B unterhalten und sachlich informieren.
C unterhalten und belehren.
D beschreiben und berichten.

2 Begründe mit eigenen Worten, welche Aussage am ehesten die Lehre des Textes enthält.

A Wer einmal lügt, dem glaubt man nicht.
B Hunde, die bellen, beißen nicht.
C Mehr Schein als Sein.
D Der Klügere gibt nach.

3 Notiere, wo sich die Pointe befindet. Erkläre, welche Wendung die Geschichte hier nimmt.

4 Vergleicht eure Ergebnisse aus den Aufgaben 1, 2 und 3 in Partnerarbeit.

6.2 Wendepunkte
Eine Inhaltsangabe schreiben

Federica de Cesco (*1938)
Spaghetti für zwei

Heinz war bald vierzehn und fühlte sich sehr cool. In der Klasse und auf dem Fußballplatz hatte er das Sagen. Aber richtig schön würde das Leben erst werden, wenn er im nächsten Jahr seinen Töff[1] bekam und den Mädchen zeigen konnte, was für ein Kerl er war. Er mochte Monika, die Blonde mit den langen Haaren aus der Parallelklasse, und ärgerte sich über seine entzündeten Pickel, die er mit schmutzigen Nägeln ausdrückte. Im Unterricht machte er gerne auf Verweigerung. Die Lehrer sollten bloß nicht auf den Gedanken kommen, dass er sich anstrengte. Mittags konnte er nicht nach Hause, weil der eine Bus zu früh, der andere zu spät abfuhr. So aß er im Selbstbedienungsrestaurant, gleich gegenüber der Schule. Aber an manchen Tagen sparte er lieber das Geld und verschlang einen Hamburger an der Stehbar. Samstags leistete er sich dann eine neue Kassette[2], was die Mutter natürlich nicht wissen durfte. Doch manchmal – so wie heute – hing ihm der Big Mac zum Hals heraus. Er hatte Lust auf ein richtiges Essen. Einen Kaugummi im Mund, stapfte er mit seinen Cowboy-Stiefeln die Treppe zum Restaurant hinauf. Die Reißverschlüsse seiner Lederjacke klimperten bei jedem Schritt. Im Restaurant trafen sich Arbeiter aus der nahen Möbelfabrik, Schüler und Hausfrauen mit Einkaufstaschen und kleinen Kindern, die Unmengen Cola tranken, Pommes frites verzehrten und fettige Fingerabdrücke auf den Tischen hinterließen. Viel Geld wollte Heinz nicht ausgeben; er sparte es lieber für die nächste Kassette. „Italienische Gemüsesuppe", stand im Menü. Warum nicht? Immer noch seinen Kaugummi mahlend, nahm Heinz ein Tablett und stellte sich an. Ein schwitzendes Fräulein schöpfte die Suppe aus einem dampfenden Topf. Heinz nickte zufrieden. Der Teller war ganz ordentlich voll. Eine Schnitte Brot dazu und er würde bestimmt satt.

Er setzte sich an einen freien Tisch, nahm den Kaugummi aus dem Mund und klebte ihn unter den Stuhl. Da merkte er, dass er den Löffel vergessen hatte. Heinz stand auf und holte sich einen. Als er zu seinem Tisch zurückstapfte, traute er seinen Augen nicht: Ein Schwarzer saß an seinem Platz und aß seelenruhig seine Gemüsesuppe!

Heinz stand mit seinem Löffel fassungslos da, bis ihn die Wut packte. Zum Teufel mit diesen Asylbewerbern! Der kam irgendwo aus Uagaduga, wollte sich in der Schweiz breitmachen und jetzt fiel ihm nichts Besseres ein, als ausgerechnet seine Gemüsesuppe zu verzehren! Schon möglich, dass so was den afrikanischen Sitten entsprach, aber hierzulande war das eine bodenlose Unverschämtheit. Heinz öffnete den Mund, um dem Menschen lautstark seine Meinung zu sagen, als ihm auffiel, dass die Leute ihn komisch ansahen. Heinz wurde rot. Er wollte nicht als Rassist gelten. Aber was nun?

1 Töff: umgangssprachlich in der Schweiz für Mofa

2 die Kassette: Gemeint ist die Musikkassette, die bis in die späten 1990er Jahre neben der Schallplatte als Tonträger verbreitet war.

Plötzlich fasste er einen Entschluss. Er räusperte sich vernehmlich, zog einen Stuhl zurück und setzte sich dem Schwarzen gegenüber. Dieser hob den Kopf, blickte ihn kurz an und schlürfte ungestört die Suppe weiter. Heinz presste die Zähne zusammen, dass seine Kinnbacken schmerzten. Dann packte er energisch den Löffel, beugte sich über den Tisch und tauchte ihn in die Suppe. Der Schwarze hob abermals den Kopf. Sekundenlang starrten sie sich an. Heinz bemühte sich, die Augen nicht zu senken. Er führte mit leicht zitternder Hand den Löffel zum Mund und tauchte ihn zum zweiten Mal in die Suppe. Seinen vollen Löffel in der Hand, fuhr der Schwarze fort, ihn stumm zu betrachten. Dann senkte er die Augen auf seinen Teller und aß weiter. Eine Weile verging. Beide teilten sich die Suppe, ohne dass ein Wort fiel. Heinz versuchte nachzudenken. „Vielleicht hat der Mensch kein Geld, muss schon tagelang hungern. Dann sah er die Suppe da stehen und bediente sich einfach. Schon möglich, wer weiß? Vielleicht würde ich mit leerem Magen ähnlich reagieren? Und Deutsch kann er anscheinend auch nicht, sonst würde er da nicht sitzen wie ein Klotz. Ist doch peinlich. Ich an seiner Stelle würde mich schämen. Ob Schwarze wohl rot werden können?“

Das leichte Klirren des Löffels, den der Afrikaner in den leeren Teller legte, ließ Heinz die Augen heben. Der Schwarze hatte sich zurückgelehnt und sah ihn an. Heinz konnte seinen Blick nicht deuten. In seiner Verwirrung lehnte er sich ebenfalls zurück. Schweißtropfen perlten auf seiner Oberlippe, sein Pulli juckte und die Lederjacke war verdammt heiß! Er versuchte, den Schwarzen abzuschätzen. „Junger Kerl. Etwas älter als ich. Vielleicht sechzehn oder sogar schon achtzehn. Normal angezogen: Jeans, Pulli, Windjacke. Sieht eigentlich nicht wie ein Obdachloser aus. Immerhin, der hat meine halbe Suppe aufgegessen und sagt nicht einmal Danke! Verdammt, ich habe noch Hunger!“

Der Schwarze stand auf. Heinz blieb der Mund offen. „Haut der tatsächlich ab? Jetzt ist aber das Maß voll! So eine Frechheit! Der soll mir wenigstens die halbe Gemüsesuppe bezahlen!“ Er wollte aufspringen und Krach schlagen. Da sah er, wie sich der Schwarze mit einem Tablett in der Hand wieder anstellte. Heinz fiel unsanft auf seinen Stuhl zurück und saß da wie ein Ölgötze. „Also doch: Der Mensch hat Geld! Aber bildet der sich vielleicht ein, dass ich ihm den zweiten Gang bezahle?“

Heinz griff hastig nach seiner Schulmappe. „Bloß weg von hier, bevor er mich zur Kasse bittet! Aber nein, sicherlich nicht. Oder doch?“ Heinz ließ die Mappe los und kratzte nervös an seinem Pickel. Irgendwie wollte er wissen, wie es weiterging.

Der Schwarze hatte einen Tagesteller bestellt. Jetzt stand er vor der Kasse und – wahrhaftig – er bezahlte! Heinz schniefte. „Verrückt!“, dachte er. „Total gesponnen!“ Da kam der Schwarze zurück. Er trug das Tablett, auf dem ein großer Teller Spaghetti stand, mit Tomatensoße, vier Fleischbällchen und zwei Gabeln. Immer noch stumm, setzte er sich Heinz gegenüber, schob den Teller in die Mitte des Tisches, nahm eine Gabel und begann zu essen, wobei er Heinz ausdruckslos in die Augen schaute. Heinz’ Wimpern flatterten. Heiliger Strohsack! Dieser Typ forderte ihn tatsächlich auf, die Spaghetti mit ihm zu teilen! Heinz brach der Schweiß aus. Was nun? Sollte er essen? Nicht essen? Seine Gedanken überstürzten sich. Wenn der Mensch doch wenigstens reden würde! „Na gut. Er aß die Hälfte meiner Suppe, jetzt esse ich die Hälfte seiner Spaghetti, dann sind wir quitt!“ Wütend und beschämt griff Heinz nach der Gabel, rollte die Spaghetti auf und steckte sie in den Mund. Schweigen. Beide verschlangen die Spaghetti. „Eigentlich nett von ihm, dass er mir eine Gabel brachte“, dachte Heinz. „Da komme ich noch zu einem guten Spaghettiessen, das ich mir heute nicht geleistet hätte. Aber was soll ich jetzt sagen? Danke? Saublöde! Einen Vorwurf machen kann ich ihm auch nicht mehr. Vielleicht hat er gar nicht gemerkt, dass er meine Suppe aß. Oder vielleicht ist es üblich in Afrika, sich das Essen zu teilen? Schmecken gut, die Spaghetti. Wenn ich nur nicht so schwitzen würde!“

Die Portion war sehr reichlich. Bald hatte Heinz keinen Hunger mehr. Dem Schwarzen ging es ebenso. Er legte die Gabel aufs Tablett und putzte sich mit der Papierserviette den Mund ab. Heinz räusperte sich und scharrte mit den Füßen. Der Schwarze lehnte sich zurück, schob die Daumen in die Jeanstaschen und sah ihn an. Undurchdringlich. Heinz kratzte sich unter dem Rollkragen, bis ihm die Haut schmerzte. „Heiliger Bimbam! Wenn ich nur wüsste, was er denkt!“ Verwirrt, schwitzend und erbost ließ er seine Blicke umherwandern. Plötzlich spürte er ein Kribbeln im Nacken. Ein Schauer jagte ihm über die Wirbelsäule von den Ohren bis ans Gesäß. Auf dem Nebentisch, an den sich bisher niemand gesetzt hatte, stand – einsam auf dem Tablett – ein Teller kalter Gemüsesuppe.

Heinz erlebte den peinlichsten Augenblick seines Lebens. Am liebsten hätte er sich in ein Mauseloch verkrochen. Es vergingen zehn volle Sekunden, bis er es endlich wagte, dem Schwarzen ins Gesicht zu sehen. Der saß da, völlig entspannt und cooler, als Heinz es je sein würde, und wippte leicht mit dem Stuhl hin und her. „Äh ...“, stammelte Heinz, feuerrot im Gesicht. „Entschuldigen Sie bitte. Ich ...!“ Er sah die Pupillen des Schwarzen aufblitzen, sah den Schalk in seinen Augen schimmern. Auf einmal warf er den Kopf zurück, brach in dröhnendes Gelächter aus. Zuerst brachte Heinz nur ein verschämtes Glucksen zustande, bis endlich der Bann gebrochen war und er aus vollem Halse in das Gelächter des Afrikaners einstimmte. Eine Weile saßen sie da, von Lachen geschüttelt. Dann stand der Schwarze auf, schlug Heinz auf die Schulter. „Ich heiße Marcel“, sagte er in bestem Deutsch. „Ich esse jeden Tag hier. Sehe ich dich morgen wieder? Um die gleiche Zeit?“ Heinz’ Augen tränten, sein Zwerchfell glühte und er schnappte nach Luft. „In Ordnung!“, keuchte er. „Aber dann spendiere ich die Spaghetti!“

1 a Notiere deine ersten Leseeindrücke und tausche dich anschließend mit deinen Mitschülern über diese aus.

b Klärt gemeinsam Wörter, Begriffe oder Textstellen, die euch unklar sind.

2 a Erkläre, warum Heinz „den peinlichsten Augenblick seines Lebens" erlebt (→ Z. 172–173).
b Beschreibe, welche Gedanken Heinz durch den Kopf schießen, als er Marcel an „seinem" Tisch sieht. Wie schätzt er Marcel zu Beginn, wie zum Schluss des gemeinsamen Mittagessens ein?
c Enthält die Erzählung eine Lehre? Formuliere sie.

3 a Lies den Text noch einmal und verschaffe dir einen genauen Überblick über den Inhalt. Beantworte dazu die folgenden W-Fragen in Stichpunkten:
- Wer sind die Hauptfiguren in der Geschichte?
- Wo spielt die Geschichte (Ort)?
- Worum geht es in der Erzählung (Thema)?

b Vergleiche deine Notizen mit denen deiner Mitschüler. Wenn ihr zu unterschiedlichen Ergebnissen gekommen seid, lest noch einmal genau im Text nach.

4 Überlege: Welche Informationen muss eine knappe Inhaltsangabe enthalten, damit jemand die Geschichte „Spaghetti für zwei" gut versteht?

5 In einer Inhaltsangabe werden die wichtigsten Handlungsschritte so knapp wie möglich wiedergegeben.
a Gliedere den Text in einzelne Handlungsschritte. Gib jedem Handlungsschritt eine treffende Überschrift und fasse den Inhalt in Stichwörtern oder kurzen Sätzen zusammen, z. B.:

Tipp Handlungsschritte
Ein neuer Handlungsschritt beginnt häufig dann, wenn z. B.:
- der Ort der Handlung wechselt,
- ein Zeitsprung stattfindet,
- eine neue Figur auftaucht oder
- die Handlung eine Wendung erfährt.

Z. 1–20: Beschreibung von Heinz
Heinz ist bald 14, fühlt sich cool, geht nach der Schule häufig in ein Selbstbedienungsrestaurant, um dort zu Mittag zu essen.
Z. …: …

b Vergleicht eure Ergebnisse und überarbeitet gegebenenfalls eure Notizen.

6 Eine Inhaltsangabe beginnt mit einem informativen Einleitungssatz.
a Lies die beiden folgenden Einleitungen. Begründe, welche genauere Angaben über den Text enthält.

In der Erzählung geht es um zwei Jungen, Heinz und Marcel, die sich zufällig in einem Selbstbedienungsrestaurant treffen und gemeinsam zu Mittag essen.

In der Erzählung „Spaghetti für zwei" von Federica de Cesco geht es um einen Jungen, der Vorurteile gegen Schwarze hat und diese durch ein Missverständnis überwindet.

b Halte fest, welche Informationen eine gelungene Einleitung enthält.

7 In einer Inhaltsangabe wird keine wörtliche Rede verwendet.

a Beschreibe anhand des folgenden Beispiels, welche Möglichkeiten es gibt, den Inhalt der wörtlichen Rede wiederzugeben.

> „Aber dann spendiere ich die Spaghetti!“ (→ S. 123, Z. 195)
>
> *→ Heinz sagt, beim nächsten Mal spendiere er die Spaghetti.*
> *→ Heinz kündigt an, Marcel beim nächsten Treffen zum Spaghettiessen einzuladen.*

b Mache Vorschläge, wie man den Inhalt der folgenden Textpassage wiedergeben könnte.
„Ich heiße Marcel“, sagte er in bestem Deutsch. „Ich esse jeden Tag hier. Sehe ich dich morgen wieder? Um die gleiche Zeit?“ (→ S. 123, Z. 190–192)

8 Überarbeite den folgenden Auszug aus einer Inhaltsangabe, indem du
- überflüssige Einzelheiten weglässt,
- auf eine sachliche Sprache achtest,
- die Zusammenhänge der Handlung deutlich machst.

Nutze hierzu den Tipp unten.

VORSICHT, FEHLER!

> *Heinz ist ein fast 14-jähriger Junge. Er fühlt sich voll cool. Er will auch den Mädchen gefallen. In der Schule macht er auf Totalverweigerer. Er hat keinen guten Busanschluss nach Hause und geht nach der Schule oft in ein Selbstbedienungsrestaurant. Dort isst er zu Mittag. Das macht er auch an diesem Tag. Er will Geld sparen und holt sich eine Gemüsesuppe und setzt sich an einen freien Tisch. Er merkt, dass er den Löffel für die Suppe vergessen hat. Er verlässt seinen Platz und holt sich einen. Auf dem Rückweg sieht Heinz einen Schwarzen. Der sitzt auf seinem Platz und isst seine Gemüsesuppe. Heinz ist wütend und möchte dem Schwarzen die Meinung geigen. Er sieht die Blicke der anderen Restaurantbesucher. Er hält sich zurück. Er will nicht als Rassist gelten. Er setzt sich zu dem fremden Jungen.*

9 Schreibe nun mithilfe deiner Vorarbeiten (→ Aufgaben 3–8) eine vollständige Inhaltsangabe. Orientiere dich an dem Merkkasten auf S. 126.

Tipp Zusammenhänge deutlich machen

Macht die Zusammenhänge der Handlung durch Verknüpfungen und Satzanfänge deutlich, z. B.:
als | *während* | *nachdem* | *weil* | *obwohl* | *sodass* | *denn* | *damit* | *deshalb* | *aber* | *jedoch* | *um* | *zuerst* | *anfangs* | *dann* | *daraufhin* | *anschließend*

10 Überarbeitet eure Inhaltsangaben in Gruppen mithilfe der Textlupe (→ S. 354).

Das nehmen wir bei der Inhaltsangabe unter die Lupe	nein	zum Teil	ja	Verbesserungsvorschläge
vollständige Einleitung?	X			– *Titel fehlt* – …
Handlung in der zeitlich richtigen Reihenfolge zusammengefasst?				…
nur das Wesentliche, keine Einzelheiten?				…
Zusammenhänge durch Verknüpfungen und Satzanfänge deutlich?				…
Wiedergabe in eigenen Worten, knapp und sachlich?				…
Verwendung des Präsens?				…
keine wörtliche Rede?				…

Merkwissen Eine Inhaltsangabe schreiben

Eine **Inhaltsangabe** fasst den Inhalt eines Textes **knapp und sachlich** zusammen, sodass andere, die den Text nicht gelesen haben, über **das Wesentliche** informiert werden.

Aufbau
- In der **Einleitung** nennst du die Art des Textes (z. B. Fabel, Erzählung), den Titel, den Namen der Autorin/des Autors und das Thema des Textes.
- Im **Hauptteil** fasst du die wichtigsten Ereignisse der Handlung (Handlungsschritte) in der zeitlich richtigen Reihenfolge zusammen. Mögliche Rückblenden oder Vorausdeutungen werden in den zeitlich richtigen Handlungsverlauf eingeordnet und zusammengefasst.
  - Verzichte auf die Darstellung von Einzelheiten und beschränke dich auf das Wesentliche.
  - Mache die Zusammenhänge der Handlung (z. B. zeitliche Zusammenhänge) durch passende Satzverknüpfungen und Satzanfänge deutlich (→Tipp auf S. 125), z. B.:
    Als Heinz die Blicke der anderen Restaurantbesucher sieht, hält er sich zurück, denn er will nicht als Rassist gelten. Zuerst wird Heinz wütend, dann …

Sprache
- Schreibe **sachlich und nüchtern**, vermeide ausschmückende Formulierungen.
- Formuliere **in eigenen Worten** und übernimm keine Passagen aus dem Originaltext.
- Verwende als Zeitform das **Präsens** (bei Vorzeitigkeit das Perfekt), z. B.: *Er sieht die Blicke der anderen Restaurantbesucher.*
- Verwende **keine wörtliche Rede**. Besonders wichtige Äußerungen von Figuren werden in der indirekten Rede (→ S. 22) wiedergegeben oder umschrieben, z. B.:
  „Aber dann spendiere ich die Spaghetti!“ (wörtliche Rede)
  ⟶ *Heinz sagt, beim nächsten Mal spendiere er die Spaghetti.* (indirekte Rede im Konjunktiv)
  ⟶ *Heinz kündigt an, Marcel zum Spaghettiessen einzuladen.* (Umschreibung)

Giovanni Boccaccio (1313–1375)

Der Koch und der Kranich

Currado Gianfigliazzi[1] war einer der edelsten, freigiebigsten und prachtliebendsten Kavaliere[2] von Florenz. Er führte mit seinen Jagdhunden und Falken ein herrschaftliches Leben, ohne sich um wichtige Geschäfte zu bekümmern.

Einst fing er mit einem seiner Falken bei Peretola[3] einen fetten, jungen Kranich, den er seinem ausgezeichneten Koch Chichibio aus Venedig zum Abendessen aufs Beste zuzubereiten befahl.

Chichibio, dem man den leichtfertigen Gesellen ansehen konnte, brachte den Kranich gehörig zubereitet ans Feuer und briet ihn sorgfältig. Als der Braten beinahe fertig war und bereits herrlich duftete, trat Brunetta, ein Mädchen aus der Nachbarschaft, die Chichibio heftig liebte, in die Küche und bat den Koch, gelockt durch den Anblick und den Geruch, ihr eine Keule zu geben.

„Ihr bekommt sie nicht, Jungfer[4] Brunetta, Ihr bekommt sie nicht", antwortete er ihr singend.

„Bei Gott", erwiderte das Mädchen, „wenn du sie mir nicht gibst, tu ich dir im Leben keinen Gefallen mehr." Und sie gerieten heftig miteinander in Streit.

Endlich schnitt Chichibio, um seine Schöne nicht weiter zu erzürnen, eine Keule herunter, gab ihr diese und setzte Currado und seinen Gästen den Kranich so auf die Tafel.

Verwundert ließ der den Koch rufen und fragte, wo die andere Keule des Kranichs hingekommen sei.

„Mein Herr", log der Venezianer sogleich, „die Kraniche haben ja nur eine Keule und ein Bein."

„Was zum Teufel soll das?", entgegnete Currado zornig. „Willst du etwa behaupten, dass sie nur eine Keule und ein Bein haben? Meinst du, ich hätte noch nie einen Kranich gesehen?"

„Es ist so, wie ich sage", beharrte Chichibio, „und ich zeige es Euch, wenn Ihr's verlangt, an einem lebendigen Vogel."

Aus Achtung vor seinen Gästen wollte Currado die Auseinandersetzung beenden. „Wenn du mir an einem lebendigen Kranich zeigen kannst,

---

1 Gianfigliazzi, *sprich*: Dschanfiliazzi

2 der Kavalier: höflicher, vornehmer Mann

3 Peretola: Gegend bei Florenz

4 die Jungfer: *hier* junges Mädchen

was ich bisher weder gesehen noch gehört habe, so sollst du es morgen früh tun und ich bin zufrieden. Ist es aber nicht so, so schwöre ich dir bei Gott, will ich dich so zurichten, dass du für den Rest deiner Tage an mich denken sollst."
Damit hatte der Streit für diesen Abend ein Ende.
Bei Anbruch des Tages stand Currado, der seinen Zorn keineswegs verschlafen hatte, ganz missmutig auf, ließ die Pferde satteln und ritt mit Chichibio zu einem Fluss, wo man immer Kraniche antraf.
„Nun wollen wir bald sehen", sprach er, „wer gestern Abend gelogen hat, ich oder du!"
Chichibio, der merkte, dass sein Herr immer noch wütend war, und auch nicht wusste, wie er seine Lüge untermauern könnte, ritt an Currados Seite in allergrößter Angst. Gern wäre er, wenn's möglich gewesen wäre, geflohen, aber das ging nicht. Er sah daher bald vor, bald hinter sich, bald seitwärts, aber überall glaubte er nur Kraniche auf zwei Beinen zu sehen.

Als sie den Fluss erreichten, war das Erste, was sie am Ufer erblickten, rund ein Dutzend Kraniche, von denen jeder Einzelne auf einem Bein stand, wie es Kraniche gewöhnlich im Schlaf tun. Augenblicklich zeigte Chichibio auf sie und sagte: „Nun, da könnt Ihr es selbst sehen, Herr, dass ich gestern Abend Recht hatte, Kraniche haben nur ein Bein und einen Schenkel. Seht sie Euch dort an!"
„Warte", erwiderte Currado, „ich will dir gleich zeigen, dass jeder von ihnen zwei Beine und zwei Schenkel hat!", näherte sich den Kranichen und schrie: „Ho! Ho!", worauf die Kraniche das andere Bein hervorstreckten und nach einigen Schritten davonflogen. „Nun, du Gauner", wandte Currado sich zu Chichibio, „siehst du, dass die Vögel doch zwei Beine haben?"
„Ja, mein Herr", antwortete der in größter Bestürzung, „aber gestern habt Ihr nicht ‚Ho! Ho!' geschrien. Hättet Ihr das getan, hätte er das andere Bein auch ausgestreckt."
Diese Antwort gefiel Currado so, dass sein ganzer Zorn sich in Heiterkeit und Lachen verwandelte. „Du hast Recht, Chichibio", sagte er, „das hätte ich tun sollen."
So entging jener dank seiner schlagfertigen Antwort der drohenden Strafe und beide schlossen Frieden.

1 Gefällt dir die Erzählung? Schildere deine ersten Leseeindrücke.

2 a Überlegt gemeinsam, was die folgenden Textstellen bedeuten:
- „Chichibio, dem man den leichtfertigen Gesellen ansehen konnte" (→ S. 127, Z. 10–11)
- „Currado, der seinen Zorn keineswegs verschlafen hatte" (→ S. 128, Z. 49–50)

b Klärt andere Wörter oder Textstellen, die euch unklar sind.

3 a Erläutere mit eigenen Worten, wie der Koch Chichibio der drohenden Strafe entgeht.

b Beurteile das Verhalten der beiden Hauptfiguren.

Vertiefen und üben
Eine Inhaltsangabe schreiben

1 Fasse den Inhalt der Erzählung „Der Koch und der Kranich" (→ S. 127–128) zusammen. Gehe so vor:

a Lies die Erzählung noch einmal und verschaffe dir einen genauen Überblick über den Inhalt. Formuliere hierzu W-Fragen zum Text und beantworte sie.
→ Hilfen zu dieser Aufgabe findest du auf S. 130.

b Gliedere den Text. Formuliere Überschriften für die einzelnen Handlungsschritte und notiere die wichtigsten Informationen in Stichwörtern oder kurzen Sätzen.
→ Hilfen zu dieser Aufgabe findest du auf S. 130.

Z. 1–9: Der Koch soll einen Kranich zubereiten.
- *Currado Gianfigliazzi ist ein reicher Edelmann aus Florenz. Er liebt die Jagd und fängt einen Kranich.*
- *Sein Koch Chichibio soll den Kranich für die Gäste seines Herrn zubereiten.*

Z. …: …

c Mache dir klar, worum es in der Erzählung in erster Linie geht. Schreibe dann einen informierenden Einleitungssatz, in dem du auch das Thema benennst.
In der Erzählung … von … geht es um …
Die Erzählung … von … handelt von …
→ Hilfen zu dieser Aufgabe findest du auf S. 130.

d Schreibe nun mithilfe deiner Notizen aus Aufgabe 1b den Hauptteil der Inhaltsangabe.
- Formuliere in eigenen Worten und achte auf eine sachliche Sprache.
- Verwende keine wörtliche Rede. Umschreibe wichtige Aussagen oder gib sie in der indirekten Rede wieder.
- Mache die Zusammenhänge der Handlung durch passende Satzverknüpfungen und Satzanfänge deutlich. Der Tippkasten auf S. 125 hilft dir dabei.

→ Hilfen zu dieser Aufgabe findest du auf S. 130.

2 Bildet Gruppen und überarbeitet eure Inhaltsangabe mithilfe der Textlupe (→ S. 354).

1 mit Hilfen

Fasse den Inhalt der Erzählung „Der Koch und der Kranich" (→ S. 127–128) zusammen. Gehe so vor:

a Lies die Erzählung noch einmal und verschaffe dir einen genauen Überblick über den Inhalt. Beantworte hierzu die folgenden W-Fragen zum Text:
- *Wo spielt sich das Geschehen ab? ⟶ in einer italienischen Stadt*
- *Wer sind die Hauptfiguren? ⟶ …*
- *Worum geht es in der Geschichte? ⟶ …*

b Gliedere den Text. Formuliere zu jedem Handlungsschritt eine Überschrift und halte die wichtigsten Informationen in Stichwörtern oder kurzen Sätzen fest.

Z. 1–9: Der Koch soll einen Kranich zubereiten.
- *Currado Gianfigliazzi ist ein reicher Edelmann aus Florenz. Er liebt die Jagd und fängt einen Kranich.*
- *Sein Koch Chichibio soll den Kranich für die Gäste seines Herrn zubereiten.*

Z. X–Y: Der Koch gibt seiner Liebsten eine Keule von dem Braten.
- *…*

Z. X–Y: Die Lüge vom einbeinigen Kranich
- *…*

Z. X–Y: Bei der Überprüfung der Lüge ist der Koch schlagfertig.
- *…*

Z. X–Y: Der Herr akzeptiert die Lüge.
- *…*

c Einer der folgenden Sätze fasst am besten zusammen, worum es in dieser Erzählung geht. Suche die zutreffende Aussage heraus und formuliere dann einen informierenden Einleitungssatz, der auch das Thema benennt.
In der Erzählung „Der Koch und der Kranich" von … geht es
- *um einen schlagfertigen Koch, der sich mit List aus einer schwierigen Situation befreit.*
- *um Kraniche, die nur ein Bein haben.*
- *um die Versöhnung zwischen einem Edelmann aus Florenz und seinem Koch.*
- *um einen Edelmann aus Florenz, der von seinem Koch eine Lehre erteilt bekommt.*

d Schreibe nun mithilfe deiner Notizen aus Aufgabe 1b den Hauptteil der Inhaltsangabe.
- Formuliere in eigenen Worten und achte auf eine sachliche Sprache.
- Verwende keine wörtliche Rede.
- Mache die Zusammenhänge der Handlung durch passende Satzverknüpfungen und Satzanfänge deutlich. Der Tippkasten auf S. 125 hilft dir dabei.
Currado Gianfigliazzi ist ein reicher Edelmann aus Florenz, der die Jagd liebt. Als er eines Tages einen Kranich fängt, bittet er seinen Koch Chichibio, das erlegte Tier für seine Gäste zuzubereiten. Als der Kranich fertig gebraten ist, bittet Brunetta den Koch, ihr etwas von dem Braten abzugeben. Zuerst weigert sich Chichibio, dann gibt er jedoch nach und schenkt seiner Liebsten eine Keule von dem Braten. …

2 Bildet Gruppen und überarbeitet eure Inhaltsangabe mithilfe der Textlupe (→ S. 354).

6.3 Fit in …
Eine Inhaltsangabe schreiben

Die Aufgabenstellung richtig verstehen

Stelle dir vor, du bekommst folgende Aufgabe:

Schreibe eine Inhaltsangabe zu „Achmed, der Narr" von Herbert Birken. Gehe so vor:
- Formuliere eine Einleitung, die Angaben zum Text macht und das Thema benennt.
- Fasse im Hauptteil die wichtigsten Ereignisse der Handlung (Handlungsschritte) zusammen. Beachte dabei die sprachlichen Merkmale einer Inhaltsangabe.

Herbert Birken (1914–2007)
Achmed, der Narr

Wohlgefällig ließ der Sultan sein Auge auf dem neuen Leibdiener ruhen und befahl ihm: „Geh, Achmed, und bereite mir ein Frühstück!" Achmed gehorchte und tat, wie sein Herr ihm befohlen. Doch als der Sultan in sein Frühstückszimmer kam, begann er, gewaltig zu schreien und seinen neuen Diener zu schelten: „Achmed, du verflixter Schlingel, ich werde dich in den Kerker werfen lassen! Soll das etwa mein Frühstück sein?" Und was hatte Achmed auf dem kostbaren Frühstückstisch bereitgestellt: eine Tasse Kaffee, drei Reisbrotfladen und etwas Honig, genau das, was er selbst zu frühstücken gewohnt war. Und weiter nichts. „Wenn ich ein Frühstück bestelle", belehrte ihn der Sultan, „hat Folgendes da zu sein: Kaffee, Mokka, Tee und Schokolade, Reisbrot, Maisbrot, Weizenbrot und Haferschleim, Butter, Sahne, Milch und Käse, Schinken, Wurst, Eier und Gänseleber, Trüffeln, Oliven, Feigen und Datteln, Honig, Marmelade, Gelee und Apfelmus, Pfirsiche, Orangen, Zitronen und Nüsse, weißer Pfeffer, roter Pfeffer, gelber Pfeffer, Knoblauch und Zwiebeln, Rosinen, Mandeln und Kuchen. Verstanden?" „Verzeiht, o Herr, dem niedrigsten Eurer Knechte", rief Achmed und gelobte des Langen und Breiten Besserung.

Hussein der Siebente, der sich selber für einen gütigen und gerechten Herrscher hielt, ließ Gnade vor Recht ergehen und verzieh seinem Diener.

Am Nachmittag befahl er: „Achmed, geh und richte mir ein Bad!" Achmed gehorchte und tat, wie sein Herr ihm befohlen. Doch als der Sultan in sein Badezimmer kam, begann er, gewaltig zu schreien und seinen neuen Diener zu schelten: „Achmed, du verflixter Schlingel, ich werde dich in den Kerker werfen lassen! Soll das etwa mein Bad sein!?" Und wie hatte Achmed dem Sultan das Bad bereitet? So, wie er selber zu baden gewohnt war: Lauwarmes Wasser war in dem kostbaren Marmorbecken, daneben lagen ein Stück Seife und ein Handtuch. Und weiter nichts.

„Wenn ich ein Bad bestelle", belehrte ihn der Sultan, „hat Folgendes da zu sein: heißes Wasser, laues Wasser und kaltes Wasser, Ambra[1], Moschus[2] und Lavendel, Seife, Creme und Eselsmilch, Tücher, Laken und Decken, Rasierzeug, Kämme und Scheren, der Bader, der Friseur, Kosmetiker, Masseure und Musikanten. Verstanden?!" „Verzeiht, o Herr, dem niedrigsten Eurer Knechte", rief Achmed und gelobte des Langen und Breiten Besserung.

Hussein der Siebente, der sich selber für einen gütigen und gerechten Herrscher hielt, ließ Gnade vor Recht ergehen und verzieh seinem neuen Diener.

Am anderen Morgen, gleich in der Frühe, rief der Sultan den Leibdiener an sein Lager. „Oh, Achmed", jammerte er, „ich bin krank, sehr krank und habe arge Schmerzen! Geh schnell und hole mir einen Arzt!"

Achmed sah voller Mitgefühl auf den großmächtigen Herrscher, der sich auf den kostbaren Kissen hin und her wälzte. Er überlegte, was er wohl tun würde, wenn er selbst krank wäre, aber da fiel ihm ein, was für Lehren er gestern erhalten hatte. Er gelobte, alles Nötige zu besorgen, und lief eilig von dannen.

Vergeblich wartete der Sultan auf seine Rückkehr. Er wartete eine ganze Stunde und noch eine Viertelstunde. Kein Achmed erschien und auch kein Doktor. Sicher hatte der neue Diener wieder Unsinn angestellt, anstatt seine Befehle zu befolgen. Nun, diesmal wollte er ihn ganz bestimmt in den Kerker werfen lassen.

In gewaltigem Zorn rannte er im Zimmer auf und ab. Da kam Achmed, völlig außer Atem und in Schweiß gebadet, hereingestürzt. „Achmed, du verflixter Schlingel!", schrie der Sultan. „Ich werfe dich …"

Doch der Diener unterbrach seinen Herrn: „Mein Herr und Gebieter, es ist alles besorgt: Wundarzt[3], Feldscher[4], Bader, Zahnarzt, Nervenarzt und Wurzelhexe sind im Serail[5], der Imam[6] wartet mit dem heiligen Öl, die letzte Fußwaschung ist bestellt, Blumen und Kränze werden geflochten, Musikanten und Klageweiber sind angetreten, der Muezzin[7] ruft vom Minarett[8], das Grab ist geschaufelt und der Leichenwagen steht vor der Tür."

Als der Sultan das hörte, musste er so fürchterlich lachen, dass ihm sein dicker Bauch wackelte und die Tränen ihm aus den Augen schossen; er konnte sich gar nicht wieder beruhigen. Weil aber das Lachen eine gute Medizin ist, hatte er seine Krankheit ganz und gar vergessen und lachte sich über den Streich seines Dieners völlig gesund.

Hussein der Siebente, der sich selber für einen gütigen und gerechten Herrscher hielt, erkannte die weise Lehre, die ihm sein Sklave gegeben hatte, und ernannte Achmed zu seinem Hofnarren. Er sollte immer um seinen Herrn sein und ihn mit Späßen aller Art erfreuen, aber auch Rat und Auskunft erteilen, wenn der Sultan in schwierigen Angelegenheiten seinen Narren befragen wollte.

1 die Ambra: Substanz, die früher zur Parfumherstellung verwendet wurde
2 der Moschus: Duftstoff
3 der Wundarzt: alte Bezeichnung für Chirurg
4 der Feldscher: Militärarzt
5 das Serail: Palast eines Sultans
6 der Imam: Vorbeter in der Moschee
7 der Muezzin: Gebetsrufer; er ruft die Muslime fünfmal täglich zu bestimmten Uhrzeiten zum Gebet zusammen
8 das Minarett: Turm der Moschee

1 a Lies dir die Aufgabe auf S. 131 (→ im Kasten oben) genau durch.

b Besprecht in Partnerarbeit, was die Aufgabenstellung von euch verlangt, und übertragt die Buchstaben der richtigen Aussagen in euer Heft. Ergeben sie rückwärts gelesen ein Lösungswort?

Ich soll …

E die Erzählung spannend nacherzählen.
T den Inhalt der Erzählung knapp zusammenfassen.
I im Hauptteil die eigene Meinung zu der Geschichte sagen.
U den Inhalt sachlich und mit eigenen Worten wiedergeben.
G im Präsens schreiben.
S im Präteritum schreiben.

Die Erzählung verstehen und einen Schreibplan anlegen

2 Lest die Geschichte noch einmal sorgfältig. Stellt euch gegenseitig W-Fragen zum Text und beantwortet sie, z. B.:

- *Wer sind die Hauptfiguren?*
- *Warum ist der Sultan unzufrieden mit seinem Diener?*
- *Warum muss der Sultan am Ende über seinen Diener lachen?*
- *Warum belohnt der Sultan seinen Diener?*
- *Worum geht es in erster Linie in dieser Erzählung (Thema)?*

3 Gliedere den Text in Handlungsschritte, formuliere treffende Überschriften und halte die wichtigsten Informationen in Stichwörtern oder kurzen Sätzen fest.

Z. 1–X: Der Sultan befiehlt seinem Diener, das Frühstück zuzubereiten.
- *Sultan hat neuen Diener (Achmed); der soll Frühstück zubereiten*
- *Diener ist gehorsam; Sultan sieht Frühstück, ist wütend und droht Achmed an, ihn in den Kerker werfen zu lassen*
- *Grund für die Wut: …*

Z. X–Y: Der Sultan befiehlt Achmed, ein Bad vorzubereiten.
- *…*

Z. X–Y: Der Sultan befiehlt seinem Diener, einen Arzt zu holen.
- *…*

Z. X–Y: …
- *…*

Die Inhaltsangabe schreiben und überarbeiten

4 Formuliere einen informierenden Einleitungssatz, in dem du auch das Thema der Erzählung benennst.
In der Erzählung „Achmed, der Narr" von Herbert Birken geht es um …

5 Schreibe nun mithilfe deiner Vorarbeiten aus den Aufgaben 2 und 3 den Hauptteil der Inhaltsangabe. Du kannst den unten stehenden Beginn übernehmen, musst aber noch die Lücken ausfüllen. Beachte dabei die Hinweise in der Randspalte.
- Formuliere in eigenen Worten und achte auf eine sachliche Sprache.
- Verwende keine wörtliche Rede.
- Mache die Zusammenhänge der Handlung durch passende Satzverknüpfungen und Satzanfänge deutlich. Der Tippkasten auf S. 125 hilft dir dabei.

Der Sultan ? seinem neuen Diener, das	*Verb in der richtigen Zeitform*
Frühstück zuzubereiten. Achmed ?	*Verb in der richtigen Zeitform*
gehorsam und führt den Auftrag seines	
Herrn aus. ? der Sultan das Frühstück	*treffender Satzanfang (Konjunktion)*
sieht, ist er jedoch ? und beschimpft	*in eigenen Worten Stimmung des Sultans*
seinen Diener. Er droht Achmed sogar mit	
dem Kerker, ? der Diener hat nur	*treffende Satzverknüpfung (Konjunktion)*
einfaches Frühstück vorbereitet, so wie er es	
selbst tagtäglich isst. Achmed schwört,	
sich zu bessern, ? sein Herr verzeiht ihm.	*treffende Satzverknüpfung (Konjunktion)*

6 Überarbeitet eure Inhaltsangaben in Partnerarbeit.
Geht so vor:
a Setzt euch zu zweit zusammen und überprüft eure Texte mithilfe der folgenden Checkliste.
b Gebt euch gegenseitig eine Rückmeldung, was besonders gut gelungen ist und was ihr noch überarbeiten solltet.
c Überarbeitet dann eure Inhaltsangaben.

Checkliste Eine Inhaltsangabe schreiben

- Ist die **Einleitung vollständig** (Art des Textes, Titel, Name der Autorin/des Autors, Thema des Textes)?
- Hast du im Hauptteil die **wichtigsten Handlungsschritte** in der zeitlich richtigen Reihenfolge zusammengefasst? Wird nur das Wesentliche wiedergegeben?
- Werden die **Zusammenhänge der Handlung** durch passende Satzverknüpfungen und Satzanfänge **deutlich**?
- Hast du die Inhaltsangabe **sachlich und in eigenen Worten** formuliert?
- Hast du als Zeitform das **Präsens** verwendet (bei Vorzeitigkeit das Perfekt)?
- Erscheint in deiner Inhaltsangabe **keine wörtliche Rede**?
- Sind **Rechtschreibung** und **Zeichensetzung** korrekt?

7 „Mit Erstaunen und mit Grauen“
Balladen verstehen und gestalten

John Maynard!
„Wer ist John Maynard?“
„John Maynard war unser Steuermann, aus hielt er, bis er das Ufer gewann, er hat uns gerettet, er trägt die Kron', er starb für uns, unsre Liebe sein Lohn.
John Maynard.“

In diesem Kapitel …

- lernst du Balladen kennen und trägst sie wirkungsvoll vor,
- findest du heraus, welche Merkmale Balladen haben,
- schreibst du eine Ballade in eine Reportage um,
- gestaltest du Balladen als szenisches Spiel oder als Hörspiel.

1 Im Bild findest du die erste Strophe der Ballade „John Maynard“. Lies sie laut und suche die Reimwörter heraus. Schreibe die Zeilen anschließend in ihrer ursprünglichen Versform auf.

2 a Wer war John Maynard? Lies noch einmal die erste Strophe der Ballade. Stelle Vermutungen an, worum es in der Ballade gehen könnte.
b Erkläre, welche Situation auf dem Bild dargestellt ist.

3 Längere Gedichte, die von einem spannenden Ereignis erzählen, nennt man Balladen (Erzählgedichte). Nenne andere Balladen, die du kennst.

7.1 Von Mut und Übermut
Balladen untersuchen und vortragen

Theodor Fontane (1819–1898)
John Maynard

John Maynard!
„Wer ist John Maynard?“

„John Maynard war unser Steuermann,
Aus hielt er, bis er das Ufer gewann,
Er hat uns gerettet, er trägt die Kron',
Er starb für uns, unsre Liebe sein Lohn.
John Maynard.“

*

Die „Schwalbe“ fliegt über den Eriesee,
Gischt schäumt um den Bug wie Flocken von Schnee;
Von Detroit fliegt sie nach Buffalo –
Die Herzen aber sind frei und froh,
Und die Passagiere mit Kindern und Fraun
Im Dämmerlicht schon das Ufer schaun,
Und plaudernd an John Maynard heran
Tritt alles: „Wie weit noch, Steuermann?“
Der schaut nach vorn und schaut in die Rund':
„Noch dreißig Minuten … Halbe Stund'.“

Alle Herzen sind froh, alle Herzen sind frei –
Da klingt's aus dem Schiffsraum her wie Schrei,
„Feuer!“, war es, was da klang,
Ein Qualm aus Kajüt' und Luke drang,
Ein Qualm, dann Flammen lichterloh,
Und noch zwanzig Minuten bis Buffalo.

Und die Passagiere, bunt gemengt,
Am Bugspriet[1] stehn sie zusammengedrängt,
Am Bugspriet vorn ist noch Luft und Licht,
Am Steuer aber lagert sich's dicht,
Und ein Jammern wird laut: „Wo sind wir? Wo?“
Und noch fünfzehn Minuten bis Buffalo. –

1 das Bugspriet: Mast, der über den vorderen Teil des Schiffes (den Bug) hinausragt

Der Zugwind wächst, doch die Qualmwolke steht,
Der Kapitän nach dem Steuer späht,
Er sieht nicht mehr seinen Steuermann,
Aber durchs Sprachrohr fragt er an:
„Noch da, John Maynard?“
„Ja, Herr. Ich bin.“
„Auf den Strand! In die Brandung!“
„Ich halte drauf hin.“
Und das Schiffsvolk jubelt: „Halt aus! Hallo!“
Und noch zehn Minuten bis Buffalo. – –

„Noch da, John Maynard?“ Und Antwort schallt's
Mit ersterbender Stimme: „Ja, Herr, ich halt's!“
Und in die Brandung, was Klippe, was Stein,
Jagt er die „Schwalbe“ mitten hinein.
Soll Rettung kommen, so kommt sie nur so.
Rettung: der Strand von Buffalo!

*

Das Schiff geborsten. Das Feuer verschwelt.
Gerettet alle. Nur *einer* fehlt.

*

Alle Glocken gehn; ihre Töne schwell'n
Himmelan aus Kirchen und Kapell'n,
Ein Klingen und Läuten, sonst schweigt die Stadt,
Ein Dienst nur, den sie heute hat:
Zehntausend folgen oder mehr,
Und kein Aug' im Zuge, das tränenleer.

Sie lassen den Sarg in Blumen hinab,
Mit Blumen schließen sie das Grab,
Und mit goldner Schrift in den Marmorstein
Schreibt die Stadt ihren Dankspruch ein:
„Hier ruht John Maynard! In Qualm und Brand
Hielt er das Steuer fest in der Hand,
Er hat uns gerettet, er trägt die Kron',
Er starb für uns, unsre Liebe sein Lohn.
John Maynard.“

1 a Sprecht über die letzten beiden Strophen: Beschreibt das Geschehen und die Stimmung.
b Sieh dir nun die erste Strophe an.
- Erkläre, welche Ähnlichkeit mit der Schlussstrophe du feststellen kannst. Was bedeutet dies?
- Überlege, wer hier fragt und wer antwortet. Wo könnte dieser Dialog stattgefunden haben?

c Begründe, warum der Tod eines Menschen eine so große Anteilnahme auslösen kann.

2 Im Mittelteil der Ballade (→ Vers 8–47) wird von einem dramatischen Ereignis erzählt.

a Überlege, wer hier der Erzähler ist. Welche anderen Figuren kommen zu Wort?

b In Vers 8 wechselt das Tempus. Welches Tempus nutzt der Erzähler jetzt? Warum?

c Erkläre, wodurch die Ballade „John Maynard“ spannend wirkt. Begründe, wo deiner Meinung nach der Höhepunkt liegt.

3 Stelle dir vor, du wärst als Passagier an Bord des Schiffes gewesen. Schreibe einen Bericht über das Schiffsunglück. Gehe dabei auf den Verlauf der Ereignisse und die Stimmung an Bord ein. Gib am Schluss eine Einschätzung über den Steuermann ab.

4 Tragt die Ballade mit verteilten Rollen vor, sodass die Zuhörer die verschiedenen Szenen und Figuren deutlich vor Augen haben.

a Bildet Gruppen und arbeitet mit einer Kopie des Textes.

b Kennzeichnet in unterschiedlichen Farben die Sprecher, die in der Ballade zu Wort kommen.

c Teilt die Sprechrollen in der Gruppe auf und markiert das Gedicht mit Betonungszeichen:

Betonungszeichen

◄ (lauter)	► (leiser)
|| (lange Pause)	| (kurze Pause)
→ (schneller)	← (langsamer)
___ (Betonung)	↲ (Zeilensprung)

„Noch da, John Maynard?“ || Und Antwort schallt's ↲
Mit ersterbender Stimme: „Ja, Herr, ich halt's!“
Und in die Brandung, was Klippe, was Stein,
Jagt er die „Schwalbe“ mitten hinein.
Soll Rettung kommen, | so kommt sie nur so. |
Rettung: | der Strand von Buffalo!

d Übt den Vortrag so lange, bis Sprechweise und Betonung zur Situation und Stimmung der einzelnen Szenen passen.

Johann Wolfgang Goethe (1749–1832)
Der Zauberlehrling

Hat der alte Hexenmeister
Sich doch einmal wegbegeben!
Und nun sollen seine Geister
Auch nach meinem Willen leben.
Seine Wort' und Werke
Merkt' ich und den Brauch,
Und mit Geistesstärke
Tu ich Wunder auch.

Walle! walle!
Manche Strecke,
Dass zum Zwecke
Wasser fließe
Und mit reichem, vollem Schwalle
Zu dem Bade sich ergieße.

Und nun komm, du alter Besen!
Nimm die schlechten Lumpenhüllen.
Bist schon lange Knecht gewesen;
Nun erfülle meinen Willen!
Auf zwei Beinen stehe,
Oben sei ein Kopf,
Eile nun und gehe
Mit dem Wassertopf!

Walle! walle!
Manche Strecke,
Dass zum Zwecke
Wasser fließe
Und mit reichem, vollem Schwalle
Zu dem Bade sich ergieße.

Seht, er läuft zum Ufer nieder;
Wahrlich! ist schon an dem Flusse,
Und mit Blitzesschnelle wieder
Ist er hier mit raschem Gusse.
Schon zum zweiten Male!
Wie das Becken schwillt!
Wie sich jede Schale
Voll mit Wasser füllt!

Stehe! stehe!
Denn wir haben
Deiner Gaben
Voll gemessen! –
Ach, ich merk es! Wehe! wehe!
Hab ich doch das Wort vergessen!

Ach, das Wort, worauf am Ende
Er das wird, was er gewesen.
Ach, er läuft und bringt behände!
Wärst du doch der alte Besen!
Immer neue Güsse
Bringt er schnell herein,
Ach! und hundert Flüsse
Stürzen auf mich ein.

Nein, nicht länger
Kann ich's lassen;
Will ihn fassen!
Das ist Tücke.
Ach, nun wird mir immer bänger!
Welche Miene! welche Blicke!

O du Ausgeburt der Hölle!
Soll das ganze Haus ersaufen?
Seh ich über jede Schwelle
Doch schon Wasserströme laufen.
Ein verruchter Besen,
Der nicht hören will!
Stock, der du gewesen,
Steh doch wieder still!

Willst's am Ende
Gar nicht lassen?
Will dich fassen,
Will dich halten
Und das alte Holz behände
Mit dem scharfen Beile spalten!

Seht, da kommt er schleppend wieder!
Wie ich mich nun auf dich werfe,
Gleich, o Kobold, liegst du nieder;
Krachend trifft die glatte Schärfe.
Wahrlich! brav getroffen!
Seht, er ist entzwei!
Und nun kann ich hoffen
Und ich atme frei!

Wehe! wehe!
Beide Teile
Stehn in Eile
Schon als Knechte
Völlig fertig in die Höhe!
Helft mir, ach! ihr hohen Mächte!

Und sie laufen! Nass und nässer
Wird's im Saal und auf den Stufen.
Welch entsetzliches Gewässer!
Herr und Meister! hör mich rufen! –
Ach, da kommt der Meister!
Herr, die Not ist groß!
Die ich rief, die Geister,
Werd ich nun nicht los.

„In die Ecke,
Besen! Besen!
Seid's gewesen.
Denn als Geister
Ruft euch nur, zu seinem Zwecke,
Erst hervor der alte Meister.“

1 Lies die Ballade und sieh dir die Bilder an. Besprich mit den anderen, wie diese Ballade auf euch wirkt.

2 a Überlege, wer der Erzähler der Ballade ist. Worin unterscheidet sich die letzte Strophe von den übrigen?
b Stellt in einem Standbild dar, wie der Erzähler zu Anfang und wie er gegen Ende der Ballade auftritt. Belegt eure Einschätzung mit typischen Äußerungen aus der Ballade.

3 Erkläre, was die folgenden Wörter und Textstellen in der Ballade bedeuten. Lies dazu noch einmal genau im Text nach oder schlage in einem Wörterbuch nach.

Brauch (→ Vers 6) | Tu ich Wunder auch (→ Vers 8) | behände (→ Vers 45) | Tücke (→ Vers 54) | wird mir immer bänger (→ Vers 55) | verruchter (→ Vers 61) | die glatte Schärfe (→ Vers 74) | brav (→ Vers 75) | ihr hohen Mächte (→ Vers 84)

4 Erzähle die Handlung mit eigenen Worten nach. Beschreibe dabei auch die Gefühle des Zauberlehrlings. Du kannst hierzu Wörter aus dem Kasten rechts verwenden.

glücklich | hilflos | ahnungslos | fröhlich | übermütig | ängstlich | ärgerlich | erleichtert | furchtlos | stolz | erschrocken | neugierig | selbstsicher | panisch | überrascht | verzweifelt | wütend | selbstbewusst

5 Zeichnet in Partnerarbeit eine Spannungskurve in euer Heft, in die ihr Stichwörter zur Handlung eintragt.

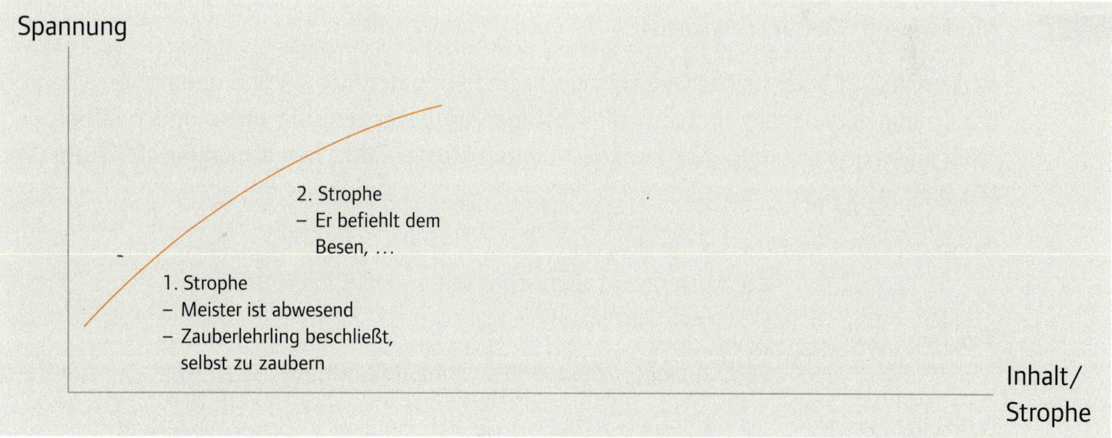

6 a Mut oder Übermut? Schreibe auf, wie du das Verhalten des Zauberlehrlings beurteilst. Begründe deine Meinung.
– Meiner Meinung nach verhält sich der Zauberlehrling …, weil …
– Ich finde den Zauberlehrling …, denn …
– Ich denke, der Zauberlehrling …, …
b Diskutiert darüber, ob sich der Zauberlehrling richtig verhalten hat.
c Beschreibe mögliche Situationen aus dem Alltag, die an Goethes „Zauberlehrling" denken lassen.

7 a Balladen sind in Gedichtform geschrieben. Untersucht in Kleingruppen die Form der Ballade (→ S. 139–140), indem ihr die folgenden Arbeitsaufträge erledigt:

1 Strophe und Vers (→ S. 320)
Untersucht den Aufbau der Ballade. Verwendet hierfür die Begriffe „Strophe“ und „Vers“.
- Wie viele Strophen hat die Ballade? Sind die Strophen alle gleich gebaut?
- Werden Strophen oder Verse wiederholt?
- Welche Bedeutung haben die eingerückten Verse?

2 Reimform (→ S. 321)
Beschreibt die Reimform der Ballade. Geht so vor:
- Bezeichnet die Verse, die sich reimen, mit dem gleichen Kleinbuchstaben, z. B.: *a, b, a …*
- Welche bekannten Reimformen könnt ihr entdecken?
- Gibt es Abweichungen? Wenn ja, könnt ihr erklären, warum?

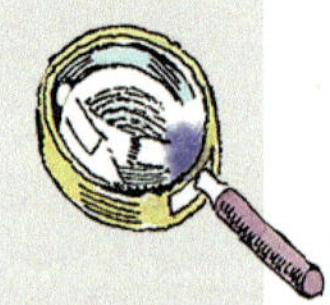

3 Metrum (→ Merkkasten unten)
Untersucht das **Metrum** (Versmaß) der ersten Strophe. Geht so vor:
- Übertragt die ersten vier Verse in euer Heft. Lasst über jedem Vers eine Zeile frei.
- Lest jedes Wort Silbe für Silbe und setzt ein x über jede Silbe.
- Prüft die Abfolge von betonten und unbetonten Silben. Lest jeden Vers Silbe für Silbe laut und klopft bei jeder betonten Silbe. Markiert jede betonte Silbe mit einem Akzent (x́).
- Bestimmt mithilfe des Merkkastens unten das Metrum der Ballade.

b Tragt die Ballade angemessen vor.

Merkwissen Metrum (Versmaß)

In den Versen (Zeilen) eines Gedichts wechseln häufig betonte (x́) und unbetonte Silben (x) regelmäßig miteinander ab. Wenn die **Abfolge von betonten und unbetonten Silben** (Hebungen und Senkungen) einem bestimmten Muster folgt, nennt man dies **Metrum** (Versmaß). Die wichtigsten Versmaße sind:

Jambus (xx́): x x́ x x́ x x́ x x́
Die Mitternacht zog näher schon (Heinrich Heine)

Trochäus (x́x): x́ x x́ x x́ x x́ x
O du Ausgeburt der Hölle! (Johann Wolfgang Goethe)

Daktylus (x́xx): x x́ x x x́ x x x́ x x x́
Sie lachten und kreischten mit jubelndem Schall (Emanuel Geibel)

Anapäst (xxx́): x x x́ x x x́
Wie mein Glück, ist mein Lied (Friedrich Hölderlin)

Häufig bildet eine unbetonte Silbe am Versanfang den Auftakt. Manchmal werden auch zwei Versmaße miteinander kombiniert, z. B.: *Er hát uns geréttet, er trä́gt die Krón’* (Kombination aus Daktylus und Jambus; Theodor Fontane).
Beim Vortrag musst du die Abfolge von betonten und unbetonten Silben zwar beachten, du darfst aber nicht leiern. So gibst du deinem Vortrag einen besonderen Rhythmus.

1 a Lies zunächst nur die ersten sechs Strophen der Ballade „Der Handschuh" auf dieser Seite.
b Was wird der Ritter tun? Überlegt in Partnerarbeit, wie die Ballade ausgehen könnte.
c Stellt eure Schlussvarianten vor. Erklärt, warum ihr euch für diesen Ausgang der Geschichte entschieden habt.

2 Lies nun die ganze Ballade. Diskutiert anschließend, ob euch der Schluss überrascht.

Friedrich Schiller (1759–1805)
Der Handschuh

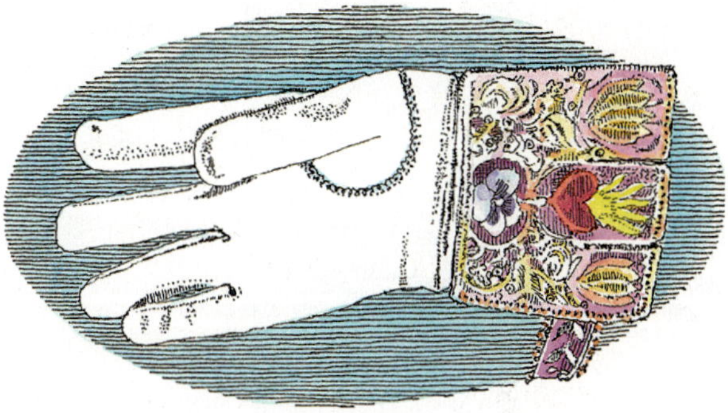

Vor seinem Löwengarten,
Das Kampfspiel zu erwarten,
Saß König Franz,
Und um ihn die Großen der Krone
Und rings auf hohem Balkone
Die Damen in schönem Kranz[1].

Und wie er winkt mit dem Finger,
Auf tut sich der weite Zwinger[2],
Und hinein mit bedächtigem Schritt
Ein Löwe tritt,
Und sieht sich stumm
Rings um,
Mit langem Gähnen,
Und schüttelt die Mähnen,
Und streckt die Glieder,
Und legt sich nieder.

Und der König winkt wieder,
Da öffnet sich behänd
Ein zweites Tor,
Daraus rennt
Mit wildem Sprunge
Ein Tiger hervor.
Wie der den Löwen erschaut,
Brüllt er laut,
Schlägt mit dem Schweif
Einen furchtbaren Reif
Und recket die Zunge,
Und im Kreise scheu
Umgeht er den Leu[3]
Grimmig schnurrend,
Darauf streckt er sich murrend
Zur Seite nieder.

Und der König winkt wieder,
Da speit das doppelt geöffnete Haus
Zwei Leoparden auf einmal aus,
Die stürzen mit mutiger Kampfbegier
Auf das Tigertier,
Das packt sie mit seinen grimmigen Tatzen,
Und der Leu mit Gebrüll
Richtet sich auf, da wird's still;
Und herum im Kreis,
Von Mordsucht heiß,
Lagern sich die gräulichen Katzen.

Da fällt von des Altans[4] Rand
Ein Handschuh von schöner Hand
Zwischen den Tiger und den Leu'n
Mitten hinein.

Und zu Ritter Delorges, spottender Weis',
Wendet sich Fräulein Kunigund:
„Herr Ritter, ist Eure Lieb' so heiß,
Wie Ihr mir's schwört zu jeder Stund,
Ei, so hebt mir den Handschuh auf."

1 der Kranz: *hier* Kreis, Runde
2 der Zwinger: Käfig für wilde Tiere
3 der Leu: altes Wort für Löwe
4 der Altan: auf Säulen gestützter Balkon

Und der Ritter in schnellem Lauf
Steigt hinab in den furchtbarn Zwinger
Mit festem Schritte,
Und aus der Ungeheuer Mitte
Nimmt er den Handschuh mit keckem Finger.

Und mit Erstaunen und mit Grauen
Sehen's die Ritter und Edelfrauen,
Und gelassen bringt er den Handschuh zurück.
Da schallt ihm sein Lob aus jedem Munde,
Aber mit zärtlichem Liebesblick –
Er verheißt ihm sein nahes Glück –
Empfängt ihn Fräulein Kunigunde.
Und er wirft ihr den Handschuh ins Gesicht:
„Den Dank, Dame, begehr ich nicht“,
Und verlässt sie zur selben Stunde.

3 Die Geschichte, die hier erzählt wird, besteht aus zwei Teilen.
- a Schreibe den Vers heraus, mit dem der zweite Teil beginnt.
- b Vergleiche dein Ergebnis mit einer Lernpartnerin / einem Lernpartner und begründe deine Entscheidung.

4 Mache dir ein deutliches Bild vom Geschehen im ersten Teil der Ballade.
- a Beschreibe Strophe für Strophe anschaulich die Situation um die daran beteiligten Tiere.
- b Erkläre, wozu die ausführliche Darstellung der Tiere im Hinblick auf das weitere Geschehen dient.
- c Lies die Ballade so vor, dass das Geschehen und die Stimmung möglichst lebendig zum Ausdruck kommen.

5 Im zweiten Teil der Ballade findet sich die folgende wörtliche Rede:

- a Ergänze die Sprechblasen um Denkblasen, in die du die Gedanken der beiden Figuren in der jeweiligen Situation einfügst.
- b Stelle dein Ergebnis den anderen vor und erläutere den Text in deinen Denkblasen.

6 a In Vers 55 gibt der Erzähler einen Hinweis auf das Verhalten des Ritters: „mit festem Schritte“. Sucht in Partnerarbeit weitere Textstellen aus der Ballade heraus, die etwas über den Charakter des Ritters aussagen.
b Beschreibt, wie sich das Verhältnis zwischen Kunigunde und Ritter Delorges verändert.

7 Versetze dich in die Rolle einer Zuschauerin oder eines Zuschauers in König Franz' Löwengarten. Verfasse einen kurzen Text, in dem du ausführst, was du über das Verhalten Kunigundes und des Ritters Delorges denkst.

8 a Lest den folgenden Merkkasten zur Ballade.
b Erklärt, warum „Der Handschuh“ von Friedrich Schiller eine Ballade ist.
c Schreibt gemeinsam mit einer Partnerin oder einem Partner eine Begründung auf, z. B.:
Bei dem Gedicht „Der Handschuh“ von Friedrich Schiller handelt es sich um eine Ballade, denn ...

Merkwissen Die Ballade

Die Ballade ist meist ein **längeres Gedicht über** ein **ungewöhnliches oder spannendes Ereignis.** Dieses Ereignis kann erfunden oder wirklich passiert sein. Im Mittelpunkt der Ballade steht oft eine Figur, die eine gefahrvolle Situation meistern muss.
- Wie andere Gedichte sind auch Balladen meist in **Strophen** (→ S. 320) gegliedert, besitzen eine **Reimform** (→ S. 321) und haben ein bestimmtes **Metrum** (→ S. 321).
- Viele Balladen haben einen Aufbau, den man mithilfe einer **Spannungskurve** darstellen kann: Nach der Einleitung spitzt sich die **Handlung dramatisch** bis zum **Höhepunkt** zu, am Schluss folgt die Auflösung.
- Balladen enthalten oft **wörtliche Rede** der Figuren (Monologe, Dialoge), die an die Szenen eines Theaterstücks erinnern.

In ihrer Wirkung setzen Balladen auf Spannung, sie können aber auch belehrend oder lustig sein.

Die Ballade enthält **Elemente** aus
- der **Lyrik** (Metrum, Strophe, Reim),
- der **Epik** (abgeschlossene Geschichte wird erzählt) und
- der **Dramatik** (dramatischer Handlungsverlauf, Dialoge und Monologe der Figuren).

Deshalb bezeichnete Goethe (1749–1832) sie als Ur-Ei der Dichtkunst, weil sie alle Gattungen (Lyrik, Epik, Dramatik) in sich vereint.
Viele Balladen sind vertont worden. Die Tradition der gesungenen Ballade hat in der Rock- und Popmusik ihre Fortsetzung gefunden.

Bertolt Brecht (1898–1956)
Die Seeräuber-Jenny

1
Meine Herren, heute sehen Sie mich Gläser abwaschen
Und ich mache das Bett für jeden.
Und Sie geben mir einen Penny und ich bedanke mich schnell
Und Sie sehen meine Lumpen und dies lumpige Hotel
Und Sie wissen nicht, mit wem Sie reden.
Aber eines Abends wird ein Geschrei sein am Hafen
Und man fragt: Was ist das für ein Geschrei?
Und man wird mich lächeln sehn bei meinen Gläsern
Und man sagt: Was lächelt die dabei?
Und ein Schiff mit acht Segeln
Und mit fünfzig Kanonen
Wird liegen am Kai.

2
Man sagt: Geh, wisch deine Gläser, mein Kind
Und man reicht mir den Penny hin.
Und der Penny wird genommen, und das Bett wird gemacht!
(Es wird keiner mehr drin schlafen in dieser Nacht.)
Und sie wissen immer noch nicht, wer ich bin.
Aber eines Abends wird ein Getös sein am Hafen
Und man fragt: Was ist das für ein Getös?
Und man wird mich stehen sehen hinterm Fenster
Und man sagt: Was lächelt die so bös?
Und das Schiff mit acht Segeln
Und mit fünfzig Kanonen
Wird beschießen die Stadt.

3
Meine Herren, da wird wohl Ihr Lachen aufhörn
Denn die Mauern werden fallen hin
Und die Stadt wird gemacht dem Erdboden gleich
Nur ein lumpiges Hotel wird verschont von jedem Streich
Und man fragt: Wer wohnt Besonderer darin?
Und in dieser Nacht wird ein Geschrei um das Hotel sein
Und man fragt: Warum wird das Hotel verschont?
Und man wird mich sehen treten aus der Tür gen Morgen
Und man sagt: Die hat darin gewohnt?
Und das Schiff mit acht Segeln
Und mit fünfzig Kanonen
Wird beflaggen den Mast.

4

Und es werden kommen hundert gen Mittag an Land
Und werden in den Schatten treten
Und fangen einen jeglichen aus jeglicher Tür
Und legen ihn in Ketten und bringen vor mir
Und fragen: Welchen sollen wir töten?
Und an diesem Mittag wird es still sein am Hafen
Wenn man fragt, wer wohl sterben muß.
Und dann werden Sie mich sagen hören: Alle!
Und wenn dann der Kopf fällt, sag ich: Hoppla!
Und das Schiff mit acht Segeln
Und mit fünfzig Kanonen
Wird entschwinden mit mir. R

1 a Lies den Titel und den Text der Ballade aufmerksam.
b Entscheide, welche der beiden folgenden Aussagen du für zutreffend hältst.

A Die Ballade handelt von einer Seeräuberin namens Jenny, die unerkannt in einem Hotel arbeitet und die Stadt von einem Piratenschiff überfallen lässt.
B Die Ballade handelt von einem Küchenmädchen, das davon träumt und sich wünscht, dass Piraten die Stadt überfallen und sie aus ihrem elenden Dasein befreien.

c Begründe deine Entscheidung anhand des Textes. Achte dabei auch auf die Zeitangaben und den Tempusgebrauch in den einzelnen Strophen.

2 Diskutiert über eure Einstellung gegenüber der Titelheldin Jenny. Geht so vor:
a Teilt euch in Vierergruppen auf und nehmt unterschiedliche Positionen gegenüber der Titelheldin ein: Zwei von euch äußern Kritik an Jennys Wunschtraum, die anderen beiden zeigen Verständnis und verteidigen sie. Bezieht in eure Argumentation den Text ein.
b Fasst in der Gruppe eure Gesamteinschätzung schriftlich zusammen.
c Stellt eure Ergebnisse vor und diskutiert sie in der Klasse.

3 a Viele Balladen erinnern in ihrer Form an Lieder und wurden auch vertont. Das gilt auch für die „Seeräuber-Jenny“. Was erinnert im Aufbau dieser Ballade an ein Lied?
b Besorge dir eine vertonte Fassung der „Seeräuber-Jenny“ und gehe der Frage nach, wie hier Musik und Text zusammenpassen.

4 Mutig oder übermütig? Beurteile, wie sich die Figuren in den Balladen, die du bisher in diesem Teilkapitel gelesen hast, verhalten.

Teste dein Wissen!
Balladen untersuchen

Ludwig Uhland (1787–1862)
Die Rache

A Der Knecht hat erstochen den edlen Herrn,
Der Knecht wär selber ein Ritter gern.

B Und als er sprengen will über die Brück',
Da stutzet das Ross und bäumt sich zurück.

C Er hat ihn erstochen im dunklen Hain
Und den Leib versenket im tiefen Rhein.

D Mit Arm, mit Fuß er rudert und ringt,
Der schwere Panzer ihn niederzwingt.

E Und als er die güld'nen Sporen ihm gab,
Da schleudert's ihn wild in den Strom hinab.

F Hat angeleget die Rüstung blank,
Auf des Herren Ross sich geschwungen frank.

1 Nach der ersten Strophe (A) sind die Strophen dieser Ballade in ihrer Abfolge durcheinander angeordnet.

a Bringe die Strophen in die richtige Reihenfolge, indem du aufschreibst:
1. Strophe = A
2. Strophe = …

b Vergleicht eure Lösungen in Partnerarbeit. Wenn ihr zu unterschiedlichen Ergebnissen gekommen seid, diskutiert und einigt euch dann auf eine gemeinsame Fassung.

2 Untersuche das Metrum (Versmaß) in der ersten Strophe. Übertrage hierzu die beiden Verse in dein Heft, setze über jede Silbe ein x und markiere die betonten Silben mit einem Akzent (x́).
Tipp: Es werden zwei Versmaße miteinander kombiniert.

x x́ …
Der Knecht hat erstochen den edlen Herrn,

x …
Der Knecht wär selber ein Ritter gern.

3 Liste auf, welche Balladenmerkmale du in dem Gedicht „Die Rache“ entdecken kannst. Nimm hierzu den Merkkasten von S. 145 zu Hilfe.

4 Vergleiche deine Ergebnisse aus den Aufgaben 1 bis 3 mit den Lösungen auf S. 355.

7.2 Stoff für eine Reportage
Eine Ballade umgestalten

Wolf Biermann (*1936)
Die Ballade vom Briefträger William L. Moore aus Baltimore

Ballade vom Briefträger William L. Moore,
der im Jahre '63 allein in die Südstaaten wanderte.
Er protestierte gegen die Verfolgung der Neger[1].
Er wurde erschossen nach einer Woche.
Drei Kugeln trafen ihn in die Stirn.

SONNTAG
Sonntag, da ruhte William L. Moore
von seiner Arbeit aus
Er war ein armer Briefträger nur
in Baltimore stand sein Haus

MONTAG
Montag, ein Tag in Baltimore
Sprach er zu seiner Frau:
„Ich will nicht länger Briefträger sein
Ich geh nach Südn auf Tour (that's sure)!"
BLACK AND WHITE, UNITE! UNITE!
schrieb er auf ein Schild.
White and Black – die Schranken weg!
und er ging ganz allein.

DIENSTAG
Dienstag, ein Tag im Eisenbahnzug,
fragte William L. Moore
Manch einer nach dem Schild, das er trug,
Und wünscht' ihm Glück auf die Tour.
BLACK AND WHITE, UNITE! UNITE!
stand auf seinem Schild …

MITTWOCH
Mittwoch, in Alabama ein Tag,
ging er auf der Chaussee,
Weit war der Weg nach Birmingham,
Taten die Füße ihm weh.
BLACK AND WHITE, UNITE! UNITE!
stand auf seinem Schild …

1 Seit dem Ende des amerikanischen Bürgerkriegs 1865 war die Sklaverei in den USA zwar abgeschafft, dennoch blieben die Afroamerikaner (hier als „Neger" bezeichnet, was heute als abwertend empfunden wird) vor allem in den Südstaaten weiterhin unterdrückt.

DONNERSTAG
Donnerstag hielt der Sheriff ihn an,
Sagte: „Du bist doch weiß!“
Sagte: „Was gehn die Nigger[2] dich an
Junge, bedenke den Preis!“
BLACK AND WHITE, UNITE! UNITE!
stand auf seinem Schild …

FREITAG
Freitag lief ihm ein Hund hinterher,
wurde sein guter Freund.
Abends schon trafen Steine sie schwer –
sie gingen weiter zu zweit.
BLACK AND WHITE, UNITE! UNITE!
stand auf seinem Schild …

SONNA'MT
Sonna'mt, ein Tag, war furchtbar heiß,
kam eine weiße Frau,
gab ihm ein' Drink, und heimlich sprach sie:
„Ich denk' wie Sie ganz genau“
BLACK AND WHITE, UNITE! UNITE!
stand auf seinem Schild …

LAST DAY
Sonntag, ein blauer Sommertag,
lag er im grünen Gras –
blühten drei rote Nelken blutrot
auf seiner Stirne so blass.
BLACK AND WHITE, UNITE! UNITE!
stand auf seinem Schild.
White and Black – die Schranken weg!
Und er starb ganz allein.
Und er bleibt nicht allein.

2 der Nigger: abwertende Bezeichnung für Menschen dunkler Hautfarbe

1 a Lies die Ballade und notiere deine ersten Leseeindrücke. Das können auch Fragen sein.
b Tausche dich mit den anderen über deine ersten Eindrücke aus.

2 Beschreibe die einzelnen Stationen des Marsches, den William L. Moore unternimmt, und die Erfahrungen, die er dabei macht.

3 Überprüfe dein Textverständnis, indem du die folgenden Fragen beantwortest. Wenn du bei einer Antwort unsicher bist, lies noch einmal genau im Text nach:
- Was bezweckt der Briefträger mit seinem Schild, das er vor sich herträgt?
- Warum spricht die weiße Frau „heimlich“ (→ Strophe 7)?
- An welcher Stelle ahnt der Leser das dramatische Ende? Belege deine Aussage am Text.
- Wie verstehst du die letzten beiden Verse? Stelle auch einen Bezug zu Vers 19 her.

4 a Suche alle Zeitangaben in der Ballade und überlege, welche Wirkung sie haben.
b Überlege, warum in dieser Ballade auch englische Wörter vorkommen.

5 „blühten drei rote Nelken blutrot / auf seiner Stirne so blass“ (Vers 58–59). Erkläre, was mit diesem sprachlichen Bild gemeint ist und wie es wirkt. Lies dazu noch einmal die gesamte Strophe und achte dabei auf die Farbadjektive.

6 Zu Beginn steht eine Vorbemerkung, die das folgende Geschehen schon zusammenfasst. Vergleiche die Ballade mit dieser Vorbemerkung und arbeite heraus, was das Besondere an der Ballade ist. Achte hierbei auf die äußere Form und die Sprache.

Vertiefen und üben
Eine Reportage schreiben

Der Briefträger William L. Moore

„Die Ballade vom Briefträger William L. Moore aus Baltimore" beruht auf einem Ereignis, das wirklich passiert ist.
William Lewis Moore, geboren 1927, war ein Briefträger aus Baltimore und Bürgerrechtler. Die Bürgerrechtsbewegung in den Vereinigten Staaten setzte sich seit Anfang des 20. Jahrhunderts für die Gleichberechtigung der Afroamerikaner ein. William L. Moore protestierte mit mehreren Märschen, die er alleine unternahm, gegen die gesetzlich festgeschriebene Diskriminierung (Benachteiligung) der schwarzen Bevölkerung in den Südstaaten der USA. Er klagte zum Beispiel an, dass es in öffentlichen Verkehrsmitteln und Schulen, in Parks und Freizeitstätten, Toiletten und Restaurants noch immer getrennte Bereiche für schwarze und weiße Bürger gab. William Moore wurde am 23. April 1963 bei einem seiner Protestmärsche in einer Kleinstadt nahe Alabama auf offener Straße von einem Rassisten erschossen.

1 Lies die Informationen über den Briefträger William L. Moore. Sprich anschließend mit den anderen über Wörter und Textstellen, die dir unklar sind.

●●●**2** Stelle dir vor, du bist eine Reporterin oder ein Reporter und deine Zeitung hat dich in die Kleinstadt nahe Alabama geschickt, wo William L. Moore gerade erschossen wurde.
Verfasse eine Reportage über den Protestmarsch und den Tod William L. Moores. Gehe so vor:

a Notiere zuerst Sachinformationen, die Antworten auf die W-Fragen geben. Nimm hierzu die Informationen aus der Ballade (→ S. 149–150) und dem obigen Text zu Hilfe.
→ Hilfen zu dieser Aufgabe findest du auf S. 152.

b Neben den Sachinformationen gibt eine Reportage auch die persönlichen Eindrücke wieder. Du bist als Reporterin oder Reporter am Ort des Geschehens.
- Notiere deine persönlichen Eindrücke (was siehst, hörst, fühlst du?). Schildere z. B. die Atmosphäre in der Kleinstadt oder beschreibe die Straße, auf der Moore erschossen wurde.
- Erfinde Aussagen von Personen, die du befragt haben könntest. Was könnten die Polizei, die Bewohner der Kleinstadt oder die Menschen, die William L. Moore auf seinem Protestmarsch getroffen hat, sagen?

→ Hilfen zu dieser Aufgabe findest du auf S. 152.

c Verfasse deine Reportage. Schreibe anschaulich und lasse die Leser „live" am Geschehen teilhaben.
- **Einleitung:** Neugier wecken und die Situation vor Ort anschaulich schildern.
- **Hauptteil:** Darstellung des Geschehens aus deiner Sicht (Sachinformationen, persönliche Eindrücke, Beschreibungen, Aussagen von Personen).
- **Schluss:** eigene Meinung, Bewertung des Geschehens oder Appell an die Leser.

→ Hilfen zum Schreiben einer Reportage findest du auf S. 152.

2 mit Hilfen

Stelle dir vor, du bist eine Reporterin oder ein Reporter und deine Zeitung hat dich in die Kleinstadt nahe Alabama geschickt, wo William L. Moore gerade erschossen wurde. Verfasse eine Reportage über den Protestmarsch und den Tod William L. Moores. Gehe so vor:

a Notiere zuerst Sachinformationen, die Antworten auf die W-Fragen geben. Nimm hierzu die Informationen aus der Ballade (→ S. 149 f.) und dem Text auf S. 151 zu Hilfe, z. B.:

Wer?	*William L. Moore, ein Briefträger und Bürgerrechtler*
Wann?	*...*
Wo?	*...*
Was?	*Auf einem Protestmarsch gegen die Diskriminierung der schwarzen Bevölkerung in den Südstaaten der USA wird William L. Moore auf offener Straße erschossen.*
Wie und warum?	*mit drei Pistolenschüssen in den Kopf, von einem Rassisten*

b Neben den Sachinformationen gibst du in einer Reportage auch deine persönlichen Eindrücke wieder.
- Notiere deine Eindrücke (was siehst, hörst, fühlst du?). Schildere die Atmosphäre in der Kleinstadt oder beschreibe die Straße, auf der Moore erschossen wurde, z. B.:

  - *Freundlich und aufgeräumt liegt die Kleinstadt in der Sonne, als der Zug langsam in den Bahnhof rollt. Von ferne höre ich ... und ich kann kaum glauben, was heute hier ...*
  - *„Black and White, Unite!, Unite!", steht auf einem selbst gebastelten Schild, das zerrissen auf der Straße liegt, auf der William L. Moore erschossen wurde.*

- Erfinde Aussagen von Personen, die du befragt haben könntest, z. B.:

  - *Bürgerin aus der Kleinstadt: Ich war geschockt, als ich die Nachricht von dem Mord erhielt. So etwas haben wir einfach nicht für möglich gehalten.*
  - *Polizist: Als wir am Tatort eintrafen, konnten wir nur noch den Tod ...*
  - *Mitreisende aus dem Zug: Ich habe ihm noch Glück gewünscht, als ich ihn am letzten Dienstag traf. Ein mutiger Mann war das!*

c Verfasse deine Reportage. Schreibe anschaulich und lasse die Leser „live" am Geschehen teilhaben.
- **Einleitung:** Neugier wecken und die Situation vor Ort anschaulich schildern, z. B.:
  Freundlich und aufgeräumt liegt die Kleinstadt in der Sonne ...
- **Hauptteil:** Darstellung des Geschehens aus deiner Sicht (Sachinformationen, persönliche Eindrücke, Beschreibungen, Aussagen von Personen), z. B.:
  So viel scheint bisher festzustehen: Der ermordete Briefträger William L. Moore war ein engagierter Bürgerrechtler. Vor gut einer Woche war er zu einem Protestmarsch aufgebrochen, um ...
  Am 23. April 1963 wurde er ...
- **Schluss:** eigene Meinung, Bewertung des Geschehens oder Appell an die Leser, z. B.:
  William L. Moore war ein mutiger Mann, der für die Rechte der Schwarzen eintrat. Er sollte ein Vorbild sein für ...

7.3 Projekt
Eine Ballade szenisch gestalten

Emanuel Geibel (1815–1884)
Die Goldgräber

Sie waren gezogen über das Meer,
Nach Glück und Gold stand ihr Begehr,
Drei wilde Gesellen, vom Wetter gebräunt,
Und kannten sich wohl und waren sich freund.

Sie hatten gegraben Tag und Nacht,
Am Flusse die Grube, im Berge den Schacht,
In Sonnengluten und Regengebraus
Bei Durst und Hunger hielten sie aus.

Und endlich, endlich, nach Monden voll Schweiß,
Da sahn aus der Tiefe sie winken den Preis,
Da glüht' es sie an durch das Dunkel so hold,
Mit Blicken der Schlange, das feurige Gold.

Sie brachen es los aus dem finsteren Raum,
Und als sie's fassten, sie hoben es kaum,
Und als sie's wogen, sie jauchzten zugleich:
„Nun sind wir geborgen, nun sind wir reich!"

Sie lachten und kreischten mit jubelndem Schall,
Sie tanzten im Kreis um das blanke Metall,
Und hätte der Stolz nicht bezähmt ihr Gelüst,
Sie hätten's mit brünstiger Lippe geküsst.

Sprach Tom, der Jäger: „Nun lasst uns ruhn!
Zeit ist's, auf das Mühsal uns gütlich zu tun.
Geh, Sam, und hol uns Speisen und Wein,
Ein lustiges Fest muss gefeiert sein."

Wie trunken schlenderte Sam dahin
Zum Flecken hinab mit verzaubertem Sinn;
Sein Haupt umnebelnd beschlichen ihn sacht
Gedanken, wie er sie nimmer gedacht.

Die andern saßen am Bergeshang,
Sie prüften das Erz, und es blitzt' und es klang.
Sprach Will, der Rote: „Das Gold ist fein;
Nur schade, dass wir es teilen zu drei'n!"

„Du meinst?" – „Je nun, ich meine nur so,
Zwei würden des Schatzes besser froh –"
„Doch wenn –" – „Wenn was?" – „Nun, nehmen wir an,
Sam wäre nicht da" – „Ja, freilich, dann, – –"

Sie schwiegen lang; die Sonne glomm
Und gleißt' um das Gold; da murmelte Tom:
„Siehst du die Schlucht dort unten?“ – „Warum?“
„Ihr Schatten ist tief, und die Felsen sind stumm.“ –

„Versteh ich dich recht?“ – „Was fragst du noch viel!
Wir dachten es beide, und führen's ans Ziel.
Ein tüchtiger Stoß und ein Grab im Gestein,
So ist es getan und wir teilen allein.“

Sie schwiegen aufs Neu'. Es verglühte der Tag,
Wie Blut auf dem Golde das Spätrot lag;
Da kam er zurück, ihr junger Genoss',
Von bleicher Stirne der Schweiß ihm floss.

„Nun her mit dem Korb und dem bauchigen Krug!“
Und sie aßen und tranken mit tiefem Zug.
„Hei lustig, Bruder! Dein Wein ist stark;
Er rollt wie Feuer durch Bein und Mark.

Komm, tu uns Bescheid!“ – „Ich trank schon vorher;
Nun sind vom Schlafe die Augen mir schwer.
Ich streck ins Geklüft mich.“ – „Nun, gute Ruh'!
Und nimm den Stoß und den dazu!“

Sie trafen ihn mit den Messern gut;
Er schwankt' und glitt im rauchenden Blut.
Noch einmal hub er sein blass Gesicht:
„Herrgott im Himmel, du hältst Gericht!

Wohl um das Gold erschluget ihr mich;
Weh' euch! Ihr seid verloren, wie ich.
Auch ich, ich wollte den Schatz allein,
Und mischt' euch tödliches Gift an den Wein.“

1 Gefällt dir die Ballade? Sammle deine ersten Leseeindrücke.

2 Erzähle die Handlung mit eigenen Worten nach. Was erfährt der Leser zu Anfang, was passiert nach dem Goldfund, wie endet die Ballade?

3 Beschreibe, worin die Pointe (überraschende Wendung) der Geschichte liegt.

4 a Erkläre, wie sich das Verhältnis der Goldgräber im Laufe der Geschichte verändert. Belege deine Aussagen anhand des Textes.
b Überlege, welche menschlichen Eigenschaften und Verhaltensweisen in der Ballade deutlich werden. Formuliere dann eine Lehre, die zu der Ballade passt.

„Die Goldgräber" szenisch gestalten

Die Ballade von den Goldgräbern könnt ihr wie ein Theaterstück spielen. Bildet Gruppen mit mindestens drei Personen und geht schrittweise vor:

1. Schritt: Einen Szenenplan erstellen

1 Gliedert die Ballade in einzelne Szenen und haltet in einem Szenenplan fest, welche Figuren auftreten, was passiert (Handlung) und welche Requisiten (Gegenstände) ihr benötigt.

Szene	Figuren (Wer?)	Handlung (Was?)	Requisiten
1	*Tom, Sam, Will*	*Drei Freunde träumen …*	
2	…	…	…

2. Schritt: Den Regieplan erstellen

2 Entwerft Dialoge und Monologe für euer Theaterstück. Notiert auch Regieanweisungen, die angeben, wie die Figuren reden und sich verhalten sollen. Überlegt,
- wie ihr die Vorgeschichte (Strophe 1–3) in einen szenischen Dialog umsetzen könnt.
- wie ihr die Gedanken und Gefühle der Figuren „hörbar" machen könnt, z. B. durch einen Monolog (Selbstgespräch einer Figur).

Szene 2:
(Die drei Goldgräber stehen zusammen, lassen den Goldklumpen von Hand zu Hand gehen. Zwei stützen sich auf ihre Schaufel und Spitzhacke, der dritte nimmt seinen Hut ab und wischt sich den Schweiß von der Stirn.)
Goldgräber 1 (Tom): *Freunde, nun haben wir es geschafft, wir sind reich, reich, reich!*
Goldgräber 2 (Sam): *Gib mal den Goldklumpen, wie fühlt der sich an?*
Goldgräber 3 (Will): *Ich kann es noch immer nicht glauben. Wie lange haben wir hier geschuftet ohne Erfolg. Und jetzt?*
Goldgräber 1 (Tom): *Das muss gefeiert werden. Genug der Mühsal. Los, Sam, geh in die Siedlung und besorge …*

3. Schritt: Die Rollen verteilen, das Spiel üben und aufführen

3 Besprecht, wer welche Rolle spielt und wer die Requisiten und Kostüme besorgt.

4 Führt Proben durch.
- Beobachtet euer Spiel und gebt euch gegenseitig eine Rückmeldung, wie das Spiel wirkt.
- Prüft, ob die Darsteller/-innen gut zu verstehen sind und ihr Spiel überzeugend ist und zur Figur passt. Wie könnten sich die Darsteller/-innen anders verhalten oder sprechen?

5 a Spielt die Ballade in der Klasse vor.
b Gebt euch gegenseitig ein Feedback: Was ist besonders gut gelungen, was könnte noch verbessert werden?

„Die Goldgräber" als Hörspiel

Euer Theaterstück zu den „Goldgräbern" (→ S. 153 f.) lässt sich schnell in ein Hörspiel umgestalten.

Tipp Hörspiel
Im Unterschied zu einem Bühnenstück erfahren die Zuhörerinnen und Zuhörer nur das, was zu hören ist (Dialoge, Monologe, Geräusche, Musik).

1 Überlegt gemeinsam, welche Unterschiede es zwischen einem Theaterstück und einem Hörspiel gibt. Worauf müsst ihr achten, welche Gestaltungsmöglichkeiten habt ihr?

Den Regieplan ausarbeiten

2 Entwerft einen Regieplan für euer Hörspiel.

a Überlegt, wie ihr die Handlung der „Goldgräber" hörbar machen könnt.
- Welche Figuren könnten sprechen? Beispiel: *Bewohner aus der Siedlung, in die Sam geht; …*
- Welche Geräusche und Musik sind zu hören? *das Rauschen des Flusses, Wind, …*

b Überlegt, in welcher Reihenfolge ihr die Szenen präsentieren wollt. Ihr könnt z. B. direkt mit der Goldsuche beginnen und die Vorgeschichte der Goldgräber als Rückblende präsentieren.

Sprechtexte	*Geräusche/Musik*
Szene 1:	
Erzähler: *Die folgende Geschichte dreier Abenteurer, die ausgewandert waren, um ihr Glück zu finden, spielte sich im Wilden Westen während der Zeit des Goldrauschs ab.*	*Rauschen eines Flusses, Spitzhacken u. Schaufeln, die auf Stein treffen*
Sam *(genervt): Tagaus, tagein schuften wir hier wie die Tiere; bislang alles umsonst. Ich gebe bald auf.* ***Will*** *(freudig): Hey, Freunde, da blinkt doch was wie Metall. Das ist kein Stein. Schaut her …* ***Tom*** *(jubelnd): Wir sind am Ziel! Wir werden reich, reich …*	*zunächst noch dieselben Geräusche, dann nur noch das Rauschen des Flusses; Jubelschreie, Händeklatschen, einer fängt an zu singen, …*
Szene 2 (Rückblende): ***Will:*** *Die Überfahrt nimmt kein Ende. Es wird Zeit, dass wir bald an Land gehen.* ***Tom:*** *Hab Geduld, das Glück wartet auf uns …*	*Plätschern der Wellen, starker Wind, Kommandos, Schiffsglocke ertönt*

3 a Legt fest, wer welche Aufgabe übernimmt, z. B.: Sprecherinnen und Sprecher, Geräuschspezialisten, Musikverantwortliche, Personen für technische Leitung und Aufnahme.

b Sucht passende Geräusche und evtl. auch Musik für euer Hörspiel. Die Geräusche lassen sich oft mit wenigen Hilfsmitteln leicht selbst herstellen. Man kann aber auch fertige „Geräuschkonserven" verwenden.
Tipp: Unter freesound.org könnt ihr kostenlos Geräusche und Soundeffekte runterladen.

4 Nehmt euer Hörspiel auf. Macht immer wieder Proben mit und ohne Aufnahmegerät und prüft, ob die Texte gut gesprochen sind, genügend Pausen gemacht werden und die Geräusche sowie die Musik zu den Szenen passen.

8 „Träum weiter!"

Theaterträume

In diesem Kapitel ...

- lernst du das Theaterstück „Rosinen im Kopf" kennen,
- liest und spielst du Theaterszenen und lernst die Figuren und ihre Konflikte kennen,
- schreibst du selbst Szenen und erhältst Tipps für eine Theateraufführung.

1 a „Träum weiter!" – Verfasse einen kurzen Dialogtext, in dem jemand diesen Satz äußert.
b Sieh dir das Bild an. Überlege, worum es in diesem Theaterstück gehen könnte.

2 Berichte von deinen Erfahrungen: Was ist das Besondere am Theater?

3 Um ein Theaterstück auf die Bühne zu bringen, braucht man nicht nur Schauspieler/-innen.
a Sammle, was bei einer Theateraufführung noch wichtig ist.
b Welche Aufgabe würdest du bei einer Theaterproduktion gerne übernehmen? Begründe, warum.

8.1 „Rosinen im Kopf“
Figuren und ihre Konflikte untersuchen

Thomas Ahrens, Volker Ludwig
Rosinen im Kopf *1. Szene*

In dem Theaterstück „Rosinen im Kopf“, das im Jahr 2009 in Berlin zum ersten Mal aufgeführt wurde, spielen Jugendliche die Hauptrollen. Da gibt es zum Beispiel Nico, der mit seinem Vater alleine lebt, und Sonja, eine Schulfreundin von Nico. Sie alle haben ganz verschiedene Vorstellungen von ihrem Leben und Träume für die Zukunft.

SONJA *(kommt mit Schultasche angerannt)*: Halt, warten! Mist! *(ruft zurück)* Mensch, Nico, jetzt ist der Bus schon wieder weg!

NICO *(verbundene rechte Hand, kommt mit Schultasche angeschlendert und liest in einem Reiseprospekt)*: Bus – is ja ekelhaft! Irgendwann bin ich sowieso nur noch mit meinem Privatjet unterwegs! Rom! New York! Paris! Rio! Da sitze ich hinten mit meinem Piloten an der Bar und trinke Schampus und mampfe Gummibärchen.

SONJA: Und wer fliegt das Flugzeug?

NICO: Das macht doch der Bordcomputer. Hey, Joey, wie wär's, wenn wir mal wieder 'ne Sause in die Sonne machen? – Okay, Chef, Kurs Richtung Südsee! – Achtung, Achtung, bitte anschnallen.

SONJA: Alles klar.

NICO: Na warte! *(nimmt Sonja auf den Rücken)*

SONJA: Lass mich runter!

NICO: Nein – wir befinden uns im Landeanflug auf den Airport. *(Sonja hält ihm die Augen zu.)* Oh, es ist neblig. Wo sind die Landefeuer?!

SONJA: Dort!

NICO *(ahmt Albatros nach – Sonja springt ab – Nico stolpert)*: Klasse Landung, Joey. Und dann geht's an den Strand. So weit das Auge blickt, flacher weißer Sandstrand und Kokospalmen …

SONJA: Mensch, Nico, hör doch mal auf mit dem Quatsch!

NICO: Das is kein Quatsch! So was gibt's wirklich! *(kramt in seiner Schultasche und zieht Reiseprospekt hervor)* Hier! Guck doch!

SONJA: Kenn ich doch schon.

NICO: Was is, willste mitkommen?

SONJA: Mann, hör auf, ich muss nach Hause.

NICO: Sonja will nach Hause in die Ottostraße 17. Wie spannend!

SONJA: Sag mal, du kannst doch Englisch, wenn de willst. Warum hast'n die Arbeit nicht mitgeschrieben?

NICO: Hallo?! Is meine Hand vielleicht übelst verstaucht?!

SONJA: Kann ich vielleicht mal? *(fühlt seine Stirn, schreit)* Aua, ist das heiß! Zeigste mir mal deine kaputte Hand? *(schnappt nach seiner Hand, er schreit fürchterlich auf, Sonja erschrickt)* Entschuldigung!

NICO *(streift und schüttelt den Verband ab, zappelt mit seinen Fingern herum)*: Dabididu dabiddu, das Wunder der Medizin!

SONJA: Ich hab's genau gewusst, du Schauspieler. Die war so leicht, die Englischarbeit, hättste ruhig mitschreiben können!

NICO: Ich brauch keine Schule. Bei der nächsten Staffel von DSDS bin ich sowieso dabei, und dann …

(zieht eine Fernbedienung aus der Tasche, drückt einen Knopf, kündigt sich als Moderator selbst an) Und jetzt, meine sehr verehrten Damen und Herren, sehen und hören Sie Nic, Nico Hannemann … als Elvis Presley! *(mimt Elvis Presley und singt)*

SONJA *(zappt zu Michael Jackson)*

NICO *(tanzt und singt M. J.)*

SONJA: Und Germany's Next Topmodel.

NICO: Drama, Baby, Drama. Die Handtasche muss leben! Nico, ich habe heute ein Bild für dich!

SONJA: Und Dschungelcamp!

NICO: Hmm, lecker Ohrwürmer … *(Sonja macht mit und beide essen.)*

SONJA: Okay, cool! Aber die Sendung is trotzdem bescheuert! Was willst'n da?

NICO: Das is doch nur der Anfang! Danach geht's erst richtig los! Dann kommt die Weltkarriere!

SONJA: Mensch, Nico, so'n bisschen Singen und Tanzen reicht doch nicht für 'ne Weltkarriere!

NICO: Na toll, Sonja, die Spaßbremse, Ottostraße 17, erster Stock, Hinterhof.

SONJA: Na toll, Nico, der Spinner. *(winkt ins Off)* Huhu, Herr Hannemann!

NICO: Oh, Scheiße, mein Oller. *(will sich verdrücken)*

HANNEMANN *(kommt mit einem klapprigen Fahrrad angefahren, lange Haare, Stirnband, Messenger-Tasche auf dem Rücken, etwas außer Atem)*: Hey, Nico. Tach, Kleene. Na, wie war's in der Schule?

SONJA: Gut.

NICO: Wie immer.

HANNEMANN: Klingt ja toll. Und ihr habt heute nen Erste-Hilfe-Kurs gehabt?

NICO: Hä … Wieso?

HANNEMANN *(lacht)*: Weil dir 'n Meter Verbandszeug aus der Hose hängt. Wir hatten früher mal einen in der Klasse, der hat versucht, sich den Arm einzugipsen, weil er 'ne Klassenarbeit nicht mitschreiben wollte. Aber der Lehrer hat das gemerkt, weil er sich den Hemdsärmel mit eingegipst hatte.

SONJA *(amüsiert)*: Echt dumm gelaufen.

NICO: Warum erzählst du denn das?

HANNEMANN: Och, is mir grad so eingefallen. Warum biste noch nicht zu Hause?

NICO: Bus war weg.

SONJA *(nickt)*: Stimmt.

HANNEMANN: Ich will ja nicht drängeln, aber der Müll muss runter und der Abwasch muss auch noch gemacht werden.

NICO: Immer ich! Wieso ich?

HANNEMANN: Nico – jetzt pass mal auf. Jetzt hab ich seit einer Woche endlich wieder einen Job, wo ich Geld verdienen kann, um uns beide durchzubringen. Da muss ich ordentlich ranklotzen. Und da musst du auch ein bisschen im Haushalt mithelfen. Und dann reicht's vielleicht auch mal für einen gemeinsamen Urlaub – 'nen bisschen weiter weg als nur bei Oma Herder auf'n Bauernhof.

NICO: Echt?

HANNEMANN: Ja, mal ins Ausland.

NICO: Au ja … Oasis of the Seas. *(zitiert aus seinen Reiseprospekten)* Das größte Kreuzfahrtschiff der Welt. Das hat 'nen richtigen eigenen Rummelplatz, 'ne übelst lange Seilbahn, ein Riesentheater und …

HANNEMANN: Was is los?! Du hast ja Rosinen im Kopf!

NICO: Hä?

SONJA *(lacht)*: Rosinen im Kopf? Hab ich ja noch nie gehört.

HANNEMANN: Is doch wahr. Flausen im Kopf, dummes Zeug. Außerdem hab ich gesagt: Vielleicht. *(sein Handy klingelt, ins Telefon)* … City-Flitzer Hannemann, wo soll ich hin? … Kudamm 217… bin schon da, ich fliege. *(zu den Kindern)* Muss los.

NICO: Aber denk dran: Du hast es versprochen – Oasis of the Seas.

1 a Fasse mit eigenen Worten zusammen, worum es in dieser Szene geht.
b Nenne Textstellen, an denen deutlich wird, dass das Stück in der heutigen Zeit spielt.

2 a Lest die Szene mit verteilten Rollen. Beachtet dabei auch die Regieanweisungen. Probiert mehrere Besetzungen aus.
Tipp: Drückt mit eurer Stimme, eventuell auch mit eurer Mimik und Gestik aus, wie die jeweilige Figur sich fühlt oder wie eine Äußerung gemeint ist.
b Begründet, wer welche Figur durch seinen Vortrag besonders gut vorgestellt hat.

3 a Nico schlüpft in dieser Szene in verschiedene andere Rollen. Tragt diese Spiel-im-Spiel-Situationen (→Z. 21–35 und 65–79) noch einmal vor. Gestaltet die verschiedenen Rollen durch eure Sprechweise sowie eure Gestik und Mimik.
Tipp: Ihr könnt auch noch weitere Rollen erfinden, die Nico spielen könnte.
b Erklärt, wie Nico durch diese Spiel-im-Spiel-Situationen wirkt.

4 a „Du hast ja Rosinen im Kopf!" (→Z. 138 f.), sagt Herr Hannemann zu seinem Sohn Nico. Erkläre, was er damit meint.
b Kannst du verstehen, welche Wünsche, Träume oder Sehnsüchte Nico hat? Begründe.

5 Charakterisiere Nico, Sonja und Herrn Hannemann, indem du z. B. ihre Verhaltensweisen, ihre Eigenschaften und ihr Verhältnis zueinander beschreibst. Erkläre auch, wie die einzelnen Figuren auf dich wirken.

6 a Die Figuren sprechen zum Teil in der Umgangssprache. Nenne Beispiele aus dem Text und erläutere, wie dieser Sprachstil wirkt.
b Überlege, warum in diesem Stück Umgangssprache verwendet wird.

Merkwissen Theater

In einem Theaterstück gibt es Rollen, die von Schauspielerinnen und Schauspielern gespielt werden. Die Handlung wird durch **Dialoge** (Gespräche zwischen den Figuren) oder durch **Monologe** (Selbstgespräche von Figuren) ausgedrückt. Die Schauspielerinnen und Schauspieler nutzen beim Theaterspielen ihre **Stimme** (Sprechweise), ihre **Gestik** (Körpersprache) und ihre **Mimik** (Gesichtsausdruck), um die Gefühle und Stimmungen der Figuren auszudrücken.

Weitere Theaterbegriffe
Rolle: Rolle nennt man die Figur, die eine Schauspielerin oder ein Schauspieler in einem Theaterstück verkörpert, z. B. die Rolle des Vaters.
Szene: Eine Szene ist ein kurzer, abgeschlossener Teil eines Theaterstücks. Eine Szene endet meist, wenn neue Figuren auftreten und/oder Figuren abtreten. Meistens erlischt am Ende einer Szene auch die Bühnenbeleuchtung.
Regieanweisungen: Regieanweisungen sind im Dramentext zusätzlich zu den Rollentexten bereits mitgelieferte Anregungen, wie die Handlung auf einer Bühne eingerichtet werden sollte, z. B.: *hockt in einer Mülltonne für Altpapier,* oder wie die Figuren handeln und sprechen sollen, z. B.: *fühlt seine Stirn, schreit.*
Spiel im Spiel: Spiel im Spiel nennt man eine Situation, in der eine Figur auf der Bühne eine andere Rolle spielt, z. B. wenn Nico so tut, als wäre er an Bord eines Flugzeugs.

Thomas Ahrens, Volker Ludwig

Rosinen im Kopf *2. Szene*

NICO *(mit verstellter Stimme, Sprechweise des Direktors)*: Achtung, Achtung, eine Durchsage! Hier spricht Direktor Hülsendonk. Wir haben mehrere Fälle von Schweinegrippe in der Schule festgestellt. Alle Lehrerinnen und Lehrer bitte sofort ins Rektorzimmer zur Krisensitzung. Die Schülerinnen und Schüler haben ab sofort frei, die Schule bleibt für die nächsten drei Wochen geschlossen. Ende der Durchsage. *(Pausengong. Schülerlärm. Licht zieht auf.)*

NICO *(hockt in einer Mülltonne für Altpapier, lupft vorsichtig den Deckel, schaut sich um)*: Captain Kirk an Crew … Captain Kirk an Crew, auf welchem Planeten sind wir hier? Wo sind wir hier? *(mit Roboterstimme)* Raumschiff Enterprise hat ein Problem. Unsere Navigation hat versagt. Wir mussten notlanden.

(formt mit den Händen ein Fernrohr) Ist das vielleicht der Planet der Affen? Nein, unmöglich. Viel zu viele Zwerge mit Pausenbroten in der Hand und ohne Fell. Oh nein! Was sehen meine entzündeten Augen? Da, ein Alien! Alle Mann in Deckung! *(verschwindet in der Tonne; Oliver, ziemlich stylisch gekleidet, kommt mit einem Schulbrot, packt es aus und wirft das Papier in die Tonne, geht weiter, stutzt, dreht sich zurück und schleicht sich an. Nico kommt vorsichtig wieder hoch, ohne Oliver zu bemerken.)* Captain Kirk an Crew, jetzt weiß ich, wo wir sind – wir befinden uns auf einem der gefährlichsten Planeten des Universums! Schulhofia! Wir müssen fliehen!

OLIVER *(kippt die Tonne um und lacht sich schlapp, klatscht Beifall)*: Wow, Alter, du bist ja 'ne richtig komische Nummer, ey! Was machst'n da?

NICO *(erschrickt zu Tode)*: Wo?!?!

OLIVER: Na, da in der Tonne. Und das mit der Durchsage vorhin, das warst du. Alle sind aufgesprungen und rausgerannt. Und der Lehrer hat uns hinterhergerufen, aber keiner ist zurückgekommen.

NICO: Wehe, du verrätst was. Wer bist'n du überhaupt? Hab dich noch nie auf'm Schulhof gesehen.

OLIVER: Kannste ja auch nich. Bin erst seit gestern hier.

NICO: Neu?

OLIVER: Hm.

NICO: Aber du hältst die Klappe!

OLIVER: Von mir erfährt keiner was. *(streckt die Hand aus)* Ich bin Oliver.

NICO *(nimmt die Hand)*: Nico. *(Oliver zückt Kaugummischachtel)* Und wo kommst du her?

OLIVER: Früher warn wir in Hamburg. Jetzt hat mein Vater den Berliner Chefposten von TTP übernommen.

NICO: TTP?

OLIVER: Telly Top Productions.

NICO: Ach so.

OLIVER: Ist 'ne Filmfirma.

NICO *(brennend interessiert)*: Dein Vater dreht Filme?!

OLIVER: Hm.

NICO: Ich steh total auf Abenteuerfilme, Afrika und so …

OLIVER: War ich schon.

NICO: Ja?

OLIVER: Klar. Marokko. Alles flach, irre Hitze, nichts wie Sand, blödes Hotel …

NICO: Und warste schon mal auf den Bahamas?

OLIVER: Ja –

NICO: Malediven auch?

OLIVER: Ja –

NICO: Und auch in Dubai?

OLIVER: Klar. Alles flach, irre Hitze, nichts wie Sand, blödes Hotel, fünf Sterne, blöde Junior-Suite, gähn …

NICO: Cool. Kostet doch irre viel Geld, oder?

OLIVER: Klar. Hat mein Vater genug von.

NICO: Macht der auch Castingshows und Abenteuerfilme?

OLIVER: Nee, nur Werbung, bringt mehr Knete.

NICO: Is ja irre.

OLIVER: Ach, ist doch langweilig. Ich steh mehr auf totalen Horror, weißt du. Stephen King und so. Muss echt Blut fließen. Ist sonst langweilig. Kannst ja mal gucken, ob du dich traust.

NICO: Was trauen?

OLIVER: Na, das angucken. Meine Schwester rennt immer aus dem Zimmer. Wir haben 'n eigenes Kino. Und jede Menge Filme.

NICO: 'n Kino inner Wohnung? Wo gibt's 'n so was?

OLIVER: Is in jeder Wohnung.

NICO: Wie?

OLIVER: Maaann, in den Firmenwohnungen von TTP! Ist doch Grundausstattung.

NICO: Wirklich?

OLIVER: Kannst ja mal gucken kommen.

NICO *(steigt sofort ein)*: Okay. Wir kaufen uns jetzt ein paar Pommes und 'ne Cola. Und dann schleichen wir hier ab und gehen zu dir Filme gucken.

OLIVER: Einfach schwänzen? Können wir doch nicht machen!

NICO: Klaro können wir. Los, weg hier! Oder traust du dich nicht?

(Beide wollen los.) Wow!

OLIVER: Mist!

NICO: 'nen Porsche!

OLIVER: Das is unserer.

(Monika und Pia kommen auf den Schulhof, beide sehr modisch gekleidet, Nico stiert auf sie wie eine Erscheinung.)

MONIKA: Hallo, Oliver. *(will sich davonmachen)* Oliver!

OLIVER: Monika.

MONIKA: Sag mal, was machst du denn hier draußen? Hast du nicht Unterricht?

OLIVER: Nee, die machen grad 'ne Konferenz wegen Schweinegrippe.

MONIKA: Was?

NICO: Quatsch, wir ham große Pause.

MONIKA: Na, das fängt ja gut an. Na ja, ist ja nicht für lange. Nach den Sommerferien kommt ihr beide ja ins Internat.

OLIVER: Ich geh nicht ins Internat!

PIA: Ich auch nicht.

NICO: Internat?

PIA: Schule, wo man auch wohnt. Aber ohne Eltern …

MONIKA *(schaut Nico an, etwas irritiert)*: Oliver, ist das ein neuer Freund von dir? *(Oliver reagiert nicht, zu Nico)* Seid ihr befreundet, du und Oliver? *(Nico nickt nach einer Weile.)* Hm. Soso … Oliver, sag uns doch mal, wo das Rektorzimmer ist.

OLIVER: Da war ich gestern mit Hajo …

MONIKA: Du sollst nicht immer Hajo sagen, sondern …

OLIVER: Papa! Ich weiß, Monika.

MONIKA: Und? Wo ist es nun?

NICO *(eifrig)*: Durch die Tür und dann links.

MONIKA: Komm, Pia. Wir müssen dich schnell anmelden. Komm, Pialein.

PIA: Ich bin nicht dein Pialein.

(Pia und Monika ab)

OLIVER: Mission Horrorfilm, los.

NICO: War das deine Schwester?

OLIVER: Nee, meine Oma.

(lacht sich schlapp über seinen eigenen Witz)

NICO: Und die andere deine Mutter?

OLIVER: Ja, aber nich meine richtige.

NICO: Wie?

OLIVER: Das is die neue Frau von meinem Vater.

NICO: Ach so … Is die nett?

OLIVER: Geht so. Meine Schwester ist vielleicht bescheuert.

NICO: Glaub ich nicht.

OLIVER: Hast wohl keine Schwester, was?

NICO: Nee.

1 Bildet Gruppen, die jeweils einen Szenenabschnitt spielen. Geht so vor:
- a Verteilt die drei Szenenabschnitte (→Z. 1–32; →Z. 33–112; →Z. 113–162) auf die Gruppen.
- b Lest euch euren Szenenabschnitt mehrfach durch. Überlegt gemeinsam, wie ihr die Figuren darstellen wollt: Wie sollen die Figuren sprechen, welche Gestik und Mimik passen zu ihnen?
- c Verteilt die Rollen und probt euer Spiel.
- d Spielt euren Szenenabschnitt vor der Klasse. Die anderen beobachten das Spiel ihrer Mitschülerinnen und Mitschüler.
- e Diskutiert anschließend, ob die Sprechweise, die Mimik und die Gestik zu den jeweiligen Figuren und der jeweiligen Situation passen. Was würdet ihr verändern? Warum?

2
- a In dieser Szene lernst du drei neue Figuren kennen: Oliver, Pia und Monika. Fasse zusammen, was du über diese Figuren erfährst.
- b Überlege, warum Nico an dem Beruf von Olivers Vater brennend interessiert ist.
- c Nenne Textstellen, an denen Olivers Lebenssituation besonders deutlich wird.
- d Vergleiche dann Olivers Lebensumstände mit denen von Nico. Stelle Vermutungen an, welche Handlungsmöglichkeiten und Konflikte sich daraus ergeben könnten.

3 Wie könnte sich die Handlung entwickeln? Begründe, welcher der folgenden Handlungsverläufe dir am wahrscheinlichsten erscheint.

A Nico streitet sich immer öfter mit seinem Vater und wird zu Hause rausgeworfen.
B Oliver streitet sich mit Monika so sehr, dass sein Vater Monika verlässt.
C Nico wird ein Superstar in der Filmproduktion von Olivers Vater.
D Nico will seine Chance nutzen, um ein Fernsehstar zu werden.

4 Ergänze auf einer Kopie der 2. Szene (→Z. 116–148) Regieanweisungen, die angeben, wie Nico, Oliver, Pia und Monika sprechen und wie sie sich verhalten sollen, z. B.: *großspurig; spöttisch grinsend; erstaunt; unterbricht; dreht sich um und zeigt auf die Tür.*

Teste dein Wissen!
Rund ums Theater

Löst die Aufgaben auf dem folgenden Testbogen gemeinsam mit einer Partnerin oder einem Partner. Fragt euch abwechselnd ab und haltet eure Ergebnisse in Stichwörtern fest.

1 a Notiert, was die folgenden Begriffe aus der Theaterwelt bedeuten:

Was ist eigentlich …
- ein Dialog?
- ein Monolog?
- eine Szene?
- eine Regieanweisung?
- ein Spiel im Spiel?

b Vergleicht eure Lösungen mit denen auf S. 355.

2 a Beschreibt die folgenden Figuren aus dem Stück „Rosinen im Kopf“ möglichst genau:

Wer ist eigentlich …
- Nico?
- Oliver?
- Sonja?
- Pia?
- Monika?
- Herr Hannemann?

b Vergleicht eure Ergebnisse mit den Lösungen auf S. 355.

3 Stellt eine der Figuren des Stückes pantomimisch dar. Eure Partnerin bzw. euer Partner muss erkennen und begründen können, wen ihr verkörpert habt.

Tipp Bei einer **Pantomime** wird etwas ohne Worte, nur durch Gestik und Mimik dargestellt.

4 a Überlegt, welche Konflikte sich schon am Anfang des Theaterstücks „Rosinen im Kopf“ ankündigen. Begründet eure Einschätzung.

b Vergleicht eure Lösung mit der auf S. 356.

A Arme – Reiche
B Schüler – Lehrer
C Eltern – Kinder
D Mädchen – Jungen

8.2 Nicos Traumwelt
Szenen schreiben und spielen

Thomas Ahrens, Volker Ludwig
Rosinen im Kopf *3. Szene*

Durch die Begegnung mit Oliver, dessen Vater Filmproduzent ist, sieht Nico die Chance, seinen Traum vom großen Ruhm und Erfolg zu verwirklichen. Noch steckt Nico aber mitten in der tristen Welt seines Alltags. Sein Vater ist ein einfacher Fahrradkurier und verdient nicht viel Geld; zu Hause gibt es keinen Luxus. In dieser Situation trifft Nico auf Pia, Olivers Schwester.

NICO: Sag mal, hast du schon mal im Film von deinem Vater mitgespielt?
PIA: Nee, find ich blöde.
NICO: Ja?
PIA: Mein Vater ist auch dagegen. Was macht denn dein Vater?
NICO: Och, der … – der ist immer unterwegs. Ist schwer zu erklären, weißte. Also der hat mal hier zu tun, mal da.
PIA: Ausland?
NICO: Klar. Heute Moskau, morgen New York, übermorgen Honolulu und so …
PIA: Ach so, der ist Manager?!
NICO: Nee, darf ich nicht sagen.
PIA: Was, warum denn nicht, sag doch!
NICO: Darf keiner wissen, verstehst du?
PIA: Ich sag's bestimmt nicht weiter. Ehrenwort!
NICO: Mein Vater, der ist unterwegs – also der reist in geheimer Mission …
PIA: In geheimer Mission? James Bond?
NICO: Psst. Ja. Darf wirklich keiner wissen.
PIA: Ja, klar, verstehe. Muss der sich auch verkleiden?
NICO: Ja. Meistens.
PIA: Mensch, ist das spannend.
NICO: Geht so.

Nicos Vater, Herr Hannemann, hat vom Inhalt des Gesprächs erfahren, weil Pia ihn auf seinen Beruf angesprochen hat. Nun stellt Herr Hannemann seinen Sohn zur Rede.

HANNEMANN: Dämliches Gequatsche! Ich reise in geheimer Mission. Heute Moskau, morgen New York – übermorgen Honolulu.
NICO *(erschrocken)*: Was hat dir Pia erzählt?
HANNEMANN: Die denkt immer noch, ich bin James Bond persönlich.
NICO *(erleichtert)*: Ja.
HANNEMANN: Sag mal, hast du 'ne Vollmeise?

1
a Lest zunächst nur den ersten Teil der Szene 3 (→ Z. 9–35) zu zweit mit verteilten Rollen.
b Besprecht, an welchen Stellen Nico offenbar nicht so recht weiß, was er sagen soll.
c Diskutiert, warum Nico die Unwahrheit sagt.

2
a Lest nun den Rest der Szene (→ Z. 40–48) mit verteilten Rollen.
b Erklärt, warum sich Nicos Vater, Herr Hannemann, so aufregt.

3 Diese Szene geht natürlich noch weiter. Setzt die Szene in Partnerarbeit fort. Geht so vor:

a Sammelt Ideen, wie der Dialog zwischen Nico und seinem Vater weitergehen könnte. Was könnte Nico seinem Vater erklären oder vorwerfen? Wie äußert sich Nicos Vater dazu? Ihr könnt so beginnen:

Sohn Nico	**Vater Hannemann**
– *Was soll ich denn machen? Denkst du, es wäre einfach für mich …* – *Nie hast du Zeit für mich. Du weißt …*	– *Ich rackere mich ab, schufte auch am Wochenende, damit …* – *…*

b Diskutiert, wie diese Szene ausgehen könnte. Ihr könnt aus den folgenden Möglichkeiten auswählen oder euch selbst einen Schluss überlegen.

A Nico wirft seinem Vater vor, dass er sein Talent nicht erkennt, und geht ab.
B Beide streiten immer weiter, teilweise unverständlich. Das Licht wird ausgeblendet.
C Der Vater verlässt die Szene mit den Worten: „Ich rufe Oma an, die soll das regeln!"
D Vater und Sohn versöhnen sich am Ende und gehen Eis essen.

c Schreibt nun mithilfe eurer Vorarbeiten den Dialog zwischen Nico und seinem Vater weiter. Notiert auch Regieanweisungen, die angeben, wie die Figuren reden und sich verhalten sollen.
Tipp: Achtet darauf, dass sich die Aussagen aufeinander beziehen, und formuliert eure Ideen gegebenenfalls um, z. B.:

NICO (verärgert): Was soll ich denn machen? Denkst du, es wäre einfach für mich zu sagen, dass du als Fahrradkurier …
HERR HANNEMANN (unterbricht empört): Jeden Morgen stehe ich um fünf Uhr auf und mache die Wäsche und den Haushalt. Und während du zur Schule gehst, schwinge ich mich auf mein Fahrrad …

4 Spielt eure Szenen mit verteilten Rollen vor. Probiert dabei die Stopp-Technik aus.

Methode Stopp-Technik

Ihr lest eine Szene mit verteilten Rollen. An einer beliebigen Stelle sagt die Spielleiterin oder der Spielleiter: „Stopp!" Die Figuren unterbrechen ihr Spiel und sagen, was sie in ihrer Rolle gerade denken oder fühlen. Sie können auch erklären, warum sie etwas sagen oder warum sie so und nicht anders handeln.
Variante mit Ghostspeaker: Hier steht hinter der Bühnenfigur eine andere Person, die aber nicht mitspielt (wie ein Geist auf der Bühne). Wenn „Stopp!" gesagt wird, äußert sich dieser „Geist" zu den Gedanken und Gefühlen seiner Figur.

Vertiefen und üben
Theaterszenen schreiben

1 a Verschaffe dir einen Überblick und lies alle Szenenausschnitte auf den S. 168 und169.
b Bildet Gruppen, die sich jeweils mit einer Szene beschäftigen. Vervollständigt eure Szenen, indem ihr die fehlenden Textteile (Anfang, Mitte, Schluss) ergänzt.

A – Wer hat den besseren Vater? Den Mittelteil einer Szene ergänzen

OLIVER: Du hast den viel besseren Vater als ich!
NICO: Du hast doch keine Ahnung! Mein Oller hat 'n rostiges Fahrrad und ihr habt 'n Porsche!
OLIVER: Ja, aber …

? ? ?

SONJA *(belustigt)*: Sagt mal, seid ihr bescheuert?
OLIVER: Hast wohl keinen Vater, was?
SONJA *(ernst)*: Nee, aber ich hätte gern einen.

2 In der vorliegenden Szene fehlt der Mittelteil. Füllt diese Lücke. Geht so vor:
a Lest die Szene und macht euch klar, um was es geht.
b Überlegt, welche Argumente Oliver und Nico in dem fehlenden Mittelteil vorbringen könnten. Sammelt eure Ideen.
c Verfasst den Mittelteil der Szene. Notiert auch Regieanweisungen.

B – Ertappt? Den Schluss einer Szene verfassen

HANNEMANN: Ich habe einen Anruf von deinem Lehrer bekommen.
NICO *(stark verunsichert)*: Ja? Warum denn? Hab ich was gemacht?
HANNEMANN: Das frag ich dich! Du weißt ganz genau, was ich meine.
NICO *(scheinheilig)*: Keine Ahnung.
HANNEMANN: Ach nein? Und was ist mit der Englischarbeit?!?!
NICO *(total erleichtert)*: Ach so, die Englischarbeit …

? ? ?

3 In dieser Szene fehlt der Schluss. Schreibt die Szene zu Ende. Geht so vor:
a Lest den Text. Tauscht euch dann aus, worum es in dieser Szene geht.
b Überlegt, wie diese Szene weitergehen könnte, und sammelt eure Ideen:
- Hat Herr Hannemann, der Vater von Nico, weitere Dinge von Nicos Lehrer erfahren? Bedenkt dabei auch, was ihr über Nicos Verhalten in der Schule wisst.
- Kommt es zu einer Aussprache oder bleibt das Ende offen, weil Herr Hannemann zu seiner Arbeit muss oder Nico vorgibt, noch etwas Dringendes erledigen zu müssen?

c Verfasst einen Schlussteil zu dieser Szene. Nehmt auch Regieanweisungen auf.

C – Träume werden wahr! Den Anfang einer Szene ergänzen

? ? ?

STEINBERG *(Vater von Oliver zu Monika)*: Du, der Junge hat was.
MONIKA: Also, Hajo, bitte – lass ihn!
STEINBERG: Lass mich doch! Solche Typen kann man immer mal gebrauchen. *(zu Nico)* Wie heißt'n du?
NICO: Nico Hannemann ... immer noch.
STEINBERG: Nico Hannemann-Immernoch. Bist 'n Checker, was?
OLIVER: Der Nico ist 'n irre guter Schauspieler.
STEINBERG: Ja, halt dich da mal raus. *(zu Nico)* Hättest du vielleicht Lust, mal in einem Film mitzumachen?
NICO: Na klar. Sofort. Klar. In 'nem richtigen Film?
PIA: Werbefilm.
STEINBERG: In einem richtigen Film. Für Kino und Fernsehen.
NICO: Mannnnn!
STEINBERG: Also komm doch morgen mal vorbei. Dann fahren wir schnell ins Studio und machen eine kleine Probeaufnahme. Okay?

4 Bei dieser Szene fehlt der Anfang. Verfasst den Beginn der Szene. Geht so vor:
a Lest die Szene und überlegt, worum es geht.
b Notiert Ideen, wie die Szene beginnen könnte. Herr Steinberg, der Chef einer Filmfirma, könnte z. B. zufällig zu den anderen Figuren stoßen und plötzlich Nicos Talent entdecken.
c Schreibt den Szenenanfang. Denkt auch an die Regieanweisungen.

D – Das Casting Den Anfang und das Ende einer Szene schreiben

? ? ?

STEINBERG: Also gut. *(sieht auf die Uhr)* Letzter Versuch! Also: hochspringen, Tor. Dann den Text und den Daumen hoch. Und strahlen! Los! Bitte!
NICO: Tooor! Tooor!
STEINBERG: Ja! Ja!
NICO: Ja! Da ist er wieder, Podolski! Es ist nicht zu fassen!
STEINBERG: Nein! Nein!
NICO *(umkurvt dribbelnd die Gartenmöbel)*: Und da ist er! Podolski! An der Außenlinie. Spielt zwei Verteidiger schwindelig! Umkurvt die ganze Abwehr! Könnte schießen – schießt! *(mimt einen gewaltigen Torschuss, bei dem er zu Boden geht, reißt im Sitzen die Arme hoch, jubelt, springt auf und rennt mit erhobener Faust und Purzelbaumeinlage eine Runde im Garten)* Tor! Tor! Das Siegtor! Das Tor des Monats! Podolski! Podolski! *(sinkt in die Knie, als ob er betet)* Das Siegtor! *(sinkt wieder in die Knie wie zum Beten)* Podolski! Goldjunge!
PIA: Jaaaaaa.
STEINBERG *(endgültig genervt)*: Hör auf! So was wie dich kann ich nicht gebrauchen.
NICO: Aber ich hab doch nur ...
STEINBERG: Beim Film braucht man Kinder, die absolut diszipliniert sind. Da kostet jede Minute Geld. Kinder, die zwanzig Mal exakt dasselbe machen, wenn's sein muss, die gehorchen.

? ? ?

5 In dieser Szene fehlen der Anfang und der Schluss.
a Lest die Szene und macht euch klar, worum es geht.
b Überlegt, was dem Textauszug vorausgegangen sein könnte, und notiert eure Ideen.
c Sammelt Ideen, wie die Szene enden könnte. Gehen die Figuren im Streit auseinander? Zerplatzen Nicos Träume von einer Fernsehkarriere oder bekommt er doch noch eine Chance?
d Verfasst den Anfang und den Schluss zu dieser Szene. Denkt an die Regieanweisungen.

8.3 Projekt
Das Stück inszenieren

Effekte erzielen: Chorisches Sprechen

Rosinen im Kopf *1. Szene*

NICO: Wenn ich alleine bin,
Dann passiert was in mir drin.
Ich fahr ab in meine Welt
Und kann tun, was mir gefällt …
Dann bin ich Robin Hood, der edle Rächer,
Bei dem die reiche Welt vor Angst verreckt.
Als Batman flieg ich über alle Dächer
Bis zu den Inseln aus dem Alltours-Prospekt.
Weiß ist die Villa überm Meeresstrand
Von Nico Hannemään, als Popstar weltbekannt.

1 Tragt Nicos Monolog im chorischen Sprechen vor. Geht so vor:
- Einer übernimmt Nicos Rolle und spricht den Text. Mehrere Schülerinnen und Schüler stehen als Chor hinter ihm oder am Rand und sprechen die unterstrichenen Textstellen gleichzeitig mit.
- Die anderen bilden eine Beobachtungsgruppe. Sie notieren, welche Wirkung das chorische Sprechen hat und was bei dem Vortrag noch verbessert werden könnte.

Rosinen im Kopf *1. Szene*

SONJA: Kennt ihr Nico Hannemann
Mit der großen Meise,
Der vor Spinnlust überschäumt
Und sogar im Stehen träumt,
Heimlich still und leise?
Du willst mit ihm reden,
Schon mimt er den Blöden.
Du gehst mit ihm schwimmen,
Schon beißt er wie 'n Hai.
Im Unterricht döst er,
In Wirklichkeit pest er
Als Superman cool
Von New York nach Hawaii.

2 Bildet Gruppen und übt das chorische Sprechen anhand des Monologs von Sonja. Geht so vor:
a Überlegt, welche Textteile chorisch gesprochen werden sollen. Erprobt verschiedene Möglichkeiten.
b Stellt eure Ergebnisse der Klasse vor und beurteilt gemeinsam den jeweiligen Vortrag.

Methode Chorisches Sprechen

Man kann durch die Art des Sprechens auf der Bühne bestimmte Effekte erzielen. Eine besonders eindrucksvolle Art und Weise ist das chorische Sprechen, bei dem mehrere Schauspieler/-innen – wie in einem Chor – einen Text gleichzeitig vortragen.

Das Theaterstück aufführen

In den ersten beiden Teilkapiteln (→ S. 158–169) habt ihr verschiedene Szenen aus dem Theaterstück „Rosinen im Kopf" gelesen und auch eigene Szenen geschrieben. Erstellt aus diesen Szenen ein Theaterstück und führt es vor einem Publikum auf.

1. Schritt: Die Spielvorlage erstellen

1 Verschafft euch einen Überblick über die Handlung des Stücks. Fasst dazu die einzelnen Szenen (die im Buch abgedruckten, aber auch eure eigenen) auf Karteikarten zusammen. Legt für jede Szene eine eigene Karteikarte an. Geht so vor:

a Schreibt auf den Kopf der Karteikarte die Szenennummer, notiert darunter die Namen der Figuren, die in dieser Szene auftreten. Fasst dann den Inhalt der Szene knapp zusammen.

b Sortiert eure Karteikarten, sodass ein zusammenhängendes Theaterstück entsteht. Nummeriert dazu eure Karteikarten.

Szene 1
- Figuren: Nico, Sonja
- Handlung: …

2. Schritt: Einen Projektfahrplan erstellen und die Aufgaben verteilen

2 Bis zur Aufführung des Theaterstücks „Rosinen im Kopf" sind eine Reihe von Vorarbeiten nötig. Verteilt die einzelnen Aufgaben auf Teams und legt einen Projektfahrplan an.

Aufgaben und Arbeiten	Team	Termine	Sonstiges
Werbung (Flyer, Plakat, Einladung)			
Schauspieler/-innen, Souffleusen/Souffleure			
Bühnenbild und Beleuchtung			

Team 1: Werbung für die Aufführung
- Besprecht, wie ihr für euer Theaterstück werben wollt, z. B.: mit einem Plakat, einem Flyer und einer Einladung per Mail.
- Notiert wichtige Informationen, z. B.: Titel des Stücks, Aufführungsort, Datum, Uhrzeit, kurzer Inhaltsüberblick.
- Entwerft Skizzen und Textentwürfe für eure Werbung.

Team 2: Schauspieler/-innen, Souffleusen und Souffleure
- Verteilt die Rollen, lernt eure Texte und führt gemeinsam die Proben durch.
- Beobachtet die Schauspieler/-innen und gebt Hinweise, wie das Spiel wirkt und was noch verbessert werden kann.
- Übt während der Proben auch das Soufflieren.

Team 3: Bühnenbild und Beleuchtung

Plant euer Bühnenbild. Geht so vor:

- Geht alle Szenen der Reihe nach durch und notiert, an welchen Schauplätzen (Handlungsorten) sie spielen. Wenn ihr in den Texten keine Angaben zum Schauplatz findet, überlegt selbst, wo diese Szene spielen könnte.
- Überlegt, wie der Bühnenraum für den jeweiligen Schauplatz gestaltet werden könnte, und entwerft Skizzen. Findet einfache Lösungen.
- Braucht ihr ein bestimmtes Mobiliar bzw. Requisiten (Gegenstände), z. B.: eine Mülltonne, einen Tisch, Stühle etc.?

- Wollt ihr Kulissen (Hintergrundbilder) für die einzelnen Schauplätze erstellen? Ihr könnt z. B. auf Stoff oder Papier malen oder ihr erstellt Folien, die ihr mithilfe eines Overhead-Projektors oder Beamers auf eine Leinwand projiziert.
- Erstellt eine Liste mit Gegenständen und Materialien, die ihr besorgen müsst.

Tipp: Markiert schon während der Proben den Bühnenraum mit Kreppstreifen auf dem Boden, sodass alle möglichst früh wissen, in welchem Bereich sie sich bewegen dürfen bzw. sollen.

Bei der Planung der Beleuchtung könnt ihr so vorgehen:

- Klärt, welche Beleuchtungselemente euch zur Verfügung stehen und wie ihr sie in den verschiedenen Szenen einsetzen wollt. Natürlich könnt ihr auch versuchen, durch das Licht Stimmungen zu erzeugen, z. B. durch Farbscheinwerfer.
- Erprobt unterschiedliche Möglichkeiten und haltet eure Ergebnisse in Skizzen fest.

3. Schritt: Das gemeinsame Proben

3 a Überlegt zunächst, was bzw. wann ihr gemeinsam proben müsst und welche Aufgaben jedes Team alleine ausarbeiten oder erproben kann.

b Stimmt die einzelnen Arbeitsabläufe aufeinander ab, sodass alles bis zum Tag der Aufführung Hand in Hand geht.

Methode Ein Bühnenbild erstellen

Als Bühnenbild bezeichnet man die optische Gestaltung des Bühnenraums für die Aufführung, z. B. durch Kulissen, Möbel und Requisiten (Gegenstände).
Es ist verführerisch, in einem Bühnenbild alles möglichst realistisch darzustellen. Aber: Oft ist es wirkungsvoller, wenn man mit sehr einfachen Mitteln arbeitet statt mit aufwendigen Ausstattungen. Euer Bühnenbild sollte auf das Wesentliche reduziert und möglichst einfach gestaltet sein, sodass ihr wenig umbauen müsst. Wichtig ist es auch zu klären, wie die Aufritte und Abgänge der Schauspieler/-innen geregelt sind.

9 Ausgefallene Sportarten
Sachtexte untersuchen

„Auf die Sitze – fertig – los!"
Nur zum Sitzen? Wie langweilig! Wer meint, Bürostühle seien nur zu diesem Zweck erfunden worden, irrt gewaltig. Seit 2005 werden mit den Sitzmöbeln Wettrennen veranstaltet – und sogar Meisterschaften ausgetragen …

In diesem Kapitel …

- liest du Sachtexte über ausgefallene Sportarten,
- übst du, Informationen aus Sachtexten und Grafiken zu entnehmen und festzuhalten,
- recherchierst du über die Olympischen Spiele und bereitest deine Ergebnisse für eine Präsentation auf.

1 a Sieh dir das Bild an und lies den Anfang des Zeitungsartikels. Über welche Dinge könnte der Text im Weiteren informieren?
b Tauscht euch untereinander aus: Kennt ihr andere ausgefallene oder verrückte Sportarten?

2 a Berichte: Wo bzw. wie könntest du dich über ausgefallene Sportarten und Wettbewerbe informieren?
b Erkläre, in welchen Schritten du einen Sachtext erschließt.

9.1 Höher, schneller, verrückter
Informationen entnehmen und vergleichen

Sachtexte lesen und verstehen

Kuriose Events: After-Grunz-Partys und Zwergenweitwurf

von Christian Haas

Olympische Winterspiele finden Sie langweilig, die Fußball-WM zu kommerziell[1]? Dann sind Sie bei Luftgitarren-, Schlammfußball- und Moorschnorchel-Weltmeisterschaften richtig. Hier ein Wegweiser zu den kuriosesten Wettkämpfen.

Ihr 15-jähriges Jubiläum feiert 2010 die „Air Guitar World Championship", die legendäre Luftgitarren-Weltmeisterschaft, vom 25. bis 28. August im finnischen Oulu. Extrovertierte[2] Solokünstler spielen sich zu den echten Klängen eines selbst gewählten Rocksongs an einer unechten, weil schlicht nicht existierenden Gitarre auf einer großen Bühne in Rage[3] – was in Kombination mit witzigen Outfits, duften Groupies und komischer Akrobatik zu viel Spaß führt.
Das trifft auch auf die Meisterschaft im Schweineschreien zu. Sie findet jedes Jahr am zweiten Sonntag im August in einem kleinen Dorf in den südfranzösischen Pyrenäen statt. Gewinner ist derjenige, der am besten quiekende Ferkel oder brünstige Eber nachahmen kann. Die größte Schweinerei ist dann aber die After-Grunz-Party, wenn alle Teilnehmer so richtig die Sau rauslassen – zum Beispiel beim Rekord-Blutwurstessen.

1 kommerziell: geschäftlich, auf Gewinn bedacht

2 extrovertiert: kontaktfreudig, spontan, seine Gefühle deutlich zeigend

3 in Rage: *wörtlich* „in Wut"; *hier* in Erregung oder Begeisterung

Handyweitwurf-WM in Finnland

Das Gefühl, dass man in bestimmten Momenten auch sein Handy zu Brei verarbeiten könnte, kennt vermutlich jeder. Mitunter würde man ein nicht funktionierendes Gerät auch einfach wegschmeißen. Wer das in Finnland – dank Saunabausatz-Zusammenbau-WM, Zwergenweitwurf und Beerenschnellpflückmeisterschaft ohnehin bei verrückten Events weltweit führend – tut, der kann dabei sogar noch einen Titel gewinnen. Wo? Bei der jährlich Mitte August stattfindenden Handyweitwurf-WM, der „Mobile Phone Throwing World Championship". Wer weiß, dass er trotz größter Wut auf Gerät und/oder Telefon-Hotlines nicht annähernd an die Rekordmarke von 85 Metern herankommen wird, kann es ja in der Freestyle-Kategorie probieren, bei der es auf Stil und Ästhetik[4] ankommt.

Briten und Finnen sind Meister

Die Briten belegen nach den Finnen definitiv Platz zwei in der inoffiziellen Meisterschaft der verrückten Event-Nationen. Das beweist neben der Brennnessel-Ess-WM und der Meisterschaft im Schienbeintreten auch das Käserollen in der Grafschaft Gloucestershire im Südwesten Englands. Alljährlich im Mai trifft man sich vier Tage lang zum „Cheese Rolling" am Cooper's Hill, einem steilen Hang am Ortsrand. Der Zeremonienmeister zählt am 31. Mai den Countdown herunter, dann schleudert er einen Laib Käse den Hang hinab. Der erreicht Spitzengeschwindigkeiten von fast 100 Stundenkilometern. Die Teilnehmer stürzen sich dem Käse todesmutig hinterher und versuchen, ihn vor der weißen Linie im Tal einzuholen. Das schafft zwar selten jemand, trotzdem lieben alle den Spaß, und das seit der Römerzeit.

Schlammfußball-WM in Schottland

Dass es im Profifußball nicht ganz sauber zugeht, vermutete man insgeheim schon immer. Dennoch glänzen die Trikots der Profis immer um die Wette. Das kann bei der Schlammfußball-WM in Strachur, Schottland, definitiv nicht passieren. Im Gegenteil. Bei dem legendären Freizeitturnier von bunt gemischten Nationalmannschaften, die gegeneinander an- und gegen den irgendwo im knietiefen Morast untergegangenen Ball treten, gilt: Je dreckiger, desto besser. Man kann sich vorstellen, dass das Schlamm-Gekicke die feinsten Siegerfotos produziert.

4 die Ästhetik: Lehre von den Gesetzen und Grundlagen des Schönen

1 a Verschaffe dir zunächst einen Überblick über den Text: Lies nur die im Druckbild hervorgehobenen Teile (Überschrift, Vorspann und Zwischenüberschriften). Betrachte dann die Abbildung.
b Überlege, welche Informationen der Text enthalten könnte. Mache dir auch bewusst, was du vielleicht schon über das Thema weißt.

2 a Lies den gesamten Text zügig durch, ohne dich an Einzelheiten aufzuhalten.
b Erkläre einer Lernpartnerin oder einem Lernpartner, worum es in dem Text geht.

3 a Lies den Text ein zweites Mal sorgfältig durch.
b Kreise unbekannte Wörter ein und kläre sie aus dem Textzusammenhang, durch Nachdenken (kennst du ein ähnliches Wort?) oder Nachschlagen in einem Lexikon.

4 Arbeite mit einer Kopie des Textes:
- Markiere wichtige Schlüsselwörter farbig.
- Notiere ein Fragezeichen ? am Rand, wenn dir eine Textstelle unklar ist.

5 Sprecht zu zweit über die Textstellen, die ihr mit einem Fragezeichen am Rand versehen habt, und klärt sie.

6 a Fasse die wichtigsten Informationen aus jedem Sinnabschnitt in Stichwörtern zusammen.
Tipp: Orientiere dich hierbei an den markierten Schlüsselwörtern.

> Luftgitarren-Weltmeisterschaft und Meisterschaft im Schweineschreien (Z. 4–23)
> – „Air Guitar World Championship" in Finnland
> – …

b Vergleicht zu zweit eure Stichwörter: Welche Stichwörter könnten ergänzt oder gestrichen werden? Begründet einander eure Auswahl.

c Stellt euch abwechselnd mithilfe eurer Stichwörter Fragen zum Text und beantwortet sie.

7 a Beurteile den Text: Enthält er die Informationen, die der Titel verspricht?

b Beschreibe die Funktion der Zwischenüberschriften. Werden sie dem Inhalt der jeweiligen Abschnitte gerecht?

Methode Einen Sachtext lesen und verstehen (Fünf-Schritt-Lesemethode)

1. Schritt: Einen Überblick gewinnen/Vorwissen aktivieren
Lies die Überschrift(en), hervorgehobene Wörter und die ersten Zeilen des Textes, betrachte die Abbildungen.

↓

2. Schritt: Den Text zügig lesen
Lies den gesamten Text zügig durch, ohne dich an Einzelheiten aufzuhalten.
Mache dir klar, was das Thema des Textes ist.

↓

3. Schritt: Unbekannte Wörter und Textstellen klären
Lies den Text ein zweites Mal sorgfältig durch.
Kläre unbekannte Wörter aus dem Textzusammenhang, durch Nachdenken oder Nachschlagen.
(→ mehr Informationen hierzu auf S. 178)

↓

4. Schritt: Den Text sorgfältig lesen und bearbeiten
Arbeite mit einer Kopie des Textes:
– Markiere die Schlüsselwörter farbig,
– gliedere den Text in Sinnabschnitte ⌈ und gib jedem Sinnabschnitt eine treffende Überschrift,
– notiere ein Fragezeichen ? am Rand, wenn dir eine Textstelle unklar ist.

↓

5. Schritt: Informationen zusammenfassen
Fasse die Informationen des Textes in Stichwörtern oder wenigen Sätzen zusammen.

Informationen zusammenfassen

Matschfußball: Wer stehen bleibt, versackt

von Mara Schneider

Schlammcatchen ist out. Der neue Trend heißt Matschfußball. Erfunden haben diese skurrile Abwandlung der beliebtesten deutschen Sportart die Finnen. Bei ihnen ist „Swamp Soccer" mittlerweile Kult. Nun schwappt das nass-dreckige Vergnügen nach Deutschland über.

Ein überfluteter Acker, zwei Mannschaften und ein Ball: Das sind die Zutaten für eine Sportart, die ihren Ursprung der Legende nach in Finnland hat. Dort werden seit 1998 Weltmeisterschaften im Matschfußball, auch Schlammfußball genannt, ausgetragen. Erzählungen zufolge hat einst ein finnischer Offizier seine Soldaten zu Konditionsläufen ins Moor geschickt – und damit ihnen nicht langweilig wurde, schoss er ihnen einen Fußball hinterher.
In Finnland erfreut sich Matschfußball mittlerweile großer Beliebtheit. Jährlich treten rund 340 Mannschaften aus mittlerweile zehn verschiedenen Ländern gegeneinander an. 5000 Zuschauer verfolgen das Spektakel und feiern anschließend ausgelassen eine große Party.
Die Spielregeln beim „Swamp Soccer", so die internationale Bezeichnung, weichen nur geringfügig vom richtigen Fußball ab. Bei der schlammigen Variante treten die Teams auf einem 60 mal 35 Meter kleinen Feld an. Es gibt keine Abseitsregel, gespielt wird mit fünf Feldspielern plus Torwart jeweils zweimal zehn Minuten – und die Schuhe dürfen während der gesamten Partie nicht gewechselt werden.
Nun soll Matschfußball auch in Deutschland salonfähig gemacht werden. In der Nähe von Leipzig haben sich vor wenigen Tagen zahlreiche Fans des nass-dreckigen Vergnügens zusammengefunden und die ersten deutschen Meisterschaften ausgetragen. Als Stadion dien-

te ein kleiner Acker, den die örtliche Feuerwehr stundenlang mit rund 400 000 Litern Brunnenwasser – mehr als 2500 Badewannen voll – in eine Sumpflandschaft verwandelt hatte.
„Für Fußball interessiere ich mich nicht, aber das mit dem Matsch will ich mir anschauen", frohlockte eine ältere Frau am Spielfeldrand. Tatsächlich bietet Matschfußball einiges mehr an Unterhaltung als das Pendant auf dem Rasen. Oberste Faustregel: Wer auf dem Feld stehen bleibt, versackt. Filigrane Ballkünste, gekonnte Dribblings, genaue Passspiele – alles Fehlanzeige. Stattdessen robben die Spieler, knöcheltief im Schlamm steckend, bisweilen auf allen vieren in Richtung gegnerisches Tor und versuchen dabei, den modderigen Untergrund zu bezwingen.
„Der Ball ist total unberechenbar. Man kann einmal gegen ihn treten und er fliegt zehn Meter weit, beim nächsten Mal kullert er nur ein bisschen", berichtet Stephan Guth von seinen ersten Erfahrungen. „Es ist extrem anstrengend. Die beiden kurzen Halbzeiten erscheinen einem wesentlich länger als ein normales Fußballspiel."

1 a Lies den Text einmal zügig durch.
b Überlege, inwieweit du nach dem ersten Lesen der folgenden Aussage zustimmen kannst: „Die Spielregeln […] weichen nur geringfügig vom richtigen Fußball ab" (→ Z. 23–25).

2 a Lies den Text noch einmal genau. Schreibe unbekannte Wörter aus dem Text heraus. Wenn du eine Kopie des Textes hast, kreise die unbekannten Wörter ein.
b Kläre die Bedeutung der unbekannten Wörter. Lies hierzu die Informationen unten.

3 Formuliert in Partnerarbeit W-Fragen zum Text und beantwortet sie mithilfe des Textes.

Methode Unbekannte Wörter klären

1 Wörter aus dem Textzusammenhang klären
Lies noch einmal die Sätze oder die Wörter, die vor und nach dem unbekannten Wort stehen. Sie geben oft Hinweise und Informationen, die mit dem unbekannten Wort in Verbindung gebracht werden können (= Textzusammenhang eines Wortes).

2 Wörter in Bausteine zerlegen
Prüfe, ob das unbekannte Wort einen Baustein enthält, den du kennst. Überlege auch, ob dir ein verwandtes Wort oder ein Wort aus einer Fremdsprache einfällt, von dem du das unbekannte Wort ableiten kannst, z. B.: *Zeremonienmeister = Zeremonie + Meister*
(Zeremonie = Feierlichkeit, feierliche Handlung) ⟶ jemand, der die Feierlichkeit leitet.

3 Im Wörterbuch nachschlagen
Wenn du das Wort nach diesen Überlegungen nicht verstehst, schlage es im Wörterbuch nach.

Tipp: Nicht immer ist es wirklich notwendig, jedes unbekannte Wort im Text zu klären. Überlege, ob du den Satz auch ohne das Wort verstehst.

4 a Der Text informiert über verschiedene Gesichtspunkte des Matschfußballs.
Halte die wichtigsten Informationen fest, z. B. in einer Stichwortliste oder in einer Mindmap.

b Stichwortliste oder Mindmap? Erkläre die Unterschiede zwischen den beiden Arten, Textinformationen festzuhalten. Was sind die jeweiligen Vorteile und was die Nachteile?

5 Schreibe eine Textzusammenfassung für eure Schülerzeitung, in der du über Matschfußball informierst. Nimm deine Stichwortliste oder Mindmap aus Aufgabe 4 zu Hilfe. Gehe so vor:

a Schreibe einen informierenden Einleitungssatz, in dem du den Titel des Textes, den Namen der Autorin / des Autors (evtl. auch die Quelle, z. B. Name der Zeitung, Internetadresse) und das Thema des Textes benennst, z. B.:
In dem Text „Matschfußball: Wer stehen bleibt, versackt" informiert Mara Schneider über …

b Fasse im Hauptteil die Informationen des Textes in eigenen Worten zusammen.
Schreibe sachlich und formuliere in eigenen Worten. Du kannst so beginnen:
In Finnland gibt es bereits seit 1998 Weltmeisterschaften im …
Angeblich ist diese Sportart …

Methode Informationen festhalten, einen Sachtext zusammenfassen

1 Informationen übersichtlich festhalten
Es gibt verschiedene Möglichkeiten, die Informationen eines Sachtextes festzuhalten:
- **Stichwortliste:** In einer Stichwortliste hältst du die Informationen des Textes in der Reihenfolge fest, in der sie im Text vorkommen.
- **Mindmap:** Die Mindmap (s. o.) ist ein Schaubild, in das du die Textinformationen – unabhängig von ihrer Reihenfolge im Text – nach Oberbegriffen (Teilthemen) einordnest, zu denen du dann weitere Informationen oder Unterbegriffe sammelst.

2 Sachtexte zusammenfassen
In einer Textzusammenfassung informierst du andere, die den Text nicht gelesen haben, knapp und sachlich über den Inhalt des Textes.
- In der **Einleitung** nennst du den Titel, den Namen der Verfasserin / des Verfassers (evtl. auch die Quelle, z. B. Name der Zeitung) und das Thema des Textes.
- Im **Hauptteil** fasst du die wichtigsten Textinformationen knapp, sachlich und mit eigenen Worten zusammen. Verwende als Zeitform das **Präsens** (bei Vorzeitigkeit das Perfekt).

Grafiken und Diagramme auswerten

Die Reifeprüfung – Mit dem Hundeschlitten durch Alaska

von Sina Löschke

Als Melissa Owens ihr Husky-Team für das „Iditarod Race" anmeldet, ahnt die 18-Jährige noch nicht, dass Kälte, Eis und schwächelnde Vierbeiner ihre kleinsten Sorgen sein werden. Den entscheidenden Kampf, so muss der Neuling beim härtesten Hundeschlitten-Rennen der Welt lernen, führt sie mit sich selbst.

Melissa kann nicht mehr. Mit letzter Kraft klammert sich die 18-jährige US-Amerikanerin an ihren Hundeschlitten. Ihre Knie schlackern wie Wackelpudding, ihre Augenlider sinken herab, als hingen Gewichte an den Wimpern. Meist wacht sie nach zwei, drei Sekunden blitzartig wieder auf. War sie eingeschlafen? Wer auf dem Schlitten wegdöst, riskiert sein Leben – und erst recht das seiner Hunde. Dabei hat Melissa Owens sich geschworen, auf ihre Huskys aufzupassen. Sie liebt Kiwi, Piko, Yoda und die anderen 13, als wären sie ihre Kinder. Die meisten hat Melissa selbst aufgezogen. Und die Huskys laufen, obwohl auch sie nach acht Tagen längst am Ende ihrer Kräfte sind.
Melissa fallen die Augen aufs Neue zu. Diesmal aber versagt der innere Wecker. Die junge Frau sackt zusammen und lässt den Schlitten los. Der schlingert, kippt schließlich um. Zum Glück landet Melissa unverletzt im Schnee. Auch die Hunde kommen glimpflich davon. Doch der Unfall macht ihr schlagartig bewusst, warum „Iditarod" als das härteste Schlittenrennen der Welt gilt: Wer die 1688 Kilometer quer durch Alaska überstehen will, muss seine Grenzen überschreiten. Steile Berghänge, brüchiges Eis, kilometerweit keine Menschenseele. Dazu kommen eisige Schneestürme und Hunde, die nur richtig laufen, wenn sie Lust und keinen leeren Magen haben.
Aufgeben aber kommt für Melissa zu diesem Zeitpunkt nicht infrage. Soll alle Arbeit umsonst gewesen sein? Sechs Monate lang hat sie ihr Husky-Team auf die Tour vorbereitet. Melissa kann im Schlaf aufsagen, welcher ihrer Hunde am liebsten Hühnerfleisch frisst, welcher Rind. Sie ist mit ihnen Tausende Trainingskilometer gefahren und hat von erfahrenen Kollegen gelernt, wie man erschöpfte Vierbeiner mit Massagen wieder fit macht.
Ja, Melissa strahlt Zuversicht aus, als sie am 2. März 2008 ins Rennen geht. In welchem Tempo und zu welcher Tageszeit die Gespanne fahren, entscheiden die Musher[1] selbst. Das Regelbuch schreibt nur drei Pflichtpausen vor: zwei achtstündige Stopps an einem der Kontrollpunkte am Yukon River und in White Mountain

Seit 1973 findet das „Iditarod Race" statt, das nach dem ehemaligen Goldgräberort Iditarod benannt ist. Es wird zu Ehren eines legendären Rettungsmanövers ausgetragen: Im Winter 1925 brach unter den Einwohnern von Nome die Diphtherie aus und es begann ein Wettlauf gegen die Zeit, um die benötigte Medizin von Anchorage nach Nome zu schaffen. In einem Staffellauf transportierten insgesamt zwanzig Musher mit mehr als einhundert Hunden den Impfstoff in nur fünfeinhalb Tagen nach Nome.

1 der Musher: Schlittenhundeführer/-in

sowie einen 24-Stunden-Halt nach freier Wahl.
Melissa verliert schon auf dem ersten Streckenabschnitt Zeit. Ihr Magen streikt vor Aufregung. Tagelang kann sie nichts essen. Auf den eng gewundenen Bergpfaden haben ihre Huskys zudem mehr Mühe, als Melissa angenommen hatte.
Das Pech schlägt aber erst richtig zu, als Melissas Schlitten auf einem Flussabschnitt in ein Eisloch rutscht. Sie knallt aufs Knie und bricht sich fast das Bein. Zähne zusammenbeißen. Weiter. Die Hälfte ist fast geschafft. Dann frisst Gail plötzlich nicht mehr. Ein schlechtes Omen[2]!
Nach zehn Tagen, 20 Stunden und 21 Minuten überqueren Melissa und ihr Husky-Team die Ziellinie. Eltern, Bruder und Freunde schließen sie in die Arme: Platz 30, ein fantastisches Ergebnis! Nach einer Zielparty ist Hunden und Musher allerdings nicht zumute. Sie wollen nur noch eines: ausschlafen – mindestens zwei Wochen lang.

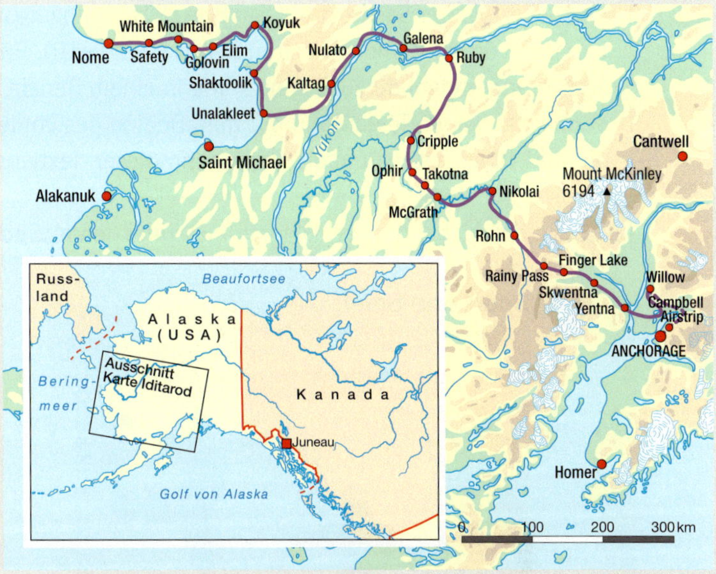

2 das Omen: Vorzeichen

1 a Lies den Text zügig durch. Betrachte dann die Abbildungen.
b Überlege: Was findest du an diesem Rennen besonders beeindruckend oder interessant?

2 a Lies den Text noch einmal sorgfältig. Beantwortet dann in Partnerarbeit abwechselnd die folgenden W-Fragen mithilfe des Textes:
- Wo (in welchem Land) findet das „Iditarod Race" statt?
- Mit wie vielen Hunden geht Melissa Owens ins Rennen?
- Wie viele Kilometer umfasst die Rennstrecke?
- Wie viele Pflichtpausen in jeweils welchem Umfang (Zeitdauer) schreibt das Regelbuch vor?
- Wie viel Zeit braucht Melissa Owens für die Strecke?

b Formuliert zwei weitere W-Fragen, die sich mithilfe des Textes beantworten lassen.

3 a Erkläre, welche Funktion das Foto, der Infokasten und die Grafik (Landkarte) im Text haben.
b Erläutere, welche Angaben aus dem Text du auf der Landkarte wiederfindest. Nenne die Zeilen.
c Beschreibe genau, was auf der Landkarte zu sehen ist. Welche Informationen kannst du herauslesen?
d Begründe, was du in dem Text am ehesten für verzichtbar hältst: Foto, Landkarte oder Infokasten?

Tipp Eine Abbildung kann eine rein schmückende Funktion haben. Sie kann aber auch Zusatzinformationen bieten, indem sie etwas erklärt oder veranschaulicht.

4 Untersuche, wie der Sachtext auf S. 180–181 aufgebaut ist. Gehe so vor:

a Lies den Vorspann und die ersten Zeilen (→ Z. 1–10). Entwirf nun einen sachlich-nüchternen Textanfang, indem du zu Beginn – wie in einem Bericht – die wichtigsten W-Fragen beantwortest.

b Vergleiche deinen Textanfang mit dem Beginn des vorliegenden Textes. Welche Unterschiede fallen dir auf? Überlege, warum die Verfasserin diesen Texteinstieg gewählt hat.

5 Im Folgenden siehst du zwei Diagramme zum Thema „Sport“:

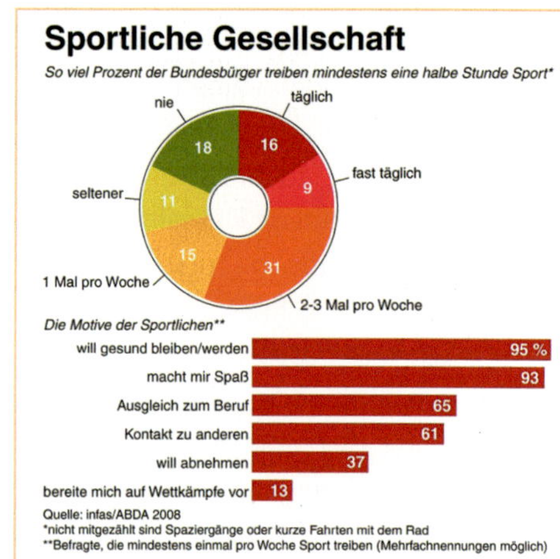

a Betrachte die Diagramme. Bestimme mithilfe der Informationen unten die Art der Diagramme.

b Sucht euch zu zweit ein Diagramm aus und wertet es in Partnerarbeit aus. Nehmt hierzu die unten stehenden Informationen zu Hilfe.

6 Die Angaben aus dem Diagramm „Sport und Spiel“ gelten für alle Deutschen, also für alle Altersgruppen. Vergleiche die Angaben aus diesem Diagramm mit deinen eigenen Sportinteressen. Stehen Fußball, Turnen und Tennis auch bei dir an erster Stelle? Wie hoch ist in deiner Klasse der Anteil von Mädchen und Jungen in den verschiedenen Sportarten?

Methode Diagramme verstehen und auswerten

Ein **Diagramm** ist eine **bildliche Darstellung von Daten und Informationen**. Um ein Diagramm auszuwerten, gehst du so vor:

- Sieh dir das Diagramm genau an. Lies die Überschrift und die übrigen Angaben und Erklärungen.
- Stelle fest, worüber das Diagramm informiert. Welche Maßeinheiten werden verwendet, z. B.: Prozentzahlen (%), Kilo (kg), Euro (€)?
- Vergleiche die Angaben miteinander (höchster und niedrigster Wert, gleiche Werte).
- Fasse zusammen, was im Diagramm gezeigt wird. Was lässt sich ablesen?

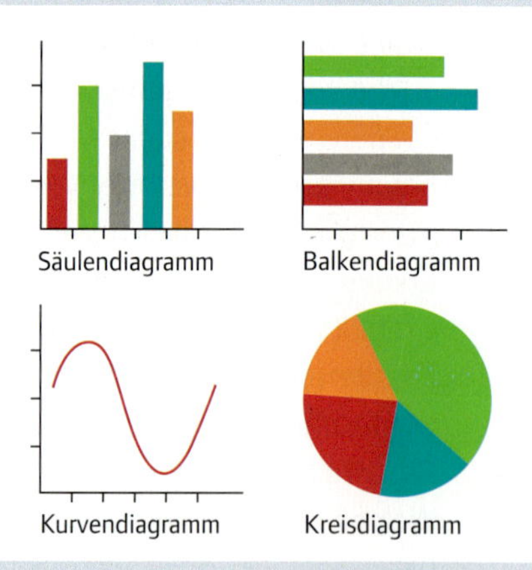

Teste dein Wissen!
Sachtexte lesen und verstehen

Mülltonnenrennen

Man nehme eine handelsübliche Mülltonne und lege sie mit Rädern und Deckelscharnieren auf den Boden. Nun wirft man sich bäuchlings auf die Tonne, umfasst mit den Händen den Deckelrahmen und streckt die Beine aus. Dabei berühren die Füße den Boden nur leicht. Jetzt schiebt man langsam den Körper nach hinten, bis die Tonne vorne zehn bis 15 Zentimeter abhebt. Geübte Fahrer balancieren die Tonne aus, ohne mit den Füßen den Boden zu berühren. Die Tonne rollt nun von selbst die Straße hinunter. Lenken kann man durch Aufsetzen der Füße sowie durch Verlagern des Körpergewichts. Damit aber neben allem Sportsgeist auch der Spaß nicht zu kurz kommt, gibt es zwei komplett unterschiedliche Läufe, in denen beim Mülltonnenrennen gestartet werden kann. Zum einen gibt es das Hauptrennen, in dem einzig und allein die Geschicklichkeit des Fahrers und damit die Geschwindigkeit der Tonne zählt. Zum anderen gibt es aber auch ein Showrennen, bei dem die Geschwindigkeit überhaupt nicht gewertet wird. Hier zählt ausschließlich der Ideenreichtum, mit dem das Alltagsgerät aufgemotzt wurde.

1 Gliedere den Text in Sinnabschnitte und notiere für jeden Abschnitt eine treffende Überschrift.

2 Notiere die Buchstaben der richtigen Aussagen. Berücksichtige hierbei auch das Foto.
A Man liegt auf einer Mülltonne und rutscht auf den Deckelscharnieren den Abhang hinab.
B Für das Mülltonnenrennen ist eine normale Mülltonne ausreichend.
C Beim Mülltonnenrennen ragt der Oberkörper vorne etwas über den Deckelrand hinaus.
D Gelenkt wird die Mülltonne mit den Füßen sowie durch Verlagerung des Körpergewichts.

3 a Erkläre knapp, was auf dem Foto dargestellt wird.
b Suche die Textstelle, zu der man das Foto in Beziehung setzen kann. Notiere die entsprechenden Zeilenangaben und erläutere den Zusammenhang zwischen Text und Foto.

4 a Der Text spricht von zwei Rennen. Worin unterscheiden sie sich? Ordne einander zu, indem du die Ziffern mit den richtigen Buchstaben notierst:

1 Hauptrennen
2 Showrennen

A Hier geht es darum, besonders schnell und geschickt zu sein.
B Hier geht es vor allem darum, Spaß zu haben.
C Hier muss die Tonne besonders originell aussehen.
D Hier spielt das Aussehen von Tonne und Fahrer keine Rolle.

b Überprüfe deine Ergebnisse gemeinsam mit einer Lernpartnerin oder einem Lernpartner.

9.2 Die Olympischen Spiele
Informationen recherchieren und präsentieren

Holger Sonnabend

Der Anfang der Olympischen Spiele

Ursprünglich sind die Menschen nicht nach Olympia gekommen, um sich an einem sportlichen Wettkampf zu erfreuen. Vielmehr ist der kleine Ort Olympia im Nordwesten des Peloponnes[1] eine heilige Stätte. Denn hier befindet sich ein berühmter Tempel des Zeus, des obersten Gottes der Griechen. In Scharen pilgern die Menschen dorthin, um den Göttervater zu ehren und den Opferhandlungen beizuwohnen. Opfer sind Geschenke für die Götter und dienen dazu, sie wohlwollend zu stimmen.

Den Verwaltern des Heiligtums und den verantwortlichen Politikern von Elis verdanken wir auch die Idee des Sports in Olympia. Sie wissen, dass der Sport hoch im Kurs steht. So wird der Beschluss gefasst, in Olympia als Ergänzung zu den Opferhandlungen Spiele zu Ehren des Gottes Zeus zu veranstalten.

Zunächst findet nur eine einzige Disziplin statt, nämlich der Stadionlauf. Die Rechnung der Priester und Politiker von Elis geht auf. Die Olympischen Spiele kommen bei Athleten und Zuschauern groß in Mode. Das sportliche Programm wird im Laufe der Zeit ständig erweitert. Längst geht es nicht mehr allein um den Siegerkranz im Stadionlauf. Auch Boxen und Ringkampf gehören bald zu den ständigen Disziplinen und begeistert gehen die Zuschauer mit, wenn sich die Muskelpakete im Staub wälzen. Vielseitigkeit müssen die Athleten im olympischen Fünfkampf unter Beweis stellen, der aus Weitsprung, Diskuswurf, Speerwurf, Ringen und Laufen besteht. Zum größten Spektakel und zu einer absoluten Attraktion für das Publikum entwickelt sich das Wagenrennen, bei dem die wagemutigen Lenker ihre Vierergespanne in zwölf Runden über die Piste der Pferderennbahn jagen und dabei nicht selten Kopf und Kragen riskieren.

Anfangs sind die Griechen in Olympia unter

1 der Peloponnes: griechische Halbinsel

sich, Fremde sind nicht zugelassen. Das ändert sich erst, als die Römer im 2. Jahrhundert v. Chr. die Herrschaft in Griechenland übernehmen. Nun werden die Spiele international, die Athleten kommen aus allen Teilen des Römischen Reiches. 66 n. Chr. versucht sich sogar der römische Kaiser Nero als Wagenlenker, fällt aber gleich nach dem Start vom Wagen. Die Kampfrichter erklären ihn dennoch zum Sieger, weil sie den Kaiser nicht verlieren lassen wollen. 393 n. Chr. beendet der römische Kaiser Theodosius (347–395 n. Chr.) die lange Tradition der Olympischen Spiele. Der Grund: Kurz zuvor hat Kaiser Theodosius das Christentum zur Staatsreligion erklärt, und weil die Olympischen Spiele immer noch zu Ehren des Gottes Zeus veranstaltet werden, spricht der christliche Herrscher ein Verbot über das „heidnische" Spektakel aus. In den Wettkampfstätten und Tempeln in Elis kehrt nun Ruhe ein.

Die Olympischen Spiele der Antike

776 v. Chr. | 393 n. Chr.

Mythische Ursprünge
Die Olympischen Spiele sollen von dem Halbgott Herakles zu Ehren seines Vaters Zeus ins Leben gerufen und in Olympia ausgetragen worden sein.

Olympischer Friede
Für das Jahr 776 v. Chr. sind die Olympischen Spiele zum ersten Mal schriftlich bezeugt. Während der Spiele herrschte eine heilige Waffenruhe, um allen Beteiligten eine sichere An- und Abreise zu gewährleisten.

Verbot der Spiele
393 n. Chr. verbot der Kaiser Theodosius I. die Olympischen Spiele.

Die Olympischen Spiele der Neuzeit

1894 | 1896 | 1900 | 1924

Wiederbelebung der Olympischen Spiele
1894 forderte der französische Baron Pierre de Coubertin eine Wiederbelebung der Olympischen Spiele.
Vom 6. bis zum 15. April 1896 fanden in Athen die ersten Olympischen Spiele der Neuzeit statt.

Teilnahme von Frauen
Bei den zweiten Olympischen Spielen in Paris 1900 durften zum ersten Mal auch Frauen teilnehmen.

Olympische Winterspiele
Seit 1924 gibt es auch Olympische Winterspiele.

1 a Lies den Text und die Informationen im Schaubild. Erkläre, worum es geht.
b Vergleiche die beiden Materialien (Text und Schaubild):
Welche Informationen findest du in welchem Material? Wie sind sie aufbereitet? Worin bestehen die Vorteile der Darstellung in einem Text, worin die der Darstellung in Form eines Schaubilds?

2 Auf den nächsten Seiten (→ S. 186–189) bereitet ihr in Gruppen einen Kurzvortrag zum Thema „Olympische Spiele" vor. Überlegt, worauf ihr bei der Recherche und der Auswertung der Materialien achten müsst.

Informationen recherchieren

1 Heute gehören die Olympischen Spiele zu den sportlichen Großereignissen.
Bereitet in Kleingruppen einen Kurzvortrag über die Olympischen Spiele vor. Geht so vor:

a Überlegt, über welche interessanten Teilbereiche ihr in eurem Vortrag informieren wollt. Sammelt in Gruppen Fragen und Stichwörter, z. B. in einem Cluster:

Olympische Spiele
- Was bedeuten die olympischen Ringe?
- In welchen Ländern ...?
- Warum ...?
- ...?

b Ordnet eure Fragen nach Unterthemen, z. B.: Entstehung der Olympischen Spiele der Neuzeit, sportliche Disziplinen, Organisation ...

c In einem Kurzvortrag könnt ihr nicht alle Informationen zu einem Thema vorstellen. Trefft eine Auswahl und markiert die Unterthemen, über die ihr euch genauer informieren wollt.

2 a Entscheidet, welche Materialien von S. 184–185 ihr für euren Kurzvortrag nutzen könnt. Notiert dann, über welche Bereiche ihr weitere Informationen recherchieren wollt.

b Teilt die Unterthemen, zu denen ihr recherchieren wollt, unter euch auf. Haltet fest:
- Wer übernimmt welches Unterthema? Bis wann sollen die Informationen vorliegen?
- Wie sollen die Informationen festgehalten werden (z. B. Stichwörter, Texte mit Markierungen)?

c Recherchiert zu euren Unterthemen und tragt die Informationen zusammen. Notiert, wo ihr das Material gefunden habt (Quellenangaben).
Tipp: Recherchiert auch Bilder, Grafiken oder anderes Anschauungsmaterial zu eurem Vortrag.

Methode Informationen recherchieren

1 Bibliothek aufsuchen: in Büchern, Zeitschriften und Zeitungen recherchieren
In der Bibliothek könnt ihr mithilfe des Computers nach Büchern (Lexika, Sach- oder Fachbüchern) und anderen Medien suchen (→ weitere Informationen hierzu: S. 350).

2 Im Internet recherchieren
Für die Recherche im Internet verwendet man sogenannte Suchmaschinen, z. B. google.de.
Für Jugendliche gibt es spezielle Suchmaschinen, z. B.: fragfinn.de, helles-koepfchen.de.
Durch die Eingabe von Suchbegriffen wird die Suche sinnvoll eingeschränkt. Mehr Informationen zur Internetrecherche findet ihr auf S. 350.

3 Quellenangaben machen
Es ist wichtig, zu allen Materialien Quellenangaben zu machen, damit man die Informationen noch einmal nachlesen oder überprüfen kann:
- **Buch:** Autor/-in, Buchtitel, Seitenangabe, z. B.: *Edwin Klein: Die Olympischen Spiele, S. 33*
- **Zeitung/Zeitschrift:** Verfasser/-in, Titel des Textes, Name der Zeitschrift/Zeitung, Ausgabe (z. B. *Nr. 2/2013*), Seitenangabe, z. B.: *Felix Muster: Zwischenfälle bei den Olympischen Spielen. In: Olympiade heute, Nr. 33/2012, S. 33–36*
- **Internet:** Internetadresse und Datum, an dem ihr die Seite aufgerufen habt, z. B.: *www.helles-koepfchen.de/artikel/2673.html (15. 3. 2013)*

Vertiefen und üben
Informationen vergleichen

A Mehr als 1500 Jahre nach dem Verbot der Olympischen Spiele im Jahre 393 wurde am 23. Juni 1894 die Wiedereinführung der Olympischen Spiele beschlossen. Die Idee dazu hatte der Franzose Pierre de Coubertin. Auf seinen Reisen lernte er die englische Internatserziehung kennen. Im Sportunterricht wurden Ehrgeiz und Teamfähigkeit vermittelt, die körperliche Tüchtigkeit gefördert und die Schüler nahmen dies mit Begeisterung auf. Coubertin erkannte, dass Sport das ideale Mittel sein müsse, um junge Menschen aus aller Welt zusammenzubringen. Fast zeitgleich fand der deutsche Archäologe Ernst Curtis Reste der antiken Spielstätten von Olympia. Von diesen Funden fasziniert, kam Coubertin auf die Idee, die Olympischen Spiele wiederzubeleben. Sportinteressierte Vertreter aus aller Welt trafen zusammen und bildeten das erste Internationale Olympische Komitee (IOC). Sie wählten die Sportarten aus, die olympische Disziplinen werden sollten, und stellten die Regeln auf. Die ersten Olympischen Spiele der Neuzeit fanden im April 1896 in Athen statt.

B Der französische Baron Pierre de Coubertin gilt als Vater der Olympischen Spiele der Neuzeit. Er war der Meinung, dass Sport für die geistige und körperliche Entwicklung der Jugend eine große Bedeutung habe und dass die Wettkämpfe die Freundschaft zwischen den teilnehmenden Ländern fördere. Deshalb wollte er die Wettkämpfe der Antike wieder ins Leben rufen. Bei einer internationalen Sportkonferenz in Paris 1894 trug er seine Idee vor und stieß damit auf große Begeisterung. Im selben Jahr wurde das Internationale Olympische Komitee (IOC) mit dem Ziel gegründet, die Olympischen Spiele der Neuzeit zu organisieren. Nur zwei Jahre später, im April 1896, fanden die ersten Olympischen Spiele der Neuzeit statt. Die Spiele waren ein großer Erfolg: 60 000 Zuschauer/-innen kamen zur Eröffnung. Zwar waren die meisten Sportler aus Griechenland, es nahmen aber auch Sportler aus anderen Ländern teil.

Bei deinen Recherchen zu den Olympischen Spielen der Neuzeit wirst du meist mehrere Texte zu einem Thema finden. Hier musst du die Informationen auswählen und ordnen. Übe dies anhand der vorliegenden Texte (A und B). Gehe so vor:

●●● 1 Lies die beiden Texte. Formuliere das Thema beider Texte in einer treffenden Überschrift.
→ Hilfen zu dieser Aufgabe findest du auf S. 188.

●●● 2 Lege eine Tabelle mit zwei Spalten an und halte die Informationen der Texte A und B jeweils getrennt in einer Spalte fest.
→ Hilfen zu dieser Aufgabe findest du auf S. 188.

●●● 3 Vergleiche mithilfe deiner Tabelle die Informationen aus den beiden Texten. Markiere gleiche bzw. ähnliche Informationen, auch wenn sie unterschiedlich formuliert sind, in der gleichen Farbe. Markiere sparsam!
→ Hilfen zu dieser Aufgabe findest du auf S. 188.

●●● 4 Trage die wichtigsten Informationen aus den beiden Texten zusammen, indem du sie nach Oberbegriffen geordnet in Stichwörtern auflistest.
→ Hilfen zu dieser Aufgabe findest du auf S. 188.

1 mit Hilfen
Lies die beiden Texte sorgfältig. Benenne dann das Thema beider Texte. Formuliere hierzu eine genaue Überschrift, die für beide Texte passt. Du kannst eine der beiden Überschriften fortführen:
- *Nach 1500 Jahren: Fortsetzung der …*
- *Pierre de Coubertin – Vater …*

2 mit Hilfen
Lege eine Tabelle mit zwei Spalten an und halte die Informationen der Texte jeweils in einer Spalte fest. Du kannst die folgende Tabelle in dein Heft übertragen und fortführen:

Text A	Text B
- *393: Verbot der …* - *23. Juni 1894: Wiedereinführung der …* - *Grund: Coubertin erkannte, dass …* - *Zur gleichen Zeit: …* - *Das erste Internationale Olympische Komitee …* - *Im April 1896 …*	- *Vater der Olympischen Spiele der Neuzeit: …* - *Coubertin glaubte, dass Sport für die Entwicklung der …* - *1894: Gründung des …* - *1896: …* - *großer Erfolg: …*

3 mit Hilfen
Vergleiche mithilfe deiner Tabelle die Informationen aus den beiden Texten.
Markiere gleiche bzw. ähnliche Informationen in der gleichen Farbe. Markiere sparsam!
Tipp: Die folgenden Aussagen finden sich jeweils nur in einem der beiden Texte:
- Verbot der antiken Olympischen Spiele
- Der deutsche Archäologe Ernst Curtius fand Reste der antiken Spielstätte von Olympia.
- Das IOC legte die olympischen Disziplinen und Regeln fest.
- Die ersten Spiele der Neuzeit: 60 000 Zuschauer, vorwiegend Sportler aus Griechenland

4 mit Hilfen
Trage die wichtigsten Informationen aus den beiden Texten zusammen, indem du sie nach Oberbegriffen geordnet in Stichwörtern auflistest. Folgende Oberbegriffe kannst du verwenden:

Wiedereinführung | Grundidee | Internationales Olympisches Komitee | Die ersten Spiele

Methode Informationen aus unterschiedlichen Texten vergleichen und ordnen

Bei deinen Recherchen wirst du meist mehrere Texte zu einem Thema finden.
Dann musst du die Informationen auswählen, vergleichen und ordnen. Gehe so vor:
1 Unterstreiche auf einer Kopie oder einem Textausdruck die wichtigsten Informationen.
2 Notiere am Textrand, zu welchen Oberbegriffen oder Teilthemen die markierten Informationen gehören, z. B.: Wiedereinführung (der Olympischen Spiele), Grundidee …
3 Trage die wichtigsten Informationen zusammen, indem du sie nach Oberbegriffen ordnest.

Einen Kurzvortrag gliedern und halten

1 a Entwickelt in eurer Themengruppe eine Gliederung für den Hauptteil eures Kurzvortrags. Legt eine sinnvolle Reihenfolge für eure Unterthemen fest, z. B.:
1. Wiedereinführung der Olympischen Spiele
2. Olympische Symbole und Zeremonien (Fackellauf)
3. Sportarten
4. ...

b Überlegt, zu welchen Informationen eures Vortrags ihr welche Bilder, Grafiken etc. zeigen wollt.

c Legt dann für jedes Unterthema als Gedächnisstütze eine Karteikarte an und notiert die wichtigsten Informationen. Vermerkt auch, wann ihr euer Anschauungsmaterial zeigen wollt.

2 Plant die Einleitung und den Schluss eures Vortrags.

a Begründet, welche der folgenden Einleitungen am ehesten geeignet ist, das Interesse der Zuhörerinnen und Zuhörer zu wecken:
- *Alle vier Jahre werden Olympische Spiele veranstaltet. Die nächsten finden ... in ... statt.*
- *Im 4. Jahrhundert n. Chr. hat ein römischer Kaiser die Olympischen Spiele verboten, aber wir feiern sie alle vier Jahre. Wie ist es dazu gekommen?*

b Sammelt weitere Einstiegsmöglichkeiten und formuliert sie aus.

c Formuliert einen möglichen Schluss für euren Vortrag.

3 a Übt eure Kurzvorträge in der Gruppe. Gebt euch mithilfe des folgenden Bogens ein Feedback darüber, was euch gut gefallen hat und was ihr noch verbessern könnt.

Beobachtungsfragen Kurzvortrag	☺	😐	☹	Notizen
War der Vortrag gut gegliedert?				...
Wurde alles verständlich erklärt?				...
War das Anschauungsmaterial gut gewählt?				...
Wurde laut, deutlich und frei gesprochen?				...

b Haltet eure Kurzvorträge vor der Klasse. Die anderen hören aufmerksam zu und notieren mithilfe der Beobachtungsfragen, was ihnen auffällt.

Methode Einen Kurzvortrag gliedern

1 **Einleitung:** Die Einleitung eines Kurzvortrags soll das Interesse eurer Zuhörerinnen und Zuhörer wecken und in das Thema einführen. Es gibt verschiedene Möglichkeiten, z. B.: ein Bild zum Thema, ein passendes Zitat, ein interessantes Ereignis.
2 **Hauptteil:** Im Hauptteil werden die Informationen in einer sinnvollen Reihenfolge wiedergegeben. Beantwortet hierbei die W-Fragen (Was? Wo? Wie? Warum? ...).
3 **Schluss:** Der Schluss rundet den Vortrag ab. Ihr könnt wichtige Informationen zusammenfassen oder eine persönliche Meinung zum Thema formulieren.

9.3 Fit in …
Einen Sachtext untersuchen

Die Aufgabenstellung richtig verstehen

Stelle dir vor, du bekommst folgende Aufgabe:

Lies den Text über das Tauchen aufmerksam und bearbeite dann folgende Aufgaben:
1. Erkläre auf der Grundlage des Textes, was das Faszinierende beim Schnorcheln bzw. Tauchen ist.
2. Der Text gibt einerseits *Tipps* zum Schnorcheln und Tauchen und nennt andererseits *Vorschriften*. Fasse beides getrennt zusammen.
3. Sieh dir die Abbildungen an. Beschreibe sie kurz und erkläre ihre Funktion.

Tauchen
von Kai Hirschmann

Das Leben läuft unter Wasser einfach anders ab. Alles ist ruhiger – und es gibt viel Neues zu entdecken. Man taucht in eine Welt ein, die anders ist als alles, was man sonst so kennt.

1 Am Anfang – vor dem Tauchen – steht das Schnorcheln. In vielen Urlaubsländern liegen nur wenige Meter vom Strand entfernt Korallenriffe vor der Küste. Mit Flossen, Taucherbrille und einem Schnorchel geht's dann – am besten mit einem einheimischen Tauchlehrer – ab in eine neue Welt. Es warten herrlich bunte Korallen, Fische, Krebse und Unterwasserschnecken darauf, von dir entdeckt zu werden.

2 Schnorcheln ist sicher faszinierend, kann aber auch ein bisschen für Nervenkitzel sorgen. Wenn zum Beispiel ein Hai oder – eigentlich viel gefährlicher – ein Schwarm Barrakudas[1] auftaucht, heißt es Ruhe bewahren. Nur keine hektischen Bewegungen, denn die könnten die Raubfische reizen. Am besten macht man das, was der Tauchlehrer tut. Denn eigentlich stehen Menschen nicht auf dem Speisezettel von irgendwelchen Fischen des Korallenriffs. Dort gibt es nämlich genug Nahrung für alle, die nicht so gefährlich ist wie der Mensch.

3 Das Anfassen und Abbrechen von Korallen ist übrigens streng verboten. Denn zum einen sind einige der Korallen (und auch Fische im Korallenriff) ziemlich giftig, zum anderen brauchen Korallen Jahrzehnte, manchmal sogar Jahrhunderte, um so groß zu werden. Und wenn jeder Tourist sich eine besonders schöne Koralle abbrechen und mit nach Hause nehmen würde, dann gäbe es bald keine Korallenriffe mehr. Daher ist auch das Mitbringen von Korallen nach Deutschland streng verboten und kann sogar mit Haftstrafen geahndet werden.

1 Der Barrakuda, auch Pfeilhecht genannt, ist ein Raubfisch.

4 Wenn du nach ein paar Schnorchelgängen nicht mehr genug von der Unterwasserwelt bekommen kannst, dann folgt der nächste Schritt: das Tauchen mit Sauerstoffflasche. So kannst du, in Begleitung deiner Eltern und eines Tauchlehrers, in tiefere Regionen abtauchen und noch viel mehr Fische und Wasserschildkröten sehen.

5 Aber das Tauchen in größere Tiefen will gelernt sein. Atmen, schwimmen und ruhig wieder auftauchen – all das muss vor dem Sprung ins Meer sitzen. Vor allem ein hektisches Auftauchen ist gesundheitlich gefährlich. Daher sollte man vorher einen Tauchschein machen, z. B. bei speziellen Tauchschulen oder bei der DLRG[2]. Dafür fängst du im Schwimmbad oder am See mit kurzen Übungen an – entweder am Urlaubsort oder auch zu Hause. Du

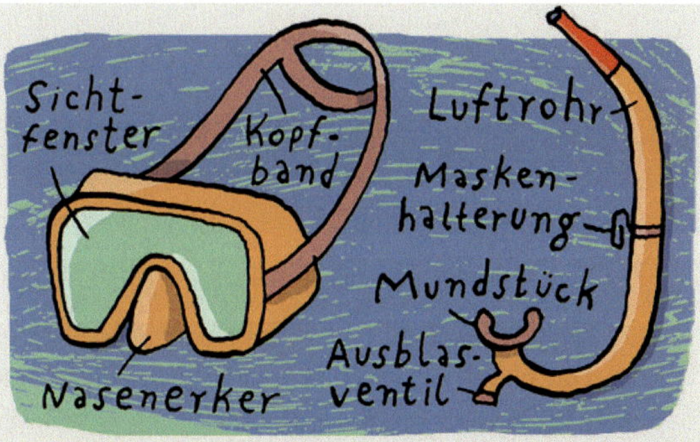

merkst schnell, ob dir das wirklich Spaß macht. Wenn ja, kannst du auch in deutschen Seen eine interessante Unterwasserwelt beobachten. Und für den nächsten Urlaub bist du dann gut gerüstet.

2 DLRG: Deutsche Lebensrettungsgesellschaft

1 a Richtig oder falsch? Prüfe, ob du die Aufgabenstellung auf S. 190 verstanden hast. Schreibe die richtigen Aussagen auf.

Ich soll …
- die Gefahren beim Tauchen erklären, denn die machen das Tauchen abenteuerlich.
- erklären, was das Besondere an der Unterwasserwelt ist.
- erzählen, was ich in einem Tauchurlaub erleben könnte.
- Tipps und Vorschriften zum Tauchen formulieren.
- Tipps und Vorschriften aus dem Text getrennt zusammenfassen.
- meine Meinung zu den Abbildungen formulieren.
- die Abbildungen beschreiben und erklären, welche Funktion sie im Text haben.

b Vergleicht euer Ergebnis in Partnerarbeit.

Den Text und die Abbildungen lesen und verstehen

2 a Lies den Text zweimal sorgfältig und betrachte die Abbildungen.
b Der Text besteht aus fünf Absätzen. Ordne die nebenstehenden Überschriften zu, indem du hinter der Nummer des Absatzes die richtige Überschrift notierst.
c Prüft eure Zuordnungen gemeinsam mit einer Partnerin oder einem Partner.

- Korallen berühren verboten
- Unter Wasser ist alles anders
- Gefährliche Tiere
- Schulung muss sein
- Tauchen mit der Sauerstoffflasche

Die Aufgaben zum Text beantworten und den Text überarbeiten

3 Bearbeite nun nacheinander die Aufgaben 1 bis 3 auf S. 190. Gehe Schritt für Schritt vor:

Aufgabe 1
Erkläre, was das Besondere an der Unterwasserwelt ist. Im Text werden hierzu zusammenfassende Aussagen gemacht, aber auch Einzelheiten angeführt, z. B.:
Die Unterwasserwelt ist nach der Darstellung im Text insgesamt ...
Man kann viele faszinierende Einzelheiten beobachten, z. B. ...

Aufgabe 2
a Bei Aufgabe 2 sollst du zwischen Tipps und Vorschriften unterscheiden. Überlege, was der Unterschied ist. Ergänze dann die folgenden Aussagen und schreibe sie auf.
- ? *muss man befolgen, weil man sonst z. B. Probleme mit der Polizei bekommt.*
- ? *sind Ratschläge oder Empfehlungen, die man befolgen sollte.*

b Tipp oder Vorschrift? Überlegt und vergleicht eure Einschätzungen untereinander:

- Korallen darf man nicht abbrechen.
- Das Mitbringen von Korallen nach Deutschland ist verboten.
- Wenn sich Raubfische nähern, sollte man sich ruhig verhalten.
- Das Tauchen in größeren Tiefen muss man richtig lernen (Tauchschein).

c Fasse die Tipps und die Vorschriften getrennt zusammen. Du kannst die folgenden Formulierungsanfänge zu Hilfe nehmen:

Der Text informiert über ..., aber er gibt auch ...
Zuerst sollen die Tipps dargestellt werden. Beim Schnorcheln sollte man ...
Aber es gibt beim Tauchen und Schnorcheln auch einige Vorschriften zu beachten. So ist es z. B. ...

Aufgabe 3
Beschreibe kurz, was auf den einzelnen Abbildungen zu sehen ist. Erkläre dann den Unterschied, indem du auf die Funktion (z. B. schmückend, erklärend) der Abbildungen eingehst.

4 Überarbeite deinen Text in Partnerarbeit. Nimm hierzu die folgende Checkliste zu Hilfe:

Checkliste Einen Sachtext untersuchen

Aufgabe 1 (→ S. 190): Hast du sowohl die Unterwasserwelt in ihrer Gesamtheit (faszinierende Fremdartigkeit) berücksichtigt als auch einzelne Beispiele genannt?
Aufgabe 2 (→ S. 190): Hast du deutlich zwischen Tipps und Vorschriften unterschieden und den Unterschied erläutert?
Aufgabe 3 (→ S. 190): Hast du die beiden Abbildungen kurz beschrieben und deutlich gemacht, welche unterschiedlichen Funktionen sie haben?
- Ist das, was du geschrieben hast, sachlich richtig? Hast du dich verständlich ausgedrückt?
- Sind die Rechtschreibung und die Zeichensetzung korrekt?

10 Verlocken, verführen, verkaufen
Werbung untersuchen und gestalten

1 Erkläre, wofür mit dieser Werbeanzeige geworben wird.

2 Tauscht euch in der Klasse über Werbung aus:
- Wo begegnet euch Werbung?
- Welche Ziele verfolgt Werbung?

3 Hast du dich schon einmal durch Werbung beeinflussen lassen, z. B. beim Kauf eines Produkts oder bei der Teilnahme an einer Aktion? Berichte davon.

In diesem Kapitel …

- lernst du den Aufbau, die Wirkung und die sprachliche Gestaltung von Werbung kennen,
- lernst du den Einsatz von Werbung im Radio und im Internet kennen,
- untersuchst du Werbespots im Hinblick auf Kameraführung, Schnitt und Montage,
- drehst du selbst einen Werbespot über deine Schule.

10.1 „We kehr for you“
Werbung kennen lernen

Aufbau und Gestaltung von Werbeanzeigen

1 a Betrachte die Werbeplakate. Was fällt zuerst ins Auge? Beschreibe deine ersten Eindrücke.
b Überlege, wofür jeweils geworben wird.

2 Untersucht den Aufbau und die Gestaltung der Plakate. Geht so vor:
a Beschreibt die beiden Fotos.
b Erklärt, welche Textteile es gibt und wo diese platziert sind.
c Untersucht die Farbgestaltung und erläutert, wie sie auf euch wirkt. Wie würde das Plakat wohl wirken, wenn es z. B. grün oder grau wäre?
Tipp: Bei der Farbe Orange handelt es sich um die Farbe der Berliner Stadtreinigung (BSR).

3 Die Schlagzeilen auf den beiden Plakaten sind doppeldeutig.
a Untersuche das Wortspiel „We kehr for you“. Stelle einen Zusammenhang her zwischen dem deutschen Verb, das du liest, und dem englischen Verb, das du hörst.
b Erläutere, worauf die Formulierung „Eimer für alle“ anspielt und was damit bewirkt werden soll.

4 a An welche Zielgruppe richten sich die beiden Werbeplakate? Begründe deine Meinung.
b Erkläre mithilfe des Merkkastens, inwiefern sich die Ziele der beiden Plakate unterscheiden.

5 Beurteile die beiden Plakate: Was ist den Werbemachern gelungen, was gefällt dir weniger?

6 Gestalte selbst ein Plakat für eine Mitmachkampagne, das du in eurer Schule aufhängen kannst, z. B. für eine saubere Schule oder für einen freundlichen Umgangston.

Merkwissen Imagewerbung und Mitmachkampagne

- **Imagewerbung** verfolgt das Ziel, den (guten) Ruf (das Image) einer Marke oder eines Unternehmens zu erhalten oder zu verbessern.
- **Mitmachkampagnen (Mitmachwerbung)** wollen die Bevölkerung auffordern, bei etwas mitzumachen, z. B.: Müll zu trennen, zur Wahl zu gehen, Blut zu spenden.

1 Betrachte die beiden Werbeanzeigen und äußere deine ersten Eindrücke.
- Was fällt dir als Erstes ins Auge?
- Für welches Produkt wird jeweils geworben?
- Welche Anzeige spricht dich spontan mehr an?

2 Untersucht in Partnerarbeit den Aufbau einer der Werbeanzeigen. Geht so vor:

a Entscheidet euch gemeinsam für eine Anzeige.

b Erstellt eine Skizze, die den Aufbau der Werbeanzeige verdeutlicht. Verwendet dabei die Fachbegriffe aus dem Merkkasten von S. 197.

c Haltet das Besondere der Anzeige in Stichwörtern fest, indem ihr die folgenden Fragen beantwortet:
- Was soll zuerst ins Auge fallen?
- Welche Textteile sind besonders wichtig?

3 Tauscht euch in der Klasse über eure Ergebnisse aus.

4 Untersuche die Farbgestaltung der beiden Anzeigen auf S. 195.

a Notiere, was du mit den einzelnen Farben auf den Anzeigen verbindest. Du kannst dazu den Wortspeicher rechts zu Hilfe nehmen.

b Überlege, warum gerade diese Farben verwendet wurden.

c Begründe, mit welchen Farben du für die folgenden Produkte werben würdest: Waschmittel, Sonnencreme, Deo, Bio-Joghurt, Bonbons.

frisch | gesund | fröhlich | kühl | erfrischend | cool | lustig | warm | edel | männlich | weiblich | geheimnisvoll | exotisch | jung | alt | gefährlich | elegant | modern | altmodisch | natürlich | aktiv | ruhig | sportlich | lebendig | stark | kraftvoll | rein

5 a Beschreibe, welche Botschaft mit den Slogans (→ S. 195) jeweils vermittelt werden soll.

b Erkläre, welche sprachlichen Mittel in den Slogans verwendet werden.

Tipp Sprachliche Mittel von Werbung, z. B.: Verwendung von Wortspielen, Vergleichen, Ellipsen (Auslassungen von Satzteilen)

6 a Beschreibe die Personen, die auf den Anzeigen (→ S. 195) abgebildet sind.

b Erkläre, inwiefern man diese Personen als „Idealmenschen" bezeichnen könnte und warum solche Personen in der Werbung häufig auftauchen.

7 a Betrachte die folgende Werbeanzeige und übersetze den englischen Text. Erkläre, wofür hier geworben wird.

b Vergleiche die Personen auf den Anzeigen auf S. 195 mit der auf dieser Anzeige. Stelle Vermutungen an, warum hier bewusst nicht mit „Idealmenschen" geworben wird.

c Diskutiert in der Klasse, ob euch Werbung mit „Idealmenschen" mehr oder weniger anspricht.

8 Beschreibe die Zielgruppen, die mit den Werbeanzeigen auf S. 195 und 196 angesprochen werden sollen: Was lässt sich im Hinblick auf Alter und Geschlecht der Zielgruppe vermuten? Welches Lebensgefühl soll mit den Anzeigen vermittelt werden?

9 a Lies die Informationen zur AIDA-Formel im Merkkasten unten. Gib dann in eigenen Worten wieder, was mit dieser Formel beschrieben wird.

b Untersuche die beiden Werbeanzeigen auf S. 195: Wie werden die vier AIDA-Bausteine in diesen Anzeigen umgesetzt?

10 In der Werbung der BSR auf S. 194 wurden nicht alle AIDA-Bausteine umgesetzt. Welche fehlen? Aus welchem Grund?

Merkwissen Werbung

Werbetexte sind appellative Texte. Sie wollen den Betrachter zu etwas auffordern, meist zum Kauf eines Produkts. Weil Werbung im Durchschnitt nur zwei Sekunden lang wahrgenommen wird, muss sie auf das Wesentliche reduziert und einprägsam sein.

1 **Aufbau und Gestaltung von Werbeanzeigen:** Werbeanzeigen und -plakate enthalten meist ein Bild und verschiedene Textteile, z. B.:
   - **Headline:** Schlagzeile (meist Überschrift) einer Anzeige; sie soll den Betrachter auf die gesamte Anzeige aufmerksam machen und ist neben dem Bild das wichtigste Element einer Werbeanzeige.
   - **Bild:** Foto (evtl. Abbildung), das mit dem Produkt in Verbindung gebracht werden soll.
   - **Informationstext:** Text, der das Produkt näher beschreibt oder Zusatzinformationen gibt.
   - **Slogan:** einprägsamer Werbespruch, der fest zu einer Marke oder Firma gehört, z. B.: *Just do it! Come in and find out.*
   - **Logo:** symbolische Darstellung des Firmennamens, z. B.: der angebissene Apfel für die Firma Apple.
   - **Farbe:** Viele Farben haben eine bestimmte Bedeutung und Wirkung, Grün steht für Natürlichkeit, Weiß für Unschuld oder Reinheit (wird oft in Waschmittelwerbung eingesetzt), Schwarz vermittelt Stärke oder etwas Geheimnisvolles.

2 **Zielgruppe:** Werbung ist meist auf eine bestimmte Zielgruppe ausgerichtet, z. B.: Jugendliche, preisbewusste Kunden, sportbegeisterte Personen, die Bewohner einer Stadt.

3 **Sprachliche Gestaltung:** Durch die Verwendung bestimmter sprachlicher Mittel (→ siehe Merkkasten auf S. 198) ist die Werbesprache auffällig und einprägsam.

4 **Wie Werbung funktioniert (AIDA-Formel):** Die wichtigsten Aufgaben von Werbung werden mit der AIDA-Formel zusammengefasst:
   - **A**ttention (engl.: Aufmerksamkeit): Die Aufmerksamkeit soll erregt werden, z. B. durch ein niedliches Tierbild, eine grelle Farbe oder einen Star.
   - **I**nterest (engl.: Interesse): Das Interesse soll geweckt werden, z. B. durch einen witzigen oder auch zweideutigen Text.
   - **D**esire (engl.: Wunsch, Begierde): Es soll der Wunsch geweckt werden, das Produkt zu kaufen, z. B. indem bestimmte Vorteile des Produkts genannt werden.
   - **A**ction (engl.: Handlung): Das Produkt soll möglichst umgehend gekauft werden, z. B. durch Einblenden der Kontaktadresse, direkte Kaufaufforderung oder befristete Sonderangebote.

Sprachliche Gestaltung von Werbung

Have a break, have a Kit Kat

Trinke Fanta – lebe bunter!

HARIBO MACHT KINDER FROH UND ERWACHSENE EBENSO

Kleidung clever kaufen bei KiK

Sehen. Staunen. Verstehen.

GUT IN BIO. SCHLECHT IN CHEMIE. (Bionade)

Nokia. Connecting People

Alles Müller oder was? (Müllermilch)

Ich liebe Dazs (Eis von Häagen-Dasz)

1 a Lies die Werbeslogans. Welche kennst du? Welche gefallen dir besonders gut?
b Überlege, welche Eigenschaften ein guter Slogan haben muss.

2 Untersuche, welche sprachlichen Mittel in den Slogans verwendet werden. Nutze dazu den Merkkasten unten.

3 a Übersetzt die Werbeslogans, die englische Wörter (Anglizismen) enthalten, ins Deutsche.
b Überlegt, warum sich die Werbemacher für die Fremdsprache entschieden haben.
c Sammelt weitere englische Werbeslogans und untersucht ihre sprachliche Gestaltung.

4 a Entscheidet euch für ein Produkt, für das ihr einen Werbeslogan entwickeln wollt.
b Überlegt gemeinsam, was ihr mit diesem Produkt verbindet. Sammelt eure Ideen, z. B.:
Erdbeereis: fruchtig, cremig, rot, Spaß, Sommer
c Formuliert nun einprägsame Werbeslogans.
d Präsentiert eure Ideen in der Gruppe und wählt den besten Slogan aus.

Merkwissen Sprachliche Mittel von Werbung

Damit die Werbebotschaft beim Verbraucher in Erinnerung bleibt, ist die Sprache der Werbung auffällig und einprägsam. Typische sprachliche Mittel der Werbung sind:
- **Fachbegriffe**, oft Fremdwörter, die Wissenschaftlichkeit vermitteln sollen, z. B.: *intelligente Pigmentkapsel; Formel mit flüssigem Ceratin*
- **Anglizismen** lassen das Produkt modern und international wirken, z. B.: *Powered by emotion.*
- **Wortneuschöpfung** (Neologismus), z. B.: *Supersaugweg-Wischkraftrolle, unkaputtbar*
- **Wortspiel**, z. B.: *Die klügere Zahnbürste gibt nach.*
- **Reim**, z. B.: *Einmal hin, alles drin.*
- **Vergleiche**, z. B.: *… so gesund und frisch wie die Apfelernte bei Opa.*
- **Alliteration** (Wörter mit gleichem Anfangslaut), z. B.: *Spiel, Spaß und Spannung.*
- **Ellipse** (Auslassung von Satzteilen, die vom Hörer/Leser leicht ergänzt werden können), z. B.: *Nikon Kamera. Automatisch gut. Weil von Nikon.*
- **Dreierfigur/Zweierfigur** (dreigliedriger oder zweigliedriger Ausdruck, bei dem alle Teile gleich aufgebaut sind), z. B.: *Gut, besser, Paulaner; Mehr Konzept. Mehr Erfolg.*
- **Imperativ** (Befehlsform des Verbs), z. B.: *Mach mal Pause!*
- **Frage/rhetorische Frage** (Scheinfrage), z. B.: *Wohnst du noch oder lebst du schon?*

Radio. Geht ins Ohr. Bleibt im Kopf.

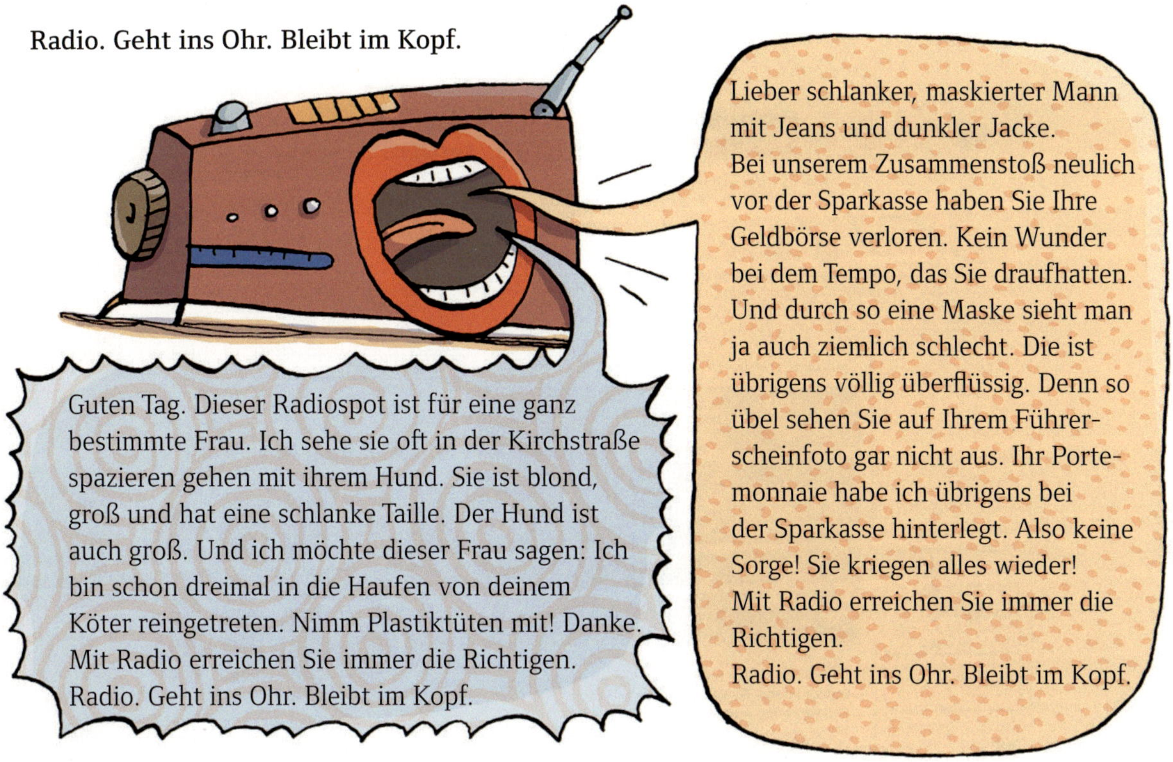

1 a Lest euch die beiden Radiospots gegenseitig laut vor. Probiert dabei unterschiedliche Vortragsweisen aus, z. B.: flüsternd, aufgeregt, laut, leise, salopp, schüchtern, schreiend, freundlich.
b Diskutiert, auf welche Weise die Radiospots gesprochen werden sollten.

2 a Überlege, wodurch die beiden Radiospots die Aufmerksamkeit der Hörer wecken: Welche Erwartung wird aufgebaut, worin liegt die Pointe (überraschende Wendung)?
b Nenne den Slogan und erkläre, welches sprachliche Mittel (→ Merkkasten, S. 198) hier verwendet wird.
c An welche Zielgruppe richten sich die beiden Radiospots? Begründe deine Meinung.

3 a Nennt Radiospots, die euch „im Kopf“ geblieben sind. Erklärt, woran das liegt.
b Diskutiert, welche Rolle Jingles (gesungene Slogans, Erkennungsmelodien) im Radio haben.
c Beschreibt, was man bei einer Hörfunkwerbung – im Vergleich zum Werbeplakat – berücksichtigen muss. Welche Gestaltungsmittel kann man einsetzen? Worauf muss man achten?

4 Höre dir Werbespots im Radio an und halte fest, wie diese aufgebaut sind. An welcher Stelle hörst du Musik, wo gesprochenen Text? Wann ertönt der Jingle? Gibt es Geräusche?

5 Gestaltet selbst in Gruppen einen Radiospot.
a Entscheidet euch für ein Produkt, für das ihr werben wollt.
b Formuliert Sprechtexte, sucht passende Musik (evtl. auch Geräusche) und überlegt euch einen Jingle.
c Probiert aus, wie ihr Text, Musik (Geräusche) und Jingle kombinieren wollt.
d Nehmt den Radiospot auf. Wiederholt die Aufnahme, bis ihr mit dem Ergebnis zufrieden seid.

Werbung im Internet

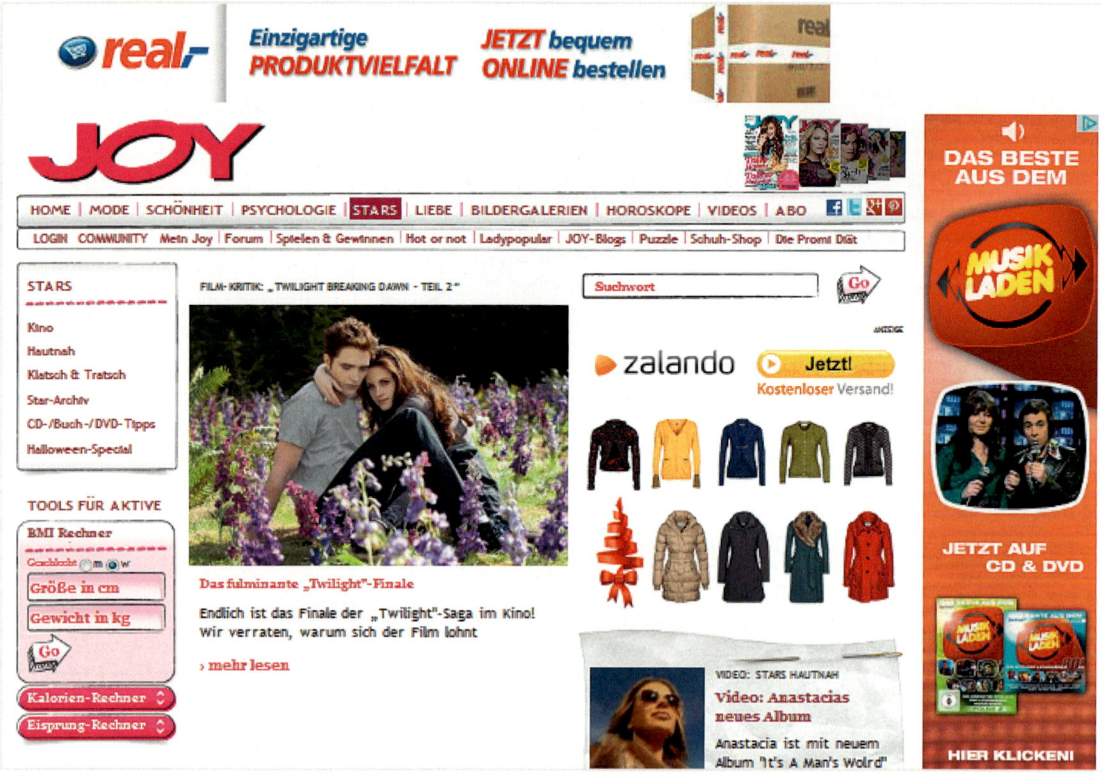

1 a Betrachte die Internetseite und notiere, welche Werbung wo platziert ist.
b Erläutere, woran du sie als Werbung erkannt hast. Äußere Vermutungen, warum sich Werbung im Internet manchmal kaum von anderen Inhalten und Bildern unterscheidet.
c Entscheide dich, um welche Werbeform es sich handelt. Nutze den Merkkasten unten.

2 Tauscht euch darüber aus, wie ihr beim Surfen im Internet mit Werbung umgeht: Stört euch die Werbung oder überseht ihr sie? Wann klickt ihr sie an und wann klickt ihr sie weg? Tragt eure Ergebnisse zusammen und vergleicht euren Umgang mit Internetwerbung.

Merkwissen Werbung im Internet

Neben Werbemails und E-Mail-Newsletter wird sogenannte Bannerwerbung auf Internetseiten geschaltet. Bei diesen Werbeanzeigen unterscheidet man:
- **statische und animierte Werbebanner:** Werbebilder in unterschiedlichen Größen, z. B. mit bewegter Grafik, auf der Seite selbst oder in einem Rahmen am Bildschirmrand
- **Videowerbung:** Banner, die kleine Filme enthalten
- **Layer:** größere Bilder oder Filme, die sich wie eine Folie über die Seite legen
- **Textanzeigen:** Textwerbung, die im Umfeld von Suchergebnissen eingeblendet wird

Der Erfolg von Internet-Werbung wird durch die Anzahl der tatsächlichen Klicks auf Banner gemessen, die zur Website der Werbetreibenden weiterleiten. Werbung im Internet wird deshalb so platziert, dass sie die Aufmerksamkeit des Nutzers stark auf sich zieht. Internetwerbung lässt sich jedoch durch spezielle Zusatzprogramme (Add-ons) ausblenden.

Dreiste Werbelügen? Werbung kritisch diskutieren

Ferrero: Goldener Windbeutel für „dreisteste Werbelüge"

17.06.2011 – Das Produkt „Milch-Schnitte" des Lebensmittelherstellers Ferrero hat den „Goldenen Windbeutel" für die dreisteste Werbelüge des Jahres gewonnen. Die Verbraucherschutzorganisation Foodwatch hatte Verbraucher auf der Internetseite „abgespeist.de" über Produkte, die nicht halten, was sie versprechen, abstimmen lassen. Ferrero will den Negativpreis nicht annehmen.

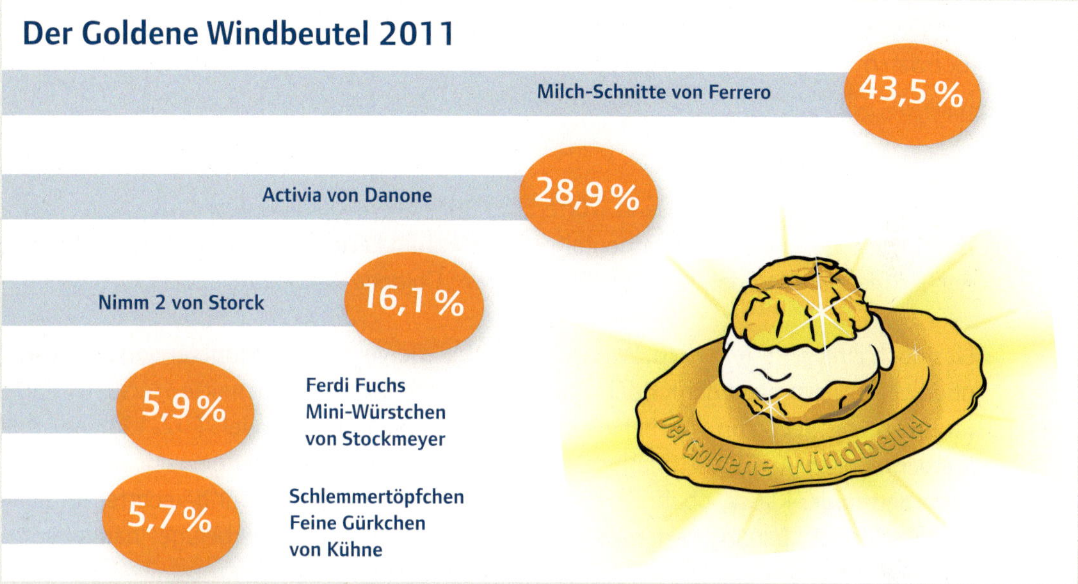

Verbraucher haben die Milch-Schnitte von Ferrero zur dreistesten Werbelüge des Jahres gewählt. Bei einer Internetabstimmung über fünf umstrittene Produkte entschieden sich 43,5 Prozent der knapp 118000 Teilnehmer für die Milch-Schnitte als „dreistesten Fall von Etikettenschwindel", wie die Verbraucherschutzorganisation Foodwatch am Freitag in Berlin mitteilte. Ferrero wies die Kritik zurück.

Die Verbraucherschützer beanstandeten[1], dass der Nahrungsmittelhersteller seine Süßspeise als sportlich leichte Zwischenmahlzeit bewerbe, obwohl sie zu rund 60 Prozent aus Zucker und Fett bestehe und damit gehaltvoller sei als Schoko-Sahnetorte. Die Ferrero-Manager täuschten damit ihre Kunden „nach Strich und Faden", kritisierte Anne Markwardt von Foodwatch.

Ferrero wies den Vorwurf zurück. Eigene Untersuchungen „geben uns keine Hinweise darauf, dass die Verbraucher die Werbung für Milch-Schnitte als irreführend empfinden", teilte das Unternehmen am Freitag in Frankfurt am Main mit. Der Konzern[2] werde den Negativpreis deshalb nicht annehmen.

Kritik erntete der Milch-Schnitte-Hersteller auch vom Berufsverband der Kinder- und Jugendärzte (BVKJ). Die Werbestrategie, auch die kalorienhaltigsten Süßspeisen als etwas Leichtes anzupreisen, sei aus medizinischer Sicht „unverantwortlich", erklärte BVKJ-Präsident Wolfram Hartmann. „Durch solche Kampagnen macht sich die Lebensmittelindustrie mitschuldig daran, dass immer mehr Kinder an Übergewicht und Adipositas[3] leiden und erhebliche Kosten im Gesundheitssystem entstehen", erklärte der Mediziner.

Ferrero hingegen betonte, dass auch der Konsum[4] einer Milch-Schnitte zwischendurch „durchaus mit einem ausgewogenen, sportlichen Lebensstil vereinbar" sei. Mit Sportlern als Werbepartner werde gezeigt, „dass Ernährung und Bewegung zusammengehören".
Auf dem zweiten Platz in der Foodwatch-Abstimmung landete der Joghurt der Marke „Activia" von Danone, auf dem dritten Rang die „Nimm 2"-Bonbons des Herstellers Storck.
Foodwatch wendet sich mit dieser Kampagne gegen irreführende Werbepraktiken von Lebensmittelherstellern. Dazu stellt die Organisation regelmäßig Produkte vor, die nach ihren Angaben nicht halten, was sie versprechen. Fünf dieser Produkte hat eine Jury nun zur Abstimmung gestellt.

1 beanstanden: kritisieren
2 der Konzern: Firma, Unternehmen
3 die Adipositas: Fettleibigkeit, Fettsucht
4 der Konsum: Verbrauch, Verzehr

1 a Lies den Text. Kläre anschließend Wörter und Textstellen, die dir unklar sind.
b Erkläre, was der „Goldene Windbeutel" ist und warum Ferrero diesen Preis nicht annehmen möchte.
c Recherchiere im Internet, welchem Produkt der „Goldene Windbeutel" aktuell verliehen wurde.

2 a Lies noch einmal im Text nach: Was genau werfen die Verbraucherschützer von Foodwatch und der Berufsverband der Kinder- und Jugendärzte dem Milch-Schnitte-Hersteller Ferrero vor?
b Im Text ist die Rede von „Werbelüge" (→ Z. 2, 6), „Etikettenschwindel" (→ Z. 11) und „irreführenden Werbepraktiken" (→ Z. 52). Erläutere mit eigenen Worten, was damit gemeint ist.
c Diskutiert in der Klasse, ob ihr die Werbung für die Milch-Schnitte für gerechtfertigt haltet oder ob ihr auch der Meinung seid, dass es sich hier um eine „dreiste Werbelüge" handelt.

3 Beschreibe die Grafik auf S. 201:

Die meisten stimmten dafür, dass …
Etwas weniger als ein Drittel der Befragten …
Ungefähr gleich viele Personen …

4 Nenne selbst andere Produkte, die mit Vorzügen werben, die man als Werbelüge bezeichnen könnte. Begründe deine Einschätzung.

5 Foodwatch stellt auf der Internetseite abgespeist.de regelmäßig Produkte vor, die „nicht halten, was sie versprechen" (→ Z. 3–4). Diskutiert, ob ihr eine solche Internetseite für sinnvoll haltet oder nicht.

6 Bei der Foodwatch-Abstimmung erreichte der Joghurt „Activia" von Danone den zweiten und die Bonbons „Nimm 2" des Herstellers Storck den dritten Platz (→ vgl. Z. 47–50).
a Recherchiere im Internet: Was genau kann bei der Bewerbung dieser Produkte als irreführend beurteilt werden?
b Überlege, wie die Hersteller der Produkte ihre Werbestrategie dennoch verteidigen könnten.

Teste dein Wissen!
Eine Werbeanzeige untersuchen

1 Betrachte die Werbeanzeige genau und lies den Informationstext.

2 Untersuche die Werbeanzeige. Löse hierzu die folgenden Aufgaben:
- a Notiere, wofür geworben wird und was die Werbebotschaft ist.
- b Beschreibe den Aufbau der Anzeige. Verwende dabei die Begriffe „Headline“, „Bild“, „Informationstext“, „Slogan“ und „Logo“.
- c Halte fest, welche sprachliche Besonderheit die Headline aufweist.
- d Erkläre, welche Bedeutung die Farbwahl hat.

3 Vergleiche deine Ergebnisse mit denen deiner Lernpartnerin oder deines Lernpartners. Korrigiere bzw. ergänze gegebenenfalls deine Ergebnisse.

10.2 Storys in 30 Sekunden
Werbespots untersuchen

Die Wirkung filmischer Mittel verstehen

„Vielleicht sollten wir mal in die Berge fahren.“ *(Ruhige Musik: akustische Gitarre und klopfende Handtrommel)*

(Schnelle, energiegeladene Sambamusik: Schlagzeug und Rasseln)

(Schnelle, energiegeladene Sambamusik: Schlagzeug und Rasseln)

(Schnelle, energiegeladene Sambamusik: Schlagzeug und Rasseln)

(Begeistertes Jauchzen der Frau; schnelle, energiegeladene Sambamusik: Trommeln und Rasseln)

„Ja.“

„Oder lieber ans Meer …“
(Ruhige Musik: akustische Gitarre und klopfende Handtrommel)

(Schnelle, energiegeladene Sambamusik: Schlagzeug und Rasseln)

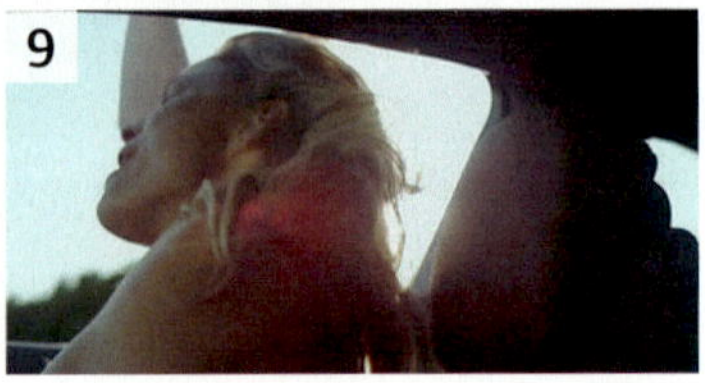

(Begeistertes Jauchzen der Frau; schnelle, energiegeladene Sambamusik: Schlagzeug und Rasseln)

(Schnelle, energiegeladene Sambamusik: Schlagzeug und Rasseln)

„Mmmmhhh …“

„Und in Venedig waren wir auch noch nie.“

(Langsame italienische Arie)

(Langsame italienische Arie)

„Oh nein! Vergiss es!“

1 a Die Screenshots auf S. 204 stammen aus einem 45-Sekunden-Fernseh-Werbespot. Erzähle die Handlung des Spots nach.
- *Eine junge Frau und ein junger Mann liegen bzw. sitzen ... Sie schlägt ihm vor, ...*
- *Auf den nächsten vier Bildern sieht man, was der Mann ... Er sieht vor seinem inneren Auge, ...*
- *Auf den Vorschlag der Frau antwortet ...*
- *Die Frau meint, man könnte ja auch ...*

b Untersuche, an welchen vier verschiedenen Handlungsorten die einzelnen Szenen spielen, und erkläre die Bedeutung dieser Orte. Achte hierbei auch auf die Hinweise zur Musik.

c Begründe, welche der folgenden Aussagen die Werbebotschaft des Spots am besten beschreibt.

A Urlaub am Meer oder in den Bergen ist schöner als ein Urlaub in Venedig.

B Jeder Urlaub ist lohnenswert, solange man mit dem neuen Mercedes der C-Klasse fahren kann.

C Männer interessieren sich mehr für schöne Landschaften als für die Sehenswürdigkeiten einer Stadt.

2 Beschreibe das Lebensgefühl, das in dem Spot vermittelt wird. Wie fühlt man sich, wenn man den neuen Mercedes fährt? Wie lebt man?

3 In der Werbung wird häufig mit Rollenbildern (→ Merkkasten unten) gearbeitet.

a Tragt zusammen: Welche Eigenschaften und Verhaltensweisen könnten als „typisch Mann", „typisch Frau" gelten?
- *typisch Frau: sanft, ...*
- *typisch Mann: abenteuerlustig, ...*

b Erklärt, welche Rollen dem Mann und der Frau in dem Werbespot (→ S. 204) zugeschrieben werden.

c Kennt ihr andere Werbespots, in denen Männer und Frauen typische Rollen einnehmen? Berichtet euch gegenseitig davon.

d Diskutiert, was ihr von diesen Rollenbildern haltet. Begründet eure Meinung.

4 Bei einem Werbespot, der die Zuschauer in weniger als einer Minute in den Bann ziehen soll, muss der Einsatz filmischer Mittel besonders gut durchdacht sein.

a Beschreibe die Einstellungsgröße der Bilder. Achte darauf, wie nah die Kamera an die Figuren oder den Schauplatz herangeht oder wie weit sie davon entfernt ist, und erläutere, worauf die Aufmerksamkeit gelenkt wird (→ Einstellungsgrößen, S. 325), z. B.:
Auf Bild 1 sieht man die Figuren in der ...
Man kann die Umgebung und das gemütliche Zuhause erahnen.

b Suche die Bilder mit einer auffälligen Kameraperspektive heraus und beschreibe deren Wirkung (→ Kameraperspektive, S. 326).

! **Merkwissen** Rollenbilder

Frauen/Mädchen und Männer/Jungen werden auf bestimmte Rollen festgelegt, d. h., ihnen werden Verhaltensweisen und Eigenschaften zugeschrieben, die als „typisch Frau/Mädchen" oder „typisch Mann/Junge" gelten, z. B.: Mädchen spielen mit Puppen, Jungen mit Autos.

Vertiefen und üben
Schnitt und Montage

●●● 1 Untersuche, wie die Handlung in dem Werbespot erzählt wird.

a Skizziere die einzelnen Filmbilder (→ S. 204) in deinem Heft. Mache dir klar, welche Bilder zu einer Szene gehören, und kennzeichne jeden Szenenwechsel durch einen senkrechten Strich. Nummeriere dann die einzelnen Szenen.
→ Hilfen zu dieser Aufgabe findest du auf S. 207.

b Markiere die Szenen, die in der Gedankenwelt des Mannes spielen, und die Szenen, welche die Wirklichkeit zeigen, in unterschiedlichen Farben.
→ Hilfen zu dieser Aufgabe findest du auf S. 207.

c Erkläre, warum die einzelnen Szenen in dieser Weise zusammengefügt (montiert) wurden.
→ Hilfen zu dieser Aufgabe findest du auf S. 207.

●●● 2 Untersuche, welche Funktion die Musik in der 2., 4. und 6. Szene hat. Gehe so vor:

a Beschreibe die Handlung und die Stimmung in diesen drei Szenen (2, 4 und 6) und halte fest, welche Musik jeweils erklingt. Sieh dir hierzu den Spot auf S. 204 noch einmal an.
Szene 2: Mann stellt sich eine rasante Autofahrt in den Bergen vor → schnelle, energiegeladene Musik
→ Hilfen zu dieser Aufgabe findest du auf S. 207.

b Erläutere, welche Funktion die Musik in diesem Spot hat.
→ Hilfen zu dieser Aufgabe findest du auf S. 207.

●●● 3 Erkläre, welche Funktion der Schnitt zwischen den Filmbildern 3 und 4 und den Bildern 6 und 7 hat. Lies hierzu die Informationen im folgenden Merkkasten.
→ Hilfen zu dieser Aufgabe findest du auf S. 207.

Merkwissen Schnitt und Montage: Anordnung und Zusammenstellung der Filmszenen

Nach den Dreharbeiten mit der Kamera folgt die Bearbeitung des Filmmaterials, der sogenannte **Filmschnitt** und die **Montage**. Das Rohmaterial wird in einzelne Szenen zerlegt, überflüssige Szenen werden z. B. herausgeschnitten, einzelne Szenen umgestellt und neu angeordnet.
Je nachdem, wie die einzelnen Filmbilder oder -szenen wieder aneinandergefügt (montiert) werden, wird die **Handlung des Films** erzählt und **dramaturgisch gestaltet**.
Man kann zum Beispiel:
- Handlungen, die zeitgleich an verschiedenen Orten spielen, gleichzeitig zeigen, indem man zwischen den Szenen hin- und herspringt, z. B.: Ein Einbrecher knackt einen Tresor. – *Schnitt:* Die Polizei nähert sich. – *Schnitt:* Der Einbrecher lauscht. – *Schnitt:* …
- in einer Rückblende ein Ereignis aus der Vergangenheit zeigen, z. B.: Eine erwachsene Figur erinnert sich. – *Schnitt:* Die Kindheit der Figur wird gezeigt.

Die Begriffe „Schnitt" und „Montage" stammen aus einer Zeit, als das Filmmaterial noch auf Band aufgenommen wurde. Das Filmband wurde tatsächlich mit einem Messer oder einer Schere zerschnitten, z. B. um eine Szene herauszuschneiden, und dann wieder zusammengeklebt (montiert). Heute werden Schnitt und Montage meist am Computer vorgenommen.

1 mit Hilfen

Untersuche, wie die Handlung in dem Werbespot erzählt wird.

a Skizziere die einzelnen Filmbilder (→ S. 204) in deinem Heft. Mache dir klar, welche Bilder zu einer Szene gehören. Kennzeichne jeden Szenenwechsel durch einen senkrechten Strich. Nummeriere dann die einzelnen Szenen.

Tipp Eine neue Szene beginnt z. B.: wenn
- der Ort wechselt,
- ein Zeitsprung stattfindet,
- eine neue Figur auftaucht.

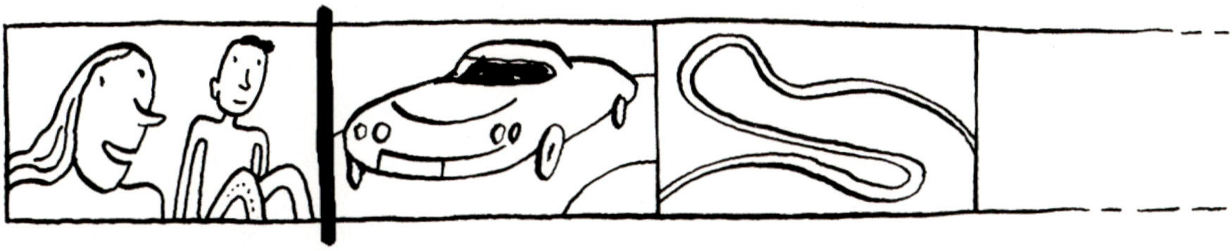

b Markiere die Szenen, die in der Gedankenwelt des Mannes spielen, und die Szenen, welche die Wirklichkeit zeigen, in unterschiedlichen Farben. **Tipp:** Die Szenen wechseln sich immer ab.

c Erkläre, warum die einzelnen Szenen in dieser Weise zusammengefügt (montiert) wurden. Berücksichtige dabei vor allem den Gesichtsausdruck und die Aussagen des Mannes auf den Bildern 6, 11 und 15.

2 mit Hilfen

Untersuche, welche Funktion die Musik in der 2., 4. und 6. Szene hat. Gehe so vor:

a Beschreibe die Handlung und die Stimmung in diesen Szenen und halte fest, welche Musik jeweils erklingt. Sieh dir hierzu den Spot auf S. 204 noch einmal an.

Szene 2: Mann stellt sich eine rasante Autofahrt in den Bergen vor → schnelle, energiegeladene Musik
Szene 4: Mann stellt sich eine sportliche …
Szene 6: Mann stellt sich einen Ausflug nach Venedig vor, das Auto steht trostlos …

b Erläutere, welche Funktion die Musik in diesem Spot hat, z. B.: *Die Musik untermalt …*

3 mit Hilfen

Erkläre, welche Funktion der Schnitt zwischen den Bildern 3 und 4 und 6 und 7 hat.

a Beschreibe zunächst genau, was auf den jeweiligen Bildern abgebildet ist, z. B.:

Auf Bild 3 sieht man in der Totale eine Straße, die in Serpentinen …
Bild 4 zeigt das Gesicht des Mannes in Großaufnahme. Er …

b Erläutere, welche Aufgabe die Schnitte haben. Lies hierzu auch die Informationen im Merkkasten auf S. 206, z. B.:

Durch den Schnitt zwischen Bild 3 und 4 ändert sich die Perspektive auf die Autofahrt: Erst sieht man … Dann wird deutlich, wie der Mann …

10.3 Projekt
Einen Werbespot drehen

1. Schritt: Ideen sammeln und einen Drehplan schreiben

1 Plant einen Werbespot als Imagewerbung (→ S. 194) für eure Schule.

a Entscheidet zunächst,
- was die Botschaft eurer Imagewerbung sein soll,
- welche Zielgruppe ihr mit eurem Film ansprechen wollt, z. B. Grundschulkinder, Eltern,
- wann ihr euren Film zeigen wollt, z. B. auf dem Schulfest, am Tag der offenen Tür, am Infoabend.

  Tipp: Vielleicht könnt ihr euren Film auch auf der Schulwebsite veröffentlichen?

b Überlegt gemeinsam, was in einem Werbespot über eure Schule gezeigt werden sollte. Denkt dabei auch daran, was für eure Zielgruppe interessant sein könnte. Sammelt eure Ideen, z. B.:

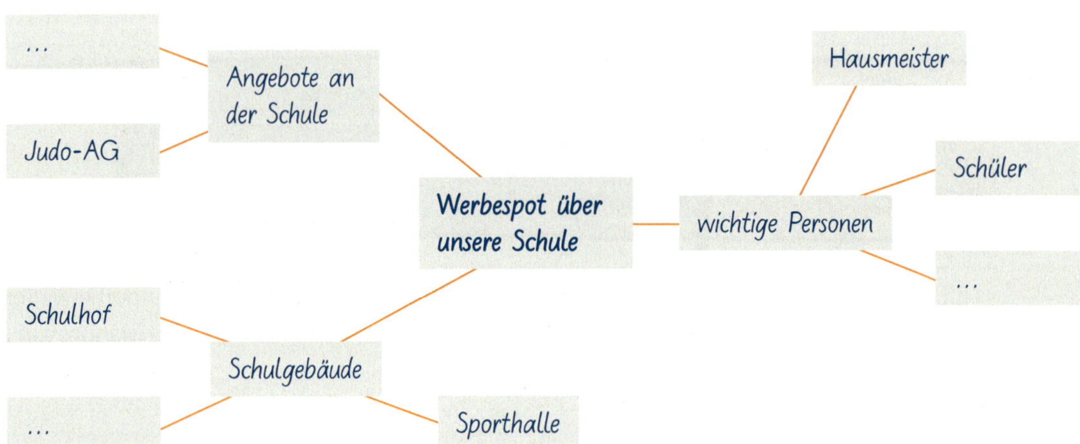

c Entscheidet, welche Ideen ihr ausführen wollt. Beschränkt euch auf das Allerwichtigste, denn euer Werbespot sollte nicht länger als zehn Minuten dauern.

2 Erstellt einen Drehplan für euren Film, z. B.:

Szene	Drehort, Inhalt	Personen	Ton (Geräusche, Musik, Texte)	Kamera (Einstellung, Perspektive)
1	vor dem Schulgebäude: Schüler laufen fröhlich in das Gebäude hinein	viele Schüler	Schulgong, Stimmengewirr, Lachen	Überblick über Schulgebäude und Schüler (Totale, Normalperspektive)
2	Chemieraum: Schüler führen spannendes Experiment durch	7a, Frau Martin	...	...
3	Sporthalle: ...	...	...	...

2. Schritt: Den Werbespot drehen

3 a Betrachtet die beiden Filmbilder. Beurteilt, was im Hinblick auf die Kameraführung gelungen ist und was nicht.
b Macht euch klar, worauf ihr bei euren Dreharbeiten achten müsst. Prüft noch einmal euren Drehplan.

4 a Bildet Drehteams und entscheidet, welches Team welche Szene dreht.
b Dreht nun die einzelnen Szenen. Probiert unterschiedliche Einstellungen und Perspektiven aus und dreht die Szene zwei- oder dreimal.
- Achtet auf gute Lichtverhältnisse, filmt nicht gegen das Licht.
- Haltet die Kamera ruhig und stellt sie möglichst auf ein Stativ oder einen festen Untergrund.
- Verzichtet auf den übermäßigen Einsatz von Zooms und Schwenks. Je näher ihr das Objekt oder die Person heranzoomt, desto mehr verwackelt das Bild.
- Achtet auf einen guten Ton. Geht bei Interviews nah an den Gesprächspartner heran.

Tipp: Denkt daran, dass die Personen, die ihr filmt, damit einverstanden sein müssen.

5 Seht euch euer Filmmaterial an und prüft Bild- und Tonqualität. Notiert eure Verbesserungsvorschläge und dreht einzelne Szenen gegebenenfalls noch einmal.

3. Schritt: Schnitt und Montage

6 a Schneidet euer Filmmaterial am Computer mithilfe eines Schnittprogramms:
- Löscht Szenen, die überflüssig oder nicht gelungen sind.
- Probiert verschiedene Schnitte aus. Verändert z. B. die Reihenfolge der Szenen und testet verschiedene Übergänge (Blenden) zwischen den Szenen.

b Überlegt, ob ihr einige Szenen mit Musik unterlegen möchtet oder den Ton verändern solltet.

7 a Überlegt euch für euren Film einen ansprechenden Titel, eventuell Zwischentitel für einzelne Szenen oder Texte für den Vor- und Abspann.
b Fügt die Titel bzw. Texte in euren Film ein.

4. Schritt: Farbgestaltung, Zeitraffer bzw. Zeitlupe, Trick anwenden

8 Betrachte die beiden Fotos. Welche Wirkung soll jeweils erzielt werden? Begründe deine Meinung.

9 Geht noch einmal euer Filmmaterial durch. Überlegt, an welchen Stellen ihr die Farbgestaltung verändern könnt, um einen wirkungsvollen Effekt zu erzielen. Nutzt den Wortspeicher auf S. 196 oben und den Merkkasten unten.

10 Auch mit der Zeitgestaltung lässt sich eine bestimmte Wirkung erzielen.

a Entscheide und begründe bei folgenden Szenen, ob der Film hier schneller im Zeitraffer oder langsamer in Zeitlupe laufen sollte:

Ein langer Schülerstrom geht ins Schulgebäude.

Ein Stuhl kippt gegen eine Lampe, die eine Vase von der Kommode fegt.

An einer Wasserstelle schnappt ein Krokodil blitzschnell nach einem Zebra.

Ein Baum verändert sich im Lauf der Jahreszeiten.

b Beschreibe jeweils den Effekt der Tempoveränderung.

c Wendet Zeitraffer und Zeitlupe bei geeigneten Szenen eures Schulfilms an.

Tipp Ihr könnt diese filmischen Mittel spielerisch einsetzen, um euren Film lustiger zu machen.

Merkwissen Verfahren bei der Postproduction (Nachbearbeitung)

Bei der **Postproduction** kann das Filmmaterial trickreich bearbeitet werden.
Farbgestaltung: Gelb, Orange, Rot oder sattes Grün wirken warm und strahlen Harmonie und Geborgenheit aus, kalte Farben wie Blau, Grau, Weiß oder Lila vermitteln eine eher nüchterne Atmosphäre. Viele Farben haben auch Symbolcharakter wie das Grün der Hoffnung oder das Weiß der Unschuld. Am Computer lassen sich gezielt Farbsättigung und Farbveränderungen einstellen.
Zeitraffer oder **Zeitlupe** beschleunigen oder verlangsamen Szenen, die in Echtzeit nicht oder nur schlecht wahrnehmbar wären, z. B. das tagelange Wachsen einer Blume (Zeitraffer) oder der K.-o.-Schlag eines Boxers (Zeitlupe).

11 Gehüpft wie gesprungen?
Über Wörter, ihre Bedeutung und Herkunft nachdenken

In diesem Kapitel …

- arbeitest du mit Homonymen und Synonymen, Ober- und Unterbegriffen,
- übst du den Umgang mit sprachlichen Bildern,
- untersuchst du Fremdwörter,
- lernst du Veränderungen der deutschen Sprache kennen,
- erstellst du ein eigenes Wörterbuch der Jugendsprache.

1 a Lies die Unterhaltung und erkläre das Missverständnis.
b Formuliere den Anfang des Gesprächs so um, dass kein Missverständnis entsteht.

2 Kennt ihr ähnliche Missverständnisse? Berichtet davon.

11.1 Verstehen und missverstehen
Wortbedeutungen untersuchen

Wortspiele Homonyme und Synonyme

Ober: „Wie fanden Sie das Schnitzel?"
Gast: „Rein zufällig, als ich die Kartoffel aufhob."

„Schau mal, ein Zitronenfalter!"
„Wo denn? Ich sehe nur einen Schmetterling und niemanden, der Zitronen faltet."

Ein kleiner Junge zu einer freundlichen älteren Dame: „Nein, meine Mutti zieht mich nicht groß, ich wachse schon von ganz alleine."

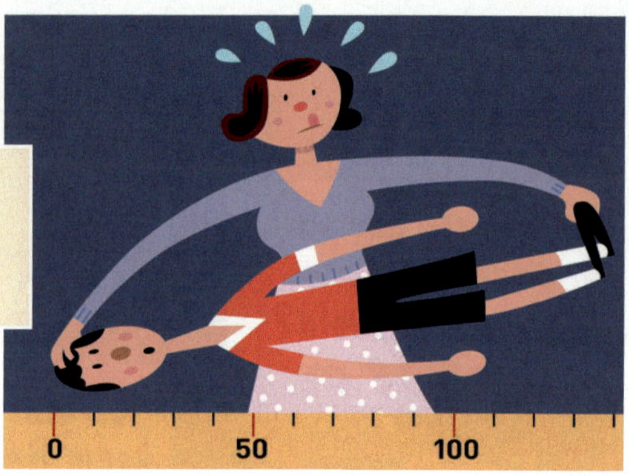

1 Diese Witze beruhen alle auf einem Missverständnis. Suche jeweils das mehrdeutige Wort (Homonym) und erkläre seine verschiedenen Bedeutungen.

2 Erfindet in Partnerarbeit eigene Witze oder Wortspiele mit Homonymen.
a Schreibt die unterschiedlichen Bedeutungen der Homonyme auf, z. B.:
Note: Zeichen für einen Ton (Musiknote) – Beurteilung einer Leistung (Zeugnisnote)
b Verknüpft dann die unterschiedlichen Bedeutungen auf witzige Weise miteinander, z. B. in einer missverständlichen Situation:
„Das sind aber gute Noten!" – „Kannst du sie mir mal vorspielen?"

3 Je zwei Adjektive im folgenden Kasten haben eine gleiche oder ähnliche Bedeutung.
a Schreibe diese zwölf Wortpaare auf, z. B.: *schlau – geistreich, ...*

unnötig | teuer | ~~schlau~~ | laut | heiter | ruhig | abscheulich | ehrlich | preiswert | eigenartig | transparent | geräuschvoll | aufrichtig | ~~geistreich~~ | überflüssig | farbenfroh | still | bunt | widerlich | durchsichtig | fröhlich | kostspielig | seltsam | billig

b Untersucht in Partnerarbeit die Bedeutungen der Wortpaare genauer. Welche Wortpaare haben eurer Meinung nach die gleiche, welche nur eine ähnliche Bedeutung? Begründet.

Merkwissen Homonyme und Synonyme

Wörter, die **gleich lauten, aber unterschiedliche Bedeutungen haben**, nennt man **Homonyme**. Ihre Bedeutung kann nur im Zusammenhang geklärt werden, z. B.: *der Ball (Tanzveranstaltung, Spielgerät): Wir gehen auf den Ball. Wir spielen mit dem Ball.*
Wörter mit **gleicher oder fast gleicher Bedeutung** bezeichnet man als **Synonyme**.
Mit ihrer Hilfe können wir Texte abwechslungsreicher gestalten und **Wiederholungen vermeiden**, indem wir z. B. statt „sagen" *reden, mitteilen* oder *sprechen* verwenden.

Ordnen nach Ober- und Unterbegriffen

Do – der Weg

Ist euch schon einmal aufgefallen, dass viele Kampfsportarten die Endung „do" haben? Zum Beispiel Judo, Aikido, Taekwondo, Kendo. Auch Karate hieß ursprünglich Karate-Do. „Do" ist Japanisch und heißt wörtlich übersetzt „der Weg". Damit ist gemeint, dass der Schüler bei diesen Kampfsportarten nicht nur seinen Körper (Schnelligkeit, Sprungkraft, Gelenkigkeit, Ausdauer) trainieren, sondern sich auch geistig weiterentwickeln soll, indem er lernt, seine Schwächen zu überwinden: Konzentration, Selbstdisziplin, Willensstärke und vor allem Respekt sollen trainiert werden. Deshalb beginnt auch jeder Kampf mit einer respektvollen Verbeugung und der Begrüßung der Gegnerin oder des Gegners.

1 a Trainierst du selbst eine Sportart? Berichte, worauf es bei dieser Sportart ankommt.
b Ordne die zentralen Textinformationen nach Ober- und Unterbegriffen. Vervollständige dazu die folgende Mindmap in deinem Heft.

Körpertraining	*Kampfsportarten*	*geistiges Training*
Schnelligkeit	...	...
...	...	...

2 a Ordne die nebenstehenden Sportarten zweimal, und zwar nach folgenden Oberbegriffen:
- Individual- und Mannschaftssportarten
- Hallensport- und Außensportarten

Achtung: Manche lassen sich beiden Begriffen zuordnen.

b Ergänze weitere Sportarten.

Fußball | Geräteturnen | Volleyball | Orientierungslauf | Tennis | Basketball | Schwimmen | Eishockey | Polo | Segeln

Merkwissen Ober- und Unterbegriffe unterscheiden

Ein **Oberbegriff** fasst mehrere Gegenstände, Eigenschaften, Begriffe zusammen, die gemeinsame Merkmale haben, z. B.:
Oberbegriff: *Wassersportarten*
Unterbegriffe: *Schwimmen, Tauchen, Surfen, Rudern, Segeln ...*
Oft lassen sich die Unterbegriffe weiter unterteilen. → *Regattasegeln, Fahrtensegeln, ...*
Die Über- und Unterordnung von Begriffen kann man z. B. in einer Mindmap darstellen.
Von einem Ast (Oberbegriff) können mehrere Zweige (Unterbegriffe) abgehen.

Redewendungen Wer weiß, was dahintersteckt?

1 Viele Redewendungen, die wir noch heute benutzen, stammen aus dem Mittelalter.

a Ordne die vier Bilder den folgenden Redensarten zu:
einen Zahn zulegen, jemanden (nicht) im Stich lassen,
mit offenem Visier kämpfen, eine Gardinenpredigt halten.

b Erkläre, was diese Redensarten heute bedeuten und bei welcher Gelegenheit sie verwendet werden.

2 Auch die folgenden Redensarten stammen aus dem Mittelalter. Auf der rechten Seite stehen die passenden Erläuterungen. Ordne sie einander zu und erkläre ihre Bedeutung.

das Wasser abgraben	sich selbst den Rückweg verbauen
sich die Sporen verdienen	Druck auf jemanden ausüben
den Spieß umdrehen	von Abwehr auf Angriff übergehen
alle Brücken hinter sich abbrechen	jemandes Wirksamkeit einschränken
die Daumenschrauben anlegen	sich auszeichnen, sich als würdig erweisen

3 Erkläre die ursprüngliche Bedeutung dieser Redewendungen. Schlage in einem Buch über Redewendungen nach oder recherchiere im Internet, wenn du dir nicht sicher bist.

Merkwissen Die Redewendungen

Unter einer Redewendung versteht man eine **feste Verbindung von Wörtern**, die meist eine **bildliche Bedeutung** hat. Redewendungen sind wie Sprichwörter ein Mittel, um eine Situation mithilfe eines Bildes deutlicher zu machen, z. B.:
Statt: *Er hat jemanden Ungeeignetes ausgewählt.* ⟶ *Er hat den Bock zum Gärtner gemacht.*

Übertragene Bedeutungen Metaphern

„Und dann raste er mit seinem Schlitten die Straße entlang. Ein Polizist, ein echter Schrank, hielt ihn an und wollte seinen Lappen sehen."

1 a Welche Wörter hat der Zeichner hier falsch verstanden? Erkläre, warum.
b Erkläre das nebenstehende Schaubild. Verwende hierfür die folgenden Begriffe: *übertragene Bedeutung (Metapher), wörtliche Bedeutung, Ähnlichkeit*.

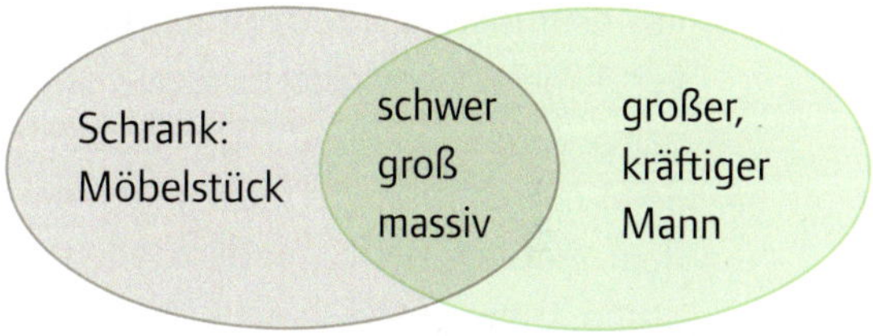

2 Lies die folgenden Wörter und Metaphern. Erkläre, welche Ähnlichkeiten zur Bildung der jeweiligen Metapher geführt haben.
- Bett (Möbel) – Bett des Flusses
- Krone (König) – Krone des Baumes
- Schlange (Tier) – Schlange (Form des Anstehens)

3 In den folgenden Sätzen findest du jeweils eine Metapher.
a Formuliere den Satz so um, dass aus der Metapher ein Vergleich wird, z. B.:
Das Gold ihrer Haare glänzte in der Sonne. *Im Sonnenlicht sah ihr Haar wie Gold aus.*

Sebastian ist ein richtiger kleiner Teufel.

Marianne ist unser Sonnenschein.

Es regnet Bindfäden.

Das ist ja ein richtiger Saustall hier.

Morgen treffe ich meinen Schatz wieder.

b Sammelt in Partnerarbeit weitere Wendungen oder Sätze, in denen eine Metapher vorkommt. Erklärt euch gegenseitig die Bedeutung der jeweiligen Metapher, indem ihr einen Vergleich zu Hilfe nehmt.

Merkwissen Metaphern

Bei einer Metapher wird ein Wort nicht wörtlich, sondern in einer **übertragenen (bildlichen) Bedeutung** gebraucht, z. B.: *Schnee von gestern* für ein nicht mehr aktuelles Thema.
Man verwendet Metaphern, weil sich zwei Dinge aufgrund einer Eigenschaft ähnlich sind.

Wörter aus anderen Sprachen Fremdwörter

Die Fußball-Matrix des Bundestrainers
von Kerstin Hermes

Der Countdown läuft. In zwei Tagen beginnt die Fußball-EM. Experten und Fans sind der Meinung, dass Deutschland gute Chancen auf die Trophäe hat.

Wenn die deutsche Nationalmannschaft ab kommender Woche bei der Europameisterschaft auf dem Platz steht, dann hat ein ganzer Stab von Experten und Sportwissenschaftlern schon ganze Arbeit geleistet. Denn wichtig bei einem Spiel ist schon lange nicht mehr nur, was auf dem Platz passiert, sondern auch im Hintergrund: Ohne Analysen per Computer und ungezählte Statistiken ist moderner Spitzenfußball heute nicht mehr denkbar. Der Ball muss ins Tor: Im Prinzip geht es beim Fußball um nichts anderes. Den Weg dorthin beeinflussen unzählige Faktoren und der Trainer will so viele wie möglich von ihnen steuern. Das fängt bei Fitness, Ernährung, Psychologie und dem Teamgeist an und hört bei der Analyse der Spiele und der Gegner auf.
Aber neben allen Analysen ist der Teamgeist der entscheidende Faktor für den Erfolg. „Natürlich müssen wir planen. Wir müssen aber auch entscheiden, wer in einer guten Verfassung ist und wer die Spiele mit Elan und absoluter Power bestreiten kann. Unsere Stärke ist der Teamgeist der Mannschaft. Jeder weiß zu jeder Zeit, was er machen muss“, sagt der DFB-Coach.

1 a Erläutere die Überschrift des Artikels. Schlage gegebenenfalls das Fremdwort „Matrix“ in einem Wörterbuch nach.
b Kläre, was die markierten Fremdwörter im Text bedeuten. Prüfe deine Ergebnisse mithilfe eines Wörterbuchs.

2 Die meisten Fremdwörter, die wir im Deutschen gebrauchen, kommen aus dem Griechischen, dem Lateinischen, dem Französischen oder dem Englischen.
Übertragt die Tabelle in euer Heft und ordnet die markierten Fremdwörter aus dem Text nach ihrer Herkunft ein. Nehmt hierzu ein Wörterbuch zu Hilfe.

Fremdwörter	Beispiele aus dem Text	Bedeutung
aus dem Griechischen	...	...
aus dem Lateinischen	*Matrix*	...
aus dem Französischen	...	...
aus dem Englischen	...	...

Merkwissen Fremdwörter

Fremdwörter sind **Wörter**, die **aus anderen Sprachen** kommen, z. B.: *Gymnastik* (griech.), *diskutieren* (lat.), *Garage* (frz.), *Spaghetti* (ital.), *Snowboard* (engl.).
Viele Fremdwörter übernehmen wir **gegenwärtig aus dem Englischen** (Anglizismen), vor allem aus den Bereichen der Informationstechnik (z. B.: *Software, WLAN*), der Musik (z. B.: *Rapper, Boygroup*), der Mode (z. B.: *Jeans*) und des Sports (z. B.: *Inlineskates*).

Teste dein Wissen!
Homonyme, Ober- und Unterbegriffe, Metaphern

- Wegen des Taus rutschte er aus.
- Er erreichte den Ball zu spät.
- Am meisten hasste er die Laster.
- Der Schuss rutschte dem Torwart durch die Finger, was für ein Tor!
- Was sich unter dem Pflaster tat, sah sie nicht.
- Ich mag Berliner.

1 a Schreibe die Sätze auf. Unterstreiche in jedem Satz das mehrdeutige Wort (Homonym).
b Bilde zu jedem Homonym zwei Sätze, in denen die unterschiedlichen Bedeutungen deutlich werden, z. B.:
Tau: *Wir zogen zusammen an dem dicken Tau.* *Morgens lag noch der Tau auf der Wiese.*

2 a Ordne jedem Oberbegriff zwei Unterbegriffe zu, z. B.:
Fernsehsendung
Sportschau, GZSZ (Gute Zeiten, schlechte Zeiten)

~~Fernsehsendung~~ | Kleidung | Wortart | Elektrogeräte | Sportart | Geschirr | Singvogel | Möbel | Blume | Schmuck

Teller | ~~Sportschau~~ | Lerche | Orchidee | Amsel | Badminton | Socken | Mixer | ~~GZSZ~~ | Ring | Verb | T-Shirt | Brosche | Adjektiv | Tasse | Bett | Stuhl | Narzisse | Staubsauger | Golf

b Suche zu den folgenden Oberbegriffen jeweils drei Unterbegriffe. Notiere deine Ergebnisse.

Fahrzeug | Bauwerk | Schreibgerät | Medien | Werkzeug | Kunst

3 Erkläre die wörtliche Bedeutung und die metaphorische Bedeutung der folgenden Wendungen. Übertrage hierzu die unten stehende Tabelle in dein Heft und setze sie fort.

immer am Ball sein | ein Eigentor schießen | die Notbremse ziehen | den Nagel auf den Kopf treffen

Redewendungen	wörtliche Bedeutung	übertragene Bedeutung
immer am Ball sein	*jederzeit im Fußballspiel den Ball führen*	...

4 Überprüft eure Ergebnisse aus den Aufgaben 1 bis 3 in Partnerarbeit.

11.2 Sprache im Wandel
Sprachgeschichte untersuchen

Als die Welt noch jung war Althochdeutsch

Zweiter Merseburger Zauberspruch

Phol ende Uuôdan uuorun zi holza.
dû uuart demo Balderes uolon sîn uuoz birenkit.
thû biguol en Sinthgunt, Sunna era suister,
thû biguol en Frîia, Uolla era suister;
thû biguol en Uuôdan sô hê uuola conda:
sôse bênrenkî, sôse bluotrenkî, sôse lidirenkî:
bên zi bêna, bluot zi bluoda,
lid zi geliden, sôse gelimida sîn!

1 Die „Merseburger Zaubersprüche" stammen aus dem 10. Jahrhundert und wurden 1841 in der Bibliothek des Domkapitels zu Merseburg entdeckt. Der „Zweite Merseburger Zauberspruch" gilt als Heilungszauber eines verletzten Pferdefußes und wurde mehrfach vertont.

a Recherchiere im Internet und höre dir eine der Aufnahmen an. Versuche beim Anhören, den Text still mitzulesen.

b Suche nun im Internet nach einer Übersetzung. Lies sie durch und erzähle anschließend den Inhalt des Textes mit eigenen Worten nach.

2 Untersucht in Partnerarbeit, welche Teile im Text als Wiederholungen vorkommen. Beachtet die Anzahl der Wiederholungen und äußert Vermutungen über ihre Bedeutung.

3 a Vergleicht in Partnerarbeit den Originaltext mit der Übersetzung. Welche althochdeutschen Wörter könnt ihr nun besser verstehen?

b Stellt in einer Tabelle ausgewählte althochdeutsche Wörter aus dem Zauberspruch ihrer Übersetzung gegenüber. Benennt Ähnlichkeiten und Unterschiede.

Merkwissen Althochdeutsch

Als **Althochdeutsch** bezeichnet man die älteste Form der hochdeutschen Sprache in der Zeit von ca. 750 bis 1050. Vorläufer des Althochdeutschen waren Dialekte von germanischen Stämmen in der Zeit von ca. 500 v. Chr. bis zum 7./8. Jahrhundert n. Chr., die vor allem gesprochen wurden. Schriftliche Zeugnisse des Althochdeutschen liegen nur in wenigen handgeschriebenen, vorwiegend religiösen Texten, aber auch in Form von Heldenliedern oder Zaubersprüchen vor. Offizielle schriftliche Texte wurden in dieser Zeit überwiegend noch in Latein verfasst, z. B. Verträge, Urkunden oder Rechtsvorschriften.

Gedichte aus dem Mittelalter Mittelhochdeutsch

Unbekannter Verfasser

Dû bist mîn, ich bin dîn:
des solt dû gewis sîn.
du bist beslozzen
in mînem herzen:
verloren ist daz slüzzelîn.
dû muost immer drinne sîn.

1 Mittelhochdeutsche Texte sind bereits deutlich leichter zu verstehen als althochdeutsche.

a Lies den obigen Text laut vor und gib anschließend mit eigenen Worten wieder, was der unbekannte Verfasser mitteilen wollte. An wen richtet sich der Text?

b Untersuche den Text. Woran merkst du, dass es sich um ein Gedicht handelt?

Walther von der Vogelweide
Ich saz ûf eime steine

Ich saz ûf eime steine,
und dahte bein mit beine:
dar ûf satzt ich den ellenbogen.
ich hete in mîne hant gesmogen
daz kinne und ein mîn wange. […]

2 Walther von der Vogelweide gilt als der bedeutendste deutsche Dichter des Mittelalters. Übersetzt den obigen Gedichtanfang in Partnerarbeit in heutiges Deutsch (Neuhochdeutsch) und tragt eure Übersetzung anschließend in der Klasse vor.

3 Wählt aus beiden Gedichten mittelhochdeutsche Wörter aus und schreibt sie zusammen mit ihrer neuhochdeutschen Entsprechung auf. Beschreibt einige Besonderheiten des Mittelhochdeutschen.
Tipp: Achtet besonders auf Veränderungen bei Doppellauten.

Mittelhochdeutsch	Neuhochdeutsch
mîn	*mein*

Merkwissen Mittelhochdeutsch

Die ehemals althochdeutschen Dialekte veränderten sich ab dem 11. Jahrhundert n. Chr. stark und wurden von da an zusammenfassend als **Mittelhochdeutsch** (ca. 1050–1350) bezeichnet. Auch diese Dialekte wurden vor allem mündlich gebraucht, dennoch sind auch viele Texte in Handschriften überliefert. Dazu gehören Gedichte (z. B. von Walther von der Vogelweide), Epen (z. B. das *Nibelungenlied*) und Sachtexte (z. B. der *Sachsenspiegel*, eine Sammlung von Rechtstexten). In offiziellen schriftlichen Texten wurde immer noch überwiegend die lateinische Sprache verwendet.

Die ersten deutschen Grammatiken Frühneuhochdeutsch

Valentin Ickelsamer
Teutsche Grammatica

Teütsche wort recht Bůchståbisch zůschreiben oder zů reden Regule

Die Erst / Das ainer der ain wort reden oder schreyben will / fleyssig auffmerckung hab auff die bedeüttung vnd Composition desselben worts / das ist / Er soll wissen was es haisse / dann wie yetzt gesagt / verstehn die Teütschen nichts wenigers dann jr aygen teütsch / vnd kumpt solcher vnuerstand diser sprach am maisten daher / das die wo̊rter mit vnrechten Bůchstaben werden geschriben vnd geredt / als ain Exempel / Das wort harbant / reden etlich das / b / so waich das es lauttet harwant / ja etlich nennens harwet / Wer nu nit waist [...] die bedeütung dises worts / Nåmlich / das gesagt ist von ainem band da man das har mit bindet / wie kann ers recht schreiben oder reden?

1 a Sprich dir den Text leise vor und versuche, ihn zu entschlüsseln.
b Erschließe unbekannte Wörter aus dem Textzusammenhang oder lies einfach über sie hinweg.
c Schreibe den Inhalt des Textes mit eigenen Worten auf und trage dein Ergebnis anschließend einem Lernpartner vor.
d Vergleicht eure Ergebnisse in der Klasse. Wer hat am meisten verstanden?

2 Stelle ausgewählte frühneuhochdeutsche Wörter aus dem Text ihrer neuhochdeutschen Entsprechung gegenüber. Unterstreiche Unterschiede, z. B.: *ainer – einer, ...*

Merkwissen Frühneuhochdeutsch

Im 14. Jahrhundert war eine weitere Etappe der Veränderung der hochdeutschen Dialekte abgeschlossen. Man nennt sie von da an zusammenfassend **Frühneuhochdeutsch** (ca. 1350–1650). In dieser Zeit wurden immer mehr schriftliche Texte in Dialekt verfasst, sie sind bis heute in Handschriften und Drucken erhalten. Dazu zählen Schriften der Reformation (Martin Luther), Volksbücher (z. B. *Till Eulenspiegel*), Schwänke oder erste Grammatiken des Deutschen (z. B. von Valentin Ickelsamer). In vielen offiziellen schriftlichen Texten (z. B. in Politik, Verwaltung oder Wissenschaft) wird immer noch die lateinische Sprache verwendet, doch ihr Einfluss geht allmählich zurück.
Aus dem Frühneuhochdeutschen entwickelte sich im 18. und 19. Jahrhundert eine gesamtdeutsche Nationalsprache.

Vertiefen und üben
Luthers Bibelübersetzung

Als Luther sich 1521 mit der Übersetzung der Bibel ins Deutsche beschäftigte, gab es noch keine gemeinsame deutsche Sprache, sondern nur eine ganze Reihe verschiedener Dialekte. Da sein Werk von möglichst vielen gelesen werden sollte, versuchte Luther, aus allen Sprachvarianten eine Fassung zu kreieren, die von so vielen Menschen wie möglich verstanden wurde. In Ostmitteldeutschland, dem heutigen Sachsen, war ein Dialektgemisch entstanden, als sich Menschen aus verschiedenen Teilen Deutschlands im 11. und 12. Jahrhundert dort ansiedelten. Auf dieses Sprachgemisch griff Luther zurück und ergänzte es durch eigene Wortschöpfungen. Da seine Bibelübersetzung dank des Buchdrucks schnell in ganz Deutschland zu haben war, setzte sich seine Sprache als gemeinsames Schriftdeutsch nach und nach überall durch. Luther gilt damit als Schöpfer des Neuhochdeutschen.

Er selbst beschreibt seine Einstellung zum Übersetzen vom Lateinischen ins Deutsche so:
„... denn man mus nicht die buchstaben inn der lateinischen sprachen fragen, wie man sol Deutsch reden, wie diese esel thun, sondern, man mus die mutter jhm hause, die Kinder auff der gassen, den gemeinen man auff dem marckt drumb fragen, und den selbigen auff das maul sehen, wie sie reden, und darnach dolmetzschen, so verstehen sie es den, und mercken, das man Deutsch mit jn redet."

1 Tragt zusammen, was ihr bereits über Martin Luther wisst.

●●● 2 Lies den Text still durch und erkläre anschließend, warum die Entwicklung einer gemeinsamen deutschen Sprache so wichtig war. Beginne so:
Zu der Zeit, als Luther die Bibel übersetzte, gab es ...
→ Hilfen zu dieser Aufgabe findest du auf S. 222.

●●● 3 Lies Luthers Ratschläge für Übersetzer still durch und beschreibe, wie ein Übersetzer nach Luthers Meinung vorgehen sollte.
→ Hilfen zu dieser Aufgabe findest du auf S. 222.

●●● 4 Wende Luthers Ratschlag selbst an, indem du den Text von Martin Luther so umschreibst, dass er inhaltlich noch immer dasselbe aussagt, aber so klingt, als wäre er von einem heutigen Menschen geschrieben worden.
→ Hilfen zu dieser Aufgabe findest du auf S. 222.

●● 2 mit Hilfen

Lies den Text still durch und erkläre anschließend, warum die Entwicklung einer gemeinsamen deutschen Sprache so wichtig war.
Stelle dir dazu vor, wie es wäre, wenn ...
- im Fernsehen alle Leute in ihrem heimischen Dialekt reden würden.
- sich ein Sachse, ein Berliner, ein Mecklenburger und ein Schwabe treffen.
- ein Fremdenführer einer Gruppe aus verschiedenen Teilen Deutschlands seine Stadt zeigt.
- ein Film in über 20 Dialekten synchronisiert werden müsste.

Beginne so: *Zu der Zeit, als Luther die Bibel übersetzte, ...*

●● 3 mit Hilfen

Lies Luthers Ratschläge für Übersetzer still durch und beschreibe, wie ein Übersetzer nach Luthers Meinung vorgehen sollte.
Überlege dir, welche zwei der folgenden Aussagen zutreffen, und schreibe mit ihrer Hilfe deine Antwort auf.

- *Man überlegt sich, was gemeint ist, und fasst es dann in eigene Worte.*
- *Man muss jedes Wort einzeln übersetzen.*
- *Man muss sich überlegen, wie Deutsche das ausdrücken würden.*
- *Man soll so dicht wie möglich beim Original bleiben.*

●● 4 mit Hilfen

Wende Luthers Ratschlag selbst an, indem du den Text von Martin Luther so umschreibst, dass er inhaltlich noch immer dasselbe aussagt, aber so klingt, als wäre er von einem heutigen Menschen geschrieben worden.
Wähle aus den folgenden Versatzstücken die aus, die den Kern von Luthers Aussage treffen, und schreibe deine Formulierung auf.

Was man nicht tun soll
- *die deutsche Sprache gründlich studieren*
- *in einer lateinischen Grammatik nachschlagen*
- *sich mit der lateinischen Sprache beschäftigen*

Was man tun soll
- *die Sprache der Fürstenhäuser verwenden*
- *den einfachen Leuten auf der Straße „aufs Maul schauen"*
- *eine neue Sprache erfinden*

11.3 Projekt
Ein Wörterbuch der Jugendsprache erstellen

Susanna Nieder

Sechsmal „gut“: fett, krass oder knorke?

Ist euch schon mal aufgefallen, dass die wenigsten Leute einfach „gut“ sagen, wenn ihnen etwas gefällt? Für das Wörtchen „gut“ gibt es jede Menge Ausdrücke, die sich ständig verändern. Deshalb werden sie nicht von allen benutzt, sondern immer nur von einer bestimmten Altersgruppe. Wenn ihr mal nicht wisst, wie alt Erwachsene sind, weil über 20 sowieso alle graue Haare, Runzeln und falsche Zähne haben, dann horcht einfach, was die Leute sagen, wenn sie etwas gut finden. Daran erkennt ihr sie bestimmt. Wenn zum Beispiel Zwölfjährigen etwas gefällt, dann finden sie es „voll fett“. Das ist der allerneueste Ausdruck, haben wir uns sagen lassen. 15-Jährige würden „voll krass“ dazu sagen. „Voll krass“ kann aber auch heißen, dass man etwas total blöd findet. Das kommt ganz auf den Zusammenhang an. „Cool“ ist ein Wort, das vor etwa 15 Jahren in Mode kam, als heute 25-Jährige in eurem Alter waren. Kurz davor hatten plötzlich alle angefangen, alles Mögliche „geil“ zu finden. Die meisten Eltern fanden dieses Wort ganz furchtbar. Viele sind wahrscheinlich heute noch nicht begeistert davon. Als ich vor 20 Jahren zur Schule ging, sagten wir „stark“, wenn uns etwas gefiel. „Echt stark“. Das sage ich manchmal heute noch und daran könnt ihr erkennen, dass ich Mitte 30 bin. Vielleicht findet ihr den Ausdruck auch komisch. Ich jedenfalls muss immer bei einem Wort grinsen, das Leute benutzen, die etwa 15 Jahre älter sind als ich. Manche Leute, die um die 50 Jahre alt sind, sagen nämlich „dufte“. Oder auch „spitze“. In grauer Vorzeit, als Oma und Opa oder sogar deren Eltern klein waren, gab es auch schon Ausdrücke, die vor allem Kinder benutzten. Wenn ihr zum Beispiel „Emil und die Detektive“ von Erich Kästner lest, werdet ihr feststellen, dass Gustav mit der Hupe immerzu „eisern!“ ruft. Das soll heißen: Wir halten zusammen. Wenn Kinder wie Emil und Gustav etwas richtig gut fanden, sagten sie „knorke“ oder „schnafte“. Es könnte sogar sein, dass sie „töfte“ gesagt haben.

1 a Erkläre, worum es in dem Artikel geht.

b In dem Text werden verschiedene Bezeichnungen für „gut“ genannt, solche, die man früher verwendete, und solche, die man heute benutzt. Sucht sie in Partnerarbeit heraus und ordnet sie auf einem Zeitstrahl an.

Bezeichnungen für „gut“ — *vor 15 Jahren* — *heute* →
voll fett, …

Merkwissen Jugendsprache

Die **Jugendsprache** unterscheidet sich durch bestimmte Wörter, Wendungen oder den Satzbau von der Standardsprache, z. B.: *fett* (Jugendsprache) = *gut* (Standardsprache).
Sie unterscheidet sich von Ort zu Ort, da jede Gruppe ihre eigenen Begriffe bildet.
Zudem ist die Jugendsprache sehr schnelllebig und verändert sich oft innerhalb weniger Jahre oder gar Monate.

Weißt du, was mit einem „Achselfahrrad" gemeint ist? Kennst du eine „Panzerkette" oder ein „Frittennetz"? Sind dir die Sprüche „PP!" oder „Speah!" bekannt? All diese Beispiele stammen aus Wörterbüchern der Jugendsprache. Viele Ausdrücke und Wendungen in diesen Wörterbüchern werden allerdings nicht von allen Jugendlichen verstanden, weil sie nur regional verbreitet sind oder nur in bestimmten Szenen verwendet werden.

1 Erstellt selbst ein Wörterbuch der Jugendsprache. Bildet Gruppen und sammelt Wörter und Wendungen aus der Jugendsprache, die ihr verwendet oder die in eurer Umgebung benutzt werden. Geht so vor:

a Sprecht mit Bekannten, Freundinnen und Freunden in eurem Alter und bittet sie, euch jugendsprachliche Wörter und Wendungen zu nennen, die sie zurzeit verwenden. Notiert auch, was diese Wörter und Wendungen bedeuten, z. B.:

canceln:
abbrechen, absagen, annullieren, aufheben, durchstreichen

abgedreht:
1. außerordentlich gut, hervorragend
2. schlecht, untauglich, unpassend
3. originell, urwüchsig

das ist fett:
das ist toll, stark, sehr gut; Steigerung: voll fett

durch die Kanäle rudern:
fernsehen bzw. zappen

zutexten:
...

b Ordnet die Wörter und Wendungen nach dem Alphabet. Wenn ihr mit dem Computer arbeitet, könnt ihr sie automatisch sortieren lassen. Markiert hierzu den Text, klickt dann in der Menüleiste auf „Tabelle", dann auf „Sortieren".

c Stellt euch eure Ergebnisse vor. Gibt es Wörter und Wendungen, die ihr nicht verwenden würdet, weil sie zum Beispiel beleidigend sind?

2 Tragt die Ergebnisse eurer Gruppenarbeit zusammen und erstellt euer Wörterbuch der Jugendsprache. Ihr könnt die Seiten ausdrucken, ein Deckblatt gestalten und euer Wörterbuch zum Beispiel in einem Copyshop binden lassen. Oder ihr veröffentlicht euer Wörterbuch auf der Website eurer Schule.

Tipp Verschiedene Verlage veröffentlichen in regelmäßigen Abständen Wörterbücher oder Lexika der Jugendsprache. Schreibt die Verlage an und erkundigt euch, ob sie eure Funde in die nächste Ausgabe aufnehmen möchten.

12 Grammatiktraining
Wortarten und Formen des Verbs

1 Stelle Vermutungen darüber an, wie der Zaubertrick funktioniert.
- a Prüfe, welche Wortarten du in den Sätzen aus den Sprechblasen findest. Wie kannst du sie unterscheiden?
- b Erkläre die Funktion der einzelnen Wortarten.

2 Untersuche die einzelnen Sätze genauer:
- a In welchen Sätzen wird hervorgehoben, wer etwas tut? In welchen Sätzen wird betont, was geschieht?
- b Bestimme die Prädikate in den Sätzen. Wie unterscheiden sich die Verbformen?

In diesem Kapitel …

- wiederholst du die wichtigsten Pronomina und ihre Funktionen,
- unterscheidest du Aktivsätze und Passivsätze,
- nutzt du das Passiv zum Beschreiben von Vorgängen,
- lernst du Ersatzformen für das Passiv kennen.

12.1 K(l)eine Zauberei
Wortarten wiederholen

Zauberer und Magier Rund um das Nomen/Substantiv

David Copperfield – Großmeister der Illusionen

Wenn einer der größten Zauberkünstler unserer Zeit auftritt, gibt er sich nicht mit Zylindern und weißen Kaninchen ab. Der Magier David Copperfield begeistert sein Publikum durch spektakuläre Großillusionen. Mithilfe von Licht- und Soundanlagen, Hebevorrichtungen und Spiegeln liefert Copperfield eine gigantische Show, die zahlreiche Zuschauer in riesige Hallen lockt. Unter dramatischen Klängen und geheimnisvoller Beleuchtung verzaubert er das Publikum, indem er Motorräder, seine Assistentin oder sich selbst innerhalb eines Augenblicks von der Bühne hext und urplötzlich an anderer Stelle wieder auftauchen lässt. Im Winter kommen die Menschen wegen der Festtagsstimmung in Copperfields Weihnachtsshow, denn dann lässt er Schnee aus dem Nichts auf das Publikum rieseln.

1 Hast du schon einmal eine Zaubershow erlebt oder im Fernsehen gesehen? Berichte davon.

2 a Übertrage die folgende Tabelle in dein Heft. Suche dann aus dem Text jeweils mehrere Beispiele für die Wortarten heraus und ordne sie in die richtige Tabellenspalte ein.

Nomen/Substantive	Adjektive	Präpositionen
...	...	...

b Erkläre, woran du die Wortarten im Text erkannt hast.

3 a Lies den Text und lass dabei alle Adjektive weg. Wie wirkt der Text jetzt auf dich?
b Im Text heißt es „einer der größten Zauberkünstler unserer Zeit“ (→ Z. 1). Erkläre, in welcher Form das Adjektiv hier verwendet wird. Welche anderen Formen kennst du?

4 Präpositionen können ein örtliches, zeitliches, modales oder kausales Verhältnis ausdrücken. Erkläre dies am Beispiel ausgewählter Präpositionen im Text.

5 a Verfasse einen kurzen Erlebnisbericht über eine Zaubershow. Verwende dabei möglichst viele Adjektive, um die Zaubereffekte zu veranschaulichen, z. B.: *fantastisch, großartig*.
b Unterstreiche anschließend alle Adjektive.
c Kreise in deinem Text alle Präpositionen ein und markiere das Wort oder die Wortgruppe, auf die sie sich jeweils beziehen.

Mit Adverbien genauere Angaben machen

Konkurrenz der Zauberer

Der Star-Magier David Copperfield hat in seiner Show nie Angst davor, dass das Publikum die ausgefeilte Technik hinter seinen Kunststücken durchschaut. Er glaubt stets an das Bedürfnis der Menschen, ihm gern auf eine Reise durch das Reich der Magie zu folgen. Insgeheim befürchtet er, dass Konkurrenten das Geheimnis hinter seinen Täuschungen entschlüsseln und somit den Zauber brechen könnten. Schon in der Anfangszeit der Bühnenzauberei verdarben Zauberkünstler ihren Rivalen oft das Geschäft, indem sie deren Tricks hinterrücks an das Publikum verrieten oder sie anderswo selber vorführten. Darum lässt Copperfield sicherheitshalber immer den gesamten Raum hinter der Bühne für neugierige Augen abriegeln. Und sämtliche dort arbeitenden Helfer müssen sich anfangs zu absolutem Stillschweigen über seine Zauberrezepte verpflichten.

1 „Zaubertricks zu durchschauen, ist langweilig." Stimmst du der Aussage zu? Begründe.

2 a Untersuche die markierten Adverbien im Text: Welche Funktion haben sie? Wozu machen sie genauere Angaben?
b Übertrage die folgende Tabelle in dein Heft und ordne die Adverbien ein.

Adverbien des Ortes	Adverbien der Zeit	Adverbien der Art und Weise	Adverbien des Grundes
...	...	...	...

3 Schreibe den folgenden Text auf und setze dabei passende Adverbien aus dem Wortspeicher ein. Bei einigen Lücken gibt es mehrere Möglichkeiten.

David Copperfield hieß ? mit Nachnamen Kotkin. ? übte er seine Zaubertricks. ? mit zwölf Jahren wurde er Mitglied der amerikanischen Zauberervereinigung. Mit 17 wurde er als Darsteller und Trickdesigner für das Zaubermusical „The Magic Man" engagiert. ? legte er sich den Künstlernamen „Davino" zu. Dieser Name klang ihm aber nicht elegant genug. ? änderte er seinen Künstlernamen und nannte sich ? „Copperfield".

damals | schon | später | darum | frühzeitig | bald | schließlich | zunächst

Merkwissen Das Adverb (Umstandswort; Plural: die Adverbien)

Adverbien (z. B.: *dort, dorther, überall, bald, heute, sehr, vielleicht, nämlich, darum*) **machen nähere Angaben zu einem Geschehen.** Sie erklären genau, wo (lokal), wann (temporal), wie (modal) und warum (kausal) etwas geschieht. Adverbien werden kleingeschrieben und sind im Gegensatz zum Adjektiv **nicht veränderbar** (nicht flektierbar).

Pronomen stellen Bezüge her: Personal- und Possessivpronomen

Harry Houdinis Geheimnis

Der 7. Juli 1912 ist ein schöner Sommertag in New York. Am Pier 6 haben sich zahlreiche Zuschauer versammelt. Ihre Blicke richten sich auf einen kleinen Dampfer, der gerade ablegt. An Bord steht Harry Houdini, der König der Entfesselungskünstler. Unter den wachsamen Augen von einem Dutzend Zeitungsreportern lässt der Magier seine Hände und Füße mit stählernen Handschellen fesseln. Schließlich bugsieren ihn seine Assistenten in eine stabile Holzkiste. Sie nageln den Deckel zu und verschließen sie zusätzlich mit Metallbändern. Die Männer beenden ihre Vorbereitungen, indem sie ein starkes Seil mehrfach um die Kiste verknoten.

Dann schlägt die Stunde der Wahrheit. Am Haken eines Flaschenzugs versinkt das Gehäuse im Wasser, wobei es leichte Wellen schlägt. Da bricht Houdinis Kopf durch die Wasseroberfläche. Innerhalb einer Minute ist er seinem nassen Gefängnis entkommen. Wie er den Trick bewerkstelligt hat, bleibt allerdings sein Geheimnis.

1 Wie konnte sich Houdini aus der Holzkiste befreien? Stelle Vermutungen an.

2 „Sie nageln den Deckel zu und verschließen sie zusätzlich mit Metallbändern" (→ Z. 10–12).
a Lies noch einmal genau im Text nach und erkläre dann, worauf sich die Personalpronomen „sie" jeweils beziehen. Ersetze die Personalpronomen durch passende Nomen/Substantive.
b Suche weitere Personalpronomen im Text und ersetze sie jeweils durch ein Nomen/Substantiv (auch Namen).
c Erkläre, welche Funktion Personalpronomen in einem Text haben.

3 „Am Haken eines Flaschenzugs versinkt das Gehäuse im Wasser, wobei es leichte Wellen schlägt" (→ Z. 15–17).
a Überlege, worauf sich das Personalpronomen „es" beziehen könnte.
b Erkläre anhand des Beispiels, worauf du beim Gebrauch von Personalpronomen achten musst.

4 In dem Text kommen sechs Possessivpronomen vor. Sie geben an, zu wem etwas gehört. Schreibe die sechs Possessivpronomen mit den jeweils dazugehörigen Nomen/Substantiven heraus. Notiere, welche Zugehörigkeit die Possessivpronomen jeweils ausdrücken, z. B.:
ihre Blicke → die Blicke der Zuschauer

Merkwissen Personal- und Possessivpronomen

Mit **Personalpronomen** *(ich, du, er/sie/es, wir, ihr, sie)* kann man **Nomen/Substantive ersetzen**, z. B.: *Die Männer nageln die Kiste zu und versenken sie im Wasser.*
Possessivpronomen *(mein/meine – dein/deine – sein/seine – ihr/ihre – unser/unsere euer/eure – ihr/ihre)* **geben an, zu wem etwas gehört**, z. B.:
mein Geheimnis, dein Trick, unsere Zaubershow.
Possessivpronomen stehen im gleichen Kasus wie ihr Bezugswort.

Pronomen stellen Bezüge her: Demonstrativ- und Interrogativpronomen

Artisten gegen Spiritisten

Der Zauberkünstler Harry Houdini verstand sich nicht als echter Magier, sondern als ein besonders geschickter Artist. Als solcher kämpfte er zeit seines Lebens gegen jene Taschenspieler, die ihre Tricks als Zauberei verkauften. Zu diesen gehörten vor allem die sogenannten Spiritisten. Diese behaupteten, sie könnten Kontakt zu den Geistern Verstorbener herstellen. Houdini hielt das für Betrug. Die angeblichen Geisterseher würden nur die Leichtgläubigkeit der Hinterbliebenen ausnutzen, um jenen Geld aus der Tasche zu ziehen. So nahm er an vielen Geisterbeschwörungen teil und entlarvte die Tricks, mit denen Spiritisten angeblich übersinnliche Phänomene erzeugten. Er versprach sogar demjenigen, der ihm ein magisches Phänomen präsentieren könnte, welches nicht erklärbar sei, einen hohen Geldbetrag. Diesen musste Houdini jedoch nie auszahlen.

1 a Formuliere drei W-Fragen, auf die der Text eine Antwort gibt, und lasse sie von deinem Lernpartner beantworten.

b Wandle die folgenden Sätze in Fragen um, indem du den unterstrichenen Teil durch ein Interrogativpronomen ersetzt.

> Der Zauberkünstler Houdini verstand sich nicht als echter Magier. Houdini kämpfte zeit seines Lebens gegen Taschenspieler. Die angeblichen Geisterseher nutzen nur die Leichtgläubigkeit der Hinterbliebenen aus. Einen hohen Geldbetrag musste Houdini nie bezahlen.

2 Schreibe Wörter, Wortgruppen oder auch ganze Sätze in dein Heft, auf welche die im Text markierten Demonstrativpronomen hinweisen, z. B.:

solcher (Z. 3) = ein besonders geschickter Artist, ...

3 Verfasse mit deinem Lernpartner ein Streitgespräch zwischen Houdini und einem Geisterbeschwörer. Achtet darauf, dass ihr möglichst häufig Demonstrativpronomen verwendet, und unterstreicht sie, z. B.:

Houdini: „Diese Klopfgeräusche sind nur Tricks. Sie machen das mit Ihrem Knie!"

Spiritist: „Niemals würde ich einen solchen Betrug wagen. Dieses Phänomen ist ..."

Merkwissen Demonstrativ- und Interrogativpronomen

1. **Demonstrativpronomen** *(der, die, das / dieser, diese, dieses / jener, jene, jenes / solcher, solche, solches / derselbe, dieselbe, dasselbe)* **weisen besonders deutlich auf eine Person oder Sache hin**, z. B.: *Dieser ist der wahre Täter.* Demonstrativpronomen können als Begleiter oder als Stellvertreter des Nomens/Substantivs verwendet werden.
2. **Interrogativpronomen** (*wer, was, wen, wem, welcher, wessen* etc.) sind **Fragefürwörter** und **leiten Fragen ein**, z. B.: *Was hatte Houdini gegen die sogenannten Spiritisten?*

Pronomen stellen Bezüge her: Relativpronomen

Pan Tau – ein fast vergessener Zauberer

Pan Tau ist ein freundlicher Mann. Er lächelt immer und ist sehr elegant gekleidet. Er trägt einen dunklen Anzug mit einer Nelke im Knopfloch. Auf dem Kopf hat Pan Tau einen festen, halbrunden Hut. Dieser Hut wird als Melone bezeichnet. Pan Tau kann zaubern. Er benutzt seine Melone dazu, Dinge erscheinen zu lassen, oder er verwandelt sich selbst in eine kleine Puppe. Pan Tau spricht außerdem nicht. Er kommuniziert durch Pantomime und Tanz. Kinder liebt Pan Tau besonders. Den Eltern zeigt er sich allerdings nie, sondern versteckt oder verwandelt sich. Pan Tau ist ein beschützender, liebevoller Freund. So einen Freund wünscht sich jedes Kind. Er ist der Star einer tschechischen Fernsehserie. Die Fernsehserie verzauberte 22 Jahre lang große und kleine Zuschauer. Gespielt wurde Pan Tau von dem tschechischen Schauspieler Otto Šimánek. Er verstarb 1992 in Prag.

1 Beschreibe, wie der Text auf dich wirkt.

2 Um Wiederholungen zu vermeiden, kann man durch Relativpronomen Bezüge herstellen.

a Setze in die folgenden Sätze das richtige Relativpronomen ein und schreibe die Sätze auf.

Pan Tau ist ein freundlicher Mann, ? immer lächelt und sehr elegant gekleidet ist. Auf dem Kopf hat Pan Tau einen festen, halbrunden Hut, ? als Melone bezeichnet wird. Pan Tau ist ein liebevoller Freund, ? sich jedes Kind wünscht. Er ist der Star einer tschechischen Fernsehserie, ? 22 Jahre lang große und kleine Zuschauer verzauberte.

b Markiere in jedem Satz das Wort, auf das sich das Relativpronomen bezieht.

c Verbinde die folgenden zwei Sätze jeweils zu einem Relativsatzgefüge, indem du das unterstrichene Satzglied durch ein Relativpronomen ersetzt und an das Bezugswort anknüpfst.

Pan Tau kommuniziert durch Pantomime und Tanz. Er spricht grundsätzlich nicht.
Pan Tau möchte Kinder liebevoll beschützen. Er liebt sie besonders.
Pan Tau wurde von dem tschechischen Schauspieler Otto Šimánek gespielt.
Otto Šimánek verstarb 1992 in Prag.

! **Merkwissen** Relativpronomen

Relativpronomen *(der, die, das, welcher, welche, welches)* **leiten Nebensätze** (Relativsätze) **ein** und beziehen sich auf ein Bezugswort des übergeordneten Hauptsatzes, z. B.:
Der elegante Anzug, den Pan Tau immer trug, bestand aus einer schwarz-grau gestreiften Hose und einem einreihigen grauen Jackett.
Relativpronomen richten sich in Numerus und Genus nach dem Bezugswort.

Mit Verben Zeitformen bilden: Präsens und Futur I

Die Visionen des Nostradamus

Seine düsteren Voraussagen faszinieren die Menschen heute noch. Nostradamus, der wohl berühmteste Seher aller Zeiten, kommt 1503 in Frankreich zur Welt. In seinen Prophezeiungen findet man düstere Vorhersagen für die Zukunft. Seine Weissagungen sind jedoch so unklar und rätselhaft, dass man – ähnlich wie bei Horoskopen auch – vieles hineindeuten kann. Und weil viele Menschen an Vorhersagen glauben wollen, ziehen sie die rätselhaften Prophezeiungen auch heute noch zur Deutung von zukünftigen Ereignissen heran.

1 Erkläre, warum viele Menschen Vorhersagungen reizvoll finden.

2 a Schreibe den Text auf und unterstreiche alle Präsensformen.
b Erkläre den Unterschied in der Funktion des Präsens in den folgenden Sätzen:

Die Wahrsagerin schaut in eine Kugel. | Wahrsagerei ist keine Wissenschaft.

3 Berühmt geworden ist Nostradamus mit der vermeintlichen Vorhersage des Todes des französischen Königs Heinrichs II. Er starb 1559 bei einem Turnierkampf, weil ein Lanzensplitter in seinen Kopf eindrang. Nostradamus' Prophezeiung um 1550 lautete:

Der junge Löwe wird den alten auf dem Schlachtfeld in einem einzigen Duell besiegen. Im goldenen Käfig wird er ihm die Augen ausstechen.
Dann stirbt der alte Löwe bald einen grausamen Tod.

a Passt die Prophezeiung eindeutig zu den Ereignissen von 1559? Begründe deine Meinung.
b In den ersten beiden Sätzen werden zukünftige Ereignisse ausgedrückt. Wie nennt man die verwendete Zeitform und wie wird sie gebildet?
c Erkläre, warum im letzten Satz das Präsens verwendet werden kann.

4 Mache Aussagen über deine eigene Zukunft. Nutze dabei das Futur I und das Präsens.

! **Merkwissen** Die Zeitformen Präsens und Futur I

1 Das **Präsens** wird verwendet:
- wenn etwas in der Gegenwart geschieht, z. B.: *Noch heute glauben viele an Wahrsagungen.*
- wenn eine Aussage immer gilt, z. B.: *Wahrsagerei ist umstritten.*
- Außerdem kann man mit dem Präsens Zukünftiges ausdrücken. Meist verwendet man dann eine Zeitangabe, die auf die Zukunft verweist, z. B.: *Er kämpft morgen im Turnier.*

2 Die Zeitform **Futur I** wird verwendet, um ein zukünftiges Geschehen auszudrücken, z. B.: *Es wird eine Finsternis geben.* Das Futur I wird mit der Personalform von *werden* und dem Infinitiv des Verbs gebildet, z. B.: *ich werde siegen, du wirst siegen.*

Mit Verben Zeitformen bilden: Perfekt

Halloween – Süßes oder Saures!

Ursprünglich war Halloween ein Herbstfest der Kelten im alten England. Die Kelten glaubten, dass die Seelen der Verstorbenen in der Nacht vom 31. Oktober zum 1. November als Geister auf die Erde zurückkommen. Auch heute noch verkleiden sich viele in dieser Nacht als Hexen, Feen oder Dämonen, ziehen von Haus zu Haus und fordern die Bewohner auf, ihnen Süßigkeiten zu geben, sonst würden sie ihnen Streiche spielen. „Süßes oder Saures!“, so lautet die Botschaft. Eva und Klaus erzählen von ihren Erlebnissen:

Eva: Bist du gestern auch durch die Straßen gezogen?

Klaus: Ja, ich habe mich als Gespenst verkleidet. Ich habe wirklich gruselig ausgesehen. Unsere Nachbarin hat einen kleinen Schrei ausgestoßen, als ich an ihrer Tür geklingelt habe.

Eva: Ich bin als Hexe gegangen und auf einem Besen geritten. Die Leute haben eher gelacht. Wie hast du denn dein Gespensterkostüm hergestellt?

Klaus: Ich habe mir eine Gummiglatze übergezogen, habe den ganzen Kopf dann weiß geschminkt, die Augen schwarz umrandet und mir ein schwarzes Gebiss um den Mund gemalt. Auf einen schwarzen Umhang hat meine Mutter dann mit Klebeband die Umrisse eines Skeletts geklebt. Das hat wirklich unheimlich ausgesehen.

Eva: Claudia ist als Zombie herumgelaufen, das hat mir auch sehr gut gefallen.

1 Hast du selbst Erfahrungen mit Halloween? Erzähle von deinen Erlebnissen.

2 Die Verbformen in dem Gespräch zwischen Eva und Klaus stehen in der Zeitform Perfekt.
- a Erkläre, wann man das Perfekt verwendet.
- b Beschreibe, wie die Verbformen des Perfekts gebildet werden.

3 Schreibe den Dialog zwischen Klaus und Eva weiter. Verwende dabei das Perfekt.

! Merkwissen Die Zeitform Perfekt

Wenn man **mündlich von etwas Vergangenem** berichtet, verwendet man häufig das **Perfekt**, z. B.: *Ich habe mich als Teufel verkleidet.*
Das Perfekt ist eine **zusammengesetzte Zeitform**, die mit einer Form von *haben* oder *sein* im Präsens (z. B.: *habe, bin*) und dem **Partizip II des Verbs** (z. B.: *ausgesehen, gegangen*) gebildet wird.

Mit Verben Zeitformen bilden: Präteritum und Plusquamperfekt

Wer war Dr. Faust?

Dr. Georg Faust kam um 1480 zur Welt, studierte Theologie und erwarb sich den Ruf eines bedeutenden Wahrsagers und Zauberers. Der Legende nach ließ er Wein aus einem Tisch laufen, ritt auf einem Fass aus dem Weinkeller und fuhr mit einem breiten Pferdewagen durch eine viel zu enge Gasse. Nachdem er um 1538 gestorben war, tauchte die Gestalt des Dr. Faustus in vielen Büchern auf, so zum Beispiel im „Volksbuch vom Dr. Faust" (1587). Johann Wolfgang Goethe, der sich schon immer für die Figur des Dr. Faust interessiert hatte, machte den Magier durch sein Drama „Faust" weltberühmt.

1 In dem Drama „Faust" von Goethe schließt der Teufel Mephisto mit Faust einen Pakt. Kennst du andere Geschichten, in denen der Teufel eine Rolle spielt? Erzähle davon.

2 a Übertrage die Tabelle in dein Heft. Suche alle Verben im Präteritum aus dem Text heraus und ordne sie in die richtige Spalte ein. Bilde zu jedem Verb den dazugehörigen Infinitiv.

regelmäßige (schwache) **Verben** mit unverändertem Stammvokal	**unregelmäßige** (starke) **Verben** mit verändertem Stammvokal
studierte → studieren	*kam → kommen*

b Begründe, warum in diesem Text die Zeitform Präteritum verwendet wird.

3 a Untersuche in den letzten beiden Sätzen (→ Z. 7–13) den zeitlichen Ablauf: Was geschieht in der Vergangenheit, was ist dem vorausgegangen?
b Erkläre, wie die Zeitform Plusquamperfekt gebildet wird.

4 Verdeutliche den zeitlichen Ablauf in den folgenden Sätzen mithilfe der Konjunktion *nachdem*:
- Faust studierte Theologie, er wurde ein berühmter Wahrsager und Zauberer.
- Faust verfügte über magische Kräfte, er unterschrieb einen Vertrag mit dem Teufel.

! Merkwissen Die Zeitformen Präteritum und Plusquamperfekt

1 Das **Präteritum** ist eine einfache **Zeitform der Vergangenheit**, z. B.: *Er studierte Theologie.*
- Bei den **regelmäßigen** (schwachen) **Verben ändert sich** im Präteritum der **Vokal** im Verbstamm **nicht**, z. B.: *ich schütte* (Präsens) → *ich schüttete* (Präteritum).
- Bei den **unregelmäßigen** (starken) **Verben ändert sich** im Präteritum der **Vokal**, z. B.: *ich halte* (Präsens) → *ich hielt* (Präteritum).

2 Wenn etwas vor dem passiert, wovon im Präteritum oder Perfekt erzählt wird, verwendet man das **Plusquamperfekt**, z. B.: *Nachdem Faust Heidelberg verlassen hatte, reiste er nach Nürnberg.* Das **Plusquamperfekt** ist eine **zusammengesetzte Zeitform**. Es wird gebildet mit einer Form von *haben* oder *sein* im Präteritum (z. B.: *hatte, war*) und dem **Partizip II des Verbs** (z. B.: *unterschrieben, gelaufen*).

Vertiefen und üben
Die Zeitformen des Verbs

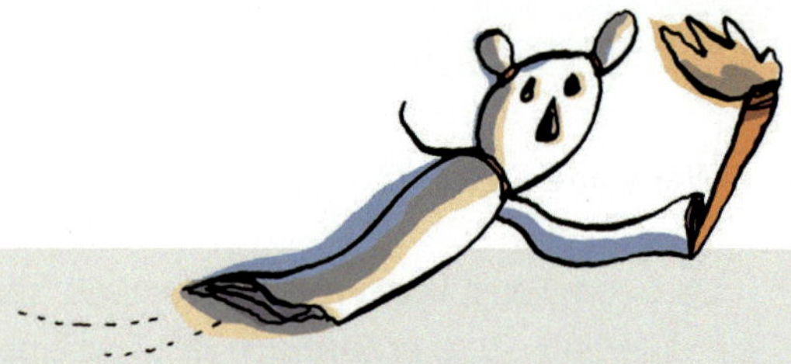

Geisterzüge in Blankenheim

Alljährlich verwandelt sich das kleine Eifelstädtchen Blankenheim in einen von Geistern beherrschten Ort. Wirbelnde Tanz- und Frühlingsgeister vertreiben die finsteren Winterdämonen. Schon im Jahr 1631 feierte man in Blankenheim den Karneval mit einem Geisterzug und auch in Zukunft wird diese touristische Attraktion wohl weiterleben. Geisterzüge haben eine lange Tradition, die bis ins Mittelalter zurückreicht. Nachdem die kalten Wintermonate ihnen große Entbehrungen abverlangt hatten, vertrieben die Menschen mit lautem Spektakel die Dämonen des Winters. „Die Menschen haben den Frühling einfach als Erlösung empfunden", meinen die Historiker Norbert P. und Markus L. So ist der Karneval, der Fasching, die Fassenacht oder die Fastnacht im Grunde ein Frühlingsfest, das auch in anderen Ländern gefeiert wird.

1 Übertrage die Tabelle in dein Heft und suche zu jeder Zeitform ein Beispiel aus dem Text.

Präsens	Futur I	Präteritum	Plusquamperfekt
...	...	...	...

2 Schreibe den Text ab und setze die Infinitive ins Präteritum bzw. ins Plusquamperfekt.

Schutz vor bösen Geistern

Im Mittelalter glaubten die Menschen, stets von bösen Geistern bedroht zu sein. Sie ? *(fürchten)* sich vor Krankheit und Tod durch die Rachsucht böswilliger Dämonen. Nachdem immer schrecklichere Seuchen die Menschen ? *(heimsuchen)*, versuchten diese, die bösen Geister zu vertreiben. Man ? *(führen)* ein gottesfürchtiges Leben und ? *(schützen)* auch das Haus durch allerlei Bräuche. Nachdem man in der Kirche ? *(beten)*, ? *(brennen)* man zum Beispiel im Haus Weihrauch oder Wacholder ab, um die krank machenden Dämonen fernzuhalten.

3 Verbinde die nebeneinanderstehenden Hauptsätze zu Satzgefügen (Hauptsatz und Nebensatz). Drücke durch das Plusquamperfekt die Vorzeitigkeit aus:

Die Menschen verkleideten sich mit weißen Tüchern als Winterdämonen.	**nachdem**	Sie bemalten ihre Gesichter mit weißer Farbe.
Es war dunkel.	**nachdem**	Der Geisterzug setzte sich mit lautem Geschrei in Bewegung.
Hunderte Geister machten sich auf den Heimweg.	**nachdem**	In den Gassen von Blankenheim kehrte wieder Ruhe ein.

Vorstellungen oder Wünsche ausdrücken: Der Konjunktiv II

Ein besonderer Zaubertrank

Miraculix, der Druide eines kleinen gallischen Dorfes, hat wieder einmal versucht, seinen Zaubertrank zu verfeinern. Der Geruch ruft bei den anderen Dorfbewohnern jedoch nicht gerade Wohlgefallen hervor.

Asterix: Miraculix, könntest du deinen Zaubertrank demnächst zuerst bei dir zu Hause ausprobieren?
Obelix: Ich stelle mir einfach vor, ich wäre ein Hinkelstein. Dann würde ich nichts riechen.
Gutemine: Du solltest bei deiner nächsten Kreation etwas mehr Lavendel verwenden!
Automatix: Wenn ich gewusst hätte, dass dein neuer Zaubertrank so riecht, wäre ich lieber bei meinem Amboss geblieben.
Majestix: Würdest du doch nur etwas mehr an uns denken und dich nicht nur um die Wirkung, sondern auch um den Duft kümmern!

Szene aus der Verfilmung „Asterix & Obelix: Mission Cleopatra", FR 2001

Troubadix: Glaubst du wirklich, mir käme bei diesem Gestank noch ein einziges Tönchen aus der Kehle?
Verleihnix: Wir könnten uns mit Miraculix' Mischung allerdings einfacher vor den Römern schützen.

1 a Lies die Kommentare der Dorfbewohner über Miraculix' übel riechenden Zaubertrank.
b In allen Aussagen der Gallier wird der Konjunktiv II verwendet.
Handelt es sich dabei um eine Vorstellung oder eine Bitte? Ordnet in Partnerarbeit jeder Aussage die Funktion zu, die der Konjunktiv II jeweils erfüllt, und notiert sie, z. B.:
Die Aussage von Asterix ist eine Bitte.

Merkwissen Konjunktiv II

Der **Konjunktiv II** ist der **Modus** (die Aussageweise) **des Nichtwirklichen (Irrealis)** und des **Möglichen (Potenzialis)**. Er drückt irreale (nicht wirkliche) Vorstellungen, unerfüllbare Wünsche, Möglichkeiten, unerfüllbare Bedingungen, Vermutungen und Zweifel aus, z. B.:
Ich könnte mir das Rezept des Zaubertranks nie merken!
Wenn Miraculix das Rezept vergessen würde, wären die Gallier verloren.
Der Konjunktiv II steht auch in höflichen Aufforderungen und höflichen Bitten, z. B.:
Würdest du bitte den Zaubertrank umrühren?
Der Konjunktiv II wird vom Indikativ Präteritum abgeleitet, oft mit Umlaut, z. B.:
sie schlief ⟶ sie schliefe, er brachte ⟶ er brächte.
Einige Verbformen im Konjunktiv II werden nur noch selten gebraucht, andere stimmen in der Form mit dem Indikativ überein. Man ersetzt sie durch ***würde* + Infinitiv**, z. B.:
er fragte ⟶ er fragte ⟶ er würde fragen,
sie log ⟶ sie löge ⟶ sie würde lügen,
ich empfahl ⟶ ich empfähle/empföhle ⟶ ich würde empfehlen.

2 a Übertragt die folgende Tabelle in euer Heft und schreibt alle hervorgehobenen Konjunktiv-II-Formen aus dem Text über Miraculix' Zaubertrank (→ S. 235) hinein.
b Bildet in Partnerarbeit jeweils die passende Verbform im Indikativ dazu, z. B.:

Konjunktiv II	Indikativ
du könntest	*du kannst*
ich wäre	...
...	...

c Sucht die Stellen im Text, an denen der Konjunktiv durch *würde* + Infinitiv ersetzt wurde. Versucht, die zugehörigen Konjunktiv-II-Formen zu bilden, und erklärt, in welchem Fall das nicht günstig ist. Das Merkwissen auf S. 235 hilft euch dabei.

3 Schreibe die folgenden Verbformen zunächst im Indikativ Präteritum und dann im Konjunktiv II auf. Markiere die Konjunktivformen, die du dir besonders merken möchtest.

bitten (ich) | finden (wir) | anhalten (sie) | fahren (wir) | bringen (ich) | geben (er) | gelingen (es) | vergleichen (wir) | lassen (sie) | liegen (es) | nehmen (er) | schreiben (ich) | verschwinden (er) | sitzen (wir) | sprechen (sie) | aufstehen (ich) | treffen (wir)

z. B.: *ich bat ⟶ ich bäte / ich würde bitten, wir fanden ⟶ ...*

Miraculix müsste man sein

Szene aus der Verfilmung „Asterix & Obelix: Mission Cleopatra", FR 2001

Miraculix hat mit seinem Zaubertrank die wirkungsvollste Waffe gegen die römischen Widersacher. Der Zaubertrank macht ihn für eine bestimmte Zeit unbesiegbar, wenn auch nicht unverwundbar. Außerdem verleiht er ihm eine gewisse Macht über die Pflanzenwelt. Miraculix kann nämlich mithilfe des Zaubertranks normalen Rasen in eine Blumenwiese verwandeln. Natürlich verrät der Druide sein Rezept nicht. Er gibt lediglich preis, dass Misteln und Hummer unverzichtbare Bestandteile sind. Wie viel Steinöl in den Zaubertrank hineingehört, behält er aber lieber für sich. Außerdem achtet er immer darauf, dass alle Zutaten aus biologisch-kontrolliertem Anbau stammen.

4 a Lies den obigen Text über Miraculix' Zaubertrank und stelle dir vor, du wärest Miraculix. Schreibe so: *Wenn ich Miraculix wäre, hätte ich mit meinem Zaubertrank die wirkungsvollste Waffe gegen die römischen Widersacher. Der Zaubertrank würde mich ...*
b Markiere in deinem Text alle Konjunktiv-II-Formen und die Konjunktiv-Ersatzformen mit *würde*.
c Vergleiche deine Ergebnisse mit einer Lernpartnerin oder einem Lernpartner. Begründet euch gegenseitig, warum ihr in manchen Fällen *würde* + Infinitiv statt Konjunktiv II verwendet habt.

Teste dein Wissen!
Die Zeitformen und Modi des Verbs

Graf Dracula – Wahrheit oder Legende?

Ein Vampir ? *(sein)* ein Untoter, der sein Grab ? *(verlassen)* und sich auf die Jagd nach menschlichem Blut ? *(begeben)*. Schon lange ? *(geben)* es Legenden um diese Blut saugenden Wesen, die am Tage erstarrt und reglos in ihren Särgen ? *(liegen)* und nach Sonnenuntergang zum Leben erwachen. Der berühmteste Blutsauger ? *(sein)* der grausame Graf Dracula, den der irische Schriftsteller Bram Stoker vor mehr als 100 Jahren in seinem Roman „Dracula" ? *(erfinden)*.
Doch ? *(geben)* es damals diesen unheimlichen Grafen wirklich? Tatsächlich ? *(dienen)* ein grausamer Fürst, der im 15. Jahrhundert über die Walachei im heutigen Rumänien ? *(herrschen)*, als Romanvorlage. Dieser Fürst trug den Beinamen „Dracul" *(Teufel)* und ? *(sich verhalten)* tatsächlich grausam und blutrünstig. Nachdem er seine Feinde ? *(gefangen nehmen)*, ? *(durchbohren)* er sie mit langen, spitzen Pfählen und ? *(trinken)* das Blut seiner Opfer. Mit 46 Jahren ? *(ermorden)* man den Fürsten. Seine Leiche ? *(bleiben)* jedoch bis heute verschwunden. Nachdem man 1931 sein Grab ? *(öffnen)*, ? *(finden)* man keine sterblichen Überreste darin. Allerdings ? *(wissen)* man bis heute nicht, ob es sich um die richtige Grabstätte handelte.

1 a Schreibe den Text ab und ergänze das konjugierte Verb in der richtigen Zeitform (Präsens, Präteritum oder Plusquamperfekt).
b Unterstreiche die verschiedenen Zeitformen mit unterschiedlichen Farben.

2 a Schreibe aus dem Text zwei starke (unregelmäßige) und zwei schwache (regelmäßige) Verben heraus.
b Begründe, warum es sich um starke bzw. schwache Verben handelt.

3 Wenn ich ein Vampir wäre, wäre ich natürlich ein ganz netter!
a Male dir aus, wie das wäre, und schreibe auf, was du dann tun würdest. Verwende die Ideen im Wortspeicher.

statt schwarzem Umhang Jeans und T-Shirt tragen |
tagsüber nicht schlafen, sondern im Sarg heimlich mit der Taschenlampe lesen |
nachts tanzen gehen, statt Opfern hinterherzujagen |
gegen Vampirzähne Zahnspange tragen oder abschleifen lassen |
statt Blut Cola trinken |
gegen die Blässe Make-up und Rouge benutzen

b Unterstreiche die Verbformen im Konjunktiv II. Wenn du den Konjunktiv durch *würde* + Infinitiv ersetzt hast, schreibe die Konjunktiv-II-Form in Klammern dahinter, z. B.:
Statt eines schwarzen Umhangs würde ich Jeans und T-Shirt tragen (trüge ich).

4 Vergleicht eure Ergebnisse aus den Aufgaben 1 bis 3 in Partnerarbeit.

12.2 Zaubertricks
Aktiv und Passiv

Aktiv und Passiv im Vergleich

Der schwebende Kochlöffel

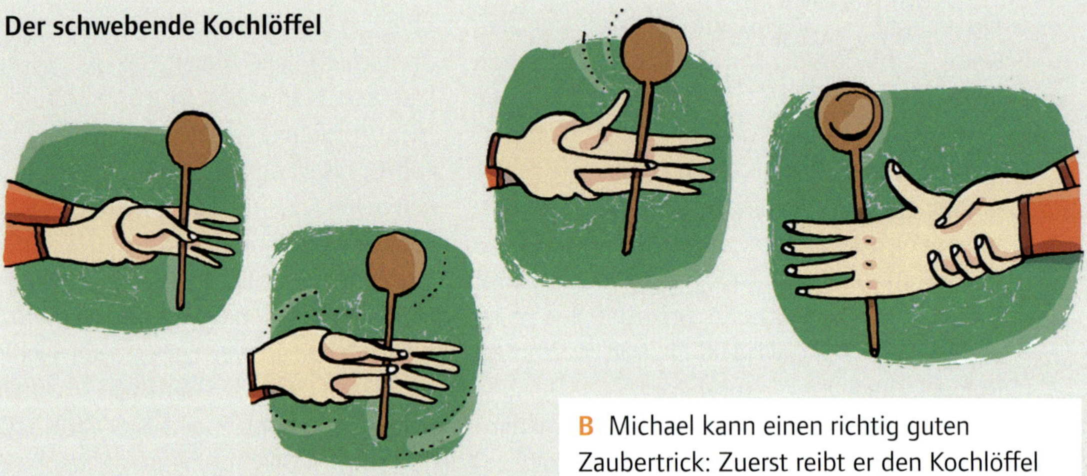

A Der Kochlöffel wird mit einem Tuch abgerieben. Dadurch wird er angeblich magnetisch aufgeladen. Zuerst wird der Kochlöffel mit dem Daumen der linken Hand festgehalten. Das linke Handgelenk wird dabei mit der rechten Hand umfasst. Jetzt wird der Kochlöffel mit der Hand auf und ab bewegt, danach wird der Zeigefinger der rechten Hand blitzschnell gegen den Kochlöffel gedrückt und der Daumen hochgehalten.

B Michael kann einen richtig guten Zaubertrick: Zuerst reibt er den Kochlöffel mit einem magischen Tuch ab. Dann streckt Michael seine linke Hand aus und umfasst das Handgelenk mit der rechten Hand. Der Kochlöffel schwebt nun wie von Geisterhand gehalten hinter den Fingern seiner linken Hand. Damit die Zuschauer nicht durchschauen, dass er den Kochlöffel mit dem Daumen festhält, bewegt er die Hand, drückt blitzschnell den Zeigefinger der rechten Hand gegen den Kochlöffel und hält den Daumen in die Luft.

1 Lies die beiden Texte. Kannst du erklären, wie dieser Zaubertrick funktioniert?

2 Untersuche die beiden Texte genauer: In welchem Text wird hervorgehoben, wer etwas tut? In welchem Text wird betont, was geschieht? Nenne Beispiele.

3 a Untersuche die Verbformen in Text A. Schreibe hierzu einige Sätze ab und unterstreiche die Prädikate.
b Es sind Passivformen. Erkläre, wie diese gebildet werden.

4 Überlege, in welchen Fällen es sinnvoll ist, das Passiv zu verwenden. Wann bietet sich eher das Aktiv an?

Täter nennen oder verschweigen?

Die Knalltüte

1. Silke zeigt dem Publikum eine leere Papiertüte.
2. Dann nimmt sie ein Papiertaschentuch mit Farbtupfern.
3. Silke steckt das Tuch in die Tüte und bläst sie auf.
4. Nun spricht sie einen Zauberspruch und bringt die Tüte zum Platzen.
5. Ein bunter Konfettiregen überrascht das Publikum.
6. Silke hat aus dem bunten Papiertaschentuch Konfetti gezaubert.

1 Erfrage die Handlungsträger in den Sätzen. Gehe so vor:
a Schreibe den Text auf. Lass dabei über jeder Zeile eine Zeile frei.
b Erfrage in jedem Satz den Handlungsträger (Subjekt) und unterstreiche ihn rot, z. B.:
1. Silke zeigt dem Publikum eine leere Papiertüte. → Wer zeigt dem Publikum eine leere Papiertüte?
c Nicht immer ist der Handlungsträger eine Person. Nenne ein Beispiel.

2 Das Handeln des Handlungsträgers ist meist auf ein Objekt gerichtet. Erfrage die Akkusativobjekte in deinen Sätzen und unterstreiche sie grün.
1. Silke zeigt dem Publikum eine leere Papiertüte. → Wen oder was zeigt Silke dem Publikum?

3 a Formuliere die Aktivsätze oben in Passivsätze um. Nimm hierzu den Merkkasten zu Hilfe.
b Untersuche, was jeweils mit dem Subjekt und dem Objekt des Aktivsatzes geschieht.

4 Versuche, die nebenstehenden Sätze ins Passiv zu setzen. Was stellst du fest?

- Die Zuschauer applaudieren begeistert.
- Die Zauberin dankt für den Applaus.

Merkwissen Aktiv und Passiv der Verben

Aktiv und Passiv sind zwei Verbformen, die man bei der Darstellung von Handlungen und Vorgängen unterscheidet. Man kann aus zwei Perspektiven schauen:
Aktiv: Der Handlungsträger (Handelnde) wird betont, z. B.:
Der Zauberer hält einen Kochlöffel in der Hand.
Passiv: Die Handlung/der Vorgang wird betont, z. B.:
Der Kochlöffel wird in der Hand gehalten.

- Im **Aktiv** wird gesagt, **wer handelt/etwas tut**. Im **Passiv** wird betont, **was geschieht**.
- Das **Passiv** wird meist mit einer Form von ***werden*** und dem **Partizip II des Verbs** (→ S. 331) gebildet, z. B.: *wird gehalten; werden aufgeteilt.*
- Im Passivsatz kann der Handlungsträger ergänzt werden, z. B.: *Der Kochlöffel wird von dem Zauberer in der Hand gehalten.*

Sätze, in denen der Handlungsträger Subjekt des Satzes ist, stehen im Aktiv. Bei der Umwandlung eines Aktivsatzes in einen Passivsatz wird das **Akkusativobjekt** des Aktivsatzes zum **Subjekt** des Passivsatzes, z. B.:
Aktiv: *Silke führt einen Zaubertrick vor.* (einen Zaubertrick = Akkusativobjekt) → Passiv: *Der Zaubertrick wird (von Silke) vorgeführt.* (Der Zaubertrick = Subjekt)

Böse Überraschung

1 Lies die Aussagen in den Sprechblasen. Erfrage die Handlungsträger in den einzelnen Sätzen.

2 a Formuliere Aussagen, die das Geschehen benennen, nicht aber den Täter. Verwende dabei das Passiv und nutze auch die folgenden Adverbien: *angeblich, möglicherweise, vermutlich.*
b Vergleiche deine Passivsätze mit den Aussagen oben. Welche Unterschiede kannst du feststellen?

3 Für die Stellungnahme haben die Schülerinnen und Schüler beschlossen, mögliche Täter nicht preiszugeben, sondern als Klasse gemeinsam die Verantwortung zu übernehmen.
a Formuliere diese Stellungnahme. Verschweige die Handlungsträger (Täter), indem du gezielt Passivformulierungen verwendest, z. B.:
In der zweiten großen Pause wurde auf dem Pausenhof jongliert. Es wurde für das …
b Unterstreiche in deiner Stellungnahme die Verbformen im Passiv.

Merkwissen Passiv aus Informationsmangel/als Informationsriegel

In einem **Passivsatz** kann der **Handlungsträger ergänzt werden**, z. B.:
Die Schüler wurden von Herrn Schweppenstette zur Stellungnahme aufgefordert.

In einem **Passivsatz** kann der **Handlungsträger** aber auch **völlig weggelassen werden**, z. B.:
- wenn er unbekannt ist (Passiv aus Informationsmangel), z. B.: *Mein Fahrrad wurde gestohlen.*
- wenn der Handelnde aus bestimmten Gründen nicht genannt werden soll (Passiv als Informationsriegel), z. B. um eine betroffene Person zu schützen oder um die verantwortlichen Personen oder Täter nicht preiszugeben, z. B.: *In der Pause wurde die Fensterscheibe beschädigt.*

Aktiv und Passiv in verschiedenen Zeitformen

Nichts als fauler Zauber?

Der Bühnenzauberer James Randi wird seit den 1950er Jahren von der Öffentlichkeit als Entfesselungskünstler gefeiert. Seine legendäre Entfesselungs-Performance über den Niagarafällen wurde weltweit zur Kenntnis genommen. Auf der Bühne begeisterten seine Tricks die Zuschauer so sehr, dass ihm unterstellt wurde, er verfüge über echte magische Fähigkeiten. Weil James Randi weiß, wie Illusionen erzeugt werden, ist er sehr skeptisch, wenn von anderen Zauberkünstlern behauptet wird, dass sie übernatürliche Fähigkeiten besitzen. Berühmt wurde James Randi vor allem durch seine Auseinandersetzung mit dem Zauberer Uri Geller. Nachdem von Uri Geller behauptet worden war, dass er durch übersinnliche Kräfte Löffel verbiegen und Gedanken lesen könne, wurde er von Randi als Betrüger entlarvt. Mühelos führte James Randi auf der Bühne dieselben Tricks vor und schrieb ein Buch, in dem Uri Gellers Tricks genau erklärt werden. Dennoch ist von Uri Geller bis heute nicht zugegeben worden, statt übernatürlicher Kräfte nur einfache Zaubertricks zu verwenden. Eine Million Dollar bietet Randi, wenn ihm ein Zaubertrick vorgeführt werden wird, den er nicht wissenschaftlich erklären kann.

1 Ein Zauberkünstler müsse eine ehrliche Person sein, meint Randi. Erkläre, was er damit meint.

2 a Schreibe aus dem Text alle Passivformen heraus und bestimme jeweils das Tempus. Nimm hierzu die Informationen aus dem Merkkasten unten zu Hilfe.
b Erkläre anhand von Beispielen aus dem Text, warum jeweils Passivformen im Präsens, im Präteritum, im Plusquamperfekt und im Futur I verwendet werden.

3 In Z. 21–23 wird das Perfekt Passiv verwendet. Erkläre, warum.

4 Erfindet einen Zeitungsbericht (z. B. über einen Betrug oder einen Diebstahl), in dem ihr unterschiedliche Zeitformen des Passivs verwendet. Ihr könnt die folgenden Verben benutzen: *betrügen, verfolgen, verhaften, befragen, verurteilen, einsperren, entlassen.*

5 Schreibe den Text ins Aktiv um. Ergänze dabei mögliche Handlungsträger.

Merkwissen Zeitformen im Aktiv und Passiv

	Aktiv: Verb *(bewundern)* in der entsprechenden Tempusform	**Passiv:** *werden* in der entsprechenden Tempusform + Partizip II des Verbs *(bewundern)*
Präsens	*Jens bewundert den Zauberer.*	*Der Zauberer wird bewundert.*
Futur I	*Jens wird … bewundern.*	*… wird bewundert werden.*
Präteritum	*Jens bewunderte …*	*… wurde bewundert.*
Perfekt	*Jens hat … bewundert.*	*… ist bewundert worden.*
Plusquamperfekt	*Jens hatte … bewundert.*	*… war bewundert worden.*

Ersatzformen für das Passiv

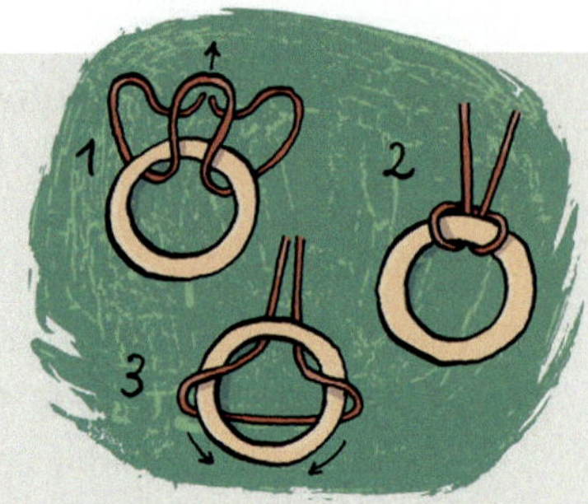

Der befreite Ring

Für diesen Zaubertrick werden folgende Materialien gebraucht: ein Kunststoffring, ein Seil, ein größeres Tuch.

Zuerst werden das Seil und der Kunststoffring von den Zuschauern untersucht. Dann wird der Ring mit dem Seil verknotet. Der gefesselte Ring wird dem Publikum noch einmal gezeigt.
Jetzt werden die Seilenden verknotet und das verknotete Ende des Seils wird von einem Zuschauer festgehalten. Danach wird angekündigt, den Ring ohne Lösen des Knotens oder Zerschneiden des Seils zu befreien. Nun wird ein Tuch über den eingeknoteten Ring gelegt. Dabei werden die Seilenden nach wie vor von dem Zuschauer gehalten. Unter dem Tuch wird der Ring blitzschnell von dem Seil befreit, ohne dass das Seil losgelassen oder beschädigt wird.
Zur Befreiung des Rings wird die Schlaufe des Seils etwas gelockert und die Schlinge über den Ring nach unten gezogen. Der Trick muss natürlich vorher gut geübt werden.

1 Der Text oben soll in einem Zauberbuch veröffentlicht werden. Er enthält jedoch zu viele Passivformen.

a Überarbeitet den Text und reduziert die Passivformen, indem ihr in einzelnen Sätzen das Passiv gegen eine passende Ersatzform austauscht. Der Merkkasten unten hilft euch dabei.

b Vergleicht eure Ergebnisse.

2 a Erprobe an dem folgenden Satz alle Ersatzformen aus dem Merkkasten unten.
Dann wird der Ring mit dem Seil verknotet.

b Diskutiert, welche Ersatzformen geeignet sind und welche eher nicht.

Merkwissen Ersatzformen für das Passiv

Um Passivformen in Texten zu vermeiden, stehen die sogenannten Passiv-Ersatzformen zur Verfügung. Sie haben mit dem Passiv gemeinsam, dass der Handlungsträger nicht genannt wird. Im Unterschied zum Passiv handelt es sich bei den Ersatzformen jedoch um aktive Verbformen. Die wichtigsten Ersatzformen für das Passiv sind:

Ersatzformen für das Passiv	Beispiele
– Man-Form	– *Man löst die Schlaufe des Seils.*
– Sie-Form/Du-Form	– *Sie lösen / Du löst die Schlaufe des Seils.*
– Imperativform	– *Lösen Sie / Löse die Schlaufe des Seils.*
– *sich lassen* + Infinitiv	– *Die Schlaufe des Seils lässt sich lösen.*
– Verbform von *sein* + Infinitiv mit *zu*	– *Die Schlaufe des Seils ist zu lösen.*
– Verbform von *sein* + Adjektiv mit der Endung *-bar*, *-lich* oder *-fähig*	– *Die Schlaufe des Seils ist lösbar.*

Vertiefen und üben
Passiv

Manege frei

1 In der Projektwoche üben die Schülerinnen und Schüler verschiedene Zirkusnummern ein.
2 Beim Jonglieren werfen schon die Kleinen die Bälle gekonnt in die Luft und fangen diese wieder auf.
3 Die Zauberer trainieren ihre Tricks für die Zirkusshow.
4 Die Schülerinnen und Schüler der Klassen 7 entwerfen Eintrittskarten für die Aufführung.
5 Das Schulorchester begleitet die einzelnen Zirkusnummern mit Musik.
6 Die Eltern helfen den Schülerinnen und Schülern beim Nähen der Kostüme.
7 Die Schülerinnen und Schüler aus der Oberstufe bauen auf dem Schulhof das Zirkuszelt für die Show auf.

●○○ 1 Wandle die Aktivsätze (Sätze 1–7) ins Passiv um, z. B.:
In der Projektwoche werden verschiedene Zirkusnummern (von den Schülerinnen und Schülern) …

●●● 2 a Setze den folgenden Satz ins Präsens Passiv, ins Futur I Passiv, ins Präteritum Passiv und ins Perfekt Passiv:
- Die Schüler bauen das Zirkuszelt auf.

b Setze die folgenden Sätze ins Passiv. Achte darauf, die Vorzeitigkeit mit den korrekten Zeitformen im Passiv auszudrücken:
- Nachdem die Schülerinnen und Schüler die Eintrittskarten gedruckt haben, verkaufen sie diese.
- Nachdem die Schülerinnen und Schüler die Eintrittskarten gedruckt hatten, verkauften sie diese.

3 Vergleicht eure Ergebnisse aus den Aufgaben 1 bis 2 in Partnerarbeit.

●●○ 4 Über das Projekt soll in der Schülerzeitung berichtet werden. Formuliere diesen Artikel, indem du Passivkonstruktionen und die korrekte Zeitform (Präteritum) verwendest.

Teste dein Wissen!
Verbformen im Aktiv und Passiv

Harry Potter in der Schule

1 Harry Potter wird in der Hogwarts-Schule für Hexerei und Zauberei zusammen mit anderen magisch begabten Schülern ausgebildet.
2 Das Fach „Geschichte der Zauberei" verabscheuen alle.
3 In diesen Unterrichtsstunden werden von dem Geist Professor Binns Daten und Fakten zur Geschichte der Zauberei auf eine ermüdende Weise vorgetragen.
4 Im Gegensatz zu Professor Binns lieben die angehenden Zauberer und Hexen von Hogwarts den kleinen, freundlichen Zauberkunstlehrer Filius Flitwick.
5 Filius Flitwick kann nur über das Lehrerpult schauen, nachdem er einen Bücherstapel erklettert hat.
6 Der große, dünne, mit einem schwarzen Umhang bekleidete Severus Snape führt die Zauberlehrlinge in die Zaubertrank-Braukunst ein.
7 Harry Potter wird allerdings noch schmerzvoll erfahren, dass er von Severus Snape gehasst werden wird.

1 Bestimme in allen Sätzen die Verbformen (**Tempus** und **Aktiv** oder **Passiv**).
Achte darauf, dass in einigen Sätzen mehrere Verbformen vorliegen, z. B.:
1. wird … ausgebildet = Präsens Passiv
2. …

2 Forme die Sätze 2, 4 und 6 ins Passiv um.

3 Setze die Sätze 1, 3 und 5 ins Präteritum. Achte in Satz 5 auf das Plusquamperfekt.

4 Formuliere den Satz 7 so um, dass Severus Snape als Handlungsträger und Subjekt des Nebensatzes erscheint.
Tipp: Du musst hierzu den Nebensatz umformen.

5 a Verbinde die folgenden Sätze mit der Konjunktion *nachdem*. Achte auf die Kommasetzung.
Die Posteule hat die Zeitung gebracht. Ron und Harry erfahren vom Einbruch bei Gringotts.
b Forme deinen *nachdem*-Satz aus Aufgabe 5 a ins Passiv um.
c Setze den Passivsatz aus Aufgabe 5 b ins Präteritum. Achte auch auf das Plusquamperfekt.

6 Vergleiche deine Ergebnisse aus den Aufgaben 1 bis 5 mit dem Lösungsteil auf S. 356.

12.3 Fit in …
Einen Text überarbeiten

Stelle dir vor, du bekommst folgende Aufgabe:

Der folgende Artikel über einen außergewöhnlichen Vorfall beim Zauberabend der Klasse 7 b soll in der Schülerzeitung veröffentlicht werden. Das Redaktionsteam hat sich bereits mit dem Text beschäftigt und Vorschläge für eine Überarbeitung gemacht.
Überarbeite den Text, indem du die am Rand notierten Anweisungen umsetzt.

Skandal beim Zauberabend

Beim Zauberabend der Klasse 7 b am letzten Freitag vor den Weihnachtsferien kam es zu einem kleinen Skandal.	
Ein Schülervater war erbost. Man hatte ihm angeblich einen 20-Euro-Schein gestohlen.	1. Man-Form vermeiden, besser: Passiv
Hintergrund der Aufregung war ein Zaubertrick. Dieser war von Jens P. vorgeführt worden.	
Die Zuschauer waren zunächst von dem jungen Zauberer begrüßt worden und ihnen allen wurde ein schöner Abend gewünscht.	2. besser: Aktiv
Nachdem mehrere Gegenstände wie Brille und Taschentuch weggezaubert und dann an einem anderen Ort aufgefunden wurden, kam der Höhepunkt des Abends.	3. Tempusfehler
Das Licht wurde gelöscht und ein Trommelwirbel begleitete den Zauberer. Nur ein kleiner Spot erhellte die Bühne.	
Jens P. kündigte mit großen Worten an, dass er nun versuchen werde, einen 20-Euro-Schein in einen 50-Euro-Schein zu verwandeln.	
Sofort wurde von einem Schülervater erklärt, dass er den Geldschein zur Verfügung stelle.	4. besser: Aktiv
Der Zauberer sagte mit magischer Stimme seine Sprüche auf. Der Geldschein verschwand im Zauberhut.	5. Sätze mit „während" verbinden
Nachdem eine Zeit lang nichts passiert ist, sahen sich die beiden Akteure auf der Bühne völlig ratlos an.	6. Tempusfehler
Jens P. griff mehrfach in den Hut, ohne dass etwas geschah. Kleinlaut murmelte er: „Tut uns leid, der Trick ist misslungen!"	

Ein Raunen ging durch das Publikum. Meike rief von hinten: „Ihr Stümper!“

7. Namen verschweigen, besser: Passiv

Der Schülervater sprang verärgert auf, stürmte auf die Bühne und wollte sein Geld zurück. Doch der Hut blieb leer. Plötzlich wurde dem Schülervater in die Jackentasche gegriffen und Jens P. zog einen 50-Euro-Schein hervor. Das Publikum applaudierte. Der Vater war erstaunt und erleichtert und sagte mit einem Augenzwinkern: „Ich spende diese 50 Euro für die Klassenkasse!“

8. besser: Aktiv

1 a Lies dir die Aufgabenstellung auf S. 245 und den Artikel mit den Überarbeitungsvorschlägen sorgfältig durch.

b Besprecht gemeinsam mit eurer Banknachbarin oder eurem Banknachbarn, was ihr tun sollt.

2 Überarbeite nun den Artikel, indem du bei den rot unterstrichenen Sätzen jeweils die Überarbeitungsvorschläge des Redaktionsteams umsetzt.
Die folgenden Hinweise zu den einzelnen Überarbeitungsvorschlägen helfen dir dabei:

1. Man-Form vermeiden, besser: Passiv

Hinweis: Forme den Satz im Aktiv in einen Passivsatz um. Achte darauf, das Tempus des Ausgangssatzes in deinem Passivsatz beizubehalten.

2. besser: Aktiv

Hinweis: Wandle den Satz vom Passiv ins Aktiv um. Übernimm das Tempus aus der Vorlage.

3. Tempusfehler

Hinweis: Der Zeitungsartikel steht im Präteritum. Wenn etwas vor dem passiert, wovon im Präteritum berichtet wird, verwendet man das Plusquamperfekt.

4. besser: Aktiv

Hinweis: Forme den Satz vom Passiv ins Aktiv um. Berücksichtige dabei das Tempus des Ausgangssatzes.

5. Sätze mit „während“ verbinden

Hinweis: Verbinde die Sätze mit der Konjunktion *während*. Das Tempus der Vorlage kann hier erhalten bleiben. Achte auf die Kommasetzung.

6. Tempusfehler

Hinweis: Der Zeitungsartikel steht im Präteritum. Wenn etwas vor dem passiert, wovon im Präteritum berichtet wird, verwendet man das Plusquamperfekt.

7. Namen verschweigen, besser: Passiv

Hinweis: Wandle den Satz vom Aktiv ins Passiv um. Behalte das Tempus der Vorlage bei.

8. besser: Aktiv

Hinweis: Forme den unterstrichenen Teilsatz vom Passiv ins Aktiv um und nenne dabei den Handlungsträger (Zauberer).

13 Grammatiktraining
Sätze und Satzglieder

In diesem Kapitel ...

- wiederholst du Satzglieder,
- untersuchst du Satzreihen/Satzverbindungen und Satzgefüge und übst die Kommasetzung,
- lernst du die Funktion von Adverbial-, Subjekt- und Objektsätzen kennen.

1 Auf dem Bild siehst du das erste Telefon, das 1861 von Johann Philipp Reis erfunden wurde. Beschreibe, wodurch sich dieses Telefon von unseren heutigen Geräten unterscheidet.

2 Um das Telefon zu testen, sprachen Reis und sein Kollege angeblich unsinnige Sätze in den Apparat. Diese kamen allerdings nur verstümmelt an.

a Bestimme die unverständlichen (grau gedruckten) Satzglieder mithilfe der Frageprobe.

b Denke dir selbst verrückte Sätze aus und lasse einzelne Satzglieder erfragen und bestimmen.

3 Tragt zusammen, welche Satzglieder ihr kennt und wie man danach fragt.

13.1 Spektakuläre Erfindungen
Satzglieder und Sätze unterscheiden

Satzglieder wiederholen Subjekt, Prädikat und Objekt

Der Traum vom Fliegen

Im Jahr 1783 ließen die Brüder Michel und Étienne Montgolfier in ihrem französischen Heimatdorf den ersten Heißluftballon steigen. Dieser bestand aus Leinwand und Papier. Im Gegensatz zu heutigen Ballons wurde er vom Boden aus mit einem Feuer beheizt. König Ludwig XVI. war sich der großen Bedeutung dieser Erfindung sofort bewusst. Er schickte den beiden Brüdern gleich eine Einladung. Dort demonstrierten sie dem König die „fliegende Kugel".

1 Stelle mithilfe der Umstellprobe (→ Merkkasten unten) fest, aus wie vielen Satzgliedern der erste Satz des Textes besteht. Schreibe den jeweils neu geordneten Satz auf.

2 a Schreibe alle Prädikate aus dem Text heraus. Denke daran, dass ein Prädikat auch aus mehreren Teilen bestehen kann, z. B. *ließen … steigen.*

b Bestimme die markierten Satzglieder mithilfe der Frageprobe. Schreibe dazu jeweils die Frage und die entsprechende Antwort auf, z. B.: *Wer oder was ließ im Jahr 1783 den ersten Heißluftballon steigen? ⟶ die Brüder Michel und Étienne Montgolfier (Subjekt)*

! Merkwissen Satzglieder erkennen und bestimmen

Mit der **Umstellprobe** kannst du feststellen, wie viele Satzglieder ein Satz hat. Wörter und Wortgruppen, die bei der Umstellprobe immer zusammenbleiben, bilden ein Satzglied, z. B.:

Die beiden Brüder | bauten | in Frankreich | einen Heißluftballon.
Einen Heißluftballon | bauten | die beiden Brüder | in Frankreich.

Das **Prädikat** bildet zusammen mit dem Subjekt den **Satzkern.**
Prädikate werden mithilfe von Verbformen gebildet.
Mit der **Frageprobe** kannst du weitere Satzglieder ermitteln:

Frageprobe	**Satzglied**
Wer oder was …?	Subjekt
Wen oder was …?	Akkusativobjekt
Wem …?	Dativobjekt
Wessen …?	Genitivobjekt
Wofür …?/Für wen oder was …? Wovon …? Worüber? Woran? Woraus? etc.	Präpositionalobjekt

Adverbiale Bestimmungen

Otto Lilienthal: Fliegen wie ein Vogel

Otto Lilienthal gilt als der erste Mensch, der erfolgreich und wiederholbar mit einem Flugzeug Gleitflüge absolvierte. Im Alter von 19 Jahren begann Lilienthal die, Grundlagen des Fliegens zu erforschen. Am 5. Dezember 1889 veröffentlichte er sein Buch „Der Vogelflug als Grundlage der Fliegekunst."

Mit wissenschaftlicher Genauigkeit untersuchte er den Flug und die Flügelform der Vögel, führte zahlreiche Messungen durch und erkannte, dass gewölbte Tragflächen einen größeren Auftrieb liefern als flache.

Mehr als 20 Jahre beschäftigte sich Lilienthal mit der Theorie des Fliegens. Erst danach begann er mit seinen praktischen Flugversuchen. Er baute die Vogelflügel in einem aufwendigen Verfahren nach. Sein erster Flugapparat hatte einen Weidenholzrahmen, der mit einem gewachsten Baumwollstoff bespannt war. Im Garten seines Hauses machte er regelmäßig Sprungübungen. Im Sommer 1891 führte Lilienthal seine ersten Flugversuche durch. Auf einem Gelände am Mühlenberg bei Derwitz gelangen ihm mehrere 25 Meter weite Flüge, die er zur Verbesserung seines Fluggeräts sorgfältig auswertete. Er entwickelte und testete 17 verschiedene Flugapparate und legte dabei eine Strecke von 250 Metern zurück. Innerhalb von sieben Jahren machte Lilienthal 2000 Flugversuche, häufig bis zu 80 an einem Tag. Wegen seiner theoretischen Erkenntnisse und seiner spektakulären Flugversuche gilt Lilienthal als Pionier der Luftfahrt.

1 Lies den Text und betrachte das Foto. Erkläre, wie es Otto Lilienthal gelungen ist, seinen Traum vom Fliegen zu verwirklichen.

2 Im ersten Textabschnitt wurden alle adverbialen Bestimmungen markiert.

a Übertrage die folgende Tabelle in dein Heft und ordne die markierten adverbialen Bestimmungen in die passenden Spalten ein.

Adverbiale Bestimmung			
des Ortes	**der Zeit**	**der Art und Weise**	**des Grundes/Zwecks**
...	...	...	

b Arbeitet zu zweit. Sucht alle adverbialen Bestimmungen aus dem zweiten Textabschnitt heraus und tragt sie ebenfalls in die Tabelle ein.

c Überlegt, welche adverbialen Bestimmungen die Genialität Otto Lilienthals besonders deutlich beschreiben. Markiert diese in eurer Tabelle.

Der erste Motorflug der Welt

Das Jahr 1903 gilt als Beginn des Motorflugs, denn ? war den Brüdern Wilbur und Orville Wright ihr erster motorisierter Flug gelungen. Aber ? hob ein motorisiertes Flugzeug vom Boden ab. Der Pilot war Gustav Weißkopf. Ihm gelang ? der erste bemannte Motorflug der Geschichte. Das Flugzeug war eine Konstruktion aus Bambus und Seide. ? beobachteten seine beiden Helfer und ein Zeitungsreporter ?, wie das fledermausähnliche Gebilde abhob. ? landete Weißkopf ? ? . Die Anwesenden hatten das historische Ereignis beobachtet, jedoch keine Fotos gemacht. ? gibt es keine Dokumente von diesem Flug.

1 a Lies den Text. Formuliere Fragen, die in dem Artikel offenbleiben.

b Schreibe den Text ab und setze dabei passende adverbiale Bestimmungen aus dem Wortspeicher ein. Notiere jeweils in Klammern, um welche adverbiale Bestimmung es sich handelt. Nutze dazu die Frageprobe.

behutsam | in diesem Jahr | sprachlos | in der amerikanischen Stadt Fairfield | nach dem Starten der Propeller | auf dem Boden | schon zwei Jahre vorher | darum | nach dem Umfliegen einiger Kastanienbäume

Merkwissen Adverbiale Bestimmungen

Adverbiale Bestimmungen sind Satzglieder, die zusätzliche Informationen über die **Zeit**, den **Ort**, den **Grund** und die **Art und Weise** eines Geschehens oder einer Handlung liefern. Mit der **Frageprobe** kannst du ermitteln, welche adverbiale Bestimmung vorliegt:

Wann? Wie lange? Seit wann? Wie oft?	**adverbiale Bestimmung der Zeit**
Wo? Wohin? Woher?	**adverbiale Bestimmung des Ortes**
Warum? Weshalb? Weswegen?	**adverbiale Bestimmung des Grundes**
Wie? Auf welche Weise? Womit?	**adverbiale Bestimmung der Art und Weise**

Attribute als Teil eines Satzglieds

Daniel Düsentriebs Schwebemobil

Der berühmte Daniel Düsentrieb hat spektakuläre Flugobjekte erfunden. Bei dem Schwebemobil handelt es sich zum Beispiel um ein rotes Gefährt ohne Räder. An der Unterseite des Fahrzeugs befinden sich stattdessen leistungsstarke Luftdüsen. Der rote Sitz mit einem hochwertigen Lederbezug schont den Rücken des Fahrers. Ein automatischer Zischer, eine weitere Erfindung, verhindert Unfälle.

1 a Suche mithilfe der Umstellprobe alle Attribute mit ihren Bezugswörtern aus dem Text heraus. Unterstreiche die Attribute und kennzeichne mit einem Pfeil, auf welches Bezugswort sich das Attribut bezieht.

Der berühmte Daniel Düsentrieb

b Ordne die Attribute (mit ihren Bezugswörtern) nach ihrer Form in eine Tabelle ein.

Adjektivattribut	präpositionales Attribut	Genitivattribut	Apposition
Der berühmte Daniel Düsentrieb	…	…	…

2 Lies den Text „Daniel Düsentriebs Schwebemobil" und lass dabei alle Attribute weg. Erkläre dann, warum Attribute bei der Beschreibung von Gegenständen besonders wichtig sind.

3 a Denke dir nun selbst ein verrücktes Flugobjekt aus. Zeichne es und beschreibe es anschließend.

Mein Flugobjekt ist ein fliegender Teppich mit …
An den vier Ecken des Teppichs …

b Tauscht eure Beschreibungen aus. Unterstreicht im Text alle Attribute und notiert, um welche Form es sich jeweils handelt.

Merkwissen Attribute (Beifügungen)

Attribute **bestimmen ein Bezugswort** (meist ein Nomen/Substantiv) näher. Sie sind immer **Teil eines Satzglieds** und bleiben bei der Umstellprobe mit ihrem Bezugswort verbunden. Attribute stehen vor oder nach ihrem Bezugswort. Man kann sie mit **„Was für …?"** erfragen.

Attribute gibt es in unterschiedlichen sprachlichen Formen:
- Adjektivattribut, z. B.: *das große Auto*
- präpositionales Attribut, z. B.: *ein Fahrzeug mit Tragflächen*
- Genitivattribut, z. B.: *die Farbe des Fahrzeugs*
- Apposition, z. B.: *Daniel Düsentrieb, der Erfinder*

Relativsätze Attribute in Form eines Nebensatzes

Die verrücktesten Erfindungen von Daniel Düsentrieb

Daniel Düsentrieb ist eine Comicfigur, die von Carl Barks erfunden wurde. Der Ingenieur Daniel Düsentrieb, der sein Erfindertalent von seinem Großvater geerbt hat, stellt bei seinen kuriosen Erfindungen regelmäßig seine Kreativität unter Beweis. Dabei wird er von Helferlein, den man als Düsentriebs genialste Erfindung bezeichnen kann, unterstützt. Das ist ein kleiner Roboter aus Draht und einer Glühbirne, der Düsentrieb bei seinen Aktivitäten stets helfend zur Seite steht. Zu Düsentriebs bekanntesten Erfindungen zählen ein Brotschmierapparat, das Dunkellicht, ein Telefon mit eingebautem Bügeleisen, eine Rückenkratzmaschine, eine Torwartmütze, die mehrere Arme hat, eine Wanderlampe und eine Mülltonne mit Armen und Beinen.

1 Vergleiche die unterstrichenen Attribute in den beiden Sätzen. Beschreibe die Unterschiede:
- Daniel Düsentrieb ist eine von Carl Barks erfundene Comicfigur.
- Daniel Düsentrieb ist eine Comicfigur, die von Carl Barks erfunden wurde.

2 Nebensätze, die in einem Text die Rolle eines Attributs einnehmen, nennt man Relativsätze.
a Schreibe aus dem Text alle Relativsätze mit ihren Bezugswörtern (Nomen/Substantive) heraus.
b Umkreise das Relativpronomen, das den Relativsatz einleitet. Kennzeichne dann mit einem Pfeil, auf welches Nomen/Substantiv sich der Relativsatz bezieht, z. B.:
Daniel Düsentrieb ist eine Comicfigur, (die) von Carl Barks erfunden wurde.

3 Sucht aus dem Text drei Attribute heraus und formt sie in einen Relativsatz um. Unterstreicht jeweils das Attribut und den Relativsatz und umkreist das Relativpronomen.
Beispiel: *bei seinen kuriosen Erfindungen ⟶ bei seinen Erfindungen, (die) kurios sind*

4 Wähle eine von Daniel Düsentriebs Erfindungen aus und verfasse eine möglichst genaue Beschreibung davon. Verwende dabei Attribute und Relativsätze.

! **Merkwissen** Der Relativsatz

Relativsätze sind **Nebensätze**, die ein vorausgehendes Bezugswort (Nomen/Substantiv oder Pronomen) näher erklären. Sie werden mit einem **Relativpronomen** eingeleitet, z. B.: *der, die, das* oder *welcher, welche, welches.*
Ein Relativsatz wird **immer** durch ein **Komma** vom Hauptsatz abgetrennt, z. B.:
Daniel Düsentrieb ist eine Comicfigur, (die) von Carl Barks erfunden wurde.

Wird er in einen Hauptsatz eingeschoben, dann setzt man vor und hinter den Relativsatz ein Komma.
Relativsätze nehmen im Satz die **Rolle eines Attributs** ein und werden deshalb auch **Attributsätze** genannt.

Satzreihen/Satzverbindungen und Satzgefüge wiederholen

Die Satzreihe/Satzverbindung Hauptsätze verknüpfen

Der Traum von einer Zeitreise

Seit Jahrhunderten träumen Forscher davon, eine Zeitmaschine zu erfinden. Der zerstreute Professor Tüftel berichtet von seinen Bemühungen, diesen Traum wahr werden zu lassen.

Ich habe jahrelang an dem Bau einer Zeitmaschine gearbeitet. Ich habe mir nichts sehnlicher gewünscht, als in die Vergangenheit zu reisen. Das Gerät habe ich fertig gestellt. Es hat nicht richtig funktioniert. Nun träume ich nicht mehr von einer Reise in die Vergangenheit. Ich möchte in die Zukunft reisen. Jetzt baue ich an einer Rakete für eine solche Zeitreise. Mit Lichtgeschwindigkeit möchte ich damit durchs All fliegen. Dabei werde ich langsamer altern als die Menschen auf der Erde. Wenn ich dann wieder auf der Erde lande, lande ich in der Zukunft!

1 Kennst du ein Buch oder einen Film, in dem Menschen in die Vergangenheit oder Zukunft reisen? Erzähle davon.

2 a Lies den Bericht von Professor Tüftel. Beschreibe, wie der Satzbau auf dich wirkt.
b Überarbeite den Text, indem du einige Hauptsätze sinnvoll miteinander verknüpfst. Verwende hierfür passende Konjunktionen und achte auf die Kommasetzung.
c Vergleiche deinen überarbeiteten Text mit dem Text in der Sprechblase. Erkläre, was sich durch die Verknüpfung der Hauptsätze verändert hat.

Konjunktionen
aber | oder | denn | doch | sondern | und

3 Verfasse selbst drei Satzreihen/Satzverbindungen, in denen du von Professor Tüftels Experimenten berichtest. Du kannst so beginnen: *Eine Reise in die Zukunft scheint Professor Tüftel möglich, denn …*

! **Merkwissen** Die Satzreihe/Satzverbindung

Ein Satz, der aus **zwei oder mehr Hauptsätzen** besteht, wird **Satzreihe/Satzverbindung** genannt. Die einzelnen Hauptsätze werden durch ein **Komma** voneinander getrennt. Häufig werden Hauptsätze durch **nebenordnende Konjunktionen** wie *und, oder, aber, doch, sondern, denn* miteinander verbunden. Nur vor den Konjunktionen *und* bzw. *oder* darf das Komma entfallen, z. B.:
Professor Tüftel war enttäuscht, denn er konnte nicht in die Vergangenheit reisen.
Der Professor baut eine Rakete und er fliegt damit durchs Weltall.

Das Satzgefüge Haupt- und Nebensätze verknüpfen

Nie erfunden: Die Goldmaschine

Dem alten Griechen Aristoteles zufolge kann man jeden beliebigen Stoff herstellen,	… obwohl alle diese Versuche stets erfolglos blieben.
Im Mittelalter wurden immer wieder Rezepte und Geräte zur Goldherstellung erprobt,	… solange sich dieser Menschheitstraum nicht erfüllt hat.
Forscher werden auch in Zukunft an Verfahren zur Goldherstellung arbeiten,	… weil jeder Stoff aus den Grundelementen Feuer, Wasser, Erde und Luft bestehen soll.

1 a Um etwas über die Versuche zur Goldherstellung zu erfahren, musst du die Haupt- und Nebensätze richtig miteinander verknüpfen. Verbinde immer zwei Sätze miteinander, sodass die Zusammenhänge deutlich werden. Schreibe sie auf.
b Umkreise die Konjunktionen und unterstreiche die finite Verbform.
c Vergleiche: Welche Satzgliedstelle nimmt die finite Verbform in den Hauptsätzen ein, welche in den Nebensätzen?

In Sachsen erfunden: Das weiße Gold

2 Porzellan wird als das weiße Gold bezeichnet.
a Verbinde die folgenden Sätze mit den Konjunktionen *nachdem, sodass, seit*. Achte auf die Kommasetzung.

- Im Jahre 1707 erfand der Naturforscher Ehrenfried Walther von Tschirnhaus die erste europäische Porzellanerde. Am 11.10. 1708 starb er urplötzlich an der roten Ruhr.
- Sein Kollege, Friedrich Böttcher, entwickelte das Verfahren weiter. Am 6. Juni 1710 konnte in Meißen die erste europäische Porzellanproduktionsstätte eingerichtet werden.
- Im Jahr 1731 wurden die gekreuzten Schwerter zum Symbol für die Manufaktur. Meißner Porzellan genießt den Ruf eines hervorragenden Qualitätsprodukts.

b Umkreise die Konjunktionen und erkläre ihre Bedeutung, z. B. Angabe eines zeitlichen Zusammenhangs, Begründung.

Merkwissen Das Satzgefüge

Einen Satz, der aus mindestens einem **Hauptsatz und** einem **Nebensatz** besteht, nennt man **Satzgefüge**. Der Nebensatz kann vor, zwischen oder nach dem Hauptsatz stehen. Zwischen Hauptsatz und Nebensatz muss **immer ein Komma** stehen. Der Nebensatz wird mit einer **unterordnenden Konjunktion** eingeleitet, z. B.: *nachdem, während, weil, obwohl, wenn.*

Hauptsatz — Nebensatz

Chemiker wollen eine Goldmaschine erfinden, weil Gold ein wertvolles Edelmetall ist.

finite Verbform an zweiter Stelle — Komma — Konjunktion — finite Verbform an letzter Stelle

Vertiefen und üben
Satzbaupläne zeichnen

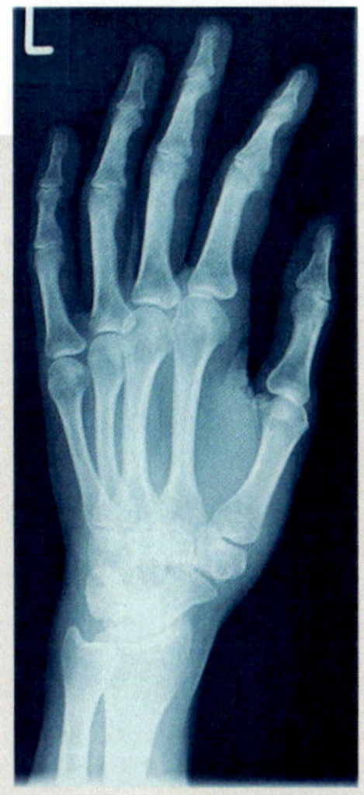

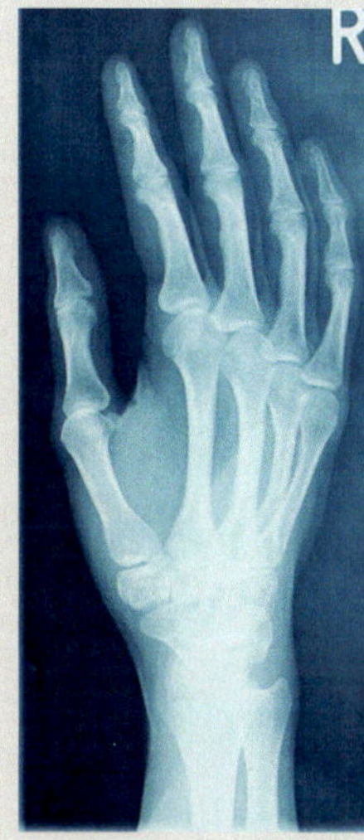

Wunder der Medizin – durch Zufall entdeckt

Wilhelm C. Röntgen entdeckte 1895, während er experimentierte, zufällig eine besondere Strahlung. Da ihm die Art der Strahlung unbekannt war, nannte er sie X-Strahlen. Seine Entdeckung war von großer Bedeutung, weil diese Strahlen die innere Struktur eines festen Körpers sichtbar machen können. Während sie im deutschen Sprachraum dem Erfinder zu Ehren Röntgenstrahlen heißen, verwendet man im Englischen weiterhin die Bezeichnung X-rays (rays = Strahlen).

- Auch Alexander Fleming ist ein berühmter Erfinder.
- Er hat eine wichtige Entdeckung gemacht.
- Der Arzt entdeckte 1928 zufällig das Penicillin.
- Er experimentierte mit Krankheitserregern.
- Eine seiner Bakterienkulturen wurde zufällig von einem Schimmelpilz befallen.
- Er wollte die verunreinigte Probe wegwerfen.
- Er betrachtete die Probe genauer.
- Ihm fiel ein Rückgang der krank machenden Bakterien auf.
- Das war eine bahnbrechende Entdeckung.
- Die Herstellung eines Medikaments gelang Fleming nicht.
- Fleming ist dennoch berühmt geworden.
- Er hat den Grundstein für unsere heutigen Antibiotika gelegt.

●○○ **1** Zeichne zu den Sätzen im ersten Absatz Satzbaupläne, z. B.:

Wilhelm C. Röntgen entdeckte 1895, (HS) *während er experimentierte,* (NS) *zufällig eine besondere Strahlung.* (HS)

●●○ **2** Stelle die Nebensätze in den ersten drei Sätzen wie folgt um:
1. Satz: Nebensatz am Anfang; 2. Satz: Nebensatz am Ende; 3. Satz: Nebensatz in der Mitte.
Schreibe die neu geordneten Satzgefüge auf.

●●● **3**
a Verbinde die Sätze im zweiten Absatz mit passenden Konjunktionen zu Satzgefügen oder Satzreihen/Satzverbindungen. Achte dabei auf die Kommasetzung.
b Zeichne zu deinen Sätzen Satzbaupläne, z. B.:

Alexander Fleming ist ein berühmter Mediziner, (HS) *denn er hat eine wichtige Entdeckung gemacht.* (HS)

Teste dein Wissen!
Satzglieder und Sätze

Jugend forscht

Junge Erfindertalente sollen in Deutschland rechtzeitig entdeckt und gefördert werden. Seit 1966 findet daher der Bundeswettbewerb „Jugend forscht" statt. Während dieses europäischen Jugendwettbewerbs im Bereich Naturwissenschaften, Mathematik und Technik können Jugendliche im Alter von 15 bis 21 Jahren als Einzelpersonen oder in Gruppen einer Jury ihre neuesten Erfindungen präsentieren. Die jeweiligen Regionalsieger qualifizieren sich für den landesweiten Wettbewerb. Die Sieger des Landeswettbewerbs dürfen dann am Bundeswettbewerb teilnehmen. Die Preisträger erhalten Geldpreise für die Platzierungen und ihnen winken außerdem Sonderpreise wie Einladungen zu Praktika oder Exkursionsreisen.

1 a Bestimme in den Sätzen die markierten Satzglieder. Schreibe die einzelnen Satzglieder heraus und notiere daneben jeweils die Lösung.
b Unterstreiche dann in den Satzgliedern aus Aufgabe 1 a alle Attribute und bestimme ihre Form.

Sonderpreis für Venenfinder

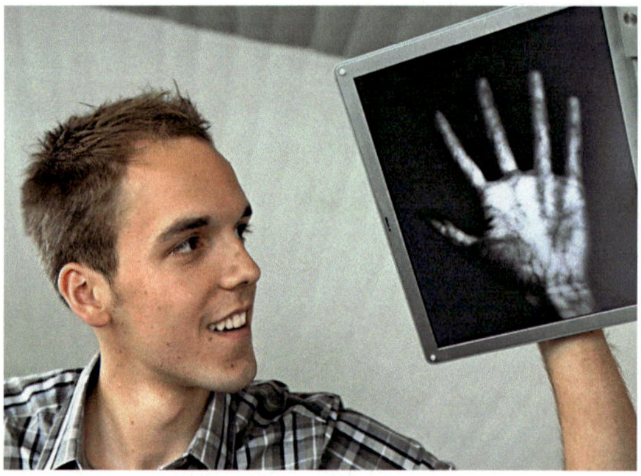

A Wenn der Arzt mit einer Spritze mehrmals erfolglos im Arm herumpikst, ist das ein unangenehmes Gefühl.
B Ärzte treffen leider häufig die Venen ihrer Patienten nicht sofort, weil man bei vielen Menschen die Venen kaum sehen kann.
C Aus diesem Grund erfand Steffen Strobel eine Spezialkamera und er programmierte eine spezielle Software.
D Mit diesen Geräten kann der Arzt, bevor er eine Spritze setzt, die unter der Haut liegenden Venen sichtbar machen.
E Nachdem er 2009 bei „Jugend forscht" schon den Bundessieg errungen hatte, erhielt Steffen von der Bundeskanzlerin auch noch einen Sonderpreis für die originellste Arbeit.

2 a Notiere jeweils, ob es sich bei den Sätzen A bis E um eine Satzreihe/Satzverbindung oder ein Satzgefüge handelt, z. B.: A = …; B = …
b Zeichne zu den Sätzen A bis E Satzbaupläne.

3 Vergleiche deine Ergebnisse aus den Aufgaben 1 und 2 mit den Lösungen auf S. 357.

13.2 Experimente mit Luft
Gliedsätze unterscheiden

Mit Adverbialsätzen Zusammenhänge darstellen

Die Luftballonrakete

Ein Faden wird auf eine Länge von ca. drei Metern zugeschnitten.
Er kann durch einen Raum gespannt werden. — damit

Der Faden wird zwischen zwei Stühlen befestigt.
Er wird durch einen Trinkhalm gezogen. — bevor

Die Stühle werden auseinandergeschoben.
Der Faden zwischen den Stühlen ist stramm gespannt. — sodass

Der Luftballon wird aufgeblasen und die Öffnung mit einer Wäscheklammer verschlossen.
Die Luft kann nicht entweichen. — damit

Der aufgeblasene Ballon wird mit einem Klebeband am Trinkhalm befestigt.
Zusammen mit dem Trinkhalm wird der Ballon an ein Fadenende geschoben. — nachdem

Die Wäscheklammer wird gelöst.
Das Experiment kann beginnen. — sobald

1 Beschreibe den Versuch, indem du die Sätze mithilfe der angegebenen Konjunktionen zu Satzgefügen verbindest. Achte auf die Kommasetzung, z. B.:
Ein Faden wird auf eine Länge von ca. drei Metern zugeschnitten, damit er …

2 Unterstreiche in deiner Versuchsbeschreibung alle Nebensätze. Umkreise dann die Konjunktionen, mit denen die Nebensätze eingeleitet werden.

3 Adverbialsätze ersetzen adverbiale Bestimmungen und können wie diese erfragt werden.

> **Tipp** Je nach Funktion im Satz unterscheidet man unterschiedliche Arten von Nebensätzen.

a Erfrage die unterstrichenen Adverbialsätze (Nebensätze) aus Aufgabe 2 mithilfe der Frageprobe (→ Merkkasten, S. 259). Erläutere dann, welche Art von Zusatzinformation sie geben, z. B.:
Wozu wird ein Faden auf eine Länge von ca. drei Metern zugeschnitten?
→ Der Nebensatz gibt einen Zweck an.

b Bestimme, um welche Art von Adverbialsatz es sich jeweils handelt. Verwende hierzu die Fachbegriffe aus dem Merkkasten (→ S. 259).

4 a Erklärt in Partnerarbeit den Versuch „Luftballonrakete", indem ihr die Sätze unten zu Satzgefügen mit Adverbialsätzen verbindet. Ihr könnt die vorgegebenen Konjunktionen verwenden. Achtet auf die Kommasetzung.
Tipp: In einigen Sätzen sind verschiedene Konjunktionen möglich.

> **Konjunktionen**
> sodass | damit | während | weil | da | obwohl | wenn

Die Wäscheklammer wird gelöst.
Die Luft kann aus dem Ballon entweichen.

Der Ballon gleitet schnell am gespannten Faden entlang.
Er verliert die gesamte Luft.

Die Luft strömt nach hinten aus.
Das erzeugt eine Gegenbewegung (Rückstoß) nach vorne.

Das Rückstoßprinzip ist immer dann wirksam.
Luft oder andere Gase wirken nach hinten und es gibt eine vorwärts- oder nach oben treibende Gegenkraft.

Weltraumraketen sind sehr viel größer und schwerer als ein Luftballon.
Sie funktionieren dennoch nach dem gleichen Prinzip.

b Unterstreicht in euren Satzgefügen die Adverbialsätze und umkreist die Konjunktionen, die die Adverbialsätze einleiten.

c Erklärt die inhaltliche Beziehung (z. B. Grund, Folge) zwischen den Haupt- und Adverbialsätzen, indem ihr die Art der Adverbialsätze bestimmt.

Die Wäscheklammer wird gelöst, (sodass) die Luft aus dem Ballon entweichen kann.
Mit welcher Folge wird die Wäscheklammer gelöst? → Konsekutivsatz

5 a Bestimmt in Partnerarbeit die unterstrichenen adverbialen Bestimmungen in den folgenden Sätzen:
- Trotz eines Gewichts von 700 Tonnen kann eine Rakete in den Weltraum fliegen.
- Beim Start einer Rakete wird Treibstoff verbrannt und in Gas umgewandelt.
- Wegen der nach unten gerichteten Düsen bewegt sich die Weltraumrakete nach oben.

b Wandelt die Sätze zu Satzgefügen um, indem ihr die adverbialen Bestimmungen zu Adverbialsätzen umformt. Verwendet hierfür passende Konjunktionen und achtet auf die Kommasetzung, z. B.: *Obwohl eine Rakete ein Gewicht von 700 Tonnen hat, …*

! **Merkwissen** Nebensätze unterscheiden: Adverbialsätze

Je nach Funktion im Satz unterscheidet man unterschiedliche Arten von Nebensätzen. Nebensätze können die Stelle von Satzgliedern übernehmen. Man nennt sie deshalb auch Gliedsätze. **Adverbialsätze** sind Gliedsätze, weil sie die **Stelle einer adverbialen Bestimmung einnehmen**, z. B.:

Nach dem Experiment sprachen wir über unsere Beobachtungen.
adverbiale Bestimmung
↓
Nachdem wir das Experiment beendet hatten, sprachen wir über unsere Beobachtungen.
Adverbialsatz

Adverbialsätze werden mit einer **Konjunktion** eingeleitet. Sie können nicht ohne Hauptsatz stehen und werden durch ein **Komma** von diesem abgetrennt. Wie die adverbialen Bestimmungen können auch die Adverbialsätze mithilfe der Frageprobe näher bestimmt werden.

Adverbialsatz	Frageprobe	Konjunktionen	Beispiel
Temporalsatz (Zeit)	Wann …? Seit wann …? Wie lange …?	nachdem, als, während, bis, bevor, solange, sobald	*Solange der Luftballon verschlossen ist, bewegt er sich nicht.*
Kausalsatz (Grund)	Warum …?	weil, da	*Weil die Luft entweicht, bewegt sich der Ballon.*
Konditionalsatz (Bedingung)	Unter welcher Bedingung …?	wenn, falls, sofern	*Wenn der Ballon mehr Luft enthält, legt er eine größere Strecke zurück.*
Konsekutivsatz (Folge)	Mit welcher Folge …?	sodass (auch: so …, dass)	*Die Schnur wird gespannt, sodass der Ballon gleiten kann.*
Finalsatz (Absicht, Zweck)	Wozu …?	damit	*Wir geben uns Mühe, damit das Experiment gelingt.*
Modalsatz (Art und Weise)	Wie …?	wie, als, indem, dadurch …, dass	*Der Versuch wird vorbereitet, indem das Material besorgt wird.*
Konzessivsatz (Einräumung)	Trotz welcher Umstände …?	obwohl, obgleich, obschon, auch wenn	*Eine Rakete funktioniert auch so, obwohl sie sehr schwer ist.*

Luft nimmt Raum ein

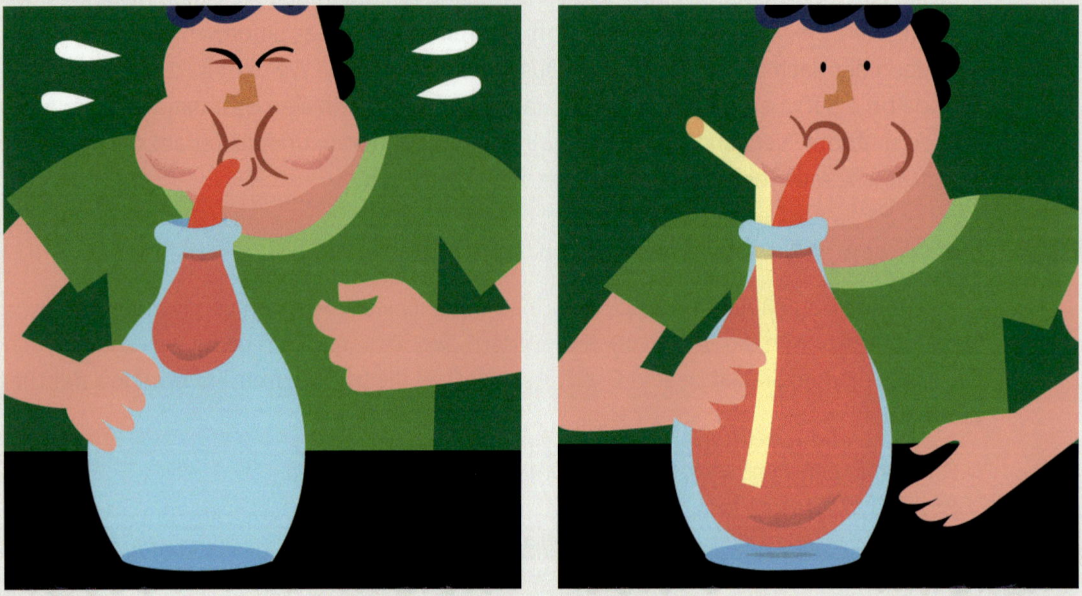

Nachdem du einen Luftballon in eine Flasche gesteckt hast, versuchst du das Aufblasen des Ballons. Obwohl du kräftig pustest, dehnt sich der Ballon nicht weiter aus. Sobald du einen Strohhalm in den Flaschenhals steckst, lässt sich der Ballon jedoch mit Luft füllen.

Erklärung: Wenn du den Ballon ohne Strohhalm aufbläst, drückt er sich an den Innenrand der Flasche und wirkt jetzt wie ein Flaschenverschluss. Weil die Flasche jedoch schon mit Luft gefüllt ist, findet der Ballon keinen Raum für Ausdehnung. Durch den Strohhalm kann die Luft aber aus der Flasche entweichen, sodass sich der Ballon nun ausdehnen kann. Auch wenn wir die Luft um uns herum nicht als Masse wahrnehmen, nimmt sie einen bestimmten Raum ein.

1 Lies die Versuchsbeschreibung und betrachte die Abbildungen. Gib den Versuchsablauf mit eigenen Worten wieder. Erkläre dann, was mit diesem Versuch gezeigt werden soll.

2 a Bestimme die Art der Adverbialsätze im Text mithilfe der Frageprobe (→ Merkkasten, S. 259).
b Die einleitenden Konjunktionen machen die inhaltliche Beziehung zwischen Haupt- und Nebensatz (hier: Adverbialsatz) deutlich. Untersuche, welche Konjunktionen du durch andere ersetzen kannst, ohne den Sinn des jeweiligen Satzes zu verändern.

3 a Forme die Satzgefüge im ersten Absatz jeweils in einen Hauptsatz um. Gehe so vor:
b Schreibe die drei Satzgefüge ab. Lass unter jedem Satz zwei Zeilen frei.
c Unterstreiche in jedem Satzgefüge den Adverbialsatz.
d Wandle nun die Satzgefüge in einen Hauptsatz um. Forme hierzu jeweils den Adverbialsatz in eine adverbiale Bestimmung um, z. B.:
Nach dem Einstecken eines Luftballons …
e Vergleiche deine Hauptsätze mit den ursprünglichen Satzgefügen. Was stellst du fest?

4 a In dem Text auf S. 260 finden sich zwei Temporalsätze. Schreibe sie auf.
b Unterstreiche die Konjunktionen, die die Temporalsätze einleiten.
c Temporalsätze geben ein zeitliches Verhältnis zwischen zwei Ereignissen an. Erkläre, welche Informationen zur Zeit du in diesen beiden Sätzen jeweils erhältst. Nimm hierzu das Merkwissen unten zu Hilfe.

5 Die folgenden Konjunktionen leiten Temporalsätze ein.
a Arbeitet gemeinsam mit einer Partnerin oder einem Partner. Bildet mithilfe der folgenden Konjunktionen Satzgefüge, z. B.:
Während du aus dem Fenster schaust, schreibe ich diesen Satz.
b Unterstreicht die Temporalsätze in euren Satzgefügen und kreist die einleitenden Konjunktionen ein.

während | nachdem | bis | seit/seitdem | wenn | sobald | solange | ehe | bevor

c Bestimmt bei jedem Satz, ob das Ereignis im Temporalsatz
- vor dem Ereignis im Hauptsatz liegt (Vorzeitigkeit),
- nach dem Ereignis im Hauptsatz stattfindet (Nachzeitigkeit),
- gleichzeitig mit dem Ereignis im Hauptsatz verläuft (Gleichzeitigkeit).

Merkwissen Mit Temporalsätzen Zeitverhältnisse ausdrücken

Temporalsätze sind Adverbialsätze, die ein **Zeitverhältnis** ausdrücken. Sie geben an, wann sich das Geschehen im Verhältnis zum Geschehen im Hauptsatz vollzieht. Dabei kann zwischen **Vorzeitigkeit, Gleichzeitigkeit** und **Nachzeitigkeit** unterschieden werden.

Hauptsatz: *Marlene bereitet das Experiment vor, …*

Temporalsätze:

… nachdem sie die Versuchsbeschreibung gelesen hat.	*… während sie Musik hört.*	*… bevor sie den Klassenraum verlässt.*
Vorzeitigkeit: Ereignis im Temporalsatz liegt vor dem Ereignis im Hauptsatz	**Gleichzeitigkeit:** Ereignis im Temporalsatz verläuft gleichzeitig mit dem Ereignis im Hauptsatz	**Nachzeitigkeit:** Ereignis im Temporalsatz findet nach dem Ereignis im Hauptsatz statt

Vertiefen und üben
Adverbialsätze

Warme Luft

1 Bevor das Experiment beginnen kann, musst du einige Vorbereitungen treffen.
2 Eine leere Glasflasche, ein Luftballon, zwei Schüsseln sowie heißes und kaltes Wasser sind nötig, damit du den Versuch durchführen kannst.
3 Nachdem du den Luftballon über den Hals der Flasche gestülpt hast, stellst du sie abwechselnd in die Schüssel mit kaltem und mit heißem Wasser.

Beobachtung

4 Beim Abkühlen der Flasche wird der Luftballon klein und in die Flasche hineingezogen.
5 Während sich die Flasche im heißen Wasser erwärmt, kommt der Ballon wieder aus der Flasche heraus und bläht sich auf.

Erklärung

6 Wenn du die Flasche in heißes Wasser stellst, erwärmt sich die Luft in der Flasche.
7 Weil sich warme Luft ausdehnt und dadurch mehr Platz benötigt als die gleiche Menge kalte Luft, bläht sich der Ballon auf.
8 Beim Abkühlen der Luft durch das kalte Wasser zieht sich die Luft zusammen.
9 In die kalte Flasche könnte also Luft nachströmen, da jetzt mehr Raum in der Flasche ist.
10 Wegen des luftdichten Verschlusses durch den Ballon wird dies aber verhindert.
11 Dieselbe Menge Luft braucht also je nach Temperatur mehr oder weniger Raum, sodass sich der Ballon aufbläht oder in die Flasche hineingezogen wird.

●○○ 1 Die vorliegende Text enthält acht Satzgefüge mit Adverbialsätzen. Suche sie heraus und bestimme die Art der Adverbialsätze mithilfe der Frageprobe. Notiere hierzu die Ziffern der Sätze, die einen Adverbialsatz enthalten, und schreibe die Art des Adverbialsatzes daneben, z. B.:
1. *Temporalsatz*
2. …

●●○ 2 In dem Text finden sich drei Temporalsätze. Suche sie heraus und bestimme bei jedem Satz, ob das Ereignis im Temporalsatz vor, nach oder gleichzeitig mit dem Ereignis im Hauptsatz verläuft. Schreibe die Ziffern der Temporalsätze auf und notiere daneben VZ für Vorzeitigkeit, NZ für Nachzeitigkeit und GZ für Gleichzeitigkeit.

●●● 3 a Die Sätze 4, 8 und 10 enthalten adverbiale Bestimmungen. Schreibe die Sätze auf und unterstreiche jeweils die adverbiale Bestimmung.
b Wandle die Sätze um, indem du die adverbialen Bestimmungen zu Adverbialsätzen umformst. Verwende hierfür passende Konjunktionen und achte auf die Kommasetzung.

Subjekt- und Objektsätze unterscheiden

Der Zerstäuber

Du weißt, warum aus einer Parfümflasche per Knopfdruck feine Duftwolken aufsteigen? Mit dem folgenden Experiment erforschst du, wie so etwas funktioniert. Du brauchst ein Glas Wasser, eine Schere, einen dickeren Plastikstrohhalm und ein Blatt Papier. Unter dem oberen Drittel des Strohhalms schneidest du quer einen kleinen Schlitz. Dass der Strohhalm dabei nicht durchschnitten werden darf, wird auch in der Zeichnung rechts gezeigt. Jetzt knickst du den Strohhalm an der Einschnittstelle nach hinten und steckst das lange Ende des Strohhalms in das Wasserglas. Halte nun das Blatt Papier vor die Strohhalmöffnung und blase kurz in das abgeknickte Ende des Strohhalms.

Beobachtung: Du siehst, dass sich das Wasser aus dem Glas wie ein Spray auf dem Blatt Papier verteilt. Wer das Wasser mit Wasserfarbe einfärbt, wird ein noch eindrucksvolleres Ergebnis erzielen. Wer dieses Experiment jetzt erklären kann, weiß schon sehr viel über das Thema Luftdruck.

Erklärung: Dass das Wasser aus dem Glas auf das Papier spritzt, hat mit dem Luftdruck zu tun. Du weißt, dass in der Umgebung ein bestimmter Luftdruck herrscht. Wenn du in den Strohhalm bläst, erzeugst du einen Unterdruck. Der Luftdruck im Strohhalm ist dann also kleiner als der Luftdruck in der Umgebung. Das Wasser wird von diesem Unterdruck angesaugt und steigt im Strohhalm, bis es an die Schnittstelle kommt.
Weil ein Teil der Luft, die du in den Halm bläst, über die Schnittfläche hinwegströmt, wird das aufsteigende Wasser an dieser Stelle vom Luftzug mitgenommen und fein zerstäubt.

1 Lies den Text und betrachte die Abbildung. Gib dann den Versuchsablauf in eigenen Worten wieder und erkläre, was mit diesem Versuch gezeigt wird.

2 Das Subjekt und das Objekt eines Satzes können von einem Nebensatz gebildet werden.

a Notiere, mit welchen Frageproben du das Subjekt und das Objekt eines Satzes ermittelst:
Subjekt ⟶ W... oder w...?
Objekt ⟶ ...

b Erfrage bei dem grün markierten Satz das Objekt und bei dem rot markierten Satz das Subjekt. Klärt gemeinsam, was mit dem Subjekt bzw. dem Objekt geschehen ist.

3 a Schreibt gemeinsam mit einer Partnerin oder einem Partner alle Satzgefüge mit Objektsätzen und Subjektsätzen aus dem Text heraus. Lasst unter jedem Satz eine Zeile frei. Wendet die Frageproben an:
- Objektsätze: Wen oder was ...?
- Subjektsätze: Wer oder was ...?

b Unterstreicht in euren Sätzen die Objektsätze grün und die Subjektsätze rot.

c Ersetzt die unterstrichenen Nebensätze jeweils durch ein Satzglied. Geht so vor:
- Ersetzt die grün unterstrichenen Objektsätze jeweils durch ein Objekt und
- die rot unterstrichenen Subjektsätze jeweils durch ein Subjekt.

Vorsicht: Es entstehen Hauptsätze und das Komma entfällt. Beispiel:
Du weißt, warum aus einer Parfümflasche per Knopfdruck feine Duftwolken aufsteigen?
Du weißt etwas?

4 Schreibe je zwei weitere Satzgefüge mit einem Subjektsatz und einem Objektsatz auf.
Tipp: Objektsätze stehen oft bei Verben des Sprechens und der Wahrnehmung, z. B.:

sagen, dass | behaupten, dass | erklären, dass | sehen, ob | hören, ob | beobachten, wer | fragen, ob/wer | überlegen, wer

Merkwissen Nebensätze unterscheiden: Subjektsätze und Objektsätze

Nebensätze können die Stelle von Satzgliedern übernehmen. Man nennt sie deshalb auch Gliedsätze. **Subjektsätze** und **Objektsätze** sind Gliedsätze, weil sie **die Rolle des Subjekts bzw. des Objekts** im Satzgefüge übernehmen. Sie lassen sich wie das Subjekt oder das Objekt mithilfe der Frageproben ermitteln.
Subjekt- und Objektsätze sind Nebensätze und können nicht ohne Hauptsatz stehen. Sie werden durch ein **Komma** vom Hauptsatz abgetrennt.

Subjektsatz: Das Subjekt eines Satzes kann von einem Nebensatz gebildet werden, z. B.:
Der interessante Versuch überraschte Ben. (Subjekt) *Dass der Versuch interessant war, überraschte Ben.* (Subjektsatz (Wer oder was überraschte Ben?))

Objektsatz: Das Objekt eines Satzes kann von einem Nebensatz gebildet werden, z. B.:
Amina erklärt den Versuch. (Objekt) *Amina erklärt, wie der Versuch funktioniert.* (Objektsatz (Wen oder was erklärt Amina?))

Subjekt- und Objektsätze können unterschiedliche Gestalt annehmen, z. B.:

Satzform	**Subjektsatz**	**Objektsatz**
indirekter Fragesatz	*Wer diesen Versuch erklären kann, hat ihn genau beobachtet.*	*Tom ahnte, wie das Experiment ausgehen würde.*
dass-Satz	*Dass er genau hinschaute, sah jeder.*	*Er sagte, dass er den Versuch erklären könne.*

Vertiefen und üben
Subjekt- und Objektsätze

Ein Marmeladenglas überlisten

1 Sicher hast du auch schon einmal festgestellt, dass sich ein fest verschlossenes Marmeladenglas nicht öffnen lässt.
2 Auf den Abbildungen siehst du, wie du ein solches Marmeladenglas öffnen kannst.
3 Dass der Deckel des Glases mit heißem Wasser überlistet werden kann, erstaunt dich vielleicht.
4 Kannst du erklären, warum das so ist?
5 Wer jetzt schon die Antwort weiß, ist ein Spezialist in Sachen Luftdruck.
6 Wenn die Marmelade abgefüllt und verschlossen wird, ist sie heiß.
7 Dass die warme Luft im Glasinneren mehr Raum einnimmt als die gleiche Menge kalte Luft, hast du schon in dem Versuch auf S. 262 festgestellt.
8 Während die Marmelade abkühlt, kühlt auch die Luft im Glas ab und zieht sich zusammen.
9 Es entsteht ein Unterdruck im Glas und der Deckel wird angesaugt bzw. ins Marmeladenglas gedrückt.
10 Du weißt sicherlich, dass man dies auch als Vakuum bezeichnet.
11 Wenn man den Deckel und damit auch die Luft im Glas erwärmt, dehnt sie sich wieder aus und drückt sozusagen gegen den Deckel.

1 Erfrage in Satz 1 den Objektsatz und in Satz 3 den Subjektsatz. Schreibe die Fragen und Antworten auf.

2
a Untersuche die Sätze 2 sowie 4 bis 11 genau. Suche in diesen Sätzen alle Satzgefüge heraus, die einen Objekt- oder Subjektsatz enthalten. Schreibe sie auf.
b Unterstreiche in deinen Sätzen die Objektsätze grün und die Subjektsätze rot.
c Ersetze in einem Satzgefüge mit Objektsatz und in einem Satzgefüge mit Subjektsatz die Nebensätze jeweils durch ein Satzglied. Notiere deine Ergebnisse.

3 Schreibe je drei weitere Satzgefüge mit einem Subjektsatz und einem Objektsatz auf.

Teste dein Wissen!
Gliedsätze: Adverbialsätze, Subjekt- und Objektsätze

Eine Münze trockenlegen

1 Zuerst stellst du ein Teelicht in die Mitte eines Suppentellers und legst eine Münze daneben. 2 Dann füllst du Wasser in den Teller, sodass die Münze davon gerade bedeckt ist. 3 Jetzt kündigst du an, dass du die Münze ohne Eintauchen der Finger in das Wasser aus dem Suppenteller entfernen kannst. 4 Nachdem du das Teelicht angezündet hast, stülpst du ein Trinkglas über die Flamme. 5 Zu beobachten ist, dass die Flamme nach einiger Zeit erlischt. 6 Wie von Geisterhand strömt nun das Wasser in das Trinkglas, sodass der Wasserspiegel dort ansteigt. 7 Sobald das gesamte Wasser im Glas ist, liegt die Münze tatsächlich im Trockenen und du kannst sie herausnehmen. 8 Die Flamme erlischt nach einiger Zeit, weil sie nicht mehr mit Sauerstoff versorgt wird. 9 Warum steigt jedoch der Wasserspiegel im Glas? 10 Durch die Flamme wird die Luft im Glas erhitzt und dehnt sich aus, sodass ein Teil der Luft aus dem Glas entweicht. 11 Dass die erwärmte Luft aus dem Glas entweicht, kannst du auch an den aufsteigenden Wasserbläschen erkennen. 12 Sobald das Teelicht erloschen ist, kühlt zudem die Luft im Glas wieder ab und zieht sich zusammen. 13 Dass kalte Luft weniger Raum benötigt als warme, ist dir bekannt. 14 Aus diesem Grund entsteht im Glas ein Unterdruck. 15 Weil der Luftdruck außen größer ist, drückt er das Wasser in das Glas.

1 a Die vorliegende Versuchsbeschreibung enthält acht Satzgefüge mit Adverbialsätzen. Suche sie heraus und bestimme die Art der Adverbialsätze mithilfe der Frageprobe. Notiere hierzu die Ziffern der Sätze, die einen Adverbialsatz enthalten, und schreibe die Art des Adverbialsatzes daneben.
b Bestimme das Zeitverhältnis in den Temporalsätzen. Notiere die Ziffern der Temporalsätze und schreibe daneben: VZ für Vorzeitigkeit und GZ für Gleichzeitigkeit.

2 a Suche aus dem Text alle Satzgefüge heraus, die einen Objekt- oder Subjektsatz enthalten, und schreibe die kompletten Sätze auf.
b Unterstreiche in deinen Sätzen die Objektsätze grün und die Subjektsätze rot.

3 Wandle die Sätze 4, 5 und 11 in Hauptsätze um, indem du den Nebensatz jeweils durch ein Satzglied ersetzt. Du musst hierbei die Sätze etwas umformulieren.

4 Vergleiche deine Ergebnisse aus den Aufgaben 1 bis 3 mit einer Lernpartnerin oder einem Lernpartner.

13.3 Fit in …
Einen Text überarbeiten

Stelle dir vor, du bekommst folgende Aufgabe:

Die Schülerzeitung deiner Schule will einen Artikel über ein Experiment veröffentlichen, das in der AG Naturwissenschaften durchgeführt wurde. Als Mitglied der Redaktion sollst du die Versuchsbeschreibung überarbeiten. Dies sind deine Überarbeitungsaufträge:

1. Überarbeitungsauftrag für die Abschnitte 1 und 3: Mache in diesen Textabschnitten die Zusammenhänge deutlich, indem du die Hauptsätze zu Satzgefügen mit Adverbialsätzen verbindest. Verwende sinnvolle Konjunktionen und achte auf die Kommasetzung.
2. Überarbeitungsauftrag für den Abschnitt 4: In diesem Abschnitt stehen die Nebensätze immer am Anfang. Um Eintönigkeit zu vermeiden, stellst du die Nebensätze teilweise um.
3. Überarbeitungsauftrag für den Abschnitt 5: Im letzten Abschnitt fehlen die Kommas. Überarbeite diesen Textabschnitt, indem du die fehlenden Kommas ergänzt.

Wärme fühlen?

1 Man lässt ein Holzlineal und eine Metallschere mehrere Stunden nebeneinander in einem Raum liegen. Sie sind der gleichen Umgebungstemperatur ausgesetzt. Danach prüft man die Temperatur der beiden Gegenstände. Man berührt sie kurz. Das Metallstück fühlt sich kälter an als das Holz. Beide haben im gleichen Raum gelegen.

2 Ist das Holzlineal nun tatsächlich wärmer als die Metallschere? Würde man die Temperatur beider Gegenstände messen, wäre man überrascht, denn beide hätten tatsächlich den gleichen Wert. Dass sich bei gleicher Temperatur Holz wärmer anfühlt als Metall, hat etwas mit der unterschiedlichen Wärmeleitung zu tun.

3 Metall leitet Wärme sehr gut. Bei der Berührung wird die Körperwärme rasch aufgenommen. Wärme aus den Fingern fließt sehr schnell zum Metall ab. Das Gehirn empfindet Wärmeverlust (Kälte). Das geschieht nach dem Gesetz des Wärmeaustausches: Zwei Körper unterschiedlicher Temperatur kommen in engen Kontakt miteinander. Der Körper höherer Temperatur gibt Wärme ab und der Körper niedrigerer Temperatur nimmt Wärme auf.

4 Anders als Metall leitet Holz die Wärme schlecht. Wenn man Holz berührt, fließt nur wenig Körperwärme in diesen Stoff hinein. Weil sich beim Berühren ein Wärmestau bildet, empfindet man Holz als warm. Da Wärme teuer ist, spielt Wärmeleitung im Alltag eine große Rolle.

5 Wenn zum Beispiel ein Haus in einer Gegend mit extremen Tiefsttemperaturen gebaut wird sollte man das Gebäude mit einem wenig leitfähigen Dämmstoff versehen. Ähnlich funktioniert eine Thermoskanne. Damit Getränke oder andere Flüssigkeiten längere Zeit warm oder kalt gehalten werden muss die Wärmeübertragung zwischen dem Inneren der Thermoskanne und der Umgebung durch wenig leitfähige Stoffe möglichst gering gehalten werden. Stoffe mit schlechter Wärmeleitung nennt man übrigens Isolatoren.

1 a Lies die Aufgabenstellung auf S. 267aufmerksam durch.
b Erklärt euch gegenseitig, in welcher Form ihr die Abschnitte 1, 3, 4 und 5 überarbeiten sollt.

2 Überarbeite nun den Text. Gehe gemäß der Aufgabenstellung abschnittsweise vor:

Abschnitte 1 (→ Z. 1–8) **und 3** (→ Z. 16–25):
Überarbeite die Textabschnitte 1 und 3, indem du jeweils zwei Hauptsätze zu einem Satzgefüge verknüpfst und so die Zusammenhänge deutlich machst. Achte auf die Kommasetzung zwischen Haupt- und Nebensatz. Du kannst die unten angeführten Konjunktionen zu Hilfe nehmen:

obwohl | weil/da | wenn | indem | sodass

Man lässt ein Holzlineal und eine Metallschere mehrere Stunden nebeneinander in einem Raum liegen, sodass sie der …

Abschnitt 4 (→ Z. 26–32):
Formuliere abwechslungsreicher, indem du die Nebensätze in den Satzgefügen teilweise umstellst. Bei der Neufassung sollten die Nebensätze in den Satzgefügen auch teilweise nach dem Hauptsatz stehen, z. B.:

_______________, ~~~~~~~~~~~~~~~.
HS *Komma* *Konjunktion* *NS*

Abschnitt 5 (→ Z. 33–44):
Im letzten Absatz fehlen zwei Kommas. Schreibe den letzten Abschnitt ab und ergänze die fehlenden Kommas.
Tipp: Nebensätze werden immer mit einem Komma vom Hauptsatz abgetrennt.
Ein Nebensatz kann vor, zwischen oder nach einem Hauptsatz stehen.

14 Rechtschreibtraining
Übung macht den Meister

In diesem Kapitel …

- beschäftigst du dich mit besonderen Regeln der Groß- und Kleinschreibung,
- wendest du Regeln zur Getrennt- und Zusammenschreibung an,
- übst du, Kommas und andere Satzzeichen richtig zu setzen.

1 a Welchen Titel für das Foto findest du passend? Begründe deine Meinung.

b Schreibe die Bildunterschriften in der richtigen Groß- und Kleinschreibung auf.

c Vergleicht eure Ergebnisse: Bei welchen Wörtern seid ihr unsicher gewesen? Welche Wörter habt ihr falsch geschrieben? Klärt eure Schwierigkeiten im Gespräch.

14.1 Menschenskinder!
Regeln lernen, richtig schreiben

Kinder lernen überall Groß- und Kleinschreibung

Nominalisierungen Aus Verben und Adjektiven können Nomen/Substantive werden

Lernen mit Pantoffeln?

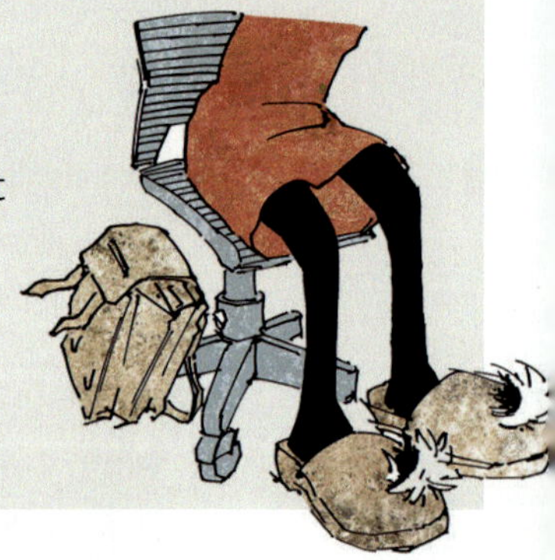

Wenn Ortensia am Morgen zur Schule geht, behält sie ihre Pantoffeln gleich an. Nur ein paar Schritte über den Flur, schon steht die zehnjährige US-Amerikanerin aus dem Städtchen Tinley Park im Bundesstaat Illinois vor der richtigen Tür: Das Wohnzimmer ist Ortensias Klassenraum, der Computer ihre Tafel, die Tastatur ersetzt in vielen Fällen den Füllhalter. Denn Ortensia besucht eine Internetschule. Ob dieser Unterricht allerdings so abwechslungsreich ist wie in einer richtigen Schule? Ortensia wird in allen Fächern auch von ihrer Mutter angeleitet.

1 Ortensia besucht eine Internetschule. Vergleiche diese Unterrichtssituation mit deinen eigenen Schulerfahrungen.

2 Suche aus dem Text oben alle Nomen/Substantive heraus und benenne, an welchen Nomensignalen du sie jeweils erkannt hast.

VORSICHT, FEHLER!

Wo ist Lernen am schönsten?

„Im computerraum im gemeindezentrum. Bei den lernprogrammen finde ich immer auch etwas tolles zum spielen, knobeln oder rätseln."
(Emanuel, Kroatien)

„In der schule. ich mag das gemeinsame beim lernen. Und man kann dort auch viel spaßiges mit den schulfreunden machen."
(Bano, Bangladesch)

„Am liebsten bin ich im kunstworkshop. Dort gibt es alles mögliche zum herumexperimentieren."
(Trjavna, Bulgarien)

„Am allermeisten mag ich meinen schreibtisch zu hause. dort fällt mir das schreiben am leichtesten."
(Tainara, Brasilien)

3
a Groß oder klein? Schreibe die Aussagen in der richtigen Schreibweise auf. Achte dabei besonders auf die Großschreibung der nominalisierten Verben und Adjektive.
b Erkläre die Groß- oder Kleinschreibung an den markierten Stellen.
c Wo ist das Lernen am schönsten? Notiert eure Antwort in Kleinbuchstaben und tauscht sie untereinander aus. Schreibt die Antwort eurer Partnerin oder eures Partners in der richtigen Groß- und Kleinschreibung auf.

4 Suche aus den Schülerantworten von S. 270 Beispiele für folgende Aussagen:
- Indefinitpronomen wie z. B. *etwas, manches, alles, nichts, einige, kein, viel, (ein) paar* stehen häufig vor nominalisierten Adjektiven.
- Adjektive im Superlativ mit *am* werden kleingeschrieben.

Erstaunlich!

Lernen in der Schule – das ist doch etwas ganz GEWÖHNLICHES. So denkt ihr vielleicht. Beim REISEN um die Welt würdet ihr feststellen, dass es viel BESONDERES und manches UNGLAUBLICHE zu entdecken gibt. Amy zum Beispiel ist mit ihrer Mutter von Südkorea nach Neuseeland gezogen, nur um besser Englisch zu LERNEN und dadurch später etwas BESSERES werden zu können als ihre Eltern. Shati und Sabuj aus Bangladesch folgen dem Unterricht nicht selten im LIEGEN, denn in ihrem Klassenzimmer gibt es keine Möbel. In KLEINEN Ortschaften auf den Philippinen lernen die JÜNGEREN alles NOTWENDIGE aus einem einzigen Lehrbuch: kritisches DENKEN, Geschichte und GUTES BENEHMEN. Rupchandra und Rupak aus Nepal machen ihre Hausaufgaben im Wohnzimmer, und das TEILEN sie mit ihren Ziegen. Das MECKERN, MALMEN und RASCHELN nebenan versuchen sie zu IGNORIEREN, um für einen GUTEN Ausbildungsplatz zu lernen. Für Henrik von Nordstrandischmoor, einer winzigen Hallig in der Nordsee, ist selbstständiges ARBEITEN nichts AUßERGEWÖHNLICHES: Seine beiden Geschwister und er sind die EINZIGEN im Klassenzimmer außer dem Lehrer. Dieser widmet sich jedem Schüler einzeln für eine GEWISSE Zeit, während die anderen beiden jeweils eigene Aufgaben erledigen.

5 a Groß oder klein? Untersucht in Partnerarbeit, wie die Verben und Adjektive in Großbuchstaben jeweils geschrieben werden müssen. Begründet eure Entscheidung.

b Schreibt alle nominalisierten Verben und Adjektive mit ihren Nomensignalen aus dem Text heraus. Unterstreicht die Nomensignale und benennt sie. Notiert, welche Wortart nominalisiert wurde, z. B.: *viel Neues (Indefinitpronomen + nominalisiertes Adjektiv).*

Merkwissen Nominalisierungen: Großschreibung von Verben, Adjektiven und Partizipien

Verben, **Adjektive** und **Partizipien** schreibt man **groß**, wenn sie im Satz **als Nomen/Substantiv** gebraucht werden, z. B.: *das Lernen, das Neue, die Lachende, der Geschlagene.*
Man erkennt solche Nominalisierungen an ihren Nomensignalen:
- an einem **Artikel**, z. B.: *das Arbeiten, ein Lärmen.*
- an einem **Pronomen** (Possessivpronomen, Demonstrativpronomen, Indefinitpronomen), z. B.: *dein Nachdenken, dieses Lernen, etwas Ungewöhnliches.*
  Tipp: Indefinitpronomen geben eine ungefähre Menge oder Anzahl an, z. B.: *etwas, manches, alles, nichts.* Sie stehen häufig vor nominalisierten Adjektiven, z. B.: *etwas Neues.*
- an einem **Adjektiv**, z. B.: *schnelles Laufen.*
- an einer **Präposition**, die mit einem Artikel verschmolzen sein kann, z. B.: *vor Lachen, beim (bei dem) Unterrichten, im (in dem) Grünen.*

Tipp: Nicht immer hat ein nominalisiertes Wort ein Nomensignal. Hier hilft die Artikelprobe, z. B.: *Sie lieben (das) Schwimmen.*

Groß- und kleingeschriebene Fremdwörter

Ein Vormittag an einem Brandenburger Gymnasium

Heute spielte in Mathematik die Arithmetik keine Rolle, denn wir fertigten Skizzen von Pyramiden und Zylindern an. In Deutsch deklinierten wir Nomen mit ihren Adjektiven und wir diskutierten über den Gebrauch von Aktiv und Passiv. Lucas wollte wissen, warum der Genitiv vom Aussterben bedroht sei. Bei einem Test in Physik standen Aufgaben aus den beiden Themen „Mechanik" und „Optik" zur Auswahl. Robert begleitete uns in Musik beim Singen eines Liedes auf seinem Akkordeon und wir sangen euphorisch alle Strophen mit. David spielte uns ein Stück auf seiner Violine vor. Zum Schluss stand Leichtathletik auf dem Plan. Bevor wir mit den 100-m-Sprints begannen, wärmten wir uns mit Gymnastik auf, damit es zu keiner Katastrophe kommen konnte, denn mit einer Zerrung ist nicht zu spaßen. Und nun das Beste: In der Mittagspause luden wir unsere Akkus mit Pizza, Mandarinen und Apfelsinen wieder auf.

1 Suche aus dem Text alle Fremdwörter heraus und sortiere sie in deinem Heft nach folgenden Gruppen. Schreibe die Fremdwörter im Nominativ Singular auf.

Fremdwörter auf -ik: *die Mathematik, …*
Fremdwörter auf -iv: *…*
Fremdwörter auf -ine: *…*
Fremdwörter mit y, mit th, mit ph, mit kk, mit zz: *die Pyramide, …*

> **Tipp** Manche Nomen/Substantive musst du mehrfach eintragen.

2 a Im Text stehen zwei Verben mit der Endung *-ieren*. Schreibe sie heraus. In deinen Wortgruppen aus Aufgabe 1 findest du einige Nomen/Substantive, von denen du Verben auf *-ieren* bilden kannst, z. B.:
die Musik – musizieren, …

b Schreibe vier Sätze auf, in denen du die Verben auf *-ieren* nominalisiert verwendest.
Das Musizieren …

3 a Im Text findest du das Adjektiv *euphorisch*. Bilde von einigen Nomen/Substantive, die du aufgeschrieben hast, weitere Adjektive, die auf *-isch* enden, z. B.:
die Physik – physikalisch – physikalische Gesetze, …

b Schreibe vier Sätze auf, in denen die gebildeten Adjektive auf *-isch* nominalisiert vorkommen, z. B.:
Im Bereich des Physikalischen …

! Merkwissen Fremdwörter

Fremdwörter wurden aus fremden Sprachen **ins Deutsche übernommen**. Oftmals kann man sie an ihrer Schreibweise erkennen, z. B. an dem Buchstaben *y (die Physik)*, an Buchstabenverbindungen wie *th (die Theologie)*, *ph (der Phosphor)*, an Doppelkonsonanten wie *kk (der Akkord)* oder *zz (die Skizze)*. Das betrifft auch Endungen wie *-ik (die Hektik)*, *-iv (selektiv)*, *-ine (die Maschine)*, *-ieren (demonstrieren)* oder *-tion (die Demonstration)*.
Verben und **Adjektive** können auch wie deutsche Wörter mithilfe von Nomensignalen **nominalisiert** werden, z. B.: *skizzieren – beim Skizzieren, thematisch – das Thematische.*

Groß- und Kleinschreibung bei Namen von Straßen und Plätzen sowie geografischen Namen

Neu in der Stadt

Seit zwei Jahren besucht Leon eine staatliche Ballettschule. Deshalb ist er aus der *sächsischen Stadt* Zwickau nach Berlin in die **Frankfurter Allee** gezogen. Von hier aus ist es nicht weit bis zum *Berliner Fernsehturm*, den er heute mit seinen Eltern besuchen will. Sie fahren mit der U-Bahn bis zum **Alexanderplatz** und laufen in Richtung **Karl-Liebknecht-Straße**. Der Berliner Fernsehturm ist mit seinen 368 Metern das höchste Bauwerk in Deutschland und eines der Wahrzeichen Berlins. Von der Aussichtsetage in 203 m Höhe kann man bei gutem Wetter bis zu 40 km weit schauen. Ganz deutlich erkennt Leon den *Berliner Dom* mit seiner Kuppel und die Straße **Unter den Linden** mit dem *Brandenburger Tor*. Leons Vater zeigt ihm die Siegessäule auf dem **Großen Stern** an der **Straße des 17. Juni**. Ganz oben im Telecafé macht die Familie Rast und genießt *berlinische Spezialitäten*. Es gibt für alle drei *Berliner Currywurst*, für die Eltern *Berliner Weiße* und für Leon *Rixdorfer Fassbrause*.

1 a Übertrage die folgende Tabelle in dein Heft und schreibe die fett gedruckten Namen für Straßen und Plätze hinein.

einteilig	zweiteilig auf -er	mehrteilig mit Bindestrich	als Wortgruppe
Alexanderplatz	...	...	...

b Ergänze alle Spalten der Tabelle mit Namen von Straßen und Plätzen aus deinem Heimatort.

2 a Schreibe aus dem Text die kursiv gedruckten geografischen Ableitungen auf *-er* und auf *-isch* heraus. Welche Rechtschreibregel kannst du erkennen? Vergleiche sie mit dem Merkwissen 2 unten.
b Schreibe die folgenden Wendungen richtig auf und ergänze sie um drei weitere Beispiele.

die i/Indischen Gewürze	die f/Französische Revolution	die t/Türkische Riviera
der i/Indische Ozean	die f/Französische Sprache	der t/Türkische Honig

! **Merkwissen** Namen von Straßen und Plätzen sowie geografische Namen

1 **Namen von Straßen und Plätzen** sind Eigennamen und werden wie alle Nomen/Substantive großgeschrieben. Man unterscheidet einteilige Namen *(Ahornstraße)*, zweiteilige Namen auf *-er (Schönhauser Allee)*, mehrteilige Namen, verbunden durch Bindestrich *(Friedrich-Schiller-Straße)* und Wortgruppen *(An der alten Mühle)*.

2 **Geografische Namen** mit Ableitungen auf *-er* schreibt man immer groß, z. B.: *Berliner Bär, Feldberger Seenlandschaft.*
Geografische Namen mit Ableitungen auf *-isch* schreibt man klein, wenn sie nicht Teil eines Eigennamens sind, z. B.: *sächsische Spezialität, russischer Tee.*
Achtung: Handelt es sich aber um Eigennamen, dann werden sie großgeschrieben, z. B.: *die Sächsische Schweiz, die Berlinische Galerie.*

Groß- und Kleinschreibung bei Zeitangaben, Ortsangaben und Zahlwörtern

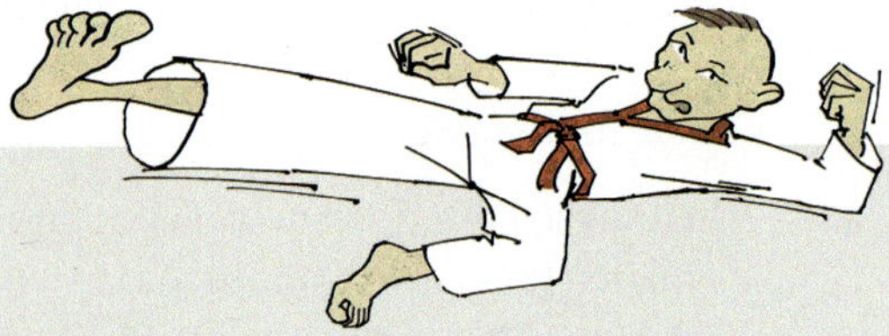

Harte Schule
von Verena Linde

Kung-Fu ist mehr als eine Kampfkunst. In einer Schule in Hanyuan in Zentralchina ordnen junge Kämpfer sogar ihr ganzes Leben danach. Einer von ihnen ist Bai Bingtao. Wie die meisten seiner 17 Mitschüler stammt er aus einer armen Familie. Viele Jugendliche in dieser Region finden keine Arbeitsstelle, hängen herum, organisieren Banden. Die Gefahr, dann in einen Strudel aus Drogen, Glücksspiel und Gewalt gezogen zu werden, ist groß. Für solche gefährlichen Dummheiten ist im Alltag der Dai-Shi-Men-Schule kein Platz. Der Großmeister Dai Kang weiß, was den Jungen fehlt: Regeln und Disziplin. Jeder Tag ist straff organisiert – und immer gleich.

Dai Kang knipst heute Morgen um halb sechs Uhr im Schlafsaal das Licht an. Schlaftrunken rollen die Jungen aus ihren Betten und versammeln sich im Hof. „Laufen!“, schreit der Großmeister. Gehorsam trabt die Gruppe – wie gestern Morgen auch – im Kreis. Runde für Runde, 20 Minuten lang, jeden Tag. Danach gibt es jeden Morgen Suppe – heute mit Nudeln und Speck, morgen mit Reis und Gemüse. Nach dem Frühstück wartet dann eine weitere schwere Aufgabe: Stillsitzen und Lernen mit den anderen Kindern der Stadt im normalen Schulunterricht. Zur Erholung dürfen die Jungen mittags ein kleines Nickerchen machen. Die Hausaufgaben werden am Nachmittag unter dem wachsamen Blick des Großmeisters gemacht. Und dann gibt es nachmittags das Training: Kung-Fu-Übungen in der Gruppe und im Einzeltraining mit dem Großmeister. Grundhaltungen, gezielte Tritte und Schläge, Liegestütz und Spagat werden täglich geübt. Das ist extrem anstrengend und manchmal auch schmerzhaft. Erschöpft von den Anstrengungen dürfen die Jungen abends noch eine Weile zusammen fernsehen. Zu Hause übernachten sie nur am Wochenende. Bai Bingtao wird seine Familie morgen Abend wiedersehen.

1 a Stellt auf einem Zeitstrahl dar, was die Kung-Fu-Schüler zu welcher Tageszeit tun.
b Diskutiert, welche Vorteile und welche Nachteile eine Schule wie die von Bai Bingtao eurer Meinung nach hat.

2 a „Die Hausaufgaben werden am Nachmittag […] gemacht. Und dann gibt es nachmittags das Training […]“ (→ Z. 29–32). Vergleiche die Schreibung der beiden Zeitangaben und erkläre diese. Achte dabei auf die Wortarten.
b Formuliere eine Regel zu deiner Beobachtung.

3 Schreibe alle Zeitangaben aus dem Text heraus und ordne sie in eine Tabelle ein:

großgeschriebene Zeitangaben (Nomen/Substantive)	kleingeschriebene Zeitangaben (Adverbien)	kombinierte Zeitangaben (Adverbien + Nomen/Substantive)
im Alltag	immer	heute Morgen

4 Groß oder klein? Schreibe den folgenden Text richtig auf.

Die Glocke läutet im Internat FRÜHMORGENS und klingt HEUTE MORGEN genauso schrill wie GESTERN. Sie schellt am MITTAG zum Essen, sie schellt NACHMITTAGS, wenn die Sport- und Kreativkurse beginnen. Sie ruft die Schüler jeden ABEND zum Essen, von MONTAGS bis FREITAGS. Zum Glück schellt sie NACHTS nicht!

5 a Lies den folgenden Text durch.

Max ist ein talentierter Leichtathlet und besucht seit zwei Monaten eine Sportschule. Die Anforderungen, die dort an die Kinder gestellt werden, sind hoch. Deshalb hat sich Max den Schulwechsel lange überlegt, obwohl er nur Einsen und Zweien im Zeugnis hat. Denn hier sind vor allem drei Dinge gefragt: Talent, Disziplin und Ehrgeiz. Nach einigem Hin und Her stand sein Entschluss fest: Er will Leistungssportler werden und bei Wettkämpfen als Erster, Zweiter oder Dritter oben auf dem Podest stehen.

b Schreibe alle markierten Angaben aus dem Text heraus und begründe die Groß- und Kleinschreibung. Beachte dabei den zweiten Teil des Merkwissens.

6 Einmal groß und einmal klein.
Schreibe die Beispiele in Sätzen auf und begründe die Schreibweise der unterstrichenen Wörter.

sechs Punkte erreichen | eine Sechs würfeln | bergauf steigen | das ewige Bergauf

! **Merkwissen** Groß- und Kleinschreibung bei Zeitangaben, Ortsangaben und Zahlwörtern

1 Zeitangaben
- **Tageszeiten und Wochentage** werden **großgeschrieben**, wenn sie **Nomen/Substantive** sind. Man erkennt sie häufig an den üblichen Nomensignalen, z. B.: *am Nachmittag, mitten in der Nacht, eines Tages, am Montag, diesen Dienstag, der Mittwochabend.*
- **Tageszeiten und Wochentage** werden **kleingeschrieben**, wenn sie **Adverbien** sind, z. B.: *heute, morgen, gestern, nachmittags, freitags, mittwochabends.*
- Bei **kombinierten Angaben** schreibt man die **Adverbien klein** und die **Nomen/Substantive groß**, z. B.: *heute Abend, gestern Nacht, morgen Mittag.*

2 Zahlwörter und Ortsangaben
- **Zahlwörter** werden **kleingeschrieben**, außer wenn sie nominalisiert werden, z. B.: *zwei Kinder, drei Bücher, hundert Leute;* aber: *die Eins, als Erster.*
- **Ortsangaben**, die Adverbien sind, werden **kleingeschrieben**, z. B.: *hier, dort, da, dorthin.* Bei Nominalisierung werden sie großgeschrieben, z. B.: *im Hier und Jetzt.*

Vertiefen und üben
Groß- und Kleinschreibung

Vor dem SPRINGEN nicht an die Höhe denken!

Lexie aus Großbritannien kann etwas ganz BESONDERES: Turmspringen. Als ihr Talent zum KUNSTSPRINGEN entdeckt wurde, konnte sie noch gar nicht schwimmen. Die ersten sechs Monate hat sie TÄGLICH nur auf dem TROCKENEN trainiert und nebenbei das SCHWIMMEN gelernt. Nun stürzt sie sich von MONTAGS bis FREITAGS zum ÜBEN ins NASSE. Am SAMSTAG hat sie frei. Und HEUTE MORGEN, am SONNTAG, gibt sie ihr BESTES, denn es steht ein Wettkampf an.

1 Groß oder klein? Schreibe die Wörter in Großbuchstaben in der richtigen Schreibweise auf. Schreibe die nominalisierten Verben und Adjektive mit ihren Nomensignalen auf.

2 Löse die beiden Wörterschlangen auf und schreibe die Sätze in der richtigen Groß- und Kleinschreibung auf.

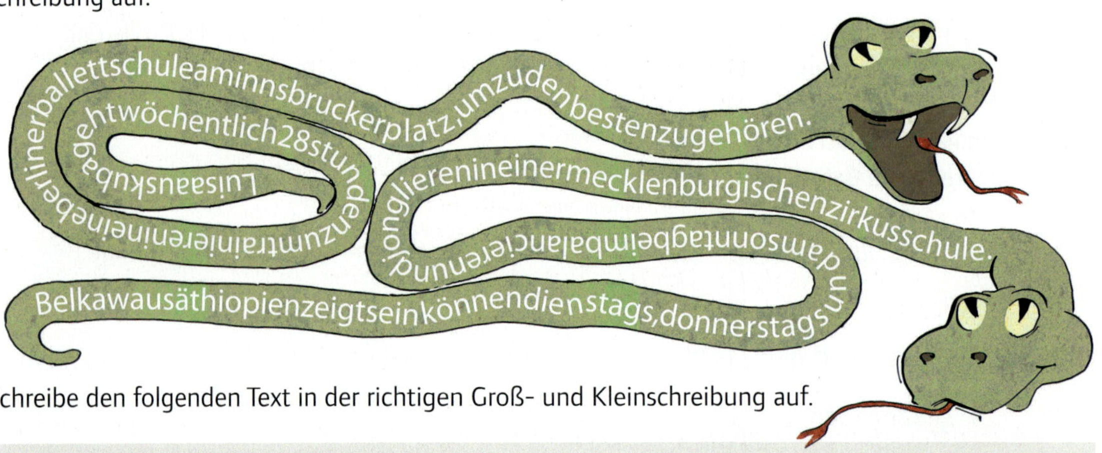

3 Schreibe den folgenden Text in der richtigen Groß- und Kleinschreibung auf.

SUMAN, DIE KOHLESAMMLERIN

SUMAN LEBT IN JHARIA, EINER STADT IM OSTEN INDIENS. UNTER DER STADT GIBT ES GROẞE KOHLEFELDER. KINDER UND JUGENDLICHE VERDIENEN DORT GELD DURCH DAS KOHLESAMMELN. SUMANS ELTERN SCHICKEN IHRE DREI TÖCHTER TÄGLICH IN DIE MINEN HINUNTER, MORGENS UND AM NACHMITTAG. DAS AUFMERKSAME ABSUCHEN DER ERDE, DAS VORSICHTIGE VORTASTEN AUF DEM ABSCHÜSSIGEN BODEN, DAS BÜCKEN UND AUSGRABEN DER KOHLEBRÖCKCHEN SIND SEHR ANSTRENGEND. NACH DEM KOHLESAMMELN GEHT SUMAN OFT ALS ERSTE ZUM WASCHEN AN DEN BRUNNEN. DEN SCHWARZEN STAUB VON GESICHT UND ARMEN ZU SPÜLEN, IST ETWAS HERRLICHES! DANN BEGINNT AM SPÄTEN VORMITTAG FÜR SUMAN DAS SCHÖNSTE: DIE SCHULE. SUMAN GENIEẞT ES, MIT IHREN FREUNDINNEN ZU LERNEN UND ZU SPIELEN. VON IHREN ELTERN BEKOMMT SIE SONNTAGS MANCHMAL EIN WENIG GELD. DAVON KAUFT SIE SICH ETWAS SÜẞES ODER GEHT AUF EINEN KLEINEN INDISCHEN JAHRMARKT.

Jugendliche probieren etwas Besonderes aus
Getrennt- und Zusammenschreibung

Jobs für junge Leute

Kinderarbeit ist in Deutschland zwar verboten, aber wenn die Eltern ihre Erlaubnis geben, dürfen Kinder ab 13 Jahren kleine Jobs übernehmen, zum Beispiel Zeitungen austragen, Babys beaufsichtigen, Autos waschen, bei der Oma Unkraut jäten, bei den Nachbarn Blumen gießen und Nachhilfe geben. Das Unkrautjäten und Blumengießen macht bei fremden Leuten richtig Spaß.

1 a Wie bessert ihr euer Taschengeld auf? Sammelt eure Tätigkeiten und Jobs an der Tafel.
b Leitet aus den markierten Stellen im Text eine Regel zur Getrennt- und Zusammenschreibung von Nomen/Substantiv + Verb ab: *Wortgruppen aus Nomen/Substantiv + Verb werden in der Regel … Werden sie nominalisiert, schreibt man sie …*

Kein Geld ausgeben – aus Annas Tagebuch

1. Tag: Heute ist der Tag, an dem ich normalerweise ? – dieses Mal nicht. Am Nachmittag habe ich mit meinem Vater draußen ? . Beim ? schummelt Papa gern. **2. Tag:** Meine Freunde wollten heute nach der Schule schwimmen gehen, aber ich konnte nicht mit, denn im Schwimmbad muss man ja ? . Da habe ich das erste Mal gemerkt, dass ich kein ? darf. **3. Tag:** Wieder ein Tag ohne ? ! Die anderen wollten ins Kino gehen. Ich finde, wir hätten auch etwas machen können, wofür man kein Geld braucht. Zum Beispiel hätten wir ? oder ? können. **4. Tag:** Wochenende. Weil ich nichts machen darf, was ? , ist meine Mutter mit mir und meinem Bruder an der Oder ? . Das ? war richtig schön. **5. Tag:** Die fünf Tage haben mir gezeigt: Ohne Geld beschäftigt man sich mehr mit sich selbst, dabei kann man auch ? .

2 Schreibe den Text auf. Setze dabei die folgenden Beispiele aus Nomen/Substantiven und Verb an den passenden Stellen und in der richtigen Form ein:

Karten spielen | Kartenspielen | Geld ausgeben | Geldausgeben
Taschengeld bekommen | Spaß haben | Geld kosten | Eintritt bezahlen
Tischtennis spielen | Rad fahren | Radfahren | Musik hören

Merkwissen Wortgruppen aus Nomen/Substantiv + Verb

Wortgruppen aus **Nomen/Substantiv + Verb** werden in der Regel **getrennt geschrieben**, z. B.: *Rad fahren, Handball spielen, Schlange stehen.*
Achtung: Werden sie nominalisiert, schreibt man sie zusammen und groß, z. B.: *das Radfahren.*

Ein Jahr lang Klima schützen – bewusst handeln lernen

Jonas hat in der Schule einen Klimaführerschein gemacht. Ein Jahr lang hat er sich überlegt, wie man klimafreundlich leben kann. Jonas berichtet: „Dass ich das Licht nicht unnötig brennen lasse, daran habe ich mich wirklich erst gewöhnen müssen. Man muss sich auch an einen neuen Umgang mit den technischen Geräten gewöhnen. Zum Beispiel sollte man das Ladegerät vom Handy nicht länger als nötig stecken lassen und den Fernseher und den Computer nicht im Stand-by-Betrieb laufen lassen. In der Küche kann man ebenfalls sehr gut sparen üben, indem man zum Beispiel langes Stehenbleiben vor der geöffneten Kühlschranktür vermeidet und das Essen nicht ohne Deckel auf dem Topf kochen lässt. Wenn wir klimafreundlich einkaufen gehen wollen, brauchen wir natürlich auch mehr Zeit. Vor jedem Regal muss man stehen bleiben und überlegen, wie die „Ökobilanz" eines Produktes ist: Von wo hat man es einführen lassen und wie ist es hergestellt oder angebaut worden? Was ich an einem solchen Jahr am wichtigsten finde, ist, dass man über den eigenen Energieverbrauch nachdenkt. Ich werde einfach nicht mehr so gedankenlos handeln.

1 Habt ihr euch auch schon einmal Gedanken darüber gemacht, wie ihr das Klima bzw. die Umwelt schützen könnt? Tauscht euch über eure Erfahrungen aus.

2 a Schreibe aus dem Text alle Wortgruppen von Verb + Verb heraus, die die unten stehende Regel veranschaulichen, z. B.: *leben kann, …* Achte auch auf das nominalisierte Beispiel.

b Formuliere Aussagen zum Thema Klima- oder Umweltschutzschutz, in denen du jeweils zwei der folgenden Verben miteinander verbindest:

liegen | informieren | gehen | lassen | nutzen | abschalten | bleiben | lernen | beachten

3 a Übertrage die Tabelle in dein Heft und sortiere die nebenstehenden Wortgruppen mit *sein* in die richtige Spalte ein.

zufrieden sein | ihr Wegsein | los sein | da sein | zusammen sein | pleite sein | vorhanden sein | übrig sein | das Reichsein | das Glücklichsein

Verbindungen mit *sein*	
getrennt und klein	groß und zusammen
…	…

b Formuliere eine Regel zur Getrennt- oder Zusammenschreibung von Wortgruppen mit *sein*.

Merkwissen Wortgruppen aus Verb + Verb

Wortgruppen aus **Verb + Verb** werden **getrennt geschrieben**, z. B.:
einkaufen gehen, liegen lassen, spazieren gehen.
Achtung: Werden sie nominalisiert, schreibt man sie zusammen und groß, z. B.:
Das Spazierengehen im Wald ist eine schöne Abwechslung.

Für einen Monat Rollen tauschen

Was passiert, wenn man die Verantwortung in der Familie komplett auf die Kinder überträgt? Michael Müller hat mit seiner Frau Marion den Versuch gewagt. Sie haben mit ihren Kindern für vier Wochen die Rollen getauscht und ließen Tochter Merit (14 Jahre) und Sohn Malte (12 Jahre) das Haushaltsgeld und das Kommando übernehmen.

„Die Bedingungen waren klar geregelt", erklärt Michael Müller. „Den Kindern Anweisungen zu geben, war uns strengstens verboten. Wir mussten ihren Anweisungen gehorsam folgen." „Anfangs ist mir der Rollentausch wirklich nicht leichtgefallen", gibt Marion Müller zu. „Ich kann es mir doch nicht gemütlich machen, während die Kinder so fleißig sind, habe ich gedacht. Aber dann bin ich doch einsichtig geworden und ich habe mich mit dem Rollentausch schneller angefreundet, als ich dachte." „Als meine Eltern uns das Geld für einen Monat feierlich übergeben haben, ist mir schon ein bisschen mulmig geworden", gesteht Merit. „Ich musste mir erst einmal klarmachen, was das bedeutet: für vier Menschen verantwortlich sein."

„Ich habe die Idee von Anfang an toll gefunden", grinst Malte, „und ich finde, wir haben fast alles richtig gemacht!"

1 Diskutiert, was ihr von einem solchen Rollentausch haltet.

2 a Schreibe aus dem Text alle Wortgruppen aus Adjektiv + Verb heraus.
Tipp: Zwölf Wortgruppen aus Adjektiv + Verb werden getrennt, zwei zusammengeschrieben.
b Überlege, nach welcher Regel Wortgruppen aus Adjektiv + Verb getrennt oder zusammengeschrieben werden.

3 Erkläre die Zusammen- oder Getrenntschreibung der markierten Wortgruppen aus Adjektiv + Verb, indem du die unterschiedlichen Bedeutungen erläuterst.

- Der Richter wird den Angeklagten fréisprechen.
- Bei einem Referat solltest du möglichst fréi spréchen.
- Auf dem vereisten Bürgersteig kann man léicht fállen.
- Diese Aufgabe wird mir léichtfallen.

! **Merkwissen** Wortgruppen aus Adjektiv + Verb

Wortgruppen aus **Adjektiv + Verb** werden **meist getrennt geschrieben**, z. B.:
laut singen, schnell rennen, bequem sitzen.
Beide Wörter werden betont und haben je eine eigene Bedeutung. Probe: Wenn das Adjektiv durch ein anderes Adjektiv ersetzt werden kann, wird getrennt geschrieben, z. B.:
Er möchte láut síngen. ⟶ *Er möchte kráftvoll síngen.*
Aber: Entsteht durch die Verbindung von Adjektiv + Verb ein **Wort mit einer neuen Gesamtbedeutung, schreibt man zusammen**, z. B.: *schwarzfahren* (= ohne Fahrschein fahren), *schwerfallen* (= Mühe bereiten), *blaumachen* (= schwänzen).

4 Zusammen oder getrennt? Entscheide, wie die Wortgruppen aus Adjektiv + Verb geschrieben werden. Notiere deine Ergebnisse.
- Mein Vater kann über unsere Rollentausch-Erfahrung witzig und gut/schreiben.
- Natürlich mussten wir in dieser Zeit auch zur Schule gehen und durften nicht blau/machen.
- Nicht alle Arbeiten, die sonst unsere Eltern erledigen, sind uns leicht/gefallen.
- Es gab auch Dinge, die uns wirklich schwer/fielen.
- Aber in den vier Wochen gab es nichts, was uns wirklich fertig/gemacht hätte.

5 a Bilde Sätze mit Wortgruppen aus Adjektiv + Verb. Verwende hierzu die folgenden Adjektive und Verben und achte auf die Getrennt- oder Zusammenschreibung.

Adjektive
krank | rot | kaputt | schwarz | schief | kurz | klein | schön | sicher

Verben
lachen | gehen | sehen | streichen | reden | machen | fassen | schreiben

b Überprüft eure Sätze in Partnerarbeit.

6 Schreibe die folgenden Sätze auf. Prüfe dabei mithilfe der Regel 1 im Merkkasten, ob die Wortgruppen aus Adverb + Verb getrennt oder zusammengeschrieben werden.
- Dieses Wort muss man zusammen/schreiben.
- Wenn die beiden weiter stören, wird man sie auseinander/setzen.
- Können wir das Regal zusammen/tragen?
- Freunde müssen auch in schwierigen Zeiten zusammen/halten.
- Können wir etwas schneller laufen, damit wir vorwärts/kommen?
- Gibt es Dinge, die man voraus/sehen kann?

7 a Bilde Sätze, in denen die unten stehenden Wörter im Infinitiv stehen.

umkehren | mitkommen | aufheben | abwarten | vorstellen

b Überprüfe die Schreibung der Wörter mithilfe der Regel 2 aus dem Merkkasten unten.

Merkwissen Wortgruppen aus Adverb + Verb, Präposition + Verb

1 Wenn **Adverb + Verb zusammengeschrieben werden**, liegt die **Hauptbetonung** in der Regel vorn **auf dem Adverb** (eine Bedeutung), z. B.:
Wir müssen als Freunde zusámmenhalten.
Bei der **Getrenntschreibung** werden **Adverb + Verb in der Regel gleich betont** (zwei Bedeutungen), z. B.:
Wir beide müssen die lange Stange zusámmen hálten.

2 **Verbindungen aus Präposition + Verb** schreibt man in der Regel **zusammen**.
Die Hauptbetonung liegt bei der Zusammenschreibung vorn auf der Präposition, z. B.:
Können wir úmkehren? Möchtest du mítkommen?

Vertiefen und üben
Getrennt oder zusammen?

Die folgenden Diktattexte haben verschiedene Schwierigkeitsstufen:
- **Level 1 für Sparsame:** Hier werdet ihr euch nicht verausgaben. Aber beschwert euch hinterher nicht, zu wenig Futter bekommen zu haben!
- **Level 2 für Regelbewusste:** Wer gut aufgepasst und fleißig geübt hat, schafft das locker!
- **Level 3 für Risikofreudige:** Wer wagt, gewinnt! Hier gewinnt ihr das gute Gefühl, topfit in Fragen der Rechtschreibung zu sein!

1 a Entscheidet euch für einen Diktattext und diktiert euch die Texte als Partnerdiktat (→ S. 342).
b Prüft anschließend, ob ihr alle Wörter richtig geschrieben habt. Achtet dabei besonders auf die markierten Wörter.

Level 1

Ich muss feststellen: Eine Woche ohne Fernsehen ist mir schwergefallen. Eigentlich sitze ich abends mit meiner Schwester vor dem Fernseher. In dieser Woche habe ich Vokabeln gelernt oder Musik gehört. Ich habe tagsüber Hausaufgaben gemacht und Klavier geübt. Am Mittwochnachmittag war ich beim Fußballspielen. Der Samstag war etwas öde. Meine Freunde haben sich nachmittags zusammengetan, um DVDs auszuleihen und anzuschauen. Da konnte ich leider nicht dabei sein. Wenn ich ab morgen wieder fernsehen darf, werde ich das richtig klasse finden. *(80 Wörter)*

Level 2

Am letzten Mittwoch habe ich mich abends mit meiner Mutter zusammengesetzt. Wir haben uns ausgemalt, dass es doch lustig wäre, wenn wir einmal die Rollen tauschen würden. Was auf mich zukommen würde, konnte ich da ja noch nicht vorhersehen. Erst während unseres Experiments habe ich mir klargemacht, dass meine Mutter morgens sehr früh aufsteht, damit sie all die Dinge erledigen kann. Ich musste nachmittags einkaufen gehen, abends kochen und dann kamen noch das Wäschewaschen und all die anderen Dinge hinzu. Mir blieb kaum Zeit zum Spielen und Fernsehen. Manchmal ist es mir schwergefallen, abends zu kochen. Immerhin haben wir beschlossen, dass wir am Sonntagmittag auf Kosten der Haushaltskasse zusammen essen gehen. *(111 Wörter)*

Level 3

Am Sonntagnachmittag habe ich beschlossen, einen Monat lang klimafreundlicher zu leben. Mit meinem Bruder habe ich mich nachmittags zusammengesetzt und wir haben gemeinsam überlegt, was alles dazu gehört. Wenn man den Klimaschutz ernst nimmt, muss man sich ganz schön zusammenreißen. Wir mussten uns erst einmal klarmachen, worauf wir achten wollen. Man sollte zum Beispiel das Licht ausschalten, elektrische Geräte durch das Ziehen des Steckers von der Stromversorgung trennen und natürlich auch auf das Wassersparen achten. Muss man morgens beim Duschen das Wasser so lange laufen lassen? Manches kann ganz schön lästig sein. Wenn man einkaufen geht, sollte man nicht mit dem Auto fahren, sondern besser das Rad nehmen oder zu Fuß gehen. Ich habe mir von einem Umweltexperten einmal vorrechnen lassen, was verschiedene Geräte an Strom fressen. Das hat mich tief beeindruckt! Wir sollten die Dinge nicht einfach so hinnehmen, sondern verantwortlich handeln, damit unsere Umwelt nicht noch mehr kaputtgeht. *(150 Wörter)*

Teste dein Wissen!
Rechtschreibung

Blandine ist als Austauschschülerin in der Klasse von Paul und Marlen. Die beiden versuchen, ihr bei den Rechtschreibregeln zu helfen. Allerdings sind sich Paul und Marlen bei manchen Regeln auch nicht immer ganz sicher.

1 a Entscheide, welche Aussagen richtig sind, und schreibe die Buchstaben der richtigen Antworten auf.

b Ergeben die Buchstaben rückwärts gelesen den Namen der französischen Stadt, in der Blandine zu Hause ist?

Rechtschreibrätsel

X Marlen: „Werden Verben und Adjektive als Nomen/Substantive gebraucht, nennt man das Nominalisierung."

U Paul: „Man kann bei den Nominalisierungen eine Artikelprobe machen, z. B.: *Für alle Kinder ist Lernen wichtig. – Für alle Kinder ist (**das**) Lernen wichtig*."

L Marlen: „Die Tageszeitangaben sind doch von Nomen/Substantiven abgeleitet. Deshalb schreibt man sie immer groß: *Der Morgen – Morgens, der Abend – Abends*."

A Paul: „Bei den Tageszeiten mit dem angefügten -*s* handelt es sich um Adverbien, die kleingeschrieben werden: *morgens, mittags, abends*. Auch hier hilft die Artikelprobe: Bei *morgens* kann man keinen Artikel ergänzen."

E Marlen: „Die Schreibung von Wörtern mit *sein*, z. B. *froh sein*, ist leicht: Die schreibt man immer getrennt."

M Paul: „Bist du sicher? Ich meine, *zusammensein* wird auch zusammengeschrieben."

D Paul: „Verb und Verb *(schlafen gehen)* kann man immer getrennt schreiben."

R Marlen: „Ja, das ist richtig. Aber werden sie nominalisiert, z. B. *zum Schlafengehen*, schreibt man sie zusammen und groß."

N Marlen: „Und wie ist es bei Adjektiv und Verb? Zum Beispiel: *Ich muss mir die Aufgabe erst klar machen*. – Das würde ich getrennt schreiben."

O Paul: „Aber ergeben hier nicht Adjektiv und Verb ein Wort mit einer neuen Bedeutung, also *klarmachen = etwas verdeutlichen*? Das würde ich zusammenschreiben. Außerdem liegt die Betonung vorn auf dem Adjektiv."

I Paul: „In dem Satz *Können wir den Stuhl zusammentragen?* wird *zusammentragen* doch nicht getrennt geschrieben, oder?"

B Marlen: „Doch, hier wird *zusammen tragen* getrennt geschrieben. Die Betonung liegt auf beiden Wörtern: auf dem Adverb *zusammen* (gemeinsam) und auf dem Verb *tragen*."

14.2 Wenn Kinder reisen
Zeichen setzen

Das Komma in Satzgefügen

Ab in die Ferien!

A Weil morgen die Ferien beginnen, habe ich schon jetzt so ein Kribbeln im Bauch.
B In diesem Jahr fahren wir in ein Land, das ich noch gar nicht kenne.
C Ich bin immer so neugierig, was dort anders ist als bei uns.
D Die Frage, wie gut man sich verständigen kann, ist für mich immer besonders spannend.
E Seitdem ich Englisch und Französisch lerne, funktioniert zum Beispiel das Einkaufen schon ganz gut.

1 Gehst du gerne auf Reisen? Vergleiche deine Erfahrungen mit der Schilderung im Text.

2 a Zeichnet zu den Satzgefügen oben Satzbaupläne. Berücksichtigt dabei auch die Kommas, z. B.:

b Formuliert eine Regel zur Kommasetzung in Satzgefügen.

3 a Schreibe den folgenden Text ab und setze dabei die fehlenden Kommas.

Obwohl ich so gern reise finde ich das Kofferpacken wirklich lästig. Ich weiß nie wie ich meine ganzen Sachen in meinen winzigen Koffer bekommen soll. Sobald es dann endlich losgeht ist die Mühe schnell vergessen. Meistens müssen wir weil wir eine weite Strecke vor uns haben am Reisetag ganz früh aufstehen. Wir nehmen immer genügend Proviant mit sodass wir im Auto frühstücken können.
Wenn wir aus dem Urlaub zurückkehren bin ich traurig und froh zugleich. Einerseits freue ich mich auf meine Freunde die ich im Urlaub vermisst habe. Dass die nächste Urlaubsreise aber in so weiter Ferne liegt finde ich andererseits ein bisschen schade.

b Überprüft eure Kommasetzung in Partnerarbeit.
c Unterstreiche die Hauptsätze rot und die Nebensätze grün. Umkreise dann die Wörter, mit denen die Nebensätze eingeleitet werden.
d Bestimme die Wortart der Einleitewörter, die am Anfang der Nebensätze stehen und auf ein Komma hinweisen.

4 Verbinde immer drei Sätze (einen aus jeder Spalte) miteinander, sodass inhaltlich schlüssige Satzgefüge entstehen. Schreibe die Sätze auf und setze dabei die notwendigen Kommas, z. B.:
Ich bin gern am Mittelmeer, weil man dort schwimmen gehen kann, sobald es einem zu heiß wird.

Reisewünsche

Ich bin gern am Mittelmeer …	… würde ich gern mal in die Alpen reisen …	… dass ich meine Freunde gar nicht mehr beneide.
Nachdem ich in der Halle klettern gelernt habe …	… dass ich in den nächsten Ferien eine Sprachreise mache …	… bei der wir zelten und über dem Lagerfeuer kochen.
Wenn wir nicht genügend Geld für einen Urlaub haben …	… weil wir dann immer woanders hinfahren können …	… damit ich mein Englisch verbessern kann.
Meine Eltern haben vorgeschlagen …	… weil man dort schwimmen gehen kann …	… wenn es uns an einem Ort nicht mehr gefällt.
Ich finde eine Reise mit dem Wohnmobil toll …	… möchte ich eine Ferienfreizeit mitmachen …	… damit ich meine Kletterkünste an einem richtigen Berg ausprobieren kann.
Falls meine Eltern es erlauben …	… machen wir es uns zu Hause so schön …	… sobald es einem zu heiß wird.

!

Merkwissen Die Kommasetzung im Satzgefüge (Hauptsatz + Nebensatz)

Ein **Satz**, der aus mindestens einem **Hauptsatz und** mindestens einem **Nebensatz** besteht, ist ein **Satzgefüge**. Der Nebensatz kann vor oder nach dem Hauptsatz stehen oder in den Hauptsatz eingeschoben werden.
Zwischen Hauptsatz und Nebensatz muss **immer ein Komma** stehen, z. B.:
Wenn wir verreisen, möchte ich nicht allzu lange im Auto sitzen.
Die Sommerferien, die ich in diesem Jahr zu Hause verbracht habe, waren schön.

Ein **Satzgefüge kann mehrere Nebensätze enthalten**. Alle Nebensätze werden mit einem **Komma** abgetrennt, z. B.: *Weil ich gern reise, fahre ich weg, wann immer es geht.*
Ich glaube, dass man auch zu Hause schöne Urlaubstage verbringen kann, weil ich zu den Leuten gehöre, die gern lesen und ins Freibad gehen.

Folgende Wörter können Nebensätze einleiten:

unterordnende **Konjunktionen**	nachdem, wenn, obwohl, weil, dass, indem …	***Weil*** *die Sonne scheint, gehen wir ins Freibad.*
Fragewörter und *ob*	wann, woher, warum, weshalb, wie, wo …; ob	*Ich weiß nicht genau,* ***wann*** *er kommen wird.*
Relativpronomen	der, die, das; welcher, welche, welches	*Der Junge,* ***der*** *dort vorne steht, heißt Peter.*

5 a Lies die Informationen im Merkkasten auf S. 284 genau. Erkläre: Warum ist es für die Kommasetzung hilfreich, auf die Wörter zu achten, mit denen die Nebensätze eingeleitet werden?
b Bilde Satzgefüge, in denen du die verschiedenen Einleitewörter (Konjunktionen, Fragewörter und Relativpronomen) verwendest.
c Tauscht eure Sätze untereinander aus und prüft die Kommasetzung.

VORSICHT, FEHLER!

Landratten werden Seebären

Mein ungewöhnlichster und bester Urlaub war ein Segeltörn, 1 den wir letzten Sommer mit unseren Eltern, 2 vor der türkischen Küste gemacht haben. Obwohl wir alle richtige Landratten sind 3 haben wir uns auf dieses Abenteuer eingelassen, 4 weil wir einmal etwas ganz Neues erleben wollten. Es hat ein bisschen gedauert, 5 bis wir uns an das Schaukeln des Bootes, 6 und die Enge der Kojen gewöhnt hatten. Zum Glück wussten unsere Skipper Klaus und Michaela 7 genau 8 wie sie uns ablenken konnten, 9 wenn wir uns mal schlecht fühlten. Wir haben mehrmals an griechischen und türkischen Inseln angelegt 10 auf denen man antike Ruinen besichtigen konnte, 11 was ich sehr beeindruckend fand.

Besonders viel Spaß hatten wir 12 als Klaus einmal den Motor des Segelbootes anwarf, 13 und meine Schwester und mich an zwei Tauen durchs Meer zog. Toll fand ich auch 14 dass wir in den Mastkorb des Schiffes klettern durften 15 obwohl 16 meine Mutter sonst immer so ängstlich ist. Meine schönste Erinnerung sind aber die Delfine, 17 die wir am letzten Nachmittag gesehen haben.

6 Prüfe die Kommasetzung in dem Text genau. Gehe so vor:
a Übertrage die Tabelle in dein Heft.
b Prüfe dann bei jeder Nummer: Ist das Komma richtig gesetzt, falsch gesetzt? Fehlt ein Komma oder nicht? Kreuze dann die richtige Spalte an.

Nummer	richtig gesetztes Komma	falsch gesetztes Komma	Komma fehlt	Komma fehlt nicht
1	X			
2				
…				

Das Komma bei Aufzählungen und Infinitivgruppen mit *zu*

Urlaub am Badesee

1 An einem sonnigen Ferientag packen wir unseren Picknickkorb mit Sandwiches, Keksen, Chips, Obst und zwei großen Flaschen Apfelschorle. **2** Wir verstauen den Korb auf dem Fahrrad, setzen unsere Rucksäcke auf und los geht's zum Badesee. **3** In den Ferien ist es dort zwar morgens schon voll, aber trotzdem immer lustig. **4** Die meisten Jugendlichen liegen auf ihren Decken am Badestrand stehen Schlange am Kiosk oder versammeln sich um die Tischtennisplatte herum. **5** Wir treffen Anne und Thorsten essen zusammen ein Eis und legen uns dann zu ihnen. **6** Zu viert verbringen wir den Tag mit Schwimmen Essen Comiclesen und Tischtennisspielen.

1 a Begründe mithilfe der Regeln im Merkkasten unten die Kommasetzung in den Sätzen 1–3.
b Schreibe die Sätze 4–6 ab und setze die fehlenden Kommas.

2 a Schreibe die folgenden Sätze ab und setze dabei die fehlenden Kommas.

Die meisten Leute verreisen um etwas Schönes zu erleben.
Anstatt noch zu warten buchten meine Eltern die Reise sofort.
Sie bezahlten ohne zu zögern.
Der Vorschlag noch weitere Kataloge anzuschauen wurde abgelehnt.

b Lies im Merkwissen unter 2 die Regelung für die Kommasetzung bei Infinitivgruppen mit *zu*. Bilde nach dieser Regel sechs weitere passende Sätze.

Merkwissen Das Komma in Aufzählungen und bei Infinitivgruppen mit *zu*

1 **Wörter und Wortgruppen in Aufzählungen** werden **durch Kommas abgetrennt**, z. B.:
Zum Reisen gehören gutes Wetter, ein schönes Reiseziel, nette Mitreisende.
Dies gilt auch, wenn das Wort oder die Wortgruppe durch einschränkende Konjunktionen wie *aber, jedoch, sondern, doch* eingeleitet wird, z. B.:
Du hast an den Regenschirm und an den Wollpulli gedacht, aber nicht an Sonnencreme.
Achtung: **Kein Komma** steht vor den nebenordnenden Konjunktionen *und, oder, sowie, entweder … oder, sowohl … als auch*, z. B.: *Ich liebe sowohl das Meer als auch die Berge.*

2 Bei **Infinitivgruppen mit *zu*** setzt man ein **Komma**, wenn sie mit *um, ohne, statt, anstatt, außer* oder *als* eingeleitet werden, z. B.:
Wir verreisen, um uns zu erholen. Ohne zu zögern, sprang er ins Wasser.
Oft **erläutert** die Infinitivgruppe mit *zu* ein **Nomen/Substantiv** näher, z. B.:
Er hat die Absicht, morgen zu verreisen.
Achtung: Treffen die unter 2 genannten Fälle nicht zu, so **kann man** bei der Infinitivgruppe mit *zu* **ein Komma setzen**, um die Lesbarkeit zu verbessern, z. B.:
Ich nehme mir vor das Rückenschwimmen zu lernen. Oder:
Ich nehme mir vor, das Rückenschwimmen zu lernen.

Das Komma bei Appositionen und nachgestellten Erläuterungen

- Das Strandbad Wannsee, eines der größten Seebäder Europas, ist eine der beliebtesten Badestellen in Berlin.
- Auch der Müggelsee, der größte der Berliner Seen, lädt zum Schwimmen ein.
- Besonderen Badespaß verspricht das Badeschiff, ein Schwimmbad inmitten der Spree.

1 Begründe mithilfe des Merkkastens unten, dass es sich bei den markierten Stellen jeweils um eine Apposition handelt.

2 Schreibe die folgenden Sätze ab. Füge dabei in die Lücken jeweils eine passende Ergänzung als Apposition ein. Achte auf den richtigen Kasus und die Kommasetzung.

- Die Mark Brandenburg ? ist ein Wasserparadies mit Flüssen, Kanälen und Seen.
- Im Aachener Dom ? wurden über 30 deutsche Könige gekrönt.
- Der Römer ? wird heute unter anderem als Standesamt benutzt.
- Das Wahrzeichen von Bremen ? ist der Roland ? .

das historische Rathaus von Frankfurt | das kleinste Bundesland | die Grabstätte Karls des Großen | eine große Ritterstatue mit Schwert | das Land zwischen Elbe und Oder

3 Schreibe den folgenden Text ab. Unterstreiche die nachgestellten Erläuterungen und setze die fehlenden Kommas. Der Merkkasten unten hilft dir dabei.

Auf dem Globus findest du Deutschland in der oberen Hälfte also auf der nördlichen Halbkugel. Es grenzt an zwei Meere nämlich Nordsee und Ostsee. Deutschland hat neun Nachbarländer unter anderem Polen und Frankreich. Es fließen einige große und viele kleine Flüsse durch unser Land zum Beispiel der Rhein und die Elbe. Von den 16 Bundesländern sind drei sogenannte Stadtstaaten das heißt Stadt und Bundesland in einem nämlich Berlin, Hamburg und Bremen.

! **Merkwissen** Das Komma bei Appositionen und nachgestellten Erläuterungen

1 Die **Apposition** ist eine besondere Form des Attributs und besteht in der Regel aus einem Nomen/Substantiv oder einer Nomengruppe. Sie folgt ihrem Bezugswort (meist einem Nomen/Substantiv). Die Apposition steht im gleichen Kasus wie ihr Bezugswort (hier: Nominativ) und wird **durch Kommas abgetrennt**, z. B.: *Berlin, unsere Hauptstadt, ist ein beliebtes Reiseziel für Schulklassen.*

2 Die **nachgestellte Erläuterung** wird oft mit Wörtern wie *nämlich, also, und zwar, vor allem, das heißt (d. h.), zum Beispiel (z. B.)* eingeleitet. Sie wird **durch Kommas abgetrennt**, z. B.: *Das Reichstagsgebäude, also der Sitz des Bundestags, besitzt eine Kuppel aus Glas.*

Zeichensetzung bei der wörtlichen Rede

Hajo Schumacher
Urlaubspläne am Familientisch *1*

„Meine Lieben", hebe ich an, „wohin fahren wir in diesem Sommer?" Argwöhnische Blicke werden mir zugeworfen. Schnell schiebe ich nach: „Ich möchte, dass wir uns heute Abend gemeinsam auf einen Urlaubsort verständigen, an dem jeder seinen Spaß hat." Skeptisches Schweigen. „Einstimmigkeit wäre ganz toll!", füge ich noch hinzu.
„Nicht nach Italien", sagt Mona, meine Frau.
„Kein Wohnmobil!", erklärt Karl, unser dreizehnjähriger Sohn.
„Auf eine Schäre?", fragt Mona, die als Kind begeistert *Ferien auf Saltkrokan* gelesen hat.
„Nach Amerika", fordert Karl.
„Grrrgll", macht Hans, unser Zweijähriger.
Es wird Zeit für meinen ersten Vorstoß. „Ich würde gern baden, klettern, gut essen, nette Leute kennen lernen und Tiere für Hans haben. Ich habe da einen tollen Bauernhof in den Dolomiten empfohlen bekommen." Meine Familie guckt mich entsetzt an.
„Berge sind langweilig", behauptet Karl.
„Ich möchte Strand", verlangt Mona.
„Und Meer!", fordert Karl.

1 a Untersuche aufmerksam die Zeichensetzung bei der wörtlichen Rede in diesem Text.
b Der Redebegleitsatz kann vor oder nach der wörtlichen Rede stehen oder in diese eingeschoben werden. Suche für diese drei Fälle jeweils ein Beispiel aus dem Text und schreibe sie auf.
c Formuliert eure Beobachtungen zu Doppelpunkt, Kommas und Anführungszeichen bei der wörtlichen Rede aus, z. B.:
- *Der Redebegleitsatz vor der wörtlichen Rede wird durch einen …*
- *Der Redebegleitsatz nach der wörtlichen Rede wird durch ein …*
- *Der eingeschobene Redebegleitsatz wird durch …*
- *Anführungszeichen stehen …*

2 a Sieh dir nun die Satzschlusszeichen (Punkt, Ausrufezeichen, Fragezeichen) bei der wörtlichen Rede an, die vor dem Redebegleitsatz steht. Was fällt dir auf?
b Formuliert in Partnerarbeit eine Regel zu euren Beobachtungen.
- *Wenn die wörtliche Rede vor dem Redebegleitsatz steht, bleiben … und … am Ende … Der Schlusspunkt aber …*

3 Vergleiche deine Regeln zur Zeichensetzung bei der wörtlichen Rede mit den Informationen im Merkkasten auf S. 289.

VORSICHT, FEHLER!

Hajo Schumacher
Urlaubspläne am Familientisch *2*

1 Wir bleiben einfach zu Hause bestimme ich Berlin ist großartig im Sommer
2 Und die Nachbarn wirft Mona entgeistert ein denken dann dass wir uns einen Urlaub nicht leisten können
3 Ich dachte immer dass man wegfährt weil man sich erholen will wende ich ein
4 Ich kann mich nur am Strand richtig erholen nutzt Mona die Gelegenheit
5 Meint ihr dass man sich mit dreizehn Jahren schon erholen muss fragt Karl
6 Na gut ich rufe morgen Frau Reinermann an erkläre ich

Der Rest der Familie ist beruhigt. Die Reisekauffrau unseres Vertrauens hat noch immer einen Kompromiss gefunden. Sie ist schwere Fälle gewohnt.

1 a Schreibe die Sätze 1 bis 6 auf. Setze dabei alle fehlenden Satzzeichen. Denke auch an die Kommasetzung zwischen Hauptsatz und Nebensatz.
b Tauscht eure Hefte aus und kontrolliert die Zeichensetzung in euren Texten. Nehmt hierzu den Merkkasten unten sowie die Informationen aus dem Merkkasten von S. 284 zu Hilfe.

2 a Setzt den Text in Partnerarbeit fort. Erzählt, wie der Ich-Erzähler im Reisebüro anruft und um einen Urlaubsvorschlag bittet. Verwendet in euren Texten wörtliche Rede und achtet auf die Zeichensetzung, z. B.:
„Ich rufe jetzt im Reisebüro an", sage ich am nächsten Morgen und nehme den Telefonhörer in die Hand.
„Reisebüro Sonnenschein", ertönt es am anderen Ende, „was kann ich für Sie tun?"
„Hallo, hier spricht Herr Müller", antworte ich. „Ich rufe Sie …"
b Überprüft die Zeichensetzung in euren Texten.

Merkwissen Zeichensetzung bei der wörtlichen Rede

Die wörtliche Rede steht in einem Text in Anführungszeichen. Die Satzzeichen ändern sich, je nachdem, ob der Redebegleitsatz vor oder nach der wörtlichen Rede steht oder in diese eingeschoben wird.

- Der **Redebegleitsatz vor der wörtlichen Rede** wird durch einen Doppelpunkt von der wörtlichen Rede abgetrennt, z. B.: *Ich fragte: „Wohin sollen wir verreisen?"*
- Der **Redebegleitsatz nach der wörtlichen Rede** wird durch ein Komma von der wörtlichen Rede abgetrennt, z. B.: *„Ich würde gern ans Meer fahren!", rief Jana.*
  „Sollen wir ans Meer fahren?", fragte Jana. „Ich möchte ans Meer", sagte Jana.
  In der wörtlichen Rede entfällt der Punkt, Frage- und Ausrufezeichen bleiben aber erhalten.
- Der eingeschobene **Redebegleitsatz** wird durch Kommas von der wörtlichen Rede abgetrennt, z. B.: *„Ach nein", meint Matthias, „ich würde lieber in die Berge fahren."*

Vertiefen und üben
Zeichensetzung

Urlaub im Baumhaus

1 Ein Baumhaus muss sich nach der Persönlichkeit des Baumes also nach seiner Eigenart richten. 2 Da der Baum ein Haus und mehrere Personen zu tragen hat sollte es sich um einen starken und gesunden Baum handeln. 3 Besonders geeignet sind Eichen Buchen Eschen und Linden. 4 Heutzutage gibt es Architekten die sich nur mit Baumhauskonstruktionen befassen.

●○○ 1 a Schreibe den Text ab und setze dabei alle fehlenden Kommas.
b Schreibe die Tabelle in dein Heft und trage die Nummern der Sätze in die passende Spalte ein.

Satzgefüge	Satz mit Aufzählung	Satz mit nachgestellter Erläuterung
...	...	...

1 Ein Baumhaushotel findet man in Sachsen und zwar in einem Wald zwischen Görlitz und Rothenburg. 2 In den Holzhütten die sich in zehn Metern Höhe befinden können ganze Familien schlafen und träumen. 3 Auf dem Gelände das die bebauten Bäume umgibt befindet sich ein Abenteuerspielplatz mit unterirdischen Gängen einem Wasserlauf einem Schloss und einem Piratenschiff. 4 In die Sterne schauen kann man im „Green Magic Nature Resort" das im südindischen Dschungel liegt. 5 In 30 Metern Höhe nämlich oben in einem Feigenbaum befindet sich ein Bett über dem der freie Himmel ist.
6 Am Fuße des Baums tummeln sich nachts schon mal Panther Schakale und Elefanten.

●●○ 2 a Schreibe die Sätze ab und setze dabei alle fehlenden Kommas.
b Übertrage die Tabelle oben in dein Heft und ordne die Nummern der Sätze in die passenden Spalten ein. Manche Sätze gehören in mehrere Spalten.

Um etwas zu erleben muss man doch nicht in die Ferne sagt mein Sohn Sondern frage ich Am ersten sonnigen Ferientag machen wir uns gegen neun Uhr abends auf in den Dschungel Vater und Sohn packen Fernglas Petroleumleuchte und Schlafsäcke ein ich den Proviant Wir schlagen uns durch Dickicht bis zum Pflaumenbaum auf dem vier Meter über uns Jans Baumhaus liegt Weil die Strickleiter und ich kein gutes Team sind erreiche ich mit Herzklopfen das Ziel Ich erwarte Feuchtigkeit mumifizierte Essensreste und Kuscheltierkadaver aber der Raum ist trocken sauber und gemütlich Es knarrt und knackt als wir hineinkriechen Natürlich sind die Dielen stabil beruhigt mich mein Mann Wir zünden die Petroleumlampe an essen Würstchen Kartoffelsalat und Kirschen

●●● 3 Im Text fehlen alle Satzzeichen. Schreibe den Text ab und ergänze dabei die fehlenden Kommas, Satzschlusszeichen und Redezeichen.

Teste dein Wissen!
Zeichensetzung

Victoria Krabbe
Hamburg liegt in Frankreich

Heute geht es nach Frankreich, also ziehen wir uns wie Franzosen an. Während ich ein elegantes Sommerkleid überstreife, tragen die Herren Ehemann und Sohn helle Hosen, 1 als wir uns am Nachmittag auf den Weg machen. Im Picknickkorb sind Ziegenkäse, Rotwein, Mandarinenlimonade 2 und natürlich ein Baguette. Das Departement Dordogne liegt fünf Fußminuten entfernt, an der Tarpenbek, 3 einem Nebenflüsschen der Alster. Mächtige Buchen säumen das Rinnsal, alte Eichen, schlanke Birken und buntes Wildkraut wuchern. Wir lassen uns im Schatten einer ausladenden Weide nieder, wo Jan sich sogleich in ein Comicheft vertieft. „Das ist auch das Tolle am Urlaub", 4 sagt er und seufzt zufrieden, „ihr schimpft nicht, wenn ich keine richtigen Bücher lese." Nach dem Essen bauen Mann und Sohn einen Staudamm aus Zweigen, 5 Steinen und Matsch. Das Projekt dauert Stunden und wird nur unterbrochen von Picknickpausen und dem langwierigen, geduldigen, aber vergeblichen Versuch, 6 mit Käsestückchen Fische anzulocken. Die hellen Hosen waren keine gute Idee, aber was soll's: „Laisser-faire!", lautet eine Devise in unserem Gastland. Mit meinem Pflanzenführer in der Hand entdecke ich an unserem Sommersitz Engelwurz, Hahnenklee 7 sowie Beinwell. Weil Botanisieren müde macht, 8 schlummere ich ein, als ich zurück auf der Picknickdecke bin. Bevor wir in der Dämmerung heimreisen, schreibe ich eine Postkarte an unsere Freunde. *Wir schicken euch liebe Urlaubsgrüße! Das Wetter ist herrlich, das Essen auch. Wir haben einen wunderbaren Picknickplatz entdeckt,* 9 *und zwar fast direkt vor der Haustür. Hier sieht Hamburg aus wie Südfrankreich.*

1 a Ordne jeder nummerierten Textstelle die passende Regel zu, nach der dort ein Komma gesetzt werden muss oder kein Komma gesetzt wird, z. B.: 1 = ..., 2 = ...
b Ergeben die Buchstaben hintereinander gelesen ein Lösungswort?

Kommaregeln

L Eine Apposition wird vom vorangehenden Bezugswort durch ein Komma abgetrennt.
B Das Komma trennt einen Nebensatz vom vorangehenden Hauptsatz.
E Das Komma trennt einen Nebensatz vom folgenden Hauptsatz.
N Das Komma trennt eine nachgestellte Erläuterung im Satz ab.
N Das Komma steht nach einem Nomen/Substantiv, wenn dieses durch eine Infinitivgruppe mit *zu* näher erläutert wird.
K Das Komma trennt die wörtliche Rede vom Redebegleitsatz.
O Das Komma trennt einzelne Wörter in einer Aufzählung.
A Kein Komma steht in einer Aufzählung vor der nebenordnenden Konjunktion *und*.
I Kein Komma steht in einer Aufzählung vor der nebenordnenden Konjunktion *sowie*.

14.3 Fit in …
Richtig schreiben

Mit diesem Kapitel kannst du testen, wie fit du bereits in der Groß- und Kleinschreibung sowie in der Getrennt- und Zusammenschreibung bist und wie sicher du die Zeichensetzung beherrschst. Du gehst so vor:

1 **Textüberarbeitung:** Zuerst überarbeitest du einen Fehlertext.
2 **Fehlerschwerpunkte finden:** Danach wertest du dein Ergebnis aus und stellst fest, in welchen Bereichen du noch Probleme hast.
3 **Training an Stationen:** Auf den S. 295–300 übst du gezielt die Bereiche der Rechtschreibung, die für dich noch schwierig sind.

VORSICHT, FEHLER!

1 Ich bin Linny 14 Jahre alt und Jugendreporterin genau wie viele andere Jugendliche in Tegucigalpa der Hauptstadt von Honduras.
2 Wir machen bei einer Kinder-Nachrichten-Sendung die von UNICEF unterstützt wird mit.
3 Ich war als ich mein erstes Interview führte ziemlich aufgeregt.
4 Sobald die Kamera lief wusste ich dass nun alles zu hören aber auch zu sehen war!
5 Mir hat aber der Gedanke Mut gemacht dass ich als Reporterin viele Leute Orte und Themen kennen lerne und vor allem im hier und jetzt wirklich etwas bewegen kann.
6 Denn in Honduras besonders hier in Tegucigalpa gibt es viele Probleme vor allem die Umweltverschmutzung die wir nicht hinnehmen wollen.
7 Weil ich darüber berichten wollte bin ich mit Edouardo dem Kameramann des Kinderfernsehens zu einer großen Müllkippe gefahren.
8 Dort gibt es riesige Abfallberge hoch wie Vulkane und ständig bringen Lkws noch mehr Müll.
9 Wir sind dort lange stehen geblieben was mir schwergefallen ist weil es so übel roch.
10 Auch außerhalb der Müllkippe sieht man sowohl in den Straßen als auch in den Wäldern in den Flüssen und Bächen in Seen oder in Tümpeln massenweise Müll herumliegen.
11 Man muss Angsthaben, dass wir alle davon krankwerden.
12 Als Journalistin habe ich die Pflicht, dass ich die Wahrheit heraus finde und öffentlichmache.
13 Dann können auch andere Menschen nicht mehr vor den Tatsachen davon laufen, sondern müssen nachdenkenlernen, wie die Dinge sich ändernlassen.
14 Wenn unsere Sendung Mittwochabends direkt vor den Hauptnachrichten auf Kanal 5 läuft, erreichen unsere Berichte alle Menschen, die hier ein Fernsehgerät haben.
15 Meine Mutter sowie meine Geschwister gucken am mittwochabend natürlich auch immer.
16 Dass mein Vater nicht auch hiersein kann, lässt mich traurigsein.
17 Er muss in den USA arbeitengehen, weil er dort mehr Geldverdient als hier.
18 Nur alle drei Monate kann er uns von Freitagabends bis sonntagmittag besuchenkommen.
19 Nächstes Jahr aber wird er hoffentlich zurück kehren um dann immer hierzusein.
20 Wenn mir das Lernen weiterhin leicht fällt, könnte ich später Journalismus studieren.
21 Dafür brauche ich als Abschlussnote mindestens eine zwei.

1 Schreibe alle Sätze in der richtigen Schreibweise ab. Achte auch auf die Zeichensetzung.

Die eigenen Fehlerschwerpunkte finden

1 Überprüft in Partnerarbeit die Rechtschreibung in eurem Text (→ S. 292), indem ihr euren Text mit den Lösungen auf S. 360 vergleicht. Markiert alle Fehler, die ihr gemacht habt.

2 Finde deine Fehlerschwerpunkte. Gehe so vor:
a Alle Fehler, die du gemacht hast, markierst du auf einer Kopie des folgenden Fehlerbogens.
b Zähle, wie viele Fehler du in jedem Kästchen gemacht hast. Trage deine Fehlerzahl in die mittlere Spalte ein.
c In der Spalte „Trainingsstationen" siehst du, an welchen Stationen du üben solltest. Markiere diese Stationen und die entsprechenden Seitenzahlen.

3 Übe deine Rechtschreibung an deinen Trainingsstationen.

Fehlerbogen

Fehlerschwerpunkte	Fehlerzahl	Trainingsstationen
Kommasetzung in Satzgefügen 2 … Kinder-Nachrichten-Sendung, die von UNICEF unterstützt wird, mit. 3 Ich war, als ich mein erstes Interview führte, ziemlich aufgeregt. 4 Sobald die Kamera lief, wusste ich, dass nun … 5 Mir hat aber der Gedanke Mut gemacht, dass ich als Reporterin … 6 … die Umweltverschmutzung, die wir nicht hinnehmen wollen. 7 Weil ich darüber berichten wollte, bin ich … 9 … dort lange stehen geblieben, was mir schwergefallen ist, weil es so übel roch.		Mehr als drei Fehler: → Training an der Station 1, S. 295–296 → Hilfen im Buch, S. 340
Kommasetzung bei Aufzählungen und Infinitivgruppen mit *zu* 1 Ich bin Linny, 14 Jahre alt und … 4 … nun alles zu hören, aber auch zu sehen war! 5 … viele Leute, Orte und Themen kennen lerne und vor allem … 10 … sowohl in den Straßen als auch in den Wäldern, in den Flüssen und Bächen, in Seen oder in Tümpeln … 19 … hoffentlich zurückkehren, um dann immer hier zu sein.		Mehr als zwei Fehler: → Training an der Station 2, S. 296 → Hilfen im Buch, S. 341

Fehlerschwerpunkte	Fehlerzahl	Trainingsstationen
Kommasetzung bei Appositionen und nachgestellten Erläuterungen 1 … Jugendreporterin, genau wie … … in Tegucigalpa, der Hauptstadt … 6 … in Honduras, besonders hier in Tegucigalpa, gibt es viele Probleme, vor allem die … 7 … mit Edouardo, dem Kameramann des Kinderfernsehens, zu einer großen … 8 Dort gibt es riesige Abfallberge, hoch wie Vulkane, und …		Ab einem Fehler: → Training an der Station 3, S. 297 → Hilfen im Buch, S. 341
Groß- und Kleinschreibung bei Tageszeiten und Wochentagen, bei Zeitangaben, Ortsangaben und Zahlwörtern 5 … und vor allem im Hier und Jetzt … 14 … unsere Sendung mittwochabends … 15 … am Mittwochabend … 16 … nicht auch hier sein kann … 18 … von freitagabends bis Sonntagmittag … 21 … als Abschlussnote eine Zwei …		Ab einem Fehler: → Training an der Station 4, S. 298 → Hilfen im Buch, S. 345
Getrennt- und Zusammenschreibung bei Verbindungen mit Verben 11 Man muss Angst haben, dass wir alle davon krank werden. 12 Als Journalistin … herausfinde und öffentlich mache. 13 … vor den Tatsachen davonlaufen, sondern müssen nachdenken lernen, wie die Dinge sich ändern lassen. 16 Dass mein Vater nicht auch hier sein kann, lässt mich traurig sein. 17 Er muss in den USA arbeiten gehen, weil er dort mehr Geld verdient als hier. 18 … besuchen kommen. 19 … hoffentlich zurückkehren, um dann immer hier zu sein. 20 Wenn mir das Lernen … leichtfällt, …		Mehr als drei Fehler: → Training an der Station 5, S. 299–300 → Hilfen im Buch, S. 346
Andere Fehler:		Sprich mit deiner Lehrkraft über diese Fehler.
Fehler insgesamt:		

Training an Stationen

Station 1: Kommasetzung im Satzgefüge

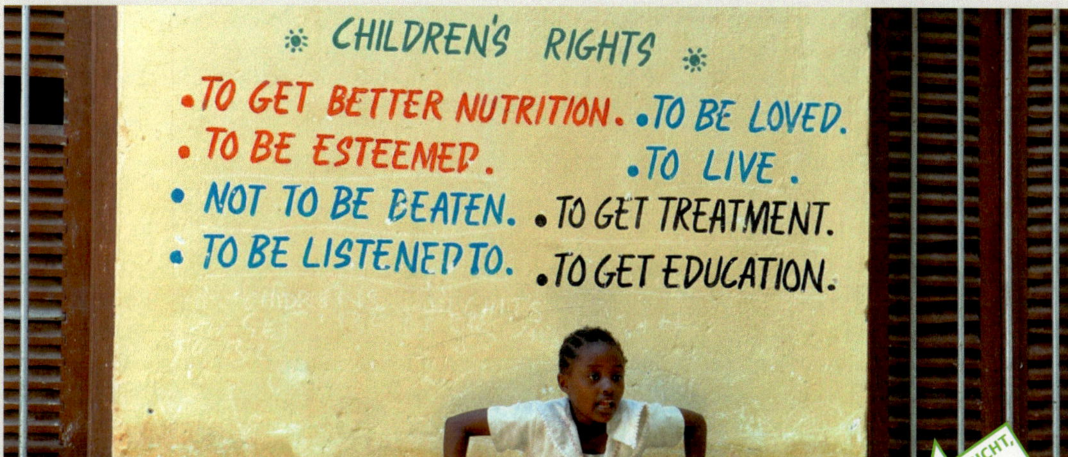

VORSICHT, FEHLER!

Der UNICEF-Juniorbotschafter-Wettbewerb

1 UNICEF ist das Kinderhilfswerk der Vereinten Nationen wie der Bund aus fast allen Staaten der Erde genannt wird. 2 In Entwicklungsländern und Krisengebieten sorgt UNICEF unter anderem dafür dass Kinder in die Schule gehen können. 3 Dass Kinder medizinisch versorgt und vor Missbrauch geschützt werden gehört ebenfalls zu den Zielen des Hilfswerks. 4 Mit dem Juniorbotschafter-Wettbewerb möchte UNICEF darauf aufmerksam machen wie bedeutsam Kinderrechte sind. 5 Das waren die Sieger des Wettbewerbs 2011: 6 1. Preis: Auf der thailändischen Inselgruppe Koh Phi Phi wo die heute 15-jährige Kölnerin acht Jahre gelebt hat half Malin Eh beim Bau eines Schul- und Gemeindehauses für die Seenomaden. 7 Nachdem sie nach Deutschland zurückgekehrt war hielt sie Vorträge über das staatenlose Fischervolk und sammelte Spenden. 8 2. Preis: Wenn sie nach ihren Herkunftsländern gefragt werden können die Jungen und Mädchen der Klasse 5 G1 der Heinrich-Böll-Schule in Hattersheim 13 Nationen aufzählen. 9 Während einer Projektwoche haben sie recherchiert ob und wie in diesen Ländern Kinderrechte geachtet werden und dazu Plakate entworfen. 10 3. Preis: Es war das Märchen „Das Mädchen mit den Schwefelhölzern" das die Jungen und Mädchen der Lietzensee-Schule in Berlin auf eine zündende Idee gebracht hat. 11 Nachdem sie gemeinsam mehr als 700 Kamin-Streichhölzer bemalt oder beschrieben hatten hefteten sie Erklärungen zu Kinderrechten daran und verteilten beides in einem Berliner Kaufhaus.

1 a Schreibe den Text ab und setze dabei die fehlenden Kommas.
b Unterstreiche die Hauptsätze rot und die Nebensätze grün. Umkreise die Konjunktionen, die Fragepronomen und die Relativpronomen, mit denen die Nebensätze eingeleitet werden.

2 Zeichne zu den Sätzen 2, 3, 4, 9 und 11 Satzbaupläne. Berücksichtige dabei auch die Kommas.
Tipp: Ein Beispiel für einen Satzbauplan findest du auf S. 283.

3 Für Experten: Zeichne zu den folgenden drei Sätzen je einen Satzbauplan.

- Als Journalistin habe ich die Pflicht, dass ich die Wahrheit herausfinde und öffentlich mache.
- Dann können auch andere Menschen nicht mehr vor den Tatsachen davonlaufen, sondern müssen nachdenken, wie die Dinge sich ändern lassen.
- Dass mein Vater nicht auch hier sein kann, lässt mich traurig sein.

Station 2: Kommasetzung bei Aufzählungen und Infinitivgruppen mit *zu*

VORSICHT, FEHLER!

Freiwillige vor!

Unter Jugendlichen sind internationale Workcamps beliebt: Man tut Gutes in der Ferne, trifft Gleichgesinnte, **1** und lernt das Gastland kennen. Man kann, **2** in Italien botanische Gärten anlegen, **3** in der Mongolei Englisch unterrichten **4** oder in Frankreich ein altes Schloss renovieren. Einige Veranstalter bieten das jetzt auch Familien an. Während die Jugendlichen entweder in Turnhallen, **5** oder in Zeltlagern unterkommen, stehen für Eltern mit Kindern sowohl Familienapartments **6** als auch Ferienhäuschen bereit. In den Camps wird Englisch gesprochen **7** zuweilen auch Spanisch, **8** oder Französisch **9** jedoch nur selten Deutsch. Nach der Tagesarbeit unternehmen die Helfer Ausflüge, besuchen Theater, **10** oder Konzerte **11** um sich zu entspannen. Mein Bruder hat die Absicht **12** auch in solch ein Camp zu gehen.

1 Kontrolliere die Kommasetzung bei den Fällen 1–12 oben.
Ordne hierzu jede nummerierte Stelle einem der folgenden Punkte zu:

- *richtig gesetztes Komma: Nr. ...*
- *falsch gesetztes Komma: Nr. ...*
- *fehlendes Komma: Nr. ...*
- *richtig weggelassenes Komma: Nr. ...*

2 Für Experten: Erläutere, wie sich die Bedeutung der folgenden Sätze ändert, wenn man das zusätzliche, markierte Komma setzt.

- Lizzy, meine Schwester und ich schlafen im selben Zimmer.
  Lizzy, meine Schwester, und ich schlafen im selben Zimmer.
- Die beiden Projektleiter, die Textredakteurin und ein Jugendreporter treffen sich montags.
  Die beiden Projektleiter, die Textredakteurin und ein Jugendreporter, treffen sich montags.

Station 3: Kommasetzung bei Appositionen und nachgestellten Erläuterungen

VORSICHT, FEHLER!

Honduras ein Staat in Zentralamerika grenzt an Guatemala, Nicaragua und El Salvador.

Der Name des Landes leitet sich vom spanischen Wort „hondura“ das heißt Tiefe ab und weist auf die tiefen Gewässer im Karibischen Meer vor der Küste Honduras’ hin.

Die meisten Menschen in Honduras leben von der Landwirtschaft vor allem vom Anbau von Kaffee, Kakao und Bananen.

Die Landschaft in Honduras ist geprägt von sandigen Buchten am Karibischen Meer, Gebirgen und Regenwäldern. Der Umweltreichtum des Landes vor allem der Regenwald ist jedoch zunehmend bedroht, denn viele Wälder werden abgebrannt oder abgeholzt, um den Boden landwirtschaftlich zu nutzen.

Außer Spanisch der offiziellen Amtssprache werden verschiedene indigene Sprachen gesprochen also einheimische Sprachen. In Honduras dem nach Haiti ärmsten Land Mittelamerikas leben mehr als 70 Prozent der Bevölkerung unter der Armutsgrenze.

1 a Schreibe den Text ab und setze dabei die fehlenden Kommas bei den Appositionen und den nachgestellten Erläuterungen.

b Unterstreiche in deinem Text die Appositionen grün und die nachgestellten Erläuterungen rot.

c Umkreise die Wörter, mit denen die nachgestellten Erläuterungen eingeleitet werden.

2 Verändere die folgenden Sätze so, dass die neuen Sätze eine Apposition enthalten.

- Tegucigalpa ist die Hauptstadt von Honduras und zugleich die größte Stadt des Landes.
- Die Kirche San Francisco, die das älteste Gebäude der Stadt ist, stammt vermutlich von 1590.
- Der berühmte honduranische Fußballspieler Amado Guevara gehört zu den Söhnen der Stadt.

3 Für Experten: Schreibe zu einem Land deiner Wahl einen kurzen Informationstext, vergleichbar mit dem Text aus Aufgabe 1. Verwende darin Appositionen und nachgestellte Erläuterungen.

Station 4: Groß- und Kleinschreibung bei Tageszeiten und Wochentagen

Schüleraustausch in Costa Rica

Ein Schüleraustausch bietet euch die Möglichkeit, andere Länder kennen zu lernen. Matthias war für ein halbes Jahr in Costa Rica.

Was waren für dich die drei größten Unterschiede zwischen Costa Rica und Deutschland?

1. Das Essen ist dort ganz anders als in Deutschland. Es gibt MORGENS, MITTAGS und am ABEND Reis und Bohnen. Am Anfang war das etwas ungewöhnlich, aber ich habe mich schnell daran gewöhnt.
2. Die Menschen in Costa Rica sind viel entspannter als in Deutschland. Egal, ob ich am MONTAGMORGEN an der Bushaltestelle stand, am VORMITTAG in der Schule war, mich am SPÄTEN NACHMITTAG mit meinen Freunden getroffen habe oder ABENDS in meiner Gastfamilie war, niemals waren die Menschen gehetzt.
3. Costa Rica ist ein Naturparadies. Es gibt wunderbare Strände, Regenwälder und Vulkane.

Wie sah für dich ein typischer Schultag in Costa Rica aus?

Mein typischer Schultag begann FRÜHMORGENS um sechs Uhr mit einer kalten Dusche, dann bügelte ich jeden MORGEN meine Schuluniform, frühstückte und lief zum Bus, der mich von MONTAGS bis FREITAGS zur Schule brachte. Unterrichtsbeginn war um acht Uhr. Am MITTAG, zwischen elf und zwölf Uhr, gab es eine Pause, am NACHMITTAG ging der Unterricht weiter und endete meist erst um 16 Uhr.

Wie hast du die Zeit außerhalb der Schule verbracht?

Ich habe JEDEN DIENSTAG in der Schulband gespielt, DONNERSTAGS war ich in einer Fußballmannschaft und von SAMSTAGSMORGEN bis zum SONNTAGABEND war ich häufig mit meiner Gastfamilie unterwegs. Die restlichen Tage in der Woche habe ich mich mit meinen Freunden getroffen. In Costa Rica trifft man sich als Jugendlicher eher am ABEND, weil die Schule bis zum NACHMITTAG dauert.

1 Groß oder klein? Übertrage die Tabelle in dein Heft. Entscheide dann, wie die markierten Wörter geschrieben werden, und ordne sie in die passenden Spalten ein.
Tipp: Achte auf die Nomensignale. Sie helfen dir zu entscheiden, ob ein Wort groß- oder kleingeschrieben wird:

großgeschriebene Zeitangaben (Nomen/Substantive)	*kleingeschriebene Zeitangaben* (Adverbien)
…	…

2 Für Experten: Unter welchem Wochentag muss man im Wörterbuch nachschlagen, um etwas über die Schreibung von Wochentagen und Tageszeiten zu erfahren?

Station 5: Getrennt- und Zusammenschreibung

1 a Übertrage die Tabelle in dein Heft und ordne die Wortgruppen in die passenden Spalten ein.

Mut machen | kennen lernen | traurig sein | liegen lassen | stehen bleiben | Angst haben | Karten kaufen | vorbei sein | Mut haben | Spaß haben | dabei sein | arbeiten gehen | froh sein | baden gehen | hier sein | Ballett tanzen | weg sein | Fußball spielen | spazieren gehen | Fahrrad fahren

Nomen/Substantiv + Verb	Verb + Verb	Wort + sein
Mut machen	…	…

b Formuliere für jede Spalte eine Regel zur Getrennt- oder Zusammenschreibung. Vergleiche dein Ergebnis mit dem Merkwissen auf S. 277–278.

c Bilde mit je zwei Beispielen aus jeder Tabellenspalte Nominalisierungen. Achte darauf, die Nominalisierungen zusammen- und großzuschreiben. Bilde ganze Sätze, z. B.:
Beim Kartenkaufen habe ich Ben getroffen.

2 a Lies die folgenden beiden Satzpaare und rufe dir noch einmal in Erinnerung: Wann schreibt man Wortgruppen aus Adjektiv + Verb zusammen, wann getrennt?

- Es wird dir leichtfallen, diese Aufgabe zu lösen.
- Pass auf, wohin du trittst, du kannst hier leicht fallen.

b Zusammen oder getrennt? Entscheide, wie die Wortgruppen aus Adjektiv + Verb geschrieben werden, und notiere die Sätze in deinem Heft. Vergleiche mit dem Merkwissen auf S. 279.

- Wir mussten schnell/laufen, sonst hätten wir den Zug verpasst.
- Nomen/Substantive muss man im Deutschen groß/schreiben.
- Für unser nächstes Treffen müssen wir noch einen Termin fest/legen.
- Auf dem Plakat sollten wir den Titel des Theaterstücks sehr groß/schreiben.
- Die Polizei wollte den Einbrecher fest/nehmen.

3 Prüfe, ob die Wortgruppen aus Adverb + Verb getrennt oder zusammengeschrieben werden (→ Merkwissen, S. 280).

- Kannst du den Stuhl beiseite/stellen?
- Die Notizzettel sollten wir nicht durcheinander/bringen.
- Bei einer gemeinsamen Urlaubsreise muss man zusammen/halten.
- Mir sind gestern meine Turnschuhe abhanden/gekommen.

4 Suche zu jeder Tabellenspalte jeweils fünf weitere Verben, die mit der gleichen Präposition bzw. dem gleichen Adverb verbunden sind, und schreibe sie auf. Achte auf die Zusammenschreibung.

mitmachen	**vor**stellen	**herum**liegen	**heraus**finden	**zurück**kehren
mitessen	*vorgeben*	*herumreden*	*heraus…*	*…*

Der CO_2-Fußabdruck
von Simone Müller

Jeder hinter/lässt im Laufe seines Lebens Spuren, auch was den Verbrauch von Energie an/geht. Die Menschen leben über ihre Verhältnisse, vor allem in den Industrieländern. Das heißt, sie verbrauchen jedes Jahr mehr Ressourcen (Rohstoffe wie Wasser, Holz, Erdöl usw.), als die Erde jährlich bereit/stellen kann. Wir vernichten aber nicht nur den Ressourcenspeicher der Erde. Durch unseren wachsenden Energieverbrauch sorgen wir auch dafür, dass der CO_2-Ausstoß[1] an/steigt und der Klimawandel voran/getrieben wird.
Der CO_2-Fußabdruck verrät, wie viel des Treibhausgases CO_2 jeder Einzelne frei/setzt, zum Beispiel wenn er Bahn/fährt, sich die Haare/wäscht oder Chips/isst. CO_2 entsteht immer dann, wenn wir Energie/verbrauchen, genau/gesagt, wenn Gas, Öl oder Kohle verbrannt werden. Wie viel CO_2 zum Beispiel aus/gestoßen wird, damit eine Tüte Chips her/gestellt werden kann, können die Wissenschaftler inzwischen exakt/berechnen. Genau wie den CO_2-Ausstoß, der zum Beispiel entsteht, wenn wir Auto/fahren, Fleisch/essen oder baden/gehen.
Zusammen/gerechnet lässt sich daraus der sogenannte persönliche CO_2-Fußabdruck ermitteln. Er gibt die Höhe des CO_2-Ausstoßes an, für die jeder Mensch verantwortlich/ist. Der Fußabdruck kann bei manchen klein/ausfallen, bei anderen riesig/sein. Leider müssen wir zugeben, dass wir in Deutschland mit Quadratlatschen auf dem Klima herum/trampeln: Im Schnitt werden von jedem Einwohner täglich 32 Kilogramm CO_2 aus/gestoßen. Ein Mensch aus Äthiopien kommt auf nicht einmal 300 Gramm pro Tag.

1 CO_2: Kohlenstoffdioxid oder Kohlendioxid; ein wichtiges Treibhausgas

5 Getrennt oder zusammen? Entscheide, wie die markierten Wortgruppen geschrieben werden, und schreibe sie auf.

6 Für Experten: Bilde Sätze, in denen die folgenden Wortgruppen einmal getrennt, das andere Mal zusammengeschrieben werden. Begründe bei jedem Satz die Zusammen- oder Getrenntschreibung.

offen/bleiben | wieder/haben | gut/schreiben | zusammen/tragen | wieder/sehen | näher/kommen

15 Ein starkes Team
Gemeinsam arbeiten

1 a Ein starkes Team! Was verstehst du darunter? Was gehört dazu? Betrachte auch das Foto.
b Berichte von deinen eigenen Teamerfahrungen.

2 a Erkläre, welche Aufgaben oder Projekte du im Team oder in der Gruppe schon erarbeitest hast. Was hat dir dabei besonders gut gefallen? Wo gab es Probleme?
b Formuliere Tipps für ein gutes Gelingen von Gruppenarbeit.
c Überlege, wie man Probleme bei der Gruppenarbeit vermeiden kann.

In diesem Kapitel …

- lernst du, wie du erfolgreich im Team arbeitest,
- recherchierst du zum Thema „Umweltschutz" und wertest die Informationen aus,
- übst du, einen Vortrag wirkungsvoll mit Folien und Handout zu stützen,
- verfasst du Aufrufe und überarbeitest sie in einer Schreibkonferenz.

15.1 Umweltschutz
Texte recherchieren, auswerten und beurteilen

Die Teamarbeit planen und organisieren

1 a Sieh dir die Etappenkarte zur Teamarbeit genau an.

b Erinnere dich an Aufgaben oder Projekte, die du schon im Team erarbeitet hast. Erkläre, wie du die Arbeit an den einzelnen Stationen durchgeführt hast. Nenne Beispiele.

c Überlege, an welchen Stationen ihr in der Gruppe arbeitet und welche Etappen ihr in Einzel- oder Partnerarbeit durchführen würdet. Begründe deine Meinung.

Ein Thema festlegen

Baumstarker Umweltschutz!

1 000 Milliarden – das ist eine Eins mit zwölf Nullen. So viele Bäume sollen es werden, die durch die Initiative „Plant-for-the-Planet“ dann weltweit wachsen. Jeder Baum ist ein aktiver Beitrag zum Umweltschutz und wichtig für den Erhalt einer intakten Natur, für das Klima, für den Tier- und Artenschutz und nicht zuletzt für den Menschen.

„Als ich von ‚Plant-for-the-Planet‘ gehört habe, fand ich das so toll, dass meine Freunde und ich gleich Mitglieder geworden sind. Mittlerweile haben wir einen eigenen Club gegründet“, erzählt der 13-jährige Jeremia. Zusammen mit seinen Freunden hat er schon viele Aktionen durchgeführt, auch an Schulen. Aliye, 14 Jahre, die von Anfang an dabei war, meint: „Die Schülerinitiative ‚Plant-for-the-Planet‘ wurde 2007 von dem damals neunjährigen Felix Finkbeiner gegründet. Er hat gezeigt, dass wir alle etwas für eine bessere Welt tun können. Also: ‚Stop talking. Start planting!‘ und Umweltschutzpapier verwenden. Das sorgt dafür, dass schon gepflanzte Bäume nicht einfach wieder abgeholzt werden.“

1 a Lies den Text und erkläre, wie sich Jeremia und Aliye für den Umweltschutz einsetzen.
b Berichte: Kennst du andere Projekte oder Aktionen zum Thema „Umweltschutz“? Was machst du selbst im Alltag, um unsere Umwelt zu schützen?
c Erkläre, was durch den Umweltschutz erreicht werden soll.

2 In Kurzvorträgen sollt ihr in eurer Schule über verschiedene Umweltthemen informieren und deutlich machen, was jeder im Alltag zum Umweltschutz beitragen kann.
a Sammelt Ideen zum Thema, indem ihr Fragen oder Stichwörter notiert, z. B. in einem Cluster:

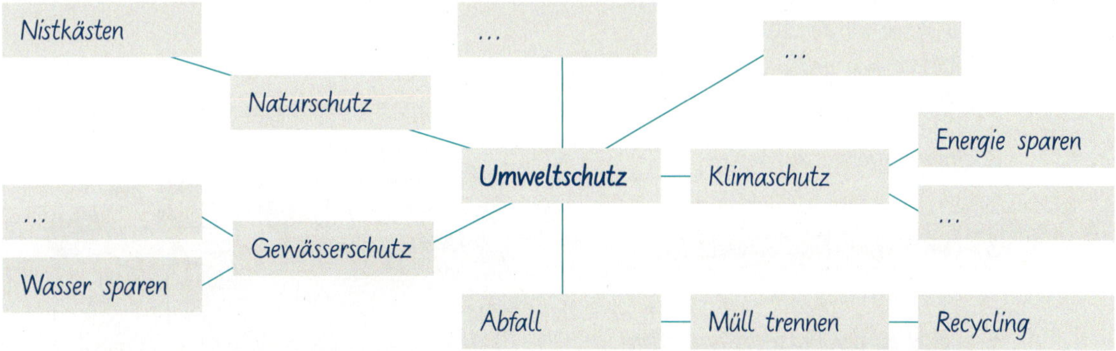

b Entscheidet euch, über welche Umweltthemen ihr euch informieren wollt. Dies könnt ihr z. B. mit einer **Punktabfrage** machen: Notiert alle Vorschläge an der Tafel, dann vergibt jeder drei Punkte. Zu den Themen mit den meisten Punkten gibt es je einen Vortrag.

Ein Team bilden, die Aufgaben verteilen

1 Bildet Gruppen von vier bis sechs Personen. Findet euch nach Interesse für ein Thema zusammen.

2 Im Folgenden erarbeitet ihr einen Vortrag zu eurem Thema. Dazu gehören folgende Aufgaben:

A Ihr **recherchiert Informationen** zu eurem Thema und bereitet sie für den Vortrag auf.

B Ihr erstellt zu eurem Vortrag **Präsentationsfolien** am Computer.

C Ihr entwickelt ein **Handout** (Informationspapier), das den Aufbau und die zentralen Informationen eures Vortrags wiedergibt.

Tauscht euch darüber aus, was ihr besonders gut könnt bzw. gerne macht und entscheidet euch, bei welcher der drei genannten Aufgaben ihr euch gerne einbringen würdet.

3 Überlegt gemeinsam, wie ihr bei der Informationsrecherche und dem Erarbeiten eures Kurzvortrags (Arbeitsschritt A) vorgehen wollt. Notiert eure Ideen zu den folgenden Fragen:
- Welche Fragen zu eurem Thema wollt ihr in eurem Kurzvortrag beantworten?
- Wo wollt ihr nach Informationen suchen (Internet, Bibliothek, Interview mit ...)?
- Wer kann welche Aufgabe bis wann übernehmen? Berücksichtigt auch die Stärken und Schwächen der einzelnen Gruppenmitglieder.

4 Erstellt einen Arbeitsplan für eure Gruppenarbeit. Füllt zunächst nur die Felder für die Aufgaben 1 bis 3 aus.
So könnte ein Arbeitsplan für die Gruppe aussehen, die sich mit dem Thema „Klimaschutz" beschäftigt.

Thema: Klimaschutz	**Ziel: Informationen und Tipps für Mitschüler**		
Aufgaben	**Wer?**	**Wo?**	**Bis wann?**
1. Informationen recherchieren:			
– Was bedeutet Klimaschutz?	...	*Internet, Lexikon*	*nächsten Montag*
– Ursachen für den Klimawandel?	...	...	...
– Maßnahmen gegen den Klimawandel?	...	...	...
– Was können wir tun?	...	...	...
2. Informationen auswerten ...			*in zwei Wochen*
3. Den Kurzvortrag ausarbeiten ...			
4. Erstellen der Präsentationsfolien ...			
5. Verfassen des Handouts ...			

Informationen recherchieren und auswerten

1 Um im Internet gezielt nach Informationen zu suchen, gibt es Suchmaschinen. Berichte, welche Suchmaschinen du kennst und wie du bei der Informationsrecherche im Internet vorgehst.

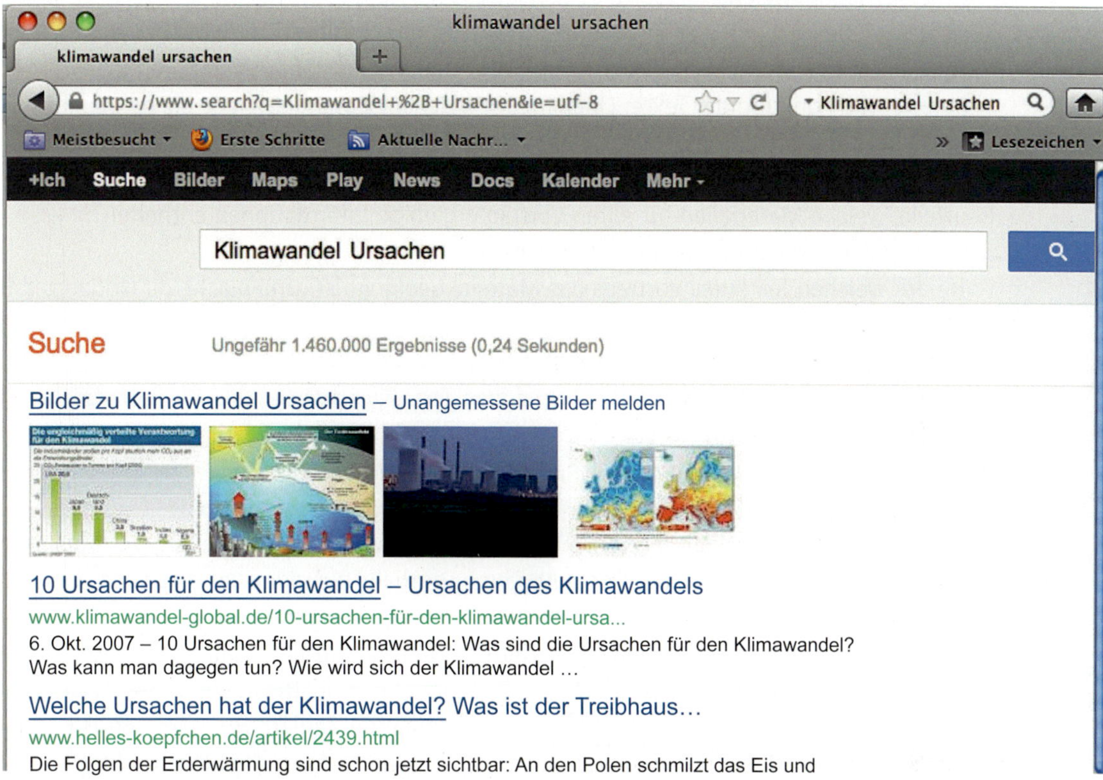

2 Beschreibe die Seite aus dem Internet, indem du die folgenden Fragen beantwortest:
- Welche Suchmaschine wurde benutzt?
- Welche Suchbegriffe wurden verwendet? Überlege, warum.
- Welche Informationen lassen sich bei den einzelnen Suchergebnissen ablesen? Verwende hierzu die folgenden Erklärungen: Titel der Seite (Link), Angabe der Internetadresse (Quelle), Textauszug aus dem Internetbeitrag.

3
a Jeder aus eurem Team notiert geeignete Suchbegriffe (Stichwortkombinationen) zu eurem Thema.
b Jedes Teammitglied ruft im Internet eine Suchmaschine auf und gibt in das Eingabefeld die Suchbegriffe ein. Entscheidet euch innerhalb von zwei Minuten für drei Seiten, die ihr für geeignet haltet. Speichert eure Ergebnisse.
c Tauscht eure Ergebnisse aus und beurteilt, ob ihr die Internetseiten für geeignet haltet.

4 Recherchiert auch in Bibliotheken (Lexika, Bücher, Zeitschriften) Informationen zu eurem Thema. Vielleicht könnt ihr sogar ein Interview führen, z. B. mit einer Person aus einer Umweltschutzorganisation? Informiert euch ggf. auch im privaten Umfeld (Freunde, Familie). Orientiert euch an eurem Arbeitsplan (→ S. 304).

Tipp Notiert, wo ihr das Material gefunden habt (→ Quellenangaben, S. 186).

5 Werte nach der Recherche die gefundenen Materialien aus.

a Überfliege die folgenden Texte bzw. Grafiken (→ S. 306–308). Erkläre, worüber sie jeweils informieren.

b Beurteile die Materialien:
- Untersuche, um welche Textsorte es sich jeweils handelt, z. B. Nachricht, Interview, Brief.
- Achte auf die Herkunft der Texte (Quelle): Was ist wo veröffentlicht worden?
- Was richtet sich an fachlich Interessierte? Was stammt aus dem privaten Bereich?
- Bewerte die Funktion der Texte: Überlege, in welchem Zusammenhang sie gebraucht werden.

6 Erschließe die Materialien durch genaues Lesen.

a Beurteile, welche Materialien für euren Vortrag ergiebige Informationen enthalten.

b Schreibe die wichtigen Informationen heraus.

c Prüfe, für welchen Teil eures Vortrags das Material geeignet ist, und mache dir Notizen, z. B.:
- *geeignet für die Einleitung*
- *Hauptteil: Ursachen für den Klimawandel*
- *Anschauungsmaterial CO_2-Ausstoß: passend zum Text „Klimawandel und Klimaschutz"*

Klimawandel und Klimaschutz

(Aus: Edgar Schulz: Klimaschutz, Kompaktwissen für Jugendliche)

Das Weltklima hat sich in den letzten 100 Jahren verändert. Das heißt, die durchschnittliche Erdtemperatur ist angestiegen. Die Wissenschaftler sind sich einig, dass unbedingt verhindert werden muss, dass noch mehr Kohlenstoffdioxidemissionen, die zur Erwärmung beitragen, entstehen. Deshalb versuchen Regierungen auf der ganzen Welt, die CO_2-Emissionen einzudämmen. Denn überall dort, wo fossile Brennstoffe, aber auch biologische Materialien verarbeitet werden, entstehen Emissionen, die zur Klimaveränderung beitragen. Klimaschutz ist deshalb nur dann zu erreichen, wenn weniger Energie verbraucht wird.

Hauptverursacher sind die Menschen, vor allem in den Industriestaaten. Das zeigen ganz klar folgende Zahlen: Pro Jahr verursacht ein Inder im Durchschnitt die Emission (das heißt Freisetzung) von einer Tonne Treibhausgas. Jeder Deutsche verursacht dagegen das Zehnfache. Jeder US-Bürger sogar das Zwanzigfache.

Jährlicher CO_2-Ausstoß verschiedener Länder und Regionen
in Tonnen pro Einwohner

(Quelle: www.iea.org, IEA: International Energy Agency, Internationale Energieagentur)

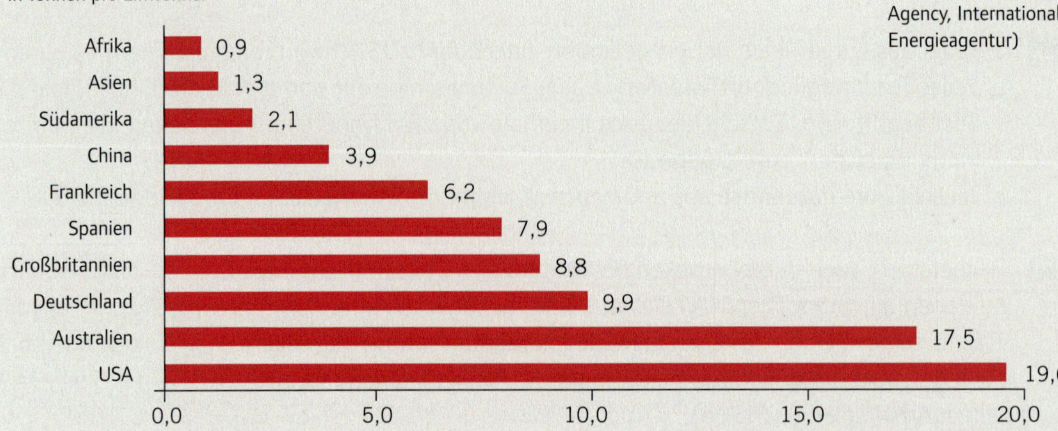

Geisterstadt nach Hurrikan „Sandy"

Eine Achterbahn ragt aus den Fluten, die Strandpromenaden sind komplett zerstört: Hurrikan „Sandy" fegte gnadenlos durch den kleinen Ferienort Seaside Heights in New Jersey. Für die Bewohner ist die einstige Heimat nun ein Sperrgebiet auf unbestimmte Zeit.

„Der nächste Sommer wird nicht wie der letzte Sommer sein", sagt Chris Christie bei seinem Besuch in Seaside Heights. „Das ist leider die Wahrheit." Der Gouverneur von New Jersey ist sichtlich ergriffen angesichts der Schneise der Verwüstung, die der Wirbelsturm „Sandy" auf der Halbinsel vor der Küste seines Bundesstaates hinterließ.

Die berühmten Strandpromenaden sind vollständig zerstört, die Häuser des kleinen Ortes unbewohnbar. Und aus der See ragen die Überreste einer Achterbahn. Seaside Heights ist seit dem Hurrikan eine Geisterstadt. Als Kind hatte Christie hier viele Sommer verbracht.

Der beliebte Ferienort ist nicht mehr. Wann und wie Seaside Heights wieder aufgebaut wird, ist eine Frage, die auch der Gouverneur nicht beantworten kann. Die Instandsetzung werde allerdings „teuer und anstrengend und manchmal auch frustrierend sein", sagt Christie.

Viele der Einwohner haben nicht nur ihr Dach über dem Kopf verloren – auch die Jobs hat Wirbelsturm „Sandy" ihnen genommen. Der nächste Sommer wird definitiv nicht wie der vorige Sommer sein.

(Quelle: SpiegelONLINE, 17.11.12)

Von: Tom O.
Betreff: Klima-Infos von meinem Onkel
An: Luisa W.

Hi Luisa,
gestern habe ich mit meinem Onkel telefoniert. Er ist Meteorologe in Potsdam und wertet Klimadaten aus. Er sagt, dass nach ihren Modellen das Wetter deutlich wärmer werden wird. Wir können ihn bei der Arbeit besuchen und dazu befragen. Schau mal unter: www.pik-potsdam.de …

Mareike: Dürfen wir Sie als Meteorologe zu dem Begriff „Treibhauseffekt“ befragen? Können Sie uns erklären, was man genau darunter versteht?
Hr. Lehmann: Im Grunde ist das nicht kompliziert. In einem Treibhaus sorgt ein Glasdach dafür, dass Sonnenstrahlen hineingelangen, Wärmestrahlen jedoch nicht wieder entweichen können. Dies ist für Treibhauspflanzen ideal.
Mareike: Verstehe, das Glasdach unserer Umwelt wäre dann die Atmosphäre.
Hr. Lehmann: Genau. Bestimmte Gase wirken in unserer Atmosphäre wie ein Glasdach.
Diese Gase sind z. B. Kohlendioxid, Methan, Fluorkohlenwasserstoff und Lachgas. Sie lassen die einfallenden Sonnenstrahlen durch, verhindern aber gleichzeitig, dass die Wärme, die von der Erde zurückgestrahlt wird, in den Weltraum entweichen kann.
Mareike: Und dadurch erhöht sich die Temperatur auf der Erde. Alles klar.
Hr. Lehmann: Dabei ist der natürliche Treibhauseffekt eigentlich etwas Gutes. Ohne ihn würde die Durchschnittstemperatur auf der Erde weit unter null Grad Celsius liegen.
Mareike: Das heißt, ohne Treibhauseffekt wäre kein Leben auf der Erde möglich, richtig?
Hr. Lehmann: Richtig. Doch seit die Menschen immer mehr Energie verbrauchen, gelangt immer mehr Kohlendioxid in die Atmosphäre und verstärkt so den Treibhauseffekt enorm.
Mareike: Herr Lehmann, haben Sie vielen Dank für diese Erläuterungen!

Methode Rechercheergebnisse beurteilen

1 Verschaffe dir einen Überblick über die Ergebnisse deiner Recherche:
- Stammt das Material aus dem **öffentlichen Bereich** (z. B. Zeitung, Werbung), dem **fachlichen** (z. B. Lehrbuchtexte, Grafiken) oder aus dem **privaten** (z. B. Brief)?
- Um welche **Textsorte** handelt es sich (z. B. Lexikoneintrag, Nachricht, Interview etc.)?

2 **Überfliege** den **Inhalt** des Materials und entscheide, ob dir der Beitrag tatsächlich brauchbare Informationen zum Thema oder zu deinen Fragen liefert.

3 Beim **Recherchieren im Internet** kannst du so vorgehen:
- **Prüfe** die **Internetadresse**. Scheint der Betreiber der Seite zuverlässig zu sein? Weist die Seite auf einen Onlineshop (z. B. eBay) hin, findest du keine geeigneten Informationen.
- Wenn du sicher bist, dass die Informationen auf der Seite hilfreich sind, nimmst du sie in deine Materialsammlung auf. Hierzu kannst du die Seite ausdrucken oder speichern.

Den Kurzvortrag ausarbeiten

1 a Entwickelt eine Gliederung für euren Kurzvortrag:
- Ordnet die Informationen zu eurem Thema nach Unterthemen.
- Legt für jedes Unterthema ein Informationsblatt mit den wichtigsten Informationen an.

b Sammelt Ideen für die Einleitung eures Vortrags. Möglich sind z. B.: ein Foto, ein Bild, ein Zitat, ein interessantes Ereignis oder ein Überblick über euren Vortrag.

c Rundet den Vortrag ab, z. B. mit der Zusammenfassung wichtiger Informationen, eurer persönlichen Einschätzung oder einem Ausblick auf weitere Entwicklungen.

15.2 Ein Thema anschaulich präsentieren

Eine Bildschirmpräsentation erstellen

*Wie der **Klimawandel** mit dem **Energieverbrauch** zusammenhängt*

- *Für den Klimawandel ist zum größten Teil der Energieverbrauch (CO_2-Ausstoß) der Menschen verantwortlich, vor allem in den Industriestaaten.*

Das zeigen ganz klar folgende Zahlen:
- *Afrika und Indien: ca. 1 Tonne CO_2-Ausstoß pro Kopf im Jahr*
- *Deutschland: ca. 10 Tonnen CO_2-Ausstoß pro Kopf im Jahr*
- *USA: ca. 20 Tonnen CO_2-Ausstoß pro Kopf im Jahr*

Durch die Freisetzung des Treibhausgases (CO_2) wird der Klimawandel vorangetrieben.

Klimawandel und Energieverbrauch

großer **Energieverbrauch** (CO_2-Ausstoß)
in den Industriestaaten
weltweiter Vergleich pro Kopf im Jahr:

Afrika/Indien	ca. 1 Tonne
Deutschland	ca. 10 Tonnen
USA	ca. 20 Tonnen

⟶ viel **Treibhausgas** (CO_2) wird freigesetzt
⟶ **Klimawandel** als Folge

1 Hast du schon einmal Texte am Computer gestaltet oder eine Bildschirmpräsentation erstellt? Berichte von deinen Erfahrungen: Wie bist du z. B. mit der Schriftgröße und -farbe sowie mit Hervorhebungen (fett/kursiv/unterstreichen) umgegangen?

2 Geeignete Folien unterstützen einen Vortrag. Betrachte die beiden Präsentationsfolien. Welche hältst du für gelungen? Begründe deine Meinung.

3 a Untersucht die beiden Folien in Partnerarbeit genauer und beurteilt die folgenden Punkte: Textmenge, Schriftgröße und Schriftart, farbliche Gestaltung.
b Sammelt Tipps, was man bei der Gestaltung von Präsentationsfolien, aber auch anderen Texten, die ihr am Computer erstellt, beachten solltet.

4 a Erstellt in Gruppen eine Bildschirmpräsentation für euren Kurzvortrag. Nehmt hierzu die folgenden Informationen zu Hilfe.
b Präsentiert eure Folien in der Klasse. Gebt euch Feedback darüber, was gut gelungen ist und was ihr noch verbessern könnt.

Eine Bildschirmpräsentation erstellen

Präsentationsprogramme
Präsentationsprogramme wie „Impress" oder „PowerPoint" arbeiten mit Folien. Auf diesen Arbeitsflächen könnt ihr euer Thema nennen, wichtige Informationen in Stichpunkten hinzufügen und anschauliche Grafiken oder Tabellen zeigen.

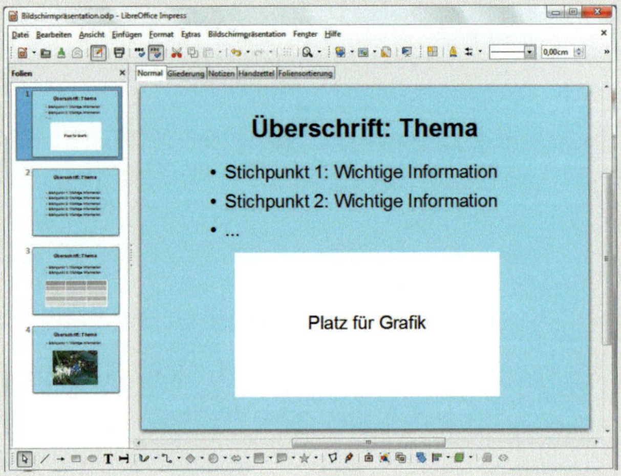

Folieninhalt
Folien dienen **zur Unterstützung** eures Vortrags. Sie geben ihm Struktur und ergänzen ihn um visuelle Inhalte wie Grafiken und Bilder, die man mündlich nicht darstellen kann.
- Bei einer Präsentation solltet ihr **nur das Wesentliche** auf der Folie festhalten, z. B. das Thema und wenige, knapp formulierte Stichpunkte (maximal 5). Alle weiteren Informationen könnt ihr im Notizenfeld unter den einzelnen Folien oder auf Karteikarten festhalten.
- **Lest** die Folien bzw. eure Notizen **nicht einfach ab**, sondern erläutert die Stichpunkte durch einen lebendigen, ausführlichen Vortrag.

Folienlayout
- Vortragsfolien sollen gut lesbar sein. Deshalb **verzichtet** man am besten **auf ablenkende** oder **mehrfarbige Hintergründe**.
- Achtet bei der Auswahl der **Schriftfarbe** auf einen guten **Kontrast zum Hintergrund**. Nehmt eine **gut lesbare Schrift** (z. B. Arial). Die **Schriftgröße** solltet ihr so wählen, dass jeder im Raum die Stichpunkte mühelos lesen kann **(mindestens 22 Punkt)**.
- **Tabellen**, **Bilder** und andere Abbildungen müssen **klar erkennbar** bzw. **gut lesbar** sein. Präsentationsprogramme bieten nur grundlegende Funktionen zur Bildbearbeitung an. Gegebenenfalls müsst ihr das grafische Material vorher in einem Bildbearbeitungsprogramm für die Präsentation vorbereiten.

Ein Handout verfassen

Referenten: Robin Köster, Hanna Kühn, Rufus Jessen, Miriam Schulz
Datum: 22. 5. 2013
Fach: Deutsch

Klimaschutz und Klimawandel

1) Warum ist Klimaschutz notwendig?
- Klimawandel hat dramatische Folgen für Umwelt, Pflanzen, Tiere, Menschen

2) Ursachen des Klimawandels
- Hauptursache: Energieverbrauch (CO_2-Ausstoß) in den Industriestaaten

3) Maßnahmen gegen den Klimawandel
- ...
- ...

4) Was jeder von uns tun kann
- Energie sparen, z. B.: Elektrogeräte ganz ausschalten oder auf Stand-by statt Dauerbetrieb, ...

Quellenangaben:
Ruth Omphalius / Monika Azakli: Klimawandel. Arena Verlag, Würzburg 2008.
http://www.bmu-kids.de/Themen/Klimaschutz/
http://www.nabu.de/themen/klimaschutz/

1 Zu einem gelungenen Vortrag gehört ein Handout, das ihr zu Beginn an alle Zuhörerinnen und Zuhörer verteilt. Betrachtet das Handout und beantwortet die folgenden Fragen:
- Welchen Nutzen hat ein Handout?
- Welche Informationen sollte ein Handout enthalten? Wie sollten diese formuliert sein?
- Wie sollte ein Handout gestaltet sein?

2 Erstellt ein Handout für euren Kurzvortrag. Achtet auf einen übersichtlichen Aufbau und haltet nur das Wichtigste in Stichwörtern fest.

Tipp Ein **Handout** gibt den Aufbau und die zentralen Informationen eines Vortrags knapp und übersichtlich wieder (möglichst auf einer DIN-A4-Seite).
Das Handout sollte
- die Namen der Vortragenden, das Datum, das Fach und das Thema des Vortrags nennen,
- eindeutige Stichwörter zu den wichtigsten Abschnitten des Vortrags (Gliederung) enthalten,
- die Quellen der verwendeten Materialien nennen (→ Quellenangaben, S. 186).

Die Ergebnisse präsentieren

1 Plant den Ablauf eures Vortrags:
- Legt fest, wer welchen Teil vorträgt und wie viel Redezeit jeder Einzelne von euch haben soll.
- Vermerkt, wann welche Folie eingesetzt werden soll.
- Jedes Gruppenmitglied hält die wichtigsten Informationen für den Vortrag fest, z. B. auf einer Karteikarte.
- Überlegt, welche technischen Geräte ihr benötigt, z. B. für eure Bildschirmpräsentation. Worauf müsst ihr beim Einsatz besonders achten?

2 Erstellt einen Beobachtungsbogen zur Bewertung eures Vortrags. Jedes Gruppenmitglied wählt ein bis zwei Punkte, auf die es beim Zuhören besonders achtet.

Einen Vortrag bewerten	☺	😐	☹
Wurden alle wichtigen Informationen genannt?			
Wurde alles gut und verständlich erklärt?			
Wurde laut und deutlich gesprochen?			
Hat der/die Vortragende die Zuhörenden angeschaut?			
Wurde die festgelegte Redezeit eingehalten?			
Funktionierte der Einsatz der Folien?			

3 a Übt euren Vortrag in der Gruppe. Nehmt hierzu den Beobachtungsbogen zu Hilfe.
b Gebt den Vortragenden eine Rückmeldung, was gut gelungen ist und was er oder sie noch verbessern kann.

4 a Tragt eure Kurzvorträge in der Klasse vor. Die Zuhörerinnen und Zuhörer erhalten zu Beginn des Vortrags das Handout der Gruppen und notieren darauf Fragen.
b Klärt nach jedem Vortrag Fragen, die noch offengeblieben sind.

5 Wertet die Vorträge in der Klasse aus:
- Welcher Vortrag hat euch besonders gut gefallen? Begründet.
- Welche Informationen zum Thema „Umweltschutz" fandet ihr besonders interessant? Gebt sie in eigenen Worten wieder.

6 Wie beurteilt ihr eure Gruppenarbeit? Was hat gut funktioniert? Was könnt ihr verbessern? Bleibt bei eurer Kritik fair!

15.3 Schreibkonferenz
Einen Aufruf verfassen und überarbeiten

Hey Leute!

Es nervt, dass alle immer nur über Umweltschutz reden! Überall in unserer Schule bleibt nach dem Unterricht das Licht an. Wenn ihr das auch blöd findet, macht bei unserer Aktion „Energie sparen“ mit. Heizung runterdrehen, Wasser sparen, Papier recyceln und so. Wer noch Infos braucht, kann sich bei uns melden.

Tom und Tina von der Umwelt-AG

Gib nicht auf – gib ab,

… denn alles verdient eine zweite Chance

Was hast du schon alles in den Müll geworfen?
Vieles davon war sicherlich noch brauchbar.
Wir finden: Das muss nicht sein!

Unser Projekt:
Vor der Schule wird ein Pavillon errichtet, der Dinge enthält, die ihr nicht mehr braucht und verschenken wollt. Jeder kann sich dort bedienen.

Das könnt ihr tun:
- Macht mit bei unserer Umwelt-AG!
- Sammelt Gegenstände, Spenden oder Ideen!
- Begeistert andere für unser Vorhaben!

Schenkt Freude und schützt die Umwelt!
Wer noch mehr erfahren möchte, kommt einfach montags um 15 Uhr in die Aula.
Dort trifft sich jede Woche die Umwelt-AG. Wir freuen uns auf euch!

Selma Schäfer (8a) und Benedikt Wagner (7c)
Telefon: 01234-78…, E-Mail: umwelt_ag@xy.de

1 Diese Aufrufe sollen als Plakate in der Schule ausgehängt werden.
a Überlege, an wen sich die Plakate richten und wozu sie jeweils auffordern.
b Vergleiche und bewerte die beiden Aufrufe der Umwelt-AG. Berücksichtige dabei den Inhalt, die sprachliche Gestaltung, den Aufbau (Gliederung) und die optische Gestaltung (Layout).
c Schreibe in Stichwörtern auf, welche Merkmale ein guter Aufruf enthalten soll.

2 Überarbeitet den ersten Aufruf auf S. 309 mithilfe eurer Merkmalliste aus Aufgabe 1c (→S. 313) .

3 Bildet Gruppen und besprecht eure Texte nun in einer Schreibkonferenz. Nehmt hierzu die folgende Checkliste zu Hilfe und geht so vor wie im Merkkasten unten beschrieben.

Checkliste zum Verfassen eines Aufrufs	Lob, Kritik	Vorschläge
Inhalt – Ziel wird deutlich – Informationen sind klar formuliert	…	…
Aufbau und Gestaltung – sinnvolle Gliederung – ansprechendes Layout	…	
sprachliche Gestaltung – Ausdruck, Rechtschreibung und Zeichensetzung sind korrekt	…	

4 Tragt in der Klasse zusammen, was ihr an eurer Schule für den Umweltschutz tun könnt, z. B.:
- Altpapier recyceln,
- Müll trennen,
- Schulgarten anlegen.

Tipp: Ihr könnt hierzu auch im Internet recherchieren, z. B.: Umweltschutz Schule;
Umweltwettbewerb Schule.

5 a Bildet Gruppen und verfasst einen Aufruf zu einem Umweltschutzprojekt, den ihr in eurer Schule aushängen könnt.
b Überarbeitet eure Texte in einer Schreibkonferenz.

Methode Eine Schreibkonferenz durchführen

- Setzt euch in einer kleinen Gruppe (4–5 Personen) zusammen.
- Gebt eure Texte im Uhrzeigersinn weiter.
- Lest euch den Text gründlich durch und schreibt eure Fragen oder Anregungen an den Rand. Geht höflich und freundlich miteinander um. Schreibt euren Namen dazu, damit der Verfasser später nachfragen kann, wie ihr etwas gemeint habt.
- Gebt den Text weiter, lest euch den nächsten Text und die Kommentare durch und ergänzt sie.
- Korrigiert auch die Rechtschreibung und die Zeichensetzung.
- Wiederholt diesen Vorgang so lange, bis wieder jeder seinen eigenen Text in Händen hält.
- Zum Schluss bearbeitet jeder seinen Text mithilfe der Anmerkungen.
  Dabei entscheidet jeder selbst, was er verbessern will.

Orientierungswissen

Sprechen und zuhören

Die eigene Meinung überzeugend begründen

→ S. 36–39

In einer Diskussion können verschiedene Meinungen aufeinanderprallen. Um andere für seine Interessen zu gewinnen, muss man seine Meinung überzeugend begründen. Das nennt man Argumentieren. Beim Argumentieren stellt man eine Meinung (Behauptung) auf, die man durch Begründungen (Argumente) stützt und durch Beispiele veranschaulicht bzw. erklärt, z. B.:
- **Meinung:** *Bei einem persönlichen Gespräch sollte man das Handy ausschalten.*
- **Argument:** *…, weil es unhöflich ist, wenn man sich durch das Handy ablenken lässt.*
- **Beispiel:** *Als mein Handy kaputt war, konnte ich mich viel besser auf Gespräche konzentrieren.*

Einwände entkräften
Wenn du einen möglichen Einwand vorwegnimmst und entkräftest, nimmst du deinem „Gegner" sozusagen den Wind aus den Segeln, z. B.:
Es stimmt schon, dass …, aber …; Ich kann verstehen … Dennoch …

Gesprächsverhalten: Eine Diskussion kann man durch sein Verhalten fördern oder hemmen. Zu einer guten Diskussion gehören das **Einhalten von Gesprächsregeln**, das **Nachfragen**, wenn man etwas nicht verstanden hat, und das **Vermeiden von Killerphrasen**, die den Gesprächspartner unter Druck setzen, z. B.: *Du immer mit deinem …; Jedes Kind weiß doch, dass …*

Schreiben

Stellung nehmen in einem Leserbrief

→ S. 40–43; 45–50

In einem Leserbrief nimmst du persönlich Stellung zu einem Thema oder einem Artikel.

Einleitung
Hier stellst du knapp den Anlass deines Leserbriefs dar. Dann leitest du zum Hauptteil über. Du kannst auch schon kurz deine Meinung zum Thema sagen (ohne Begründung).

Hauptteil
Im Hauptteil formulierst du deine Meinung zum Thema und nennst Argumente und Beispiele, die deine Meinung stützen. Mache den Zusammenhang deiner Argumentation deutlich und entwickle eine Argumentationskette, indem du die Argumente und Beispiele sprachlich gut einleitest und miteinander verknüpfst.
- Deine Argumentation wird überzeugender, wenn du auf die Anordnung der Argumente achtest. So können z. B. das erste oder das letzte Argument besonders schlagkräftig sein.
- Mögliche Einwände (Gegenargumente) kannst du nennen, um sie zu entkräften.

Schluss
Fasse zum Schluss deinen Standpunkt noch einmal zusammen oder formuliere einen Vorschlag oder einen Wunsch für die Zukunft.

Tipp: Der Leserbrief ist übersichtlicher, wenn du zwischen Einleitung, Hauptteil und Schluss Absätze setzt. Wie andere sachliche Briefe enthält er meist eine Betreffzeile (Bezug zum Zeitungsartikel), eine Anrede und endet mit einer Grußformel und deiner Unterschrift.

Betreffzeile	– *Artikel „Oma und Opa ...?“,* *Kölner Stadt-Anzeiger vom 15. 3. 2012*
Anrede	– *Sehr geehrte Redaktion, / Sehr geehrte Damen und Herren,*
Einleitung Anlass des Leserbriefs (Überleitung zum Hauptteil)	– *ich habe mit Interesse Ihren Artikel über ... gelesen, in dem ...* *In dem Artikel ... vertritt ... die Meinung, dass ...* *Weil ich selbst ..., möchte ich meine Position ...*
Hauptteil Meinung Argumente und Beispiele (Einwand entkräften)	– *Ich vertrete die Auffassung, dass ...* *Ein wichtiges Argument für/gegen ... ist, dass ...* *Hinzu kommt, dass ...* *Zwar ..., aber ...*
Schluss Zusammenfassung, Vorschlag	– *Aus diesen Gründen bin ich der Meinung, ...* – *Ich fände es gut, wenn ...*
Grußformel Unterschrift	– *Viele Grüße / Mit freundlichen Grüßen* *...*

Einen Bericht verfassen

→ S. 16–23; 30–34

Ein Bericht **informiert knapp und genau** über ein vergangenes Ereignis. Er beschränkt sich auf die **wesentlichen Informationen** und beantwortet die **W-Fragen**.

Aufbau
- In der **Einleitung** informierst du knapp darüber, worum es geht. (Was ist geschehen? Wann geschah es? Wo geschah es? Wer war beteiligt?)
- Im **Hauptteil** stellst du den Ablauf der Ereignisse in der zeitlich richtigen Reihenfolge dar. (Wie lief das Ereignis ab? Warum?)
- Im **Schlussteil** nennst du die Folgen des Ereignisses oder gibst einen Ausblick.
- Denke dir eine knappe und treffende **Überschrift** aus, die das Ereignis genau benennt.

Sprache
- Schreibe **sachlich und nüchtern**. Vermeide erzählende Ausschmückungen, Umgangssprache oder Vermutungen.
- Verwende als Tempus das **Präteritum**. Verwende das Plusquamperfekt, wenn etwas vorher passiert ist, z. B.: *Nachdem ein Pfiff den Startschuss gegeben hatte, begann die Aktion.*
- Mache die **Reihenfolge der Ereignisse** deutlich, z. B.: *Als Erstes ..., Zuerst ..., Anschließend ..., Danach ..., Später ..., Zum Schluss ...*
- Verdeutliche die Zusammenhänge, indem du die Sätze durch **treffende Verknüpfungswörter** verbindest, z. B.: *weil, und, obwohl, sodass, da, aber, jedoch, denn.*

Beschreiben

Eine Person beschreiben

→ S. 54–55; 60; 68–69

- **Einleitung:** Mache in der Einleitung allgemeine Angaben zur Person (z. B. Geschlecht, Alter, Nationalität).
- **Hauptteil:** Beschreibe im Hauptteil das Aussehen der Person in einer geordneten Reihenfolge, z. B. von oben nach unten.
- **Schluss:** Hier kannst du beschreiben, wie die Person auf dich wirkt.
- Suche **aussagekräftige Adjektive**, um die Person zu beschreiben, z. B.: *schlank, tiefschwarz.*
- Verwende anstelle der Wörter *ist, sind, hat* und *haben* **treffende Verben**, z. B.: *tragen, aussehen, besitzen, aufweisen, wirken, umgeben.*
- **Vermeide persönliche Wertungen** wie *schön, süß, lieb* oder *hässlich.*
- Schreibe im **Präsens**.

Ein Bild beschreiben

→ S. 56–57; 70–72

- **Einleitung:** Mache Angaben zum Titel, zur Künstlerin oder zum Künstler, zum Erscheinungsjahr, zur Technik (z. B. Aquarell, Öl auf Leinwand), zum Format des Bildes (Hochformat oder Querformat) sowie allgemeine Angaben zum Bildinhalt.
- **Hauptteil:** Gehe vom **Gesamteindruck** des Bildes oder von dem **Hauptmotiv** aus (was ist abgebildet?). Dann erwähnst du die **Einzelheiten**. Gehe dabei geordnet vor, ohne zu springen: von der linken zur rechten Bildhälfte, von oben nach unten oder von vorne (Vordergrund) über die Mitte (Mittelgrund) nach hinten (Hintergrund). Mache auch genaue Angaben zur **Farbgestaltung** (überwiegen helle oder dunkle Farbtöne? Welche Farben liegen vor und wie sind sie verteilt?) und eventuell zu den **Formen** (z. B. *rund, eckig, weich*).
- **Schluss:** Hier kannst du beschreiben, wie das Bild insgesamt auf dich wirkt.

Die Bildbeschreibung wird im **Präsens** und in einer **sachlichen Sprache** verfasst.

Einen Vorgang beschreiben

→ S. 58–59

- **Einleitung:** Nenne die notwendigen **Materialien** und/oder **Vorbereitungen**, z. B.: *Man braucht 500 Gramm Mehl, einen Viertelliter Wasser, 350 Gramm …*
- **Hauptteil:** Beschreibe **Schritt für Schritt den Ablauf des Vorgangs**, z. B.: *Zuerst werden Mehl und Wasser zu einem Teig verarbeitet. Danach …*
- **Schluss:** Hier kannst du einen weiterführenden Hinweis geben, z. B.: *Manchmal wird in einer der Teigtaschen eine Münze versteckt, die dem Finder Glück bringen soll.*
- Verwende im Aktiv nur **eine Form der Ansprache**: *Man springt …* oder *Du springst …*
- Wechsle zwischen Aktiv und Passivformulierungen, dann wird deine Beschreibung abwechslungsreicher, z. B.: *Der Teig wird geknetet. Danach lässt man ihn eine Stunde ruhen.*
- Wähle passende Wörter, die die **Reihenfolge** der einzelnen Schritte **deutlich machen**, z. B.: *zuerst, dann, danach, zum Schluss …*
- Schreibe im **Präsens**.

Schildern

Eine Situation oder Stimmung schildern

→ S. 74–79; 87–88

Wenn man eine Situation oder Stimmung schildert, versucht man, **mit Worten ein anschauliches** und **lebendiges Bild** zu **malen**. Man beschreibt z. B. eine Landschaft, eine belebte Straße, die Stimmung bei einem Konzert so, dass die Leser die Situation und die Atmosphäre genau vor Augen haben. Schilderungen geben **Wahrnehmungen**, **Sinneseindrücke** (sehen, hören, fühlen, riechen/schmecken) sowie **persönliche Gedanken und Empfindungen** wieder.
Die folgenden Fragen können dir helfen, eine Situation mit allen Sinnen wahrzunehmen:
Was sehe ich? Was höre ich? Was rieche/schmecke ich? Was empfinde ich? Was denke ich?
Schilderungen können im Präsens, aber auch im Präteritum verfasst werden.
Folgende **Gestaltungsmittel** helfen dir, besonders anschaulich zu schildern:
- **anschauliche Adjektive** und **Partizipien**, z. B.:
  stockdunkel, eiskalt, fröstelnd, frierend
- **ausdrucksstarke Verben**, z. B.:
  kriechen, rascheln, knistern
- **sprachliche Bilder** wie Vergleiche, Metaphern und Personifikationen

Texte zusammenfassen

Die Inhaltsangabe eines literarischen Textes schreiben

→ S. 121–134

Eine **Inhaltsangabe** fasst den Inhalt eines Textes **knapp und sachlich** zusammen, sodass andere, die den Text nicht gelesen haben, über **das Wesentliche** informiert werden.

Aufbau
- In der **Einleitung** nennst du die Art des Textes (z. B. Fabel, Erzählung, Gedicht), den Titel, den Namen der Autorin / des Autors und das Thema des Textes.
- Im **Hauptteil** fasst du die wichtigsten Ereignisse der Handlung (Handlungsschritte) in der zeitlich richtigen Reihenfolge zusammen. Mögliche Rückblenden oder Vorausdeutungen werden in den zeitlich richtigen Handlungsverlauf eingeordnet und zusammengefasst.

Sprache
- Schreibe **sachlich und nüchtern**, vermeide ausschmückende Formulierungen.
- Formuliere **in eigenen Worten** und übernimm keine Passagen aus dem Originaltext.
- Verwende als Zeitform das **Präsens** (bei Vorzeitigkeit das Perfekt), z. B.: *Er sieht die Blicke der anderen Restaurantbesucher.*
- Verwende **keine wörtliche Rede.** Besonders wichtige Äußerungen von Figuren werden in der indirekten Rede (→ S. 333) wiedergegeben oder umschrieben, z. B.:
  „Aber dann spendiere ich die Spaghetti!“ (wörtliche Rede)
  ⟶ *Heinz sagt, beim nächsten Mal spendiere er die Spaghetti.* (indirekte Rede im Konjunktiv)
  ⟶ *Heinz kündigt an, Marcel zum Spaghettiessen einzuladen.* (Umschreibung)

Lesen Umgang mit Texten und Medien

Erzählende Texte (Epik)

→ S. 89–134

Die erzählenden Texte (Epik) sind neben den Gedichten (Lyrik) und den dramatischen Texten (Dramatik) eine der drei Gattungen der Dichtung (Epik, Lyrik, Dramatik). Erzählende Texte gliedern sich in eine Vielzahl von Textsorten auf, z. B.: Märchen, Fabel, Erzählung (→ S. 320), Anekdote (→ S. 320), Kalendergeschichte (→ S. 320), Roman etc.
Folgende Elemente sind für erzählende Texte kennzeichnend:

Der Erzähler / die Erzählerin

Das **wesentliche Merkmal** eines erzählenden (epischen) Textes ist **die Erzählerin / der Erzähler**, die/der nicht mit der Autorin / dem Autor gleichgesetzt werden darf. Ein erwachsener Autor kann zum Beispiel eine Geschichte von einem Kind, ein männlicher Autor eine Geschichte von einer Frau erzählen lassen oder umgekehrt. Immer ist die Erzählerin / der Erzähler eine vom Autor erfundene Figur und gehört zur Welt der erzählten Geschichte.

Erzählformen: Ich-Erzähler oder Er-/Sie-Erzähler

→ S. 90–91

Die Autorin oder der Autor einer Erzählung entscheidet sich für eine Erzählform:

- Der **Ich-Erzähler** (oder die Ich-Erzählerin) ist selbst als handelnde Figur in das Geschehen verwickelt. Er/sie schildert die Ereignisse aus seiner/ihrer persönlichen Sicht, z. B.: *Aus der Ferne sah ich ein kleines Boot.*
- Der **Er-/Sie-Erzähler** ist nicht am Geschehen beteiligt und erzählt von allen Figuren in der Er-Form bzw. in der Sie-Form, z. B.: *Aus der Ferne sah sie das kleine Boot.*

Die Figuren einer Geschichte

→ S. 92–95

Die **Personen**, die **in einer Geschichte** vorkommen bzw. handeln, **nennt man Figuren.** Sie haben ein bestimmtes Aussehen, bestimmte Eigenschaften, Gefühle, Gedanken und Absichten. In vielen Geschichten gibt es eine **Hauptfigur**, über die der Leser besonders viel erfährt. Um eine Geschichte zu verstehen, solltest du dir ein klares Bild von den einzelnen Figuren machen. Auch Tiere können handelnde Figuren in Erzähltexten sein, z. B. in einem Märchen.

Eine literarische Figur charakterisieren

→ S. 92–95

In literarischen Texten werden die Figuren durch eine Reihe von Merkmalen und Eigenschaften beschrieben. Wenn du eine Figur charakterisieren willst, gehst du so vor:
Sammle zuerst aus dem Text Informationen über die Figur, z. B. über ihr Aussehen, ihre Lebensumstände, ihre Verhaltensweisen, Eigenschaften, Gefühle und ihr Verhältnis zu den anderen Figuren.

- **Einleitung:** Nenne allgemeine Informationen zur Figur, z. B.: Name, Alter, Beruf.
- **Hauptteil:** Beschreibe die Figur anschaulich und genau, z. B.: ihr Aussehen, ihre Verhaltensweisen, ihre Eigenschaften und ihr Verhältnis zu den anderen Figuren.
- **Schluss:** Hier kannst du angeben, wie die Figur auf dich wirkt (persönliche Einschätzung)

Verwende als Tempus das **Präsens**. Formuliere sachlich und anschaulich.

Zeitgestaltung in Erzähltexten

→ S. 96

Der Umgang mit der Zeit spielt in literarischen Texten eine wichtige Rolle. Man versteht dabei unter **Erzählzeit** die Zeit, die ein Leser zum Lesen des Textes braucht, und unter **erzählter Zeit** den Zeitraum, über den sich das Erzählte erstreckt.
Dauert das Lesen ungefähr so lange wie das erzählte Ereignis, spricht man von **Zeitdeckung**. Oft wird dabei ein Dialog wortwörtlich und ohne Erläuterung wiedergegeben.
Dauert das Lesen länger als das erzählte Ereignis, spricht man von **Zeitdehnung**. Dies geschieht oft bei der Beschreibung von Gedanken und Gefühlen einer Person.
Dauert das Lesen kürzer als das erzählte Ereignis, nennt man dies **Zeitraffung**.
Oft werden hierbei mehrere Ereignisse zusammengefasst.

Literarische Textsorten

Erzählende Texte (→ S. 319) gliedern sich in eine Vielzahl von Textsorten auf, z. B.: Erzählung, Anekdote, Kalendergeschichte etc.

Erzählung

→ S. 121–123

„Erzählung" ist ein **Sammelbegriff für unterschiedliche Kurzformen des Erzählens**, die nicht genauer durch bestimmte Textmerkmale gekennzeichnet sind. Im Unterschied zum Roman ist die Erzählung knapper und überschaubarer.

Die Anekdote

→ S. 112–114

Eine Anekdote ist eine **kurze Geschichte** über eine **bekannte Persönlichkeit**. Auf humorvolle Weise verdeutlicht sie das Verhalten oder die Eigenarten dieses Menschen. Wie der Witz enthält die Anekdote am Ende eine **Pointe (überraschende Wendung)**.
Das, was über die Person erzählt wird, muss nicht unbedingt wahr sein. Wichtig ist vielmehr, dass in der Anekdote **das Typische einer Person** erkennbar wird.

Die Kalendergeschichte

→ S. 115–118

Eine Kalendergeschichte ist eine **kurze Geschichte**, die **unterhalten und belehren** soll und **meist** mit einer **Pointe (überraschenden Wendung)** endet. Bis ins 19. Jahrhundert wurden diese Geschichten in Jahreskalendern abgedruckt. Neben der Bibel waren diese sogenannten Kalendergeschichten für viele Familien oft die einzige Lektüre. Ab dem 20. Jahrhundert erschienen die Kalendergeschichten nur noch in Buchform. Der bekannteste Autor von Kalendergeschichten ist Johann Peter Hebel (1760–1826).

Gedichte (Lyrik)

→ S. 136–154

Vers: Die Zeilen eines Gedichts heißen Verse.

Strophe: Eine Strophe ist ein Gedichtabschnitt, der aus mehreren Versen besteht. Die einzelnen Strophen eines Gedichts sind durch eine Leerzeile voneinander getrennt. Häufig bestehen Gedichte aus mehreren, gleich langen Strophen.

Reim

Oft werden die einzelnen Verse (Gedichtzeilen) durch einen Reim miteinander verbunden. Zwei Wörter reimen sich, wenn sie vom letzten betonten Vokal an gleich klingen, z. B.: *Haus – Maus, singen – entspringen.*
Die regelmäßige Abfolge von Endreimen ergibt verschiedene Reimformen. Dabei werden Verse, die sich reimen, mit den gleichen Kleinbuchstaben gekennzeichnet, z. B.:

- **Paarreim:** Wenn sich zwei aufeinanderfolgende Verse reimen, sprechen wir von einem Paarreim (aa bb):
  … Katertier a
  … Kavalier a
  … Garten b
  … erwarten b
- **Kreuzreim:** Reimen sich – über Kreuz – der 1. und der 3. sowie der 2. und der 4. Vers, dann nennt man das Kreuzreim (a b a b):
  … verschieden a
  … Bauch b
  … zufrieden a
  … auch b
- **umarmender Reim:** Wird ein Paarreim von zwei Versen umschlossen (umarmt), die sich ebenfalls reimen, heißt dies umarmender Reim (a bb a):
  … springen a
  … Traum b
  … Raum b
  … singen a

Metrum (Versmaß)

In den Versen (Zeilen) eines Gedichts wechseln sich häufig betonte (x́) und unbetonte Silben (x) regelmäßig ab. Wenn die **Abfolge von betonten und unbetonten Silben** (Hebungen und Senkungen) einem bestimmten Muster folgt, nennt man dies **Metrum** (Versmaß). Die wichtigsten Versmaße sind:

Jambus (x x́): x x́ x x́ x x́ x x́
Die Mitternacht zog näher schon (Heinrich Heine)

Trochäus (x́ x): x́ x x́ x x́ x x́ x
O du Ausgeburt der Hölle! (Johann Wolfgang Goethe)

Daktylus (x́ x x): x x́ x x x́ x x x́ x x x́
Sie lachten und kreischten mit jubelndem Schall (Emanuel Geibel)

Anapäst (x x x́): x x x́ x x x́
Wie mein Glück, ist mein Lied (Friedrich Hölderlin)

Häufig bildet eine unbetonte Silbe am Versanfang den Auftakt. Manchmal werden auch zwei Versmaße miteinander kombiniert, z. B.: *Er hát uns geréttet, er trä́gt die Krón'* (Kombination aus Daktylus und Jambus; Theodor Fontane).
Beim Vortrag musst du die Abfolge von betonten und unbetonten Silben zwar beachten, du darfst aber nicht leiern. So gibst du deinem Vortrag einen besonderen Rhythmus.

Stilmittel in Gedichten

In lyrischen Texten werden häufig Bilder durch Sprache entfaltet (z. B. durch Vergleiche, Metaphern oder Personifikationen) oder einzelne Wörter klanglich hervorgehoben (Lautmalerei). Solche sprachlichen Mittel sind besonders geeignet, um Gefühle und Stimmungen auszudrücken oder eine bestimmte Atmosphäre entstehen zu lassen. So werden zur Darstellung von Liebe, Freude, Angst oder Einsamkeit z. B. oft Bilder aus dem Bereich der Natur verwendet.

- **Vergleich:** Bei einem Vergleich werden zwei verschiedene Vorstellungen durch ein *wie* oder ein *als (ob)* miteinander verknüpft, z. B.: *Das Meer glänzte schwarz wie die Nacht. In meinem Zimmer sah es aus, als ob ein Orkan durchgezogen wäre.*
- **Metapher:** In einer Metapher wird ein **Wort** nicht wörtlich, sondern **in einer übertragenen (bildlichen) Bedeutung** gebraucht, z. B.: *Nussschale* für *ein kleines Boot, Suppe* für *Nebel.* Im Unterschied zum direkten Vergleich fehlt bei der Metapher das Vergleichswort *wie,* z. B.: *Wolken sind (wie) flockige Länder.*
- **Personifikation:** Die Personifikation (Vermenschlichung) ist eine besondere Form der Metapher. Gegenstände, Begriffe oder die Natur werden vermenschlicht, d. h., ihnen werden menschliche Verhaltensweisen und Eigenschaften zugesprochen, z. B.: *die Natur schläft, das Glück lacht, der Tag verabschiedet sich, das Veilchen träumt.*
- **Lautmalerei:** Mit den Klängen von Wörtern werden Naturlaute oder Geräusche nachgeahmt, z. B.: *klirren, rascheln, zischen.*

Die Ballade

→ S. 136–150; 153–154

Die Ballade ist meist ein **längeres Gedicht über** ein **ungewöhnliches oder spannendes Ereignis.** Dieses Ereignis kann erfunden oder wirklich passiert sein. Im Mittelpunkt der Ballade steht oft eine Figur, die eine gefahrvolle Situation meistern muss.
- Wie andere Gedichte sind auch Balladen meist in **Strophen** (→ S. 320) gegliedert, besitzen eine **Reimform** (→ S. 321) und haben ein bestimmtes **Metrum** (→ S. 321).
- Viele Balladen haben einen Aufbau, den man mithilfe einer **Spannungskurve** darstellen kann: Nach der Einleitung spitzt sich die **Handlung dramatisch** bis zum **Höhepunkt** zu, zum Schluss folgt die Auflösung.
- Balladen enthalten oft **wörtliche Rede** der Figuren (Monologe, Dialoge), die an die Szenen eines Theaterstücks erinnern.

In ihrer Wirkung setzen Balladen auf Spannung, sie können aber auch belehrend oder lustig sein.

Die Ballade enthält **Elemente** aus
- der **Lyrik** (Metrum, Strophe, Reim),
- der **Epik** (abgeschlossene Geschichte wird erzählt) und
- der **Dramatik** (dramatischer Handlungsverlauf, Dialoge und Monologe der Figuren).

Deshalb bezeichnete Goethe (1749–1832) sie als Ur-Ei der Dichtkunst, weil sie alle Gattungen (Lyrik, Epik, Dramatik) in sich vereint.
Viele Balladen sind vertont worden. Die Tradition der gesungenen Ballade hat in der Rock- und Popmusik ihre Fortsetzung gefunden.

Theater (Drama)

→ S. 153–168

Dramatische Texte (Theater/Drama) sind neben den Gedichten (Lyrik) und den erzählenden Texten (Epik) eine der drei Gattungen der Dichtung (Lyrik, Epik, Dramatik).

Wichtige Theaterbegriffe:

- **Rolle**
  Rolle nennt man die Figur, die eine Schauspielerin oder ein Schauspieler in einem Theaterstück verkörpert, z. B. die Rolle des Vaters, die Rolle des Ritters etc.
- **Szene**
  Eine Szene ist ein kurzer, abgeschlossener Teil eines Theaterstücks. Eine Szene endet, wenn neue Figuren auftreten und/oder Figuren abtreten.
- **Regieanweisungen**
  Das sind von der Autorin/vom Autor im Dramentext zusätzlich zu den Rollentexten bereits mitgelieferte Anregungen, wie sich die Figuren bewegen *(Nico stolpert)*, wie sie handeln und sprechen sollten *(fühlt seine Stirn, schreit)* und wie die Handlung auf der Bühne dargestellt werden sollte *(kommt mit einem klapprigen Fahrrad angefahren, etwas außer Atem)*.
- **Dialog**
  Gespräch von zwei oder mehr Figuren. Sein Gegensatz ist der Monolog.
- **Monolog**
  Selbstgespräch einer Figur (im Gegensatz zum Dialog).

Sachtexte

→ S. 174–192

Es gibt **verschiedene Formen von Sachtexten**, z. B.: Lexikonartikel, Sachbuchtexte, Zeitungs- oder Zeitschriftenartikel, Beschreibungen eines Vorgangs.

Einen Sachtext lesen (Fünf-Schritt-Lesemethode)

1. Schritt: Einen Überblick gewinnen
Lies die Überschrift(en), hervorgehobene Wörter und die ersten Zeilen des Textes, betrachte die Abbildungen.

2. Schritt: Den Text zügig lesen
Lies den gesamten Text zügig durch, ohne dich an Einzelheiten aufzuhalten. Mache dir klar, was das Thema des Textes ist.

3. Schritt: Unbekannte Wörter und Textstellen klären
Lies den Text ein zweites Mal sorgfältig durch. Kläre unbekannte Wörter aus dem Textzusammenhang, durch Nachdenken oder Nachschlagen (→ mehr Informationen hierzu auf S. 178).

4. Schritt: Den Text sorgfältig lesen und bearbeiten
Arbeite mit einer Kopie des Textes:
- Markiere die Schlüsselwörter farbig,
- gliedere den Text in Sinnabschnitte ⌈ und gib jedem Sinnabschnitt eine treffende Überschrift,
- notiere ein Fragezeichen ? am Rand, wenn dir eine Textstelle unklar ist.

5. Schritt: Informationen zusammenfassen
Fasse die Informationen des Textes in Stichwörtern oder wenigen Sätzen zusammen.

Diagramme verstehen und auswerten

→S. 29; 182

Ein **Diagramm** ist eine **bildliche Darstellung von Daten und Informationen**. Um ein Diagramm auszuwerten, gehst du so vor:

- Sieh dir das Diagramm genau an. Lies die Überschrift und die übrigen Angaben und Erklärungen.
- Stelle fest, worüber das Diagramm informiert. Welche Maßeinheiten werden verwendet, z. B. Prozentzahlen (%), Kilo (kg), Euro (€)?
- Vergleiche die Angaben miteinander (höchster und niedrigster Wert, gleiche Werte).
- Fasse zusammen, was im Diagramm gezeigt wird. Was lässt sich ablesen?

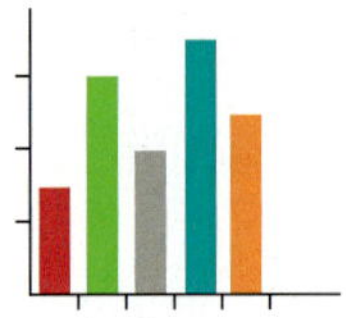
Säulendiagramm

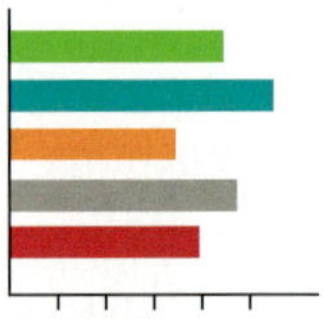
Balkendiagramm

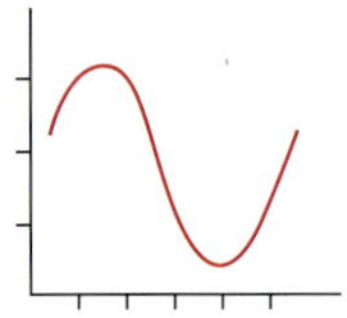
Kurvendiagramm

Kreisdiagramm

Werbung

→S. 193–210

Werbetexte sind appellative Texte. Sie wollen den Betrachter zu etwas auffordern, meist zum Kauf eines Produkts. Weil Werbung im Durchschnitt nur zwei Sekunden lang wahrgenommen wird, muss sie auf das Wesentliche reduziert und einprägsam sein.

1 **Aufbau und Gestaltung von Werbeanzeigen:** Werbeanzeigen und -plakate enthalten meist ein Bild und verschiedene Textteile, z. B.:
   - **Headline:** Schlagzeile (meist Überschrift) einer Anzeige; sie soll den Betrachter auf die gesamte Anzeige aufmerksam machen und ist neben dem Bild das wichtigste Element einer Werbeanzeige.
   - **Bild:** Foto (evtl. Abbildung), das mit dem Produkt in Verbindung gebracht werden soll.
   - **Informationstext:** Text, der das Produkt näher beschreibt oder Zusatzinformationen gibt.
   - **Slogan:** einprägsamer Werbespruch, der fest zu einer Marke oder Firma gehört, z. B.: *Just do it! Come in and find out.*
   - **Logo:** symbolische Darstellung des Firmennamens, z. B.: ······T··
   - **Farbe:** Viele Farben haben eine bestimmte Bedeutung und Wirkung: Grün steht für Natürlichkeit, Weiß für Unschuld oder Reinheit (wird oft in Waschmittelwerbung eingesetzt), Schwarz vermittelt Stärke oder etwas Geheimnisvolles.

2 **Zielgruppe:** Werbung ist meist auf eine bestimmte Zielgruppe ausgerichtet, z. B.: Jugendliche, preisbewusste Kunden, sportbegeisterte Personen, die Bewohner einer Stadt.

3 **Sprachliche Gestaltung:** Durch die Verwendung bestimmter sprachlicher Mittel (→ siehe Merkkasten auf S. 198) ist die Werbesprache auffällig und einprägsam.

4 **Wie Werbung funktioniert (AIDA-Formel):**
   - **A**ttention (engl.: Aufmerksamkeit): Die Aufmerksamkeit soll erregt werden, z. B. durch ein niedliches Tierbild, eine grelle Farbe oder einen Star.
   - **I**nterest (engl.: Interesse): Das Interesse soll geweckt werden, z. B. durch einen witzigen oder auch zweideutigen Text.
   - **D**esire (engl.: Wunsch, Begierde): Es soll der Wunsch geweckt werden, das Produkt zu kaufen, z. B. indem bestimmte Vorteile des Produkts genannt werden.
   - **A**ction (engl.: Handlung): Das Produkt soll möglichst umgehend gekauft werden, z. B. durch Einblenden der Kontaktadresse, direkte Kaufaufforderung oder befristete Sonderangebote.

Werbung im Internet

→ S. 200

Neben Werbemails und E-Mail-Newsletter wird sogenannte Bannerwerbung auf Internetseiten geschaltet. Bei diesen Werbeanzeigen unterscheidet man:
- **statische und animierte Werbebanner:** Werbebilder in unterschiedlichen Größen, z. B. mit bewegter Grafik, auf der Seite selbst oder in einem Rahmen am Bildschirmrand
- **Videowerbung:** Banner, die kleine Filme enthalten
- **Layer:** größere Bilder oder Filme, die sich wie eine Folie über die Seite legen
- **Textanzeigen:** Textwerbung, die im Umfeld von Suchergebnissen eingeblendet wird

Der Erfolg von Internet-Werbung wird durch die Anzahl der tatsächlichen Klicks auf Banner gemessen, die zur Website der Werbetreibenden weiterleiten. Werbung im Internet wird deshalb so platziert, dass sie die Aufmerksamkeit des Nutzers stark auf sich zieht. Internetwerbung lässt sich jedoch durch spezielle Zusatzprogramme (Add-ons) ausblenden.

Film, Fernsehen, Radio

Einstellungsgrößen

→ S. 204–205

Die Einstellungsgröße legt die Größe des Bildausschnitts fest. Je kleiner der Bildausschnitt ist, desto näher scheint der Betrachter am Geschehen zu sein. Je nachdem, wie nah die Kamera an das Geschehen heranführt oder wie weit sie entfernt bleibt, entstehen unterschiedliche Wirkungen.

Totale

Eine Einstellung, in der die Dinge/Figuren in einer größeren Umgebung gezeigt werden. Man erhält einen Überblick über den gesamten Schauplatz.

Halbnah

Gegenstände werden aus mittlerer Nähe, Figuren etwa vom Knie an aufwärts gezeigt. Die unmittelbare Umgebung ist erkennbar.

Nah

Man sieht Kopf und Schultern von Figuren. Die Einstellung wird häufig bei Dialogen verwendet.

Groß

Der Kopf einer Figur wird bildfüllend dargestellt. So kann man die Gefühle an der Mimik genau ablesen.

Die Kameraperspektiven

→ S. 204–205

Der Standpunkt der Kamera und damit verbunden ihr Blickwinkel wird als Kameraperspektive bezeichnet. Man unterscheidet:

Vogelperspektive

Normalperspektive

Froschperspektive

- **Vogelperspektive** (Aufsicht): Kamera von oben
- **Normalperspektive** (Normalsicht): Kamera auf Augenhöhe
- **Froschperspektive** (Untersicht): Kamera von unten

Schnitt und Montage: Anordnung und Zusammenstellung der Filmszenen

→ S. 206–210

Nach den Dreharbeiten mit der Kamera folgt die Bearbeitung des Filmmaterials, der sogenannte **Filmschnitt** und die **Montage.** Das Rohmaterial wird in einzelne Szenen zerlegt, überflüssige Szenen werden z. B. herausgeschnitten, einzelne Szenen umgestellt und neu angeordnet.
Je nachdem, wie die einzelnen Filmbilder oder -szenen wieder aneinandergefügt (montiert) werden, wird die **Handlung des Films** erzählt und **dramaturgisch gestaltet.** Man kann:

- Handlungen, die zeitgleich an verschiedenen Orten spielen, gleichzeitig zeigen, indem man zwischen den Szenen hin- und herspringt, z. B.: Ein Einbrecher knackt einen Tresor. – *Schnitt:* Die Polizei nähert sich. – *Schnitt:* Der Einbrecher lauscht. – *Schnitt:* …
- in einer Rückblende ein Ereignis aus der Vergangenheit zeigen, z. B.: Eine erwachsene Figur erinnert sich. – *Schnitt:* Die Kindheit der Figur wird gezeigt.

Verfahren bei der Postproduction (Nachbearbeitung)

→ S. 210

Bei der **Postproduction** kann das Filmmaterial trickreich bearbeitet werden.
Farbgestaltung: Gelb, Orange, Rot oder sattes Grün wirken warm und strahlen Harmonie und Geborgenheit aus, kalte Farben wie Blau, Grau, Weiß oder Lila vermitteln eine eher nüchterne Atmosphäre. Viele Farben haben auch Symbolcharakter wie das Grün der Hoffnung oder das Weiß der Unschuld. Am Computer lassen sich gezielt Farbsättigung und Farbveränderungen einstellen.
Zeitraffer oder **Zeitlupe** beschleunigen oder verlangsamen Szenen, die in Echtzeit nicht oder nur schlecht wahrnehmbar wären, z. B. das tagelange Wachsen einer Blume oder der K.-o.-Schlag eines Boxers.

Hörspiele

→ S. 156

Beim **Hörspiel** wird der zugrunde liegende Text wie ein Bühnenstück dramatisiert (d. h. durch Sprechtexte dargestellt). Im Unterschied zu einem Bühnenstück erfahren die Zuhörerinnen und Zuhörer nur das, was zu hören ist. Durch die **Dialoge** (Gespräche), die **Monologe** (Selbstgespräche) der Figuren sowie durch **Geräusche** und **Musik** erhalten die Hörer/-innen alle notwendigen Informationen, um der Handlung folgen zu können. Die Figuren in einem Hörspiel können auch laut überlegen, fragen oder laut beobachten, um die Situation für die Hörer verständlich zu machen.

Nachdenken über Sprache

Wortarten

Das Nomen (Plural: die Nomen) / **das Substantiv** (Plural: die Substantive) →S. 226

Die meisten Wörter in unserer Sprache sind Nomen/Substantive.
Nomen/Substantive bezeichnen:
- Lebewesen/Eigennamen, z. B.: *Frosch, Baum, Susanne*
- Gegenstände, z. B.: *Haus, Schreibtisch, MP3-Player*
- Begriffe (Gedanken, Gefühle, Zustände …), z. B.: *Angst, Mut, Freude, Ferien, Freundschaft*

Nomen/Substantive werden immer **großgeschrieben**.
Sie werden häufig von **Wörtern begleitet**, an denen wir sie erkennen können, z. B. von einem **Artikel** *(der Hase, eine Uhr)* oder einem **Adjektiv** *(blauer Himmel, fröhliche Menschen)*.

Das Genus (grammatisches Geschlecht; Plural: die Genera)

Jedes Nomen/Substantiv hat ein Genus (ein grammatisches Geschlecht), das man **an** seinem **Artikel erkennen** kann. Ein Nomen/Substantiv ist entweder
- ein **Maskulinum** (männliches Nomen/Substantiv), z. B.: *der Stift, der Regen, der Hund,*
- ein **Femininum** (weibliches Nomen/Substantiv), z. B.: *die Uhr, die Sonne, die Katze,* oder
- ein **Neutrum** (sächliches Nomen/Substantiv), z. B.: *das Buch, das Eis, das Kind*.

Das **grammatische Geschlecht** eines Nomens/Substantivs stimmt **nicht immer** mit dem **natürlichen Geschlecht** überein, z. B.: *das Mädchen, das Kind*.

Der Numerus (Anzahl; Plural: die Numeri)

Nomen/Substantive haben einen Numerus, d. h. eine Anzahl. Sie stehen entweder im
- **Singular** (Einzahl), z. B.: *der Wald, die Jacke, das Haus,* oder im
- **Plural** (Mehrzahl), z. B.: *die Wälder, die Jacken, die Häuser*.

Der Kasus (Fall; Plural: die Kasus, mit langem *u* gesprochen)

In Sätzen erscheinen Nomen immer in einem bestimmten Kasus, das heißt in einem grammatischen Fall. **Im Deutschen gibt es vier Kasus.** Nach dem Kasus richten sich die Form des Artikels und die Endung des Nomens. Man kann den **Kasus** eines Nomens **durch Fragen ermitteln**:

Kasus	Kasusfrage	Beispiele
1. Fall: **Nominativ**	Wer oder was …?	*Der Junge liest ein Buch.*
2. Fall: **Genitiv**	Wessen …?	*Das Buch des Jungen ist spannend.*
3. Fall: **Dativ**	Wem …?	*Ein Mädchen schaut dem Jungen zu.*
4. Fall: **Akkusativ**	Wen oder was …?	*Sie beobachtet den Jungen genau.*

Meist ist der Kasus am veränderten Artikel des Nomens/Substantivs erkennbar, manchmal auch an der Endung des Nomens/Substantivs, z. B.: *des Mannes, des Mädchens, den Kindern.*
Wenn man ein Nomen/Substantiv in einen Kasus setzt, nennt man das **deklinieren** (beugen).

Der Artikel (Plural: die Artikel)

Das Nomen/Substantiv wird häufig von einem Artikel begleitet. Man unterscheidet zwischen dem bestimmten Artikel *(der, die, das)* und dem unbestimmten Artikel *(ein, eine, ein)*, z. B.:
männlich: *der Stift / ein Stift;* weiblich: *die Uhr / eine Uhr;* sächlich: *das Buch / ein Buch.*

Das Pronomen (Fürwort; Plural: die Pronomen)

→ S. 228

- **Das Personalpronomen** (persönliches Fürwort)
  Mit den **Personalpronomen** *(ich, du, er, sie, es, wir, ihr, sie)* kann man **Nomen/Substantive und Namen ersetzen**, z. B.:
  Die Katze möchte ins Haus. Sie miaut. Schnell lassen wir sie herein.

  Paul rennt zum Bus. Er hat verschlafen und weiß, dass der Busfahrer nicht auf ihn wartet.

  Personalpronomen werden wie Nomen/Sustantive dekliniert (gebeugt):

	Singular			**Plural**		
	1. Pers.	**2. Pers.**	**3. Pers.**	**1. Pers.**	**2. Pers.**	**3. Pers.**
1. Fall: **Nominativ**	*ich*	*du*	*er/sie/es*	*wir*	*ihr*	*sie*
2. Fall: **Genitiv**	*meiner*	*deiner*	*seiner/ihrer/seiner*	*unser*	*euer*	*ihrer*
3. Fall: **Dativ**	*mir*	*dir*	*ihm/ihr/ihm*	*uns*	*euch*	*ihnen*
4. Fall: **Akkusativ**	*mich*	*dich*	*ihn/sie/es*	*uns*	*euch*	*sie*

- **Das Possessivpronomen** (besitzanzeigendes Fürwort)
  Possessivpronomen *(mein/meine – dein/deine – sein/seine, ihr/ihre – unser/unsere – euer/eure – ihr/ihre)* **geben an, wem etwas gehört**, z. B.:
  mein Buch, deine Tasche, unsere Lehrerin.
  Possessivpronomen begleiten meist Nomen/Substantive und stehen dann im gleichen Kasus (Fall) wie das dazugehörige Nomen/Substantiv, z. B.:
  Ich gebe meinen Freunden eine Einladungskarte. (Wem? ⟶ Dativ)
- **Das Demonstrativpronomen** (hinweisendes Fürwort)
  Demonstrativpronomen *(der, die, das/dieser, diese, dieses/jener, jene, jenes/solcher, solche, solches/derselbe, dieselbe, dasselbe)* **weisen besonders deutlich auf eine Person oder Sache hin,** z. B.: *Von allen Jacken gefällt mir diese am besten.*
- **Interrogativpronomen** (*wer, was, wen, wem, welcher, wessen* etc.) sind **Fragefürwörter** und **leiten Fragen ein**, z. B.: *Was hatte Houdini gegen die sogenannten Spiritisten?*
- **Das Indefinitpronomen** (unbestimmtes Fürwort)
  Indefinitpronomen sind Wörter, mit denen man **eine ungefähre Menge oder Anzahl** angibt, z. B.: *etwas, manches, alles, nichts, einige, kein, viel, (ein) paar.* Indefinitpronomen stehen **häufig vor nominalisierten Adjektiven**, z. B.: *etwas Neues, viel Witziges, alles Gute, nichts Sinnvolles.*

Das Adjektiv (das Eigenschaftswort; Plural: die Adjektive)

→ S. 226

Adjektive drücken aus, wie etwas ist. Mit Adjektiven können wir die **Eigenschaften** von Lebewesen, Dingen, Vorgängen, Gefühlen und Vorstellungen genauer beschreiben, z. B.: *der starke Wind, der schwache Wind, der eiskalte Wind.*
Adjektive werden **kleingeschrieben**. Adjektive, die vor einem Nomen/Substantiv stehen, haben den gleichen Kasus wie das Nomen/Substantiv: *der kalte See, die kalten Seen, des kalten Sees.*

Steigerung der Adjektive

Adjektive kann man steigern (z. B.: *schön – schöner – am schönsten*). So kann man z. B. Dinge und Lebewesen miteinander vergleichen. Es gibt eine Grundform und zwei Steigerungsstufen:

Positiv (Grundform)	**Komparativ (1. Steigerungsstufe)**	**Superlativ (2. Steigerungsstufe)**
Lars ist groß.	*Stefan ist größer.*	*Fabian ist am größten.*

Vergleiche mit *wie* und *als*

- Vergleiche mit dem Positiv werden mit *wie* gebildet, z. B.: *Tim ist genauso groß wie Yvonne.*
- Vergleiche mit dem Komparativ werden mit dem Vergleichswort *als* gebildet, z. B.: *Meine Schuhe sind kleiner als deine.*

Die Präposition (das Verhältniswort; Plural: die Präpositionen)

→ S. 226

Präpositionen wie *in, auf, unter* drücken **Verhältnisse und Beziehungen** von Gegenständen und Personen aus. Oft beschreiben sie ein **örtliches** Verhältnis *(auf dem Dach)* oder ein **zeitliches** Verhältnis *(bis Mitternacht)*. Sie können aber auch einen **Grund** *(wegen der Hitze)* angeben oder die **Art und Weise** *(mit viel Energie)* bezeichnen.

Beispiele:
- örtliches Verhältnis: *auf, in, hinter, neben, unter, vor, über, zwischen*
- zeitliches Verhältnis: *nach, vor, seit, um, während, bis, in*
- Angabe des Grundes: *wegen, trotz, aufgrund*
- Angabe der Art und Weise: *ohne, mit*

Präpositionen sind nicht flektierbar (nicht veränderbar). Die Präposition steht in der Regel vor einem Nomen/Substantiv (mit oder ohne Begleiter) oder Pronomen. Sie bestimmt den Kasus des nachfolgenden Wortes (oder der nachfolgenden Wortgruppe), z. B.: *mit dir, wegen des Regens, bei dem Schnee.*

Die Konjunktion (das Bindewort; Plural: die Konjunktionen)

→ S. 253–254; 257–261

Konjunktionen **verbinden Satzteile oder Teilsätze** miteinander, z. B.: *Es gab Donner und Blitz. Er konnte nicht an der Wanderung teilnehmen, weil er sich den Fuß verstaucht hatte.*
Die häufigsten Konjunktionen sind: *und, oder, weil, da, nachdem.*

Das Verb (Plural: die Verben)

→ S. 231–236; 238–243; 245–246

Mit Verben gibt man an, **was jemand tut** (z. B.: *laufen, reden, lachen*), **was geschieht** (z. B.: *regnen, brennen*) oder was ist (z. B.: *haben, sein, bleiben*). Verben werden **kleingeschrieben**.

- Der Infinitiv (die Grundform) eines Verbs endet auf *-en* oder *-n*, z. B.: *rennen, sagen, antworten, rudern, lächeln.*
- Wenn man ein Verb in einem Satz verwendet, bildet man die **finite Verbform** (Personalform des Verbs). Das nennt man **konjugieren** (beugen), z. B.: *such-en* (Infinitiv) ⟶ *Ich such-e den Schlüssel* (1. Person Singular). Die finite Verbform wird aus dem Infinitiv des Verbs gebildet. An den Stamm des Verbs wird dabei die passende Personalendung gehängt, z. B.: *sprech-en* (Infinitiv) ⟶ *ich sprech-e* (1. Person Singular), *du sprich-st* (2. Person Singular) etc.

Der Imperativ (Befehlsform des Verbs; Plural: die Imperative)

Die Aufforderungsform oder **Befehlsform eines Verbs** nennt man Imperativ. Man kann eine Aufforderung oder einen Befehl an eine Person oder an mehrere Personen richten. Dementsprechend gibt es den Imperativ Singular *(„Bitte komm!", „Lauf weg!")* und den Imperativ Plural *(„Bitte kommt!", „Lauft weg!")*.

- Der **Imperativ Singular** besteht aus dem Stamm des Verbs *(schreiben ⟶ schreib!)*, manchmal wird die Endung *-e* angehängt *(reden ⟶ rede!)* oder es ändert sich der Stammvokal von *e* zu *i (geben ⟶ gib!)*.
- Der **Imperativ Plural** wird in der Regel durch den Stamm des Verbs mit der Endung *-t* oder *-et* gebildet *(schreiben ⟶ schreibt!, lesen ⟶ lest!, reden ⟶ redet!)*.

Die Tempora (Zeitformen) **der Verben**

→ S. 231–234

Verben kann man in verschiedenen Zeitformen (Tempora) verwenden.

Das Präsens (die Gegenwartsform)

- Das Präsens wird verwendet, wenn etwas **in der Gegenwart** (in diesem Augenblick) geschieht, z. B.: *Er schreibt gerade einen Brief.*
- Im Präsens stehen auch **Aussagen, die immer gelten**, z. B.: *Suppe isst man mit dem Löffel.*
- Man kann das Präsens auch verwenden, **um etwas Zukünftiges auszudrücken**. Meist verwendet man dann eine Zeitangabe, die auf die Zukunft verweist, z. B.: *Morgen gehe ich ins Kino.*

Das Präsens wird gebildet mit dem Stamm des Verbs und den entsprechenden Personalendungen, z. B.: *ich schreib-e, du schreib-st, …*

Das Futur (die Zukunftsform)

- **Das Futur I** wird verwendet, um ein zukünftiges Geschehen auszudrücken, z. B.: *In den Sommerferien werde ich häufig ins Freibad gehen.* Es wird mit der finiten Verbform von *werden* im Präsens und dem Infinitiv des Verbs gebildet.
- **Das Futur II** nutzt man, um Zukunftsdeutungen oder Vermutungen über die Vergangenheit zu formulieren, z. B.: *Unser Team wird das Basketballspiel gewonnen haben.* Das Futur II wird mit der finiten Verbform von *werden* im Präsens, dem Partizip II des Vollverbs und *haben* oder *sein* gebildet.

Das Perfekt

Wenn man mündlich von etwas Vergangenem erzählt oder berichtet, verwendet man häufig das Perfekt, z. B.: *Ich habe gerade etwas gegessen. Er ist nach Hause gekommen.*
Das Perfekt ist eine **zusammengesetzte Vergangenheitsform,** weil es mit einer Form von *haben* oder *sein* im Präsens (z. B.: *hast, sind*) und dem **Partizip II des Verbs** (z. B.: *gesehen, aufgebrochen*) gebildet wird.

- Das Partizip II beginnt meist mit *ge-*, z. B.: *lachen* ⟶ *gelacht; gehen* ⟶ *gegangen.*
- Wenn das Verb schon eine Vorsilbe hat (z. B.: *ge-, be-* oder *ver-*), bekommt das Partizip II keine weitere, z. B.: *gelingen* ⟶ *gelungen; beschweren* ⟶ *beschwert; verlieren* ⟶ *verloren.*

Das Präteritum

Das Präteritum ist eine **einfache Zeitform der Vergangenheit**. Diese Zeitform wird vor allem in schriftlichen Erzählungen (z. B. in Märchen, in Geschichten) und in Berichten verwendet, z. B.: *Sie lief schnell nach Hause, denn es regnete in Strömen.*
Man unterscheidet:

- **regelmäßige (schwache) Verben:** Bei den regelmäßigen Verben ändert sich der Vokal *(a, e, i, o, u)* im Verbstamm nicht, wenn das Verb ins Präteritum gesetzt wird, z. B.: *ich lache* (Präsens) ⟶ *ich lachte* (Präteritum),
- **unregelmäßige (starke) Verben:** Bei den unregelmäßigen Verben ändert sich im Präteritum der Vokal *(a, e, i, o, u)* im Verbstamm, z. B.: *ich singe* (Präsens) ⟶ *ich sang* (Präteritum); *ich laufe* (Präsens) ⟶ *ich lief* (Präteritum).

Das Plusquamperfekt

Wenn etwas vor dem passiert, wovon im Präteritum oder im Perfekt erzählt wird, verwendet man das Plusquamperfekt, z. B.: *Nachdem es geregnet hatte, erholten sich die Pflanzen.*
Das Plusquamperfekt ist wie das Perfekt eine **zusammengesetzte Vergangenheitsform,** weil es mit einer Form von *haben* oder *sein* im Präteritum (z. B.: *hatte, war*) und dem **Partizip II des Verbs** (z. B.: *gelesen, aufgebrochen*) gebildet wird, z. B.: *Nachdem wir etwas gegessen hatten, gingen wir in den Zoo. Nachdem wir alle pünktlich angekommen waren, ging es los.*

Partizip I und II

→ S. 232–233; 238–241; 271

Das **Partizip I** (Partizip Präsens) setzt sich aus **Verbstamm + *(e)nd*** zusammen, z. B.: *singend.*

- Mithilfe des Partizips I können **gleichzeitig ablaufende Handlungen** beschrieben werden, z. B.: *Die Frau sitzt lesend im Sessel.*
- Das Partizip I kann vor einem Nomen/Substantiv wie ein Adjektiv verwendet werden. Es passt sich dann in Genus, Numerus und Kasus an das Nomen/Substantiv an, das es begleitet, z. B.: *Die lesende Frau sitzt im Sessel. Ein dampfender Tee steht neben ihr auf dem Tisch.*

Das **Partizip II** (Partizip Perfekt) setzt sich meistens aus ***ge* + Verbstamm + *(e)t*** oder ***en*** zusammen, z. B.: *gezittert, gelaufen.*

- Das Partizip II wird für die **Bildung von zusammengesetzten Zeitformen (Perfekt und Plusquamperfekt)** verwendet, z. B.: *ich habe gelacht* (Perfekt), *ich bin angekommen* (Perfekt); *ich hatte gelacht* (Plusquamperfekt), *ich war angekommen* (Plusquamperfekt).
- Viele Perfektpartizipien können vor einem Nomen/Substantiv wie ein Adjektiv verwendet werden. Sie passen sich dann in Genus, Numerus und Kasus an das Nomen/Substantiv an, das sie begleiten, z. B.: *Die verblühten Rosen stehen auf dem Tisch.*

Aktiv und Passiv

→ S. 238–243

Aktiv und Passiv der Verben

- Aktiv und Passiv sind zwei Verbformen, die man bei der Darstellung von Handlungen und Vorgängen unterscheidet. Man kann aus zwei Perspektiven schauen:
- **Aktiv:** Der Handlungsträger (Handelnde) wird betont, z. B.: *Der Zauberer hält einen Kochlöffel in der Hand.*
- **Passiv:** Die Handlung/der Vorgang wird betont, z. B.: *Der Kochlöffel wird in der Hand gehalten.*
- Im Aktiv wird gesagt, **wer handelt / etwas tut**. Im **Passiv** wird betont, **was geschieht**.
- Im Passivsatz kann der Handlungsträger ergänzt werden, z. B.: *Der Kochlöffel wird von dem Zauberer in der Hand gehalten.*

Sätze, in denen der Handlungsträger Subjekt des Satzes ist, stehen im Aktiv. Bei der Umwandlung eines Aktivsatzes in einen Passivsatz wird das **Akkusativobjekt** des Aktivsatzes zum **Subjekt** des Passivsatzes, z. B.:

Aktiv: *Silke führt einen Zaubertrick vor.* ⟶ Passiv: *Der Zaubertrick wird (von Silke) vorgeführt.*
(einen Zaubertrick: Akkusativobjekt; Der Zaubertrick: Subjekt)

Passiv aus Informationsmangel/als Informationsriegel

- In einem **Passivsatz** kann **der Handlungsträger ergänzt werden**, z. B.: *Die Schüler wurden von Herrn Schweppenstette zur Stellungnahme aufgefordert.*
- In einem **Passivsatz** kann der **Handlungsträger** aber auch **völlig weggelassen werden**, z. B.
  - wenn er unbekannt ist (Passiv aus Informationsmangel): *Mein Fahrrad wurde gestohlen.*
  - wenn der Handelnde aus bestimmten Gründen nicht genannt werden soll (Passiv als Informationsriegel): *Beim Fußballspiel wurde ein Fenster beschädigt.*

Zeitformen im Aktiv und Passiv

	Aktiv	**Passiv**
Präsens	*Jens bewundert den Zauberer.*	*Der Zauberer wird bewundert.*
Futur I	*Jens wird … bewundern.*	*… wird bewundert werden.*
Präteritum	*Jens bewunderte …*	*… wurde bewundert.*
Perfekt	*Jens hat … bewundert.*	*… ist bewundert worden.*
Plusquamperfekt	*Jens hatte … bewundert.*	*… war bewundert worden.*

Ersatzformen für das Passiv

Um Passivformen in Texten zu vermeiden, stehen die sogenannten Passiv-Ersatzformen zur Verfügung. Sie haben mit dem Passiv gemeinsam, dass der Handlungsträger nicht genannt wird.

Ersatzformen für das Passiv	**Beispiele**
– *Man*-Form	– *Man löst die Schlaufe des Seils.*
– *Sie*-Form/*Du*-Form	– *Sie lösen / Du löst die Schlaufe des Seils.*
– Imperativform	– *Lösen Sie / Löse die Schlaufe des Seils.*
– *sich lassen* + Infinitiv	– *Die Schlaufe des Seils lässt sich lösen.*
– Verbform von *sein* + Infinitiv mit *zu*	– *Die Schlaufe des Seils ist zu lösen.*
– Verbform von *sein* + Adjektiv mit der Endung *-bar, -lich* oder *-fähig*	– *Die Schlaufe des Seils ist lösbar.*

Der Konjunktiv in der indirekten Rede

→ S. 21–22; 126

Wenn man wiedergeben möchte, was jemand gesagt hat, verwendet man die **indirekte Rede**. Das Verb steht dann im **Konjunktiv**, z. B.:
Sandra sagt: „Ich habe seit zwei Jahren ein friendsworld-Profil."
(wörtliche Rede im Indikativ)
Sandra sagt, sie habe seit zwei Jahren ein friendsworld-Profil.
(indirekte Rede im Konjunktiv I)
Wenn sich in der indirekten Rede der Konjunktiv I nicht vom Indikativ Präsens unterscheidet, kann man den **Konjunktiv II** wählen, z. B.:
Leon und Ben sagen: „Für schulische Angelegenheiten finden wir friendsworld besonders praktisch."
(wörtliche Rede im Indikativ)
Leon und Ben sagen, für schulische Angelegenheiten fänden sie friendsworld besonders praktisch.
(indirekte Rede im Konjunktiv II)

Die Bildung des Konjunktivs
Der Konjunktiv I wird durch den Stamm des Verbs (Infinitiv ohne *-en*) und die entsprechende Personalendung gebildet. Die Formen des Konjunktivs II leitet man vom Präteritum Indikativ ab. Bei unregelmäßigen Verben werden *a, o, u* im Wortstamm zu *ä, ö, ü*.

Indikativ Präsens	Konjunktiv I	Konjunktiv II
ich komm-e	*ich komm-e*	*ich käme*
du komm-st	*du komm-est*	*du käm(e)st*
er/sie/es komm-t	*er/sie/es komm-e*	*er/sie/es käme*
wir komm-en	*wir komm-en*	*wir kämen*
ihr komm-t	*ihr komm-et*	*ihr käm(e)t*
sie komm-en	*sie komm-en*	*sie kämen*

Konjunktiv II

→ S. 235–236

Der **Konjunktiv II** ist der **Modus** (die Aussageweise) **des Nichtwirklichen (Irrealis)** und des **Möglichen (Potenzialis)**. Er drückt irreale (nicht wirkliche) Vorstellungen, unerfüllbare Wünsche, Möglichkeiten, unerfüllbare Bedingungen, Vermutungen und Zweifel aus, z. B.:
Ich könnte mir das Rezept des Zaubertranks nie merken!
Wenn Miraculix das Rezept vergessen würde, wären die Gallier verloren.
Der Konjunktiv II steht auch in höflichen Aufforderungen und höflichen Bitten, z. B.:
Würdest du bitte den Zaubertrank umrühren?
Der Konjunktiv II wird vom Indikativ Präteritum abgeleitet, oft mit Umlaut, z. B.:
sie schlief ⟶ sie schliefe, er brachte ⟶ er brächte.
Einige Verbformen im Konjunktiv II werden nur noch selten gebraucht, andere stimmen in der Form mit dem Indikativ überein. Man ersetzt sie durch ***würde* + Infinitiv**, z. B.:
er fragte ⟶ er fragte ⟶ er würde fragen,
sie log ⟶ sie löge ⟶ sie würde lügen,
ich empfahl ⟶ ich empfähle/empföhle ⟶ ich würde empfehlen.

Das Adverb (Umstandswort; Plural: die Adverbien)

→ S. 227

Adverbien (z. B.: *dort, oben, hier, jetzt, kürzlich, heute, kaum, sehr, vergebens, gern, leider, deshalb, nämlich*) **machen nähere Angaben zu einem Geschehen**. Sie erklären genauer, **wo, wann, wie und warum** etwas geschieht, z. B.: *Hier sitze ich gern. Dieser Platz gefällt mir nämlich am besten.*
- Adverbien werden **kleingeschrieben**.
- Die Wortart des Adverbs kann man leicht mit dem Adjektiv verwechseln. Das **Adverb** ist aber im Gegensatz zum Adjektiv **nicht veränderbar** (nicht flektierbar).

Satzglieder

Satzglieder erkennen: Die Umstellprobe

→ S. 248

Mit der **Umstellprobe** kannst du feststellen, wie viele Satzglieder ein Satz hat. Wörter und Wortgruppen, die bei der Umstellprobe immer zusammenbleiben, bilden ein Satzglied, z. B.:

Die Kinder geben der Polizei den entscheidenden Hinweis.
Den entscheidenden Hinweis geben die Kinder der Polizei.

Das Prädikat (Plural: die Prädikate)

→ S. 248

Das Prädikat bildet zusammen mit dem Subjekt den **Satzkern**. Prädikate werden mithilfe von Verbformen gebildet. In einem Aussagesatz steht die **finite Verbform** (die Personalform des Verbs) **immer an zweiter Satzgliedstelle**, z. B.:
Oft zeichnen Piraten eine Schatzkarte. So finden sie später ihre Beute.
Das Prädikat kann mehrteilig sein, z. B.: *Die Piraten haben das Schiff überfallen.*

Das Prädikativ

Das Verb *sein* verlangt neben dem Subjekt ein weiteres Satzglied, das **Prädikativ**. Es kann ein **Nomen/Substantiv** oder ein **Adjektiv** sein, z. B.: *Er ist Klassensprecher. Ich bin sportlich.*
Das Prädikativ ergänzt das Prädikat und bezieht sich zugleich auf das Subjekt des Satzes. Weitere Verben, die häufig ein Prädikativ verlangen, sind: *bleiben, werden, heißen.*

Das Subjekt (Plural: die Subjekte)

→ S. 248

Das Satzglied, das in einem Satz angibt, wer oder was etwas tut, veranlasst …, heißt **Subjekt**, z. B.: *Der Pirat versteckt auf der Insel einen Schatz.*

- Du kannst das Subjekt mit der Frage: **Wer oder was …?** ermitteln, z. B.:
  Wer oder was versteckt auf der Insel einen Schatz? ⟶ Der Pirat versteckt auf der Insel einen Schatz.
- Das Subjekt eines Satzes kann aus einem oder aus mehreren Wörtern bestehen, z. B.:
  Wer oder was liegt unter der Erde? ⟶ Die alte, verwitterte Schatztruhe liegt unter der Erde.
- Das Subjekt eines Satzes **steht immer im Nominativ.**

Die Objekte

→ S. 248

- **Akkusativobjekt:** Das Objekt, das im Akkusativ steht, heißt Akkusativobjekt.
  Du ermittelst es mit der Frage: **Wen oder was …?**, z. B.:
  Wen oder was suchen die Piraten? ⟶ Die Piraten suchen den Schatz.
- **Dativobjekt:** Das Objekt, das im Dativ steht, heißt Dativobjekt.
  Du ermittelst es mit der Frage: **Wem …?**, z. B.:
  Wem stehlen die Piraten den Schatz? ⟶ Die Piraten stehlen ihren Opfern den Schatz.
- **Genitivobjekt:** Das Genitivobjekt ist ein Satzglied, das man mit der Frage **Wessen …?** ermittelt, z. B.: *Er wird des Diebstahls angeklagt. ⟶ Wessen wird er angeklagt?*
  Das Genitivobjekt wird heute nur noch selten verwendet. Es gibt nur wenige Verben, die ein Genitivobjekt fordern, z. B.: *gedenken (der Toten gedenken), sich rühmen (sich des Sieges rühmen), sich bedienen (sich einer guten Ausdrucksweise bedienen).*
- **Präpositionalobjekt:** Das Präpositionalobjekt steht nach Verben, die fest mit einer Präposition verbunden sind, z. B.: *lachen über, achten auf, denken an, sich fürchten vor.*
  Diese Präposition ist auch im jeweiligen Fragewort enthalten, z. B.:
  *Die Einbrecher hoffen **auf** eine reiche Beute. ⟶ Wor**auf** hoffen die Einbrecher?*
  *Sie fürchten sich **vor** der Polizei. ⟶ Wo**vor** fürchten sie sich?*
  Nach den Präpositionalobjekten fragt man z. B. mit: *Wofür …? Wonach …? Womit …? Wovon …? Worüber …? Woran …?*

Objekte können aus einem oder aus mehreren Wörtern bestehen.

Die adverbialen Bestimmungen

→ S. 249–250

- Adverbiale Bestimmungen sind Satzglieder, die man z. B. mit den Fragen **Wann …?**, **Wo …?**, **Warum …?**, **Wie …?** ermittelt. Sie liefern zusätzliche **Informationen über den Ort** (lokal), **über die Zeit** (temporal), **über den Grund** (kausal) und **über die Art und Weise** (modal) eines Geschehens oder einer Handlung.
- Adverbiale Bestimmungen können aus einem oder aus mehreren Wörtern bestehen.
- Durch die Frageprobe kann man ermitteln, welche adverbiale Bestimmung vorliegt.

Frageprobe	Satzglied	Beispiel
Wann? Wie lange? Seit wann? Wie oft?	**adverbiale Bestimmung der Zeit (Temporalbestimmung)**	*Wann fand das Konzert statt?* *Das Konzert fand um 19 Uhr statt.*
Wo? Wohin? Woher?	**adverbiale Bestimmung des Ortes (Lokalbestimmung)**	*Wo versteckte der Dieb das Geld?* *Der Dieb versteckte das Geld im Geigenkasten.*
Warum? Weshalb?	**adverbiale Bestimmung des Grundes (Kausalbestimmung)**	*Warum stahl der Dieb?* *Der Dieb stahl aus Geldgier.*
Wie? Auf welche Weise? Womit?	**adverbiale Bestimmung der Art und Weise (Modalbestimmung)**	*Wie öffnete der Dieb den Tresor?* *Der Dieb öffnete den Tresor gewaltsam.*

Das Attribut (Beifügung; Plural: die Attribute)

→ S. 251

Attribute **bestimmen ein Bezugswort** (meist ein Nomen/Substantiv) **näher**. Sie sind **immer Teil eines Satzglieds** und bleiben bei der Umstellprobe fest mit ihrem Bezugswort verbunden, z. B.:

Der große Mann / stiehlt / die Tasche.
Die Tasche / stiehlt / der große Mann.

Attribut Bezugswort

Attribute stehen **vor oder nach** ihrem **Bezugswort**.
Man kann sie mit **Was für …?** erfragen.

Was für ein Mann? → ein großer Mann → *ein Mann mit schwarzen Haaren*

Attribut Bezugswort Bezugswort Attribut

Formen des Attributs

Es gibt verschiedene Formen des Attributs:

- **Adjektivattribut**, z. B.: *die große Tasche*
- **präpositionales Attribut**, z. B.: *das Versteck hinter dem Baum*
- **Genitivattribut**, z. B.: *der Komplize des Erpressers*
- **Apposition** (nachgestelltes Nomen/Substantiv im gleichen Kasus wie das Bezugswort), z. B.: *Herr Schummel, der Geldfälscher, tauchte unter.*

Proben

→ S. 76; 78; 79; 248

Umstellprobe: Satzanfänge abwechslungsreich gestalten

Durch die Umstellprobe kannst du deine Texte abwechslungsreicher gestalten. Du stellst z. B. die Satzglieder so um, dass die Satzanfänge nicht immer gleich sind, z. B.:

Ich habe mir heute eine Überraschung ausgedacht. Ich will eine Schatzsuche veranstalten.
→ Heute habe ich mir eine Überraschung ausgedacht. Ich will eine Schatzsuche veranstalten.

Ersatzprobe: Wortwiederholungen vermeiden

Mit der Ersatzprobe kannst du Satzglieder, die sich in deinem Text häufig wiederholen, durch andere Wörter ersetzen, z. B.:

Ich kenne ein Spiel. ~~Das Spiel~~ (→ Es) kommt aus Indien.
Zuerst zeichnet man ein Spielbrett. Danach ~~zeichnet~~ (→ erstellt) man die Spielsteine.

Weglassprobe: Texte straffen, Wiederholungen vermeiden

Mit der Weglassprobe kannst du prüfen, welche Wörter in einem Text gestrichen werden sollten, weil sie überflüssig sind oder umständlich klingen, z. B.:

Als wir den Schatz fanden, jubelten wir vor Freude ~~über den gefundenen Schatz~~.

Erweiterungsprobe: Genau und anschaulich schreiben

Mit der Erweiterungsprobe kannst du prüfen, ob eine Aussage genau genug oder anschaulich genug ist oder ob du noch etwas ergänzen solltest, z. B.:

V Ich wünsche mir ein Buch V. → Zum Geburtstag wünsche ich mir ein Buch über Piraten.

Wann? Worüber?

Sätze

Satzarten

Je nachdem, ob wir etwas aussagen, fragen oder jemanden zu etwas auffordern wollen, verwenden wir unterschiedliche Satzarten: Aussagesatz, Fragesatz oder Aufforderungssatz. In der gesprochenen Sprache erkennen wir die verschiedenen Satzarten oft an der Stimmführung, in der geschriebenen Sprache an den unterschiedlichen Satzschlusszeichen: Punkt, Fragezeichen und Ausrufezeichen.

- Nach einem **Aussagesatz** steht ein **Punkt**, z. B.: *Ich gehe jetzt ins Schwimmbad.*
- Nach einem **Fragesatz** steht ein **Fragezeichen**, z. B.: *Hast du heute Nachmittag Zeit?*
- Nach einem **Ausrufe- oder Aufforderungssatz** steht meist ein **Ausrufezeichen**, z. B.: *Vergiss die Sonnencreme nicht! Beeilt euch!*

Die Satzreihe/Satzverbindung: Hauptsatz + Hauptsatz

→ S. 253

- Ein **Hauptsatz** ist ein selbstständiger Satz. Er enthält mindestens zwei Satzglieder, nämlich Subjekt und Prädikat, z. B.: *Peter schwimmt.*
  Die finite Verbform (Personalform des Verbs) steht im Hauptsatz an zweiter Satzgliedstelle, z. B.: *Peter schwimmt im See.*
- Ein **Satz**, der **aus zwei oder mehr Hauptsätzen** besteht, wird **Satzreihe oder Satzverbindung** genannt. Die einzelnen Hauptsätze einer Satzreihe/Satzverbindung werden durch ein **Komma** voneinander getrennt, z. B.: *Peter schwimmt im See, Philipp kauft sich ein Eis.*
- Häufig werden die Hauptsätze durch die nebenordnenden **Konjunktionen** *und, oder, aber, sondern, denn, doch* verbunden, z. B.: *Peter schwimmt im See, denn es ist sehr heiß.*
  Nur vor den Konjunktionen *und* bzw. *oder* darf das Komma wegfallen, z. B.: *Peter schwimmt im See und Philipp kauft sich ein Eis.*

Das Satzgefüge: Hauptsatz + Nebensatz

→ S. 254–255

Einen **Satz**, der **aus** mindestens einem **Hauptsatz und** mindestens einem **Nebensatz** besteht, nennt man **Satzgefüge**. Zwischen Hauptsatz und Nebensatz muss **immer ein Komma** stehen, z. B.:

Weil die Sonne scheint, gehen wir heute ins Schwimmbad.
Nebensatz — Hauptsatz

Der Regen, der seit Stunden fällt, war nach der Hitze nötig.
Hauptsatz — Nebensatz — Hauptsatz (Fortsetzung)

Nebensätze haben folgende Kennzeichen:

- Ein Nebensatz kann **nicht ohne** einen **Hauptsatz** stehen.
- Der Nebensatz **ist dem Hauptsatz untergeordnet**.
- **Nebensätze** werden fast immer **mit** einer unterordnenden **Konjunktion** (z. B.: *weil, da, obwohl, damit, dass, sodass, nachdem, während*) oder einem **Relativpronomen** *(der, die das, welcher, welche, welches)* **eingeleitet**.
- Die **finite Verbform** (die Personalform des Verbs) steht im Nebensatz immer **an letzter Satzgliedstelle**.

Formen von Nebensätzen

Relativsätze

→ S. 252

Relativsätze sind **Nebensätze**, die ein vorausgehendes Bezugswort (Nomen/Substantiv oder Pronomen) näher erklären. Sie werden mit einem **Relativpronomen** eingeleitet, z. B.: *der, die, das* oder *welcher, welche, welches.*

Ein Relativsatz wird **immer** durch ein **Komma** vom Hauptsatz abgetrennt, z. B.:

Daniel Düsentrieb ist eine Comicfigur, die von Carl Barks erfunden wurde.

Wird er in einen Hauptsatz eingeschoben, dann setzt man vor und hinter den Relativsatz ein Komma. Relativsätze nehmen im Satz die **Rolle eines Attributs ein** und werden deshalb auch **Attributsätze** genannt.

Adverbialsätze

→ S. 257–262

Je nach Funktion im Satz unterscheidet man unterschiedliche Arten von Nebensätzen. Nebensätze können die Stelle von Satzgliedern übernehmen. Man nennt sie deshalb auch Gliedsätze. **Adverbialsätze** sind Gliedsätze, weil sie die **Stelle einer adverbialen Bestimmung einnehmen**, z. B.:

Nach dem Experiment sprachen wir über unsere Beobachtungen.
Adverbiale Bestimmung
↓
Nachdem wir das Experiment beendet hatten, sprachen wir über unsere Beobachtungen.
Adverbialsatz

Adverbialsätze werden mit einer **Konjunktion** eingeleitet. Sie können nicht ohne Hauptsatz stehen und werden durch ein **Komma** von diesem abgetrennt. Wie die adverbialen Bestimmungen können auch die Adverbialsätze mithilfe der Frageprobe näher bestimmt werden.

Adverbialsatz	Frageprobe	Konjunktionen	Beispiel
Temporalsatz (Zeit)	Wann ...? Seit wann ...? Wie lange ...?	nachdem, als, während, bis, bevor, solange, sobald ...	*Solange der Luftballon verschlossen ist, bewegt er sich nicht.*
Kausalsatz (Grund)	Warum ...?	weil, da	*Weil die Luft entweicht, bewegt sich der Ballon.*
Konditionalsatz (Bedingung)	Unter welcher Bedingung ...?	wenn, falls, sofern	*Wenn der Ballon mehr Luft enthält, legt er eine größere Strecke zurück.*
Konsekutivsatz (Folge)	Mit welcher Folge ...?	sodass (auch: so ..., dass)	*Die Schnur wird gespannt, sodass der Ballon gleiten kann.*
Finalsatz (Absicht, Zweck)	Wozu ...?	damit	*Wir geben uns Mühe, damit das Experiment gelingt.*
Modalsatz (Art und Weise)	Wie ...?	indem, dadurch, dass, wie, als (ob) ...	*Der Versuch wird vorbereitet, indem das Material besorgt wird.*
Konzessivsatz (Einräumung)	Trotz welcher Umstände ...?	obwohl, obgleich, obschon, auch wenn	*Eine Rakete funktioniert auch so, obwohl sie sehr schwer ist.*

Mit Temporalsätzen Zeitverhältnisse ausdrücken

→ S. 261

Temporalsätze sind Adverbialsätze, die ein **Zeitverhältnis** ausdrücken. Sie geben an, wann sich das Geschehen im Verhältnis zum Geschehen im Hauptsatz vollzieht. Dabei kann zwischen **Vorzeitigkeit, Gleichzeitigkeit** und **Nachzeitigkeit** unterschieden werden.

Hauptsatz: *Marlene bereitet das Experiment vor, …*

Temporalsätze

… nachdem sie die Versuchsbeschreibung gelesen hat.	*… während sie Musik hört.*	*… bevor sie den Klassenraum verlässt.*
Vorzeitigkeit: Das Ereignis im Temporalsatz liegt vor dem Ereignis im Hauptsatz.	**Gleichzeitigkeit:** Das Ereignis im Temporalsatz verläuft gleichzeitig mit dem Ereignis im Hauptsatz.	**Nachzeitigkeit:** Das Ereignis im Temporalsatz findet nach dem Ereignis im Hauptsatz statt.

Subjektsätze und Objektsätze

→ S. 263–265

Nebensätze können die Stelle von Satzgliedern übernehmen. Man nennt sie deshalb auch Gliedsätze. **Subjektsätze** und **Objektsätze** sind Gliedsätze, weil sie **die Rolle des Subjekts bzw. des Objekts** im Satzgefüge übernehmen. Sie lassen sich wie das Subjekt oder das Objekt mithilfe der Frageproben ermitteln.
Subjekt- und Objektsätze sind Nebensätze und können nicht ohne Hauptsatz stehen.
Sie werden durch ein **Komma** vom Hauptsatz abgetrennt.
Subjektsatz: Das Subjekt eines Satzes kann von einem Nebensatz gebildet werden, z. B.:
Der interessante Versuch überraschte Ben. ⟶ *Dass der Versuch interessant war, überraschte Ben.*
Subjekt — Subjektsatz (Wer oder was überraschte Ben?)

Objektsatz: Das Objekt eines Satzes kann von einem Nebensatz gebildet werden, z. B.:
Amina erklärt den Versuch. ⟶ *Amina erklärt, wie der Versuch funktioniert.*
Objekt — Objektsatz (Wen oder was erklärt Amina?)

Subjekt- und Objektsätze können unterschiedliche Formen haben, z. B.:

Satzform	Subjektsatz	Objektsatz
indirekter Fragesatz	*Wer diesen Versuch erklären kann, hat ihn genau beobachtet.*	*Tom ahnte, wie das Experiment ausgehen würde.*
dass-Satz	*Dass der Versuch gelang, erfreute uns alle.*	*Er sagte, dass er den Versuch erklären könne.*

Zeichensetzung

Satzschlusszeichen

- Nach einem **Aussagesatz** steht ein **Punkt**, z. B.:
  Ich gehe jetzt ins Schwimmbad.
- Nach einem **Fragesatz** steht ein **Fragezeichen**, z. B.:
  Hast du heute Nachmittag Zeit?
- Nach einem **Ausrufe- oder Aufforderungssatz** steht meist ein **Ausrufezeichen**, z. B.:
  Vergiss die Sonnencreme nicht! Beeilt euch!

Das Komma zwischen Sätzen

→ S. 253–254; 283–285

Die einzelnen **Hauptsätze einer Satzreihe/Satzverbindung** werden durch ein **Komma** voneinander getrennt, z. B.:
Peter schwimmt im See, Philipp kauft sich ein Eis.
Nur vor den Konjunktionen *und* bzw. *oder* darf das Komma wegfallen, z. B.:
Peter schwimmt im See und Philipp kauft sich ein Eis.
Zwischen Hauptsatz und Nebensatz (Satzgefüge) muss **immer ein Komma** stehen, z. B.:
Wir gehen heute ins Schwimmbad, weil die Sonne scheint.

Der Nebensatz kann vor oder nach dem Hauptsatz stehen oder in den Hauptsatz eingeschoben werden. Zwischen Hauptsatz und Nebensatz muss **immer ein Komma** stehen, z. B.:
Wenn wir verreisen, möchte ich nicht allzu lange im Auto sitzen.
Die Sommerferien, die ich in diesem Jahr zu Hause verbracht habe, waren schön.

Ein **Satzgefüge kann mehrere Nebensätze** enthalten. Alle Nebensätze werden mit einem **Komma** abgetrennt, z. B.:
Weil ich gerne reise, fahre ich weg, wann immer es geht.
Ich glaube, dass man auch zu Hause schöne Urlaubstage verbringen kann, weil ich zu den Leuten gehöre, die gerne lesen und ins Freibad gehen.

Folgende Wörter können Nebensätze einleiten:

unterordnende **Konjunktionen**	nachdem, wenn, obwohl, weil, dass, indem …	***Weil*** *die Sonne scheint, gehen wir ins Freibad.*
Fragewörter und *ob*	wann, woher, warum, weshalb, wie, wo …; ob	*Ich weiß nicht genau,* ***wann*** *er kommen wird.*
Relativpronomen	der, die, das; welcher, welche, welches	*Der Junge,* ***der*** *dort vorne steht, heißt Peter.*

Das Komma bei Aufzählungen

→ S. 286

Wörter und Wortgruppen in Aufzählungen werden **durch Kommas abgetrennt**, z. B.:
Mit Wolle, Garn, Stoffen, Perlen kann man immer etwas anfangen.
Dies gilt auch, wenn das Wort oder die Wortgruppe durch eine einschränkende Konjunktion wie *aber, jedoch, sondern, doch* eingeleitet wird, z. B.: *Dieses Spiel ist kurz, aber sehr lustig.*
Achtung: Kein Komma steht vor den nebenordnenden Konjunktionen *und, oder, sowie, entweder … oder, sowohl … als auch*, z. B.: *Hier gibt es sowohl Sportkleidung als auch Sportgeräte.*

Das Komma bei Infinitivgruppen mit *zu*

→ S. 286

Bei Infinitivgruppen mit *zu* setzt man ein **Komma**, wenn sie mit den Wörtern *um, ohne, statt, anstatt, außer* oder *als* eingeleitet werden, z. B.:
Wir verreisen, um uns zu erholen. Ohne zu zögern, sprang er ins Wasser.
Oft **erläutert** die Infinitivgruppe mit *zu* ein **Nomen/Substantiv** näher, z. B.:
Er hat die Absicht, morgen zu verreisen.
Achtung: Treffen die genannten Fälle nicht zu, so **kann man** bei der Infinitivgruppe mit *zu* **ein Komma setzen**, um die Lesbarkeit zu verbessern, z. B.:
Ich nehme mir vor das Rückenschwimmen zu lernen. Oder:
Ich nehme mir vor, das Rückenschwimmen zu lernen.

Das Komma bei Appositionen und nachgestellten Erläuterungen

→ S. 287

1 Die **Apposition** ist eine besondere Form des Attributs und besteht in der Regel aus einem Nomen/Substantiv oder einer Nomengruppe. Sie folgt ihrem Bezugswort (meist einem Nomen/Substantiv), steht im gleichen Kasus wie ihr Bezugswort (hier: Nominativ) und wird **durch Kommas abgetrennt,** z. B.: *Berlin, unsere Hauptstadt, ist ein beliebtes Reiseziel für Schulklassen.*
2 Die **nachgestellte Erläuterung** wird oft mit Wörtern wie *nämlich, und zwar, vor allem, das heißt (d. h.), zum Beispiel (z. B.)* eingeleitet. Sie wird **durch Kommas abgetrennt,** z. B.: *Das Reichstagsgebäude, also der Sitz des Bundestags, besitzt eine Kuppel aus Glas.*

Zeichensetzung bei der wörtlichen Rede

→ S. 288–289

Die wörtliche Rede steht in einem Text in Anführungszeichen. Die Satzzeichen ändern sich, je nachdem, ob der Redebegleitsatz vor oder nach der wörtlichen Rede steht oder in diese eingeschoben wird.
- Der **Redebegleitsatz vor der wörtlichen Rede** wird durch einen Doppelpunkt von der wörtlichen Rede abgetrennt, z. B.: *Ich fragte: „Wohin sollen wir verreisen?“*
- Der **Redebegleitsatz nach der wörtlichen Rede** wird durch ein Komma von der wörtlichen Rede abgetrennt, z. B.: *„Ich würde gerne ans Meer fahren!“, rief Jana. „Sollen wir ans Meer fahren?“, fragte Jana. „Ich möchte ans Meer“, sagte Jana.*
- Der **eingeschobene Redebegleitsatz** wird durch Kommas von der wörtlichen Rede abgetrennt, z. B.: *„Oh weh“, rief Tina, „der Papagei!“*

Tipps zum Rechtschreiben

Verwandte Wörter suchen (Ableitungsprobe)

- Wenn du unsicher bist, wie ein Wort geschrieben wird, hilft oft die Suche nach einem verwandten Wort. Der Wortstamm (= Grundbaustein) wird in allen verwandten Wörtern gleich oder ähnlich geschrieben, z. B.: *reisen: abgereist, verreisen, die Reise.*
- Du schreibst ein Wort mit **ä** oder **äu**, wenn es ein verwandtes Wort mit **a** oder **au** gibt, z. B.:
  e oder **ä**? ⟶ *Gläser – Glas* **eu** oder **äu**? ⟶ *Träume – Traum*
  Gibt es kein verwandtes Wort mit **a** oder **au**, schreibt man das Wort meist mit **e** oder **eu**.

Wörter verlängern (Verlängerungsprobe)

Am Wortende klingt **b** wie **p** *(das Lob)*, **g** wie **k** *(der Tag)* und **d** wie **t** *(der Hund)*.
Wenn du die Wörter verlängerst, hörst du, welchen Buchstaben du schreiben musst.
So kannst du Wörter verlängern:
- Bilde bei Nomen/Substantiven den Plural, z. B.: *der Tag ⟶ die Tage,* oder ein Adjektiv, z. B.: *der Sand ⟶ sandig.*
- Steigere die Adjektive oder ergänze ein Nomen/Substantiv, z. B.: *wild ⟶ wilder; ein wildes Tier.*
- Bilde bei Verben den Infinitiv oder die Wir-Form, z. B.: *er lobt ⟶ loben; wir loben.*

Im Wörterbuch nachschlagen

- Die Wörter sind im Wörterbuch **nach dem Alphabet sortiert**. Wenn der erste, zweite … Buchstabe gleich ist, wird die Reihenfolge nach dem zweiten, dritten … Buchstaben entschieden, z. B.: *Flamme, Fleiß, Floß.*
- Die Wörter sind in ihrer **Grundform** verzeichnet.
  - **Verben** findest du im **Infinitiv** (Grundform), z. B.: *ich habe gewusst ⟶ wissen.*
  - **Nomen/Substantive** findest du im **Nominativ Singular** (1. Fall, Einzahl), z. B.: *die Hände ⟶ Hand.*

Silbentrennung

Mehrsilbige Wörter trennt man nach Sprechsilben, die man beim deutlichen und langsamen Vorlesen hören kann, z. B.: *Spa-zier-gang.* Ein einzelner Vokalbuchstabe wird nicht abgetrennt, z. B.: *Igel* (nicht ~~*I-gel*~~). Beachte: Einsilbige Wörter kann man nicht trennen, z. B.: *Tisch, blau.*

Partnerdiktat

- Lies zuerst den gesamten Text durch und achte auf schwierige Wörter.
- Diktiert euch abwechselnd den Text, und zwar Abschnitt für Abschnitt.
- Jeder überprüft am Ende seinen eigenen Text auf Rechtschreibfehler und verbessert sie.
- Tauscht dann eure Texte aus und korrigiert sie gegenseitig.
- Verbessert zum Schluss die Fehler in euren Texten.

Rechtschreibregeln

Kurze Vokale – doppelte Konsonanten

Nach einem **betonten kurzen Vokal** folgen fast immer **zwei** oder mehr **Konsonanten**.
Beim deutlichen Sprechen kannst du sie meist gut unterscheiden, z. B.: *kalt, Pflanze, trinken.*
Wenn du bei einem Wort mit einem betonten kurzen Vokal nur einen **Konsonanten** hörst, dann wird er in der Regel **verdoppelt**, z. B.: *Tasse, Schiff, wissen, treffen, sonnig, satt.*
Beachte: Statt *kk* schreibt man **ck** und statt *zz* schreibt man **tz**, z. B.: *verstecken, Decke, Katze, verletzen.*

Lange Vokale (a, e, i, o, u)

Lange Vokale als einfache Vokale

In den meisten Wörtern ist der betonte lange Vokal ein einfacher Vokal. Danach folgt meist nur ein Konsonant, z. B.: *die Flöte, die Hose, der Besen, geben, tragen, er kam.*
Das gilt besonders für einsilbige Wörter, z. B.: *zu, los, so, wen.*

Lange Vokale mit h

Das **h** nach einem **langen Vokal** steht besonders häufig vor den Konsonanten **l, m, n, r**, z. B.: *kahl, nehmen, wohnen, bohren.* Man hört dieses **h** nicht.

h am Silbenanfang

Bei manchen Wörtern steht am Anfang der zweiten Silbe ein **h**, z. B.: *ge-hen.* Dieses **h** kannst du hören. Das **h** bleibt in verwandten Wörtern erhalten. Verlängere einsilbige Wörter, dann hörst du dieses **h**, z. B.: *er geht ⟶ gehen.*

Wörter mit Doppelvokal

Es gibt nur wenige Wörter, in denen der lang gesprochene Vokal durch Verdopplung gekennzeichnet ist. Merke sie dir gut.
- **aa:** *der Aal, das Haar, paar, das Paar, der Saal, die Saat, der Staat, die Waage.*
- **ee:** *die Beere, das Beet, die Fee, das Heer, der Klee, das Meer, der Schnee, der See.*
- **oo:** *das Boot, doof, das Moor, das Moos, der Zoo.*

Die Vokale **i** und **u** werden nie verdoppelt.

Wörter mit langem i

- **Wörter mit ie:** Mehr als drei Viertel aller Wörter mit lang gesprochenem **i** werden mit **ie** geschrieben. Das ist also die häufigste Schreibweise, z. B.: *das Tier, lieb, siegen, viel, hier.*
- **Wörter mit i:** Manchmal wird das lang gesprochene **i** durch den Einzelbuchstaben **i** wiedergegeben, z. B.: *mir, dir, wir, der Igel, das Klima, das Kino, die Maschine.*
- **Wörter mit ih:** In den folgenden Wörtern wird der lange i-Laut als **ih** geschrieben: *ihr, ihm, ihn, ihnen, ihre.*

Das stimmhafte s und das stimmlose s

- **Das stimmhafte s (= weicher, gesummter s-Laut):** Manchmal spricht man das **s** weich und summend wie in *Sonne, tausend* oder *seltsam*. Dann nennt man das **s** stimmhaft.
- **Das stimmlose s (= harter, gezischter s-Laut):** Manchmal spricht man das **s** hart und zischend wie in *Gras* oder *küssen* oder *schließen*. Dann nennt man das **s** stimmlos.

Die Schreibung des s-Lauts: s, ss oder ß?

- Das **stimmhafte s wird immer mit einfachem s** geschrieben, z. B.: *eisig, der Riese, die Sonne.*
- Das stimmlose **s** wird mit **einfachem s** geschrieben, **wenn sich beim Verlängern des Wortes** (→ S. 342) **ein stimmhaftes s ergibt**, z. B.: *das Gras ⟶ die Gräser; uns ⟶ unser.*
  Für einige Wörter mit einfachem **s** am Wortende gibt es keine Verlängerungsmöglichkeit – es sind also Merkwörter, z. B.: *als, aus, bis, es, was, etwas, niemals, alles, anders, morgens.*
- **Doppel-s nach kurzem Vokal**
  Der stimmlose s-Laut wird **nach einem betonten kurzen Vokal** meist mit **ss** geschrieben, z. B.: *essen, die Klasse, wissen.*
- **ß nach langem Vokal oder Diphthong (Doppellaut)**
  Der stimmlose s-Laut wird **nach einem langen Vokal oder Diphthong** (ei, ai, au, äu, eu) mit **ß** geschrieben, wenn er bei der Verlängerungsprobe stimmlos bleibt, z. B.:
  heiß ⟶ heißer; der Kloß ⟶ die Klöße.

Großschreibung

Großgeschrieben werden

- alle Satzanfänge, z. B.: ***E**r tanzt gern.*
- alle Nomen/Substantive und nominalisierten Wörter, z. B.: *die **L**iebe, der **B**uchhändler, das **S**chwimmbad, etwas **N**eues, aufmerksames **Z**uhören.*
- die Höflichkeitsanrede (z. B. in einem Brief): *Sie, Ihnen* etc.

Nomen/Substantive und Nomenmerkmale

- **Nomen/Substantive** werden **großgeschrieben**. Wörter, die auf *-heit, -keit, -nis, -schaft, -tum, -in, -ung* enden, sind immer Nomen/Substantive, z. B.: die *Gesundheit, die Tapferkeit, das Ereignis, die Verwandtschaft, der Irrtum, die Sängerin, die Handlung.*
- **Nomen/Substantive kann man meist an ihren Begleitwörtern (Nomensignalen) erkennen**, die den Nomen/Substantiven vorausgehen. Begleitwörter sind:
  - **Artikel** (bestimmter/unbestimmter), z. B.: *der Hund, ein Hund*
  - **Pronomen**, z. B.: *unser Hund, dieser Hund*
  - **Präpositionen,** die mit einem Artikel verschmolzen sein können, z. B.: *bei Nacht, am (= an dem) Fluss*
  - **Adjektive** oder **Partizipien**, z. B.: *große Hunde, singende Kinder, geschlagene Mannschaften*
  - **Zahlwörter**, z. B.: *zwei Tage, drei Stunden*

Nominalisierungen: Großschreibung von Verben, Adjektiven und Partizipien → S. 270–271

Verben, **Adjektive** und **Partizipien** schreibt man **groß**, wenn sie im Satz **als Nomen/Substantiv** gebraucht werden, z. B.: *das Lernen, das Neue, das Spannende*.
Man erkennt solche Nominalisierungen an ihren **Nomensignalen**:
- an einem **Artikel**, z. B.: *das Arbeiten, ein Lärmen.*
- an einem **Pronomen** (Possessivpronomen, Demonstrativpronomen, Indefinitpronomen), z. B.: *dein Nachdenken, dieses Lernen, etwas Ungewöhnliches.*
  Tipp: Indefinitpronomen geben eine ungefähre Menge oder Anzahl an, z. B.: *etwas, manches, alles, nichts.* Sie stehen häufig vor nominalisierten Adjektiven, z. B.: *etwas Neues.*
- an einem **Adjektiv**, z. B.: *lebenslanges Lernen.*
- an einer **Präposition**, die mit einem Artikel verschmolzen sein kann, z. B.: *vor Lachen, beim (bei dem) Unterrichten, bis zum (zu dem) Äußersten.*

Groß- und Kleinschreibung

Groß- und Kleinschreibung bei Tageszeiten und Wochentagen → S. 274–275

- **Tageszeiten und Wochentage** werden **großgeschrieben**, wenn sie **Nomen/Substantive** sind. Man erkennt sie häufig an den üblichen Nomensignalen, z. B.: *am Nachmittag, mitten in der Nacht, eines Tages, am Montag, diesen Dienstag, der Mittwochabend.*
- **Tageszeiten und Wochentage** werden **kleingeschrieben**, wenn sie **Adverbien** sind, z. B.: *heute, morgen, gestern, nachmittags, freitags, mittwochabends.*
- Bei **kombinierten Angaben** schreibt man die **Adverbien klein** und die **Nomen/Substantive groß**, z. B.: *heute Abend, gestern Nacht, morgen Mittag.*

Groß- und Kleinschreibung bei Zahlwörtern und Ortsangaben → S. 274–275

- **Zahlwörter** werden **kleingeschrieben**, außer wenn sie nominalisiert werden, z. B.: *zwei Kinder, drei Bücher, hundert Leute;* aber: *die Eins, als Erster.*
- **Ortsangaben**, die Adverbien sind, werden **kleingeschrieben**, z. B.: *hier, dort, da, dorthin.* Bei Nominalisierung werden sie großgeschrieben, z. B.: *im Hier und Jetzt.*

Groß- und Kleinschreibung bei Namen von Straßen und Plätzen sowie geografischen Namen → S. 273

1 **Namen von Straßen und Plätzen** sind Eigennamen und werden wie alle Nomen/Substantive großgeschrieben, z. B.: *Ahornstraße, Schönhauser Allee.*

2 **Geografische Namen** mit Ableitungen auf *-er* schreibt man immer groß, z. B.: *Berliner Bär, Feldberger Seenlandschaft.*
Geografische Namen mit Ableitungen auf *-isch* schreibt man klein, wenn sie nicht Teil eines Eigennames sind, z. B.: *sächsische Spezialität, russischer Tee.*
Achtung: Handelt es sich aber um Eigennamen, dann werden sie großgeschrieben, z. B.: *die Sächsische Schweiz, die Berlinische Galerie.*

Getrennt- und Zusammenschreibung

Wortgruppen aus Nomen/Substantiv + Verb

→S. 277

Wortgruppen aus **Nomen/Substantiv + Verb** werden in der Regel **getrennt geschrieben**, z. B.: *Rad fahren, Handball spielen, Schlange stehen.*
Achtung: Werden sie nominalisiert, schreibt man sie zusammen und groß, z. B.:
Ich hole dich zum Fußballspielen ab. Das Radfahren macht mir Spaß.

Wortgruppen aus Verb + Verb

→S. 278

Wortgruppen aus **Verb + Verb** werden **getrennt geschrieben**, z. B.:
kennen lernen, einkaufen gehen, liegen lassen, gesagt bekommen, gelobt werden.
Achtung: Werden sie nominalisiert, schreibt man sie zusammen und groß, z. B.:
Das Spazierengehen im Wald ist eine schöne Abwechslung.

Wortgruppen mit *sein*

→S. 278

Wortgruppen mit *sein* werden **immer getrennt geschrieben**, z. B.:
froh sein, zufrieden sein, zusammen sein, vorhanden sein.

Wortgruppen aus Adverb + Verb, Präposition + Verb

→S. 280

1 Wenn **Adverb + Verb zusammengeschrieben werden**, liegt die **Hauptbetonung** in der Regel vorn **auf dem Adverb** (eine Bedeutung), z. B.: *Wir müssen als Freunde zusámmenhalten.*
Bei der **Getrenntschreibung** werden **Adverb + Verb in der Regel gleich betont** (zwei Bedeutungen), z. B.: *Wir beide müssen die lange Stange zusámmen hálten.*

2 **Verbindungen aus Präposition + Verb** schreibt man in der Regel **zusammen.**
Die Hauptbetonung liegt bei der Zusammenschreibung auf der Präposition, z. B.:
Können wir úmkehren? Möchtest du mítkommen?

Wortgruppen aus Adjektiv + Verb

→S. 279

Wortgruppen aus **Adjektiv + Verb** werden **meist getrennt geschrieben,** z. B.:
laut singen, schnell rennen, bequem sitzen.
Aber: Entsteht durch die Verbindung von Adjektiv + Verb ein **Wort mit einer neuen Gesamtbedeutung, schreibt man zusammen,** z. B.:
schwarzfahren (= ohne Fahrschein fahren), *schwerfallen* (= Mühe bereiten), *blaumachen* (= schwänzen).

Wortbildung

Zusammensetzungen

Die **Zusammensetzung von Wörtern** ist in der deutschen Sprache eine wichtige **Methode, um neue Wörter zu bilden**. Mithilfe dieser neu gebildeten Wörter kann man Dinge und Sachverhalte genauer und oft auch unkompliziert beschreiben, z. B.:
das Kupfer + der Kessel = der Kupferkessel (Nomen/Substantiv + Nomen/Substantiv),
bunt + der Specht = der Buntspecht (Adjektiv + Nomen/Substantiv),
der Blitz + schnell = blitzschnell (Nomen/Substantiv + Adjektiv),
tief + rot = tiefrot (Adjektiv + Adjektiv),
schneiden + das Brett = das Schneidebrett (Verb + Nomen/Substantiv).
Die Teile einer **Zusammensetzung** heißen **Grundwort** und **Bestimmungswort**. Das Grundwort steht immer an letzter Stelle, z. B.: *der Suppenlöffel, der Teelöffel, der Rührlöffel.* Das Grundwort wird durch das Bestimmungswort näher beschrieben. Die **Wortart** der Zusammensetzung wird durch das **Grundwort bestimmt.**

Ableitungen

Mit Präfixen (Vorsilben) und **Suffixen** (Nachsilben) kann man aus vorhandenen Wörtern **neue Wörter** ableiten. Diese neuen Wörter haben auch eine **neue Bedeutung** und helfen daher dabei, sich genau auszudrücken.

- **Neue Verben** bildet man z. B. mit den Präfixen *be-, ent-, er-, ge-, miss-, ver-, zer-.*
- **Neue Adjektive** bildet man z. B. mit den Suffixen *-ig, -bar, -lich, -sam, -isch.*
- **Neue Nomen/Substantive** bildet man z. B. mit den Suffixen *-nis, -heit, -keit, -ung, -schaft, -tum.*

Achtung: Die Suffixe bestimmen die Wortart. Die Groß- und Kleinschreibung kann sich daher ändern.

Wortfamilie

Wörter, die den **gleichen Wortstamm** (Grundbaustein) haben, gehören zu einer **Wortfamilie**, z. B.: *fahren, Fahrbahn, befahren, verfahren.*
Wörter einer Wortfamilie werden durch Ableitungen *(befahren, fahrbar)* und Zusammensetzungen *(Fahrbahn)* gebildet.
Der Wortstamm wird in allen verwandten Wörtern gleich oder ähnlich geschrieben, z. B.:
reisen ⟶ abgereist, verreisen, die Reise.

Wortbedeutung

Synonyme und Antonyme

→S. 212

Synonyme: Wörter mit **(fast) gleicher Bedeutung** bezeichnet man als Synonyme. Mithilfe von Synonymen können wir **Wiederholungen** (z. B. in einem Text) **vermeiden**, indem wir ein anderes, ähnliches Wort verwenden, z. B.: statt *sagen: reden, mitteilen, sprechen.*
Antonyme: Wörter, die in ihrer Bedeutung **gegensätzlich** sind, nennt man Antonyme, z. B.: *groß – klein, stark – schwach.*

Ober- und Unterbegriffe unterscheiden

→S. 213

Ein **Oberbegriff** fasst mehrere Gegenstände, Eigenschaften, Begriffe zusammen, die gemeinsame Merkmale haben, z. B.:
Oberbegriff: *Wassersportarten*
Unterbegriffe: *Schwimmen, Tauchen, Surfen, Rudern, Segeln …*
Oft lassen sich die Unterbegriffe weiter unterteilen. → *Regattasegeln, Fahrtensegeln, …*
Die Über- und Unterordnung von Begriffen kann man z. B. in einer Mindmap darstellen. Von einem Ast (Oberbegriff) können mehrere Zweige (Unterbegriffe) abgehen.

Wortfeld

Wörter oder Wendungen, die eine **ähnliche Bedeutung** haben, bilden ein **Wortfeld**. Je mehr Wörter eines Wortfeldes man kennt, desto größer ist der eigene Wortschatz.

Homonyme

→S. 212

Wörter, die **gleich lauten, aber unterschiedliche Bedeutungen** haben, nennt man **Homonyme**. Ihre Bedeutung kann nur im Sinnzusammenhang geklärt werden, z. B.:
Bank (Sitzgelegenheit, Geldinstitut): Ich sitze auf einer Bank. Ich bin in der Bank.

Fremdwörter

→S. 216

Fremdwörter sind **Wörter**, die **aus anderen Sprachen** kommen, z. B.: *Gymnastik* (griech.), *diskutieren* (lat.), *Garage* (frz.), *Spaghetti* (ital.), *Snowboard* (engl.).
Viele Fremdwörter übernehmen wir **gegenwärtig aus dem Englischen** (Anglizismen), vor allem aus den Bereichen der Informationstechnik *(Software, WLAN)*, der Musik *(Rapper, Boygroup)*, der Mode *(Jeans)* und des Sports *(Inlineskates)*.

Metaphern

→S. 215

Bei einer Metapher wird ein Wort nicht wörtlich, sondern in einer **übertragenen (bildlichen) Bedeutung** gebraucht, z. B.: *Schnee von gestern* für ein nicht mehr aktuelles Thema.
Man verwendet Metaphern, weil sich zwei Dinge aufgrund einer Eigenschaft ähnlich sind.

Redewendungen

→ S. 214

Unter einer Redewendung versteht man eine **feste Verbindung von Wörtern**, die meist eine **bildliche Bedeutung** hat. Redewendungen sind wie Sprichwörter ein Mittel, um eine Situation mithilfe eines Bildes deutlicher zu machen, z. B.:
Statt: *Er hat jemanden Ungeeignetes ausgewählt.* ⟶ *Er hat den Bock zum Gärtner gemacht.*

Sprachgeschichte

Althochdeutsch

→ S. 218

Als **Althochdeutsch** bezeichnet man die älteste Form der hochdeutschen Sprache in der Zeit von ca. 750 bis 1050. Vorläufer des Althochdeutschen waren Dialekte von germanischen Stämmen in der Zeit von ca. 500 v. Chr. bis zum 7./8. Jahrhundert n. Chr., die vor allem gesprochen wurden. Schriftliche Zeugnisse des Althochdeutschen liegen nur in wenigen handgeschriebenen, vorwiegend religiösen Texten, aber auch in Form von Heldenliedern oder Zaubersprüchen vor. Offizielle schriftliche Texte wurden in dieser Zeit überwiegend noch in Latein verfasst, z. B. Verträge, Urkunden oder Rechtsvorschriften.

Mittelhochdeutsch

→ S. 219

Die ehemals althochdeutschen Dialekte veränderten sich ab dem 11. Jahrhundert n. Chr. stark und wurden von da an zusammenfassend als **Mittelhochdeutsch** (ca. 1050–1350) bezeichnet. Auch diese Dialekte wurden vor allem mündlich gebraucht, dennoch sind auch viele Texte in Handschriften überliefert. Dazu gehören Gedichte (z. B. von Walther von der Vogelweide), Epen (z. B. das *Nibelungenlied*) und Sachtexte (z. B. der *Sachsenspiegel*, eine Sammlung von Rechtstexten). In offiziellen schriftlichen Texten wurde immer noch überwiegend die lateinische Sprache verwendet.

Frühneuhochdeutsch

→ S. 220

Im 14. Jahrhundert war eine weitere Etappe der Veränderung der hochdeutschen Dialekte abgeschlossen. Man nennt sie von da an zusammenfassend **Frühneuhochdeutsch** (ca. 1350–1650). In dieser Zeit wurden immer mehr schriftliche Texte in Dialekt verfasst, sie sind bis heute in Handschriften und Drucken erhalten. Dazu zählen Schriften der Reformation (Martin Luther), Volksbücher (z. B. *Till Eulenspiegel*), Schwänke oder erste Grammatiken des Deutschen (z. B. von Valentin Ickelsamer). In vielen offiziellen schriftlichen Texten (z. B. in Politik, Verwaltung oder Wissenschaft) wird immer noch die lateinische Sprache verwendet, doch ihr Einfluss geht allmählich zurück.
Aus dem Frühneuhochdeutschen entwickelte sich im 18. und 19. Jahrhundert eine gesamtdeutsche Nationalsprache.

Arbeitstechniken und Methoden

Informationen beschaffen

→S. 186; 305

Wenn du Informationen über ein bestimmtes Thema suchst oder etwas nachschlagen willst, stehen dir verschiedene Informationsquellen zur Verfügung.
Die wichtigsten **Informationsquellen** sind **Bücher** (Lexika, Sach- oder Fachbücher), **Zeitschriften** und das **Internet**.

1 In Büchern und Zeitschriften recherchieren

Bücher und Zeitschriften findest du in der Bibliothek (Bücherei), z. B. in der Schul-, der Stadt- oder der Gemeindebibliothek.
So kannst du mithilfe des Computers in einer Bibliothek nach Büchern und anderen Medien suchen:

1. **Schritt:** Gib in das entsprechende Feld der Suchmaske einen Suchbegriff ein, z. B. den Namen der Autorin/des Autors, den Titel des Buches, einen Sachbegriff/ein Schlagwort (z. B. Dinosaurier, Abenteuerbuch). Verfeinere, wenn möglich, die Suche, indem du eine bestimmte Medienart (z. B. Buch, CD, DVD) auswählst.
2. **Schritt:** Starte die Suche, indem du die Enter-Taste des Computers drückst oder mit einem Mausklick das Feld für die Suche anklickst.
3. **Schritt:** Du erhältst nun Angaben zu dem gesuchten Titel oder eine Liste mit Suchergebnissen. Klicke den Titel an, über den du genauere Informationen haben willst, z. B. eine Kurzbeschreibung des Inhalts, Angaben darüber, ob das Buch vorhanden oder ausgeliehen ist.
4. **Schritt:** Wenn du den gesuchten Titel gefunden hast, musst du dir die Signatur aufschreiben, z. B.: *Ab 24 Tw.* Sie gibt dir den Standort des Buches, der CD etc. in der Bibliothek an.
5. **Schritt:** Orientiere dich in der Bibliothek, in welchem Regal du dein Buch, die CD etc. findest, z. B.: *Ab 24 Tw* (Ab = Abenteuer; 24 = Regalstellplatz; Tw = Autor, hier Mark Twain).

2 Im Internet recherchieren

Um im Internet gezielt nach Informationen zu suchen, verwendet man so genannte Suchmaschinen, z. B.: www.google.de; www.bing.de. Für Jugendliche gibt es spezielle Suchmaschinen, z. B.: www.fragfinn.de; www.helles-koepfchen.de.
Um die richtigen Informationen zu finden, musst du dir geeignete Suchbegriffe überlegen.
Es gibt verschiedene Möglichkeiten:

- Eingabe eines Suchbegriffs, z. B. *Biber:* Internetseiten, die dieses Wort enthalten, werden angezeigt.
- Eingabe mehrerer Suchbegriffe, z. B. *Biber Lebensraum:* Die Suche beschränkt sich auf die Seiten, die beide Begriffe enthalten.
- Eingabe eines Themas oder eines Namens in Anführungszeichen, z. B. *„europäischer Biber“*: Der genaue Wortlaut oder der vollständige Name wird gesucht.

Recherchergebnisse beurteilen

→ S. 187–188; 306–308

1 Verschaffe dir einen Überblick über die Ergebnisse deiner Recherche:
- Stammt das Material aus dem **öffentlichen Bereich** (z. B. Zeitung, Werbung), dem **fachlichen** (z. B. Lehrbuchtexte, Grafiken) oder aus dem **privaten** (z. B. Brief)?
- Um welche **Textsorte** handelt es sich (z. B. Lexikoneintrag, Nachricht, Interview etc.)?

2 **Überfliege** den **Inhalt** des Materials und entscheide, ob dir der Beitrag tatsächlich brauchbare Informationen zum Thema oder zu deinen Fragen liefert.

3 Beim **Recherchieren im Internet** kannst du so vorgehen:
- **Prüfe** die **Internetadresse**. Scheint der Betreiber der Seite zuverlässig zu sein? Weist die Seite auf einen Onlineshop (z. B. eBay) hin, findest du keine geeigneten Informationen.
- Wenn du sicher bist, dass die Informationen auf der Seite hilfreich sind, nimmst du sie in deine Materialsammlung auf. Hierzu kannst du die Seite ausdrucken oder speichern.

Eine Bildschirmpräsentation erstellen

→ S. 309–310

Präsentationsprogramme
Präsentationsprogramme wie „Impress" oder „PowerPoint" arbeiten mit Folien. Auf diesen Arbeitsflächen kannst du dein Thema nennen, wichtige Informationen in Stichwörtern hinzufügen und anschauliche Grafiken oder Tabellen zeigen.

Folieninhalt
Folien dienen **zur Unterstützung** deines Vortrags. Sie geben ihm Struktur und ergänzen ihn um visuelle Inhalte wie Grafiken und Bilder, die man mündlich nicht darstellen kann.
- Bei einer Präsentation solltest du **nur das Wesentliche** auf der Folie festhalten, z. B. das Thema und wenige, knapp formulierte Stichwörter (maximal 5). Alle weiteren Informationen kannst du im Notizenfeld unter den einzelnen Folien oder auf Karteikarten festhalten.
- **Lies** die Folien bzw. deine Notizen **nicht einfach ab**, sondern erläutere die Stichwörter durch einen lebendigen, ausführlichen Vortrag.

Folienlayout
- Vortragsfolien sollen gut lesbar sein. Deshalb **verzichtet** man am besten **auf ablenkende** oder **mehrfarbige Hintergründe**.
- Achte bei der Auswahl der **Schriftfarbe** auf einen guten **Kontrast zum Hintergrund**. Nimm eine **gut lesbare Schrift** (z. B. Arial). Die **Schriftgröße** solltest du so wählen, dass jeder im Raum die Stichwörter mühelos lesen kann **(mindestens 22 Punkt)**.
- **Tabellen**, **Bilder** und andere Abbildungen müssen **klar erkennbar** bzw. **gut lesbar** sein. Präsentationsprogramme bieten nur grundlegende Funktionen zur Bildbearbeitung an. Gegebenenfalls musst du das grafische Material vorher in einem Bildbearbeitungsprogramm für die Präsentation vorbereiten.

Ein Handout verfassen

→ S. 311

Ein **Handout** gibt den Aufbau und die zentralen Informationen eines Vortrags knapp und übersichtlich wieder (möglichst auf einer DIN-A4-Seite). Es sollte
- die Namen der Vortragenden, das Datum, das Fach und das Thema des Vortrags nennen,
- eindeutige Stichwörter zu den wichtigsten Abschnitten des Vortrags (Gliederung) enthalten,
- die Quellen zu den verwendeten Materialien nennen.

Einen Kurzvortrag halten

→ S. 189; 312

1 Den Kurzvortrag vorbereiten

Ein gelungener Vortrag muss gut vorbereitet werden:
- Ordne die Informationen für deinen Kurzvortrag, z. B. nach Unterthemen, und bringe sie in eine sinnvolle Reihenfolge.
- Notiere zu jedem Unterthema wichtige Stichwörter, z. B. auf Karteikarten.
- Nummeriere die Karteikarten in der entsprechenden Reihenfolge.
- Überlege, zu welchen Informationen deines Vortrags du welches Anschauungsmaterial zeigen kannst, und suche nach geeignetem Material, z. B.: Bilder, Fotos, Landkarten, Grafiken, Gegenstände, Anschauungsobjekte.

2 Den Kurzvortrag gliedern

1. Einleitung

Die Einleitung eines Kurzvortrags soll das Interesse deiner Zuhörerinnen und Zuhörer wecken und in das Thema einführen. Es gibt verschiedene Einstiegsmöglichkeiten, z. B. ein Bild zum Thema, ein passendes Zitat, ein interessantes Ereignis.

2. Hauptteil

Im Hauptteil werden die Informationen in einer sinnvollen Reihenfolge wiedergegeben. Beantworte hierbei die W-Fragen (Was? Wo? Wie? Warum? …).

3. Schluss

Der Schluss rundet den Vortrag ab. Du kannst wichtige Informationen zusammenfassen oder eine persönliche Meinung zum Thema formulieren.

3 Tipps für den Vortrag

- Sprich langsam und deutlich, sonst können dir deine Zuhörer/-innen nicht folgen.
- Versuche, möglichst frei vorzutragen. Lies wenig ab, schaue dein Publikum an und gib ihm Gelegenheit, Fragen zu stellen.

Ideen sammeln: Der Cluster

→ S. 186; 303

Der Cluster (engl. = Traube, Schwarm) hilft dir, Ideen zu einem bestimmten Thema zu finden.
- Schreibe das Thema in die Mitte eines Blattes.
- Notiere dann Stichpunkte (Gedanken, Ideen, Angaben, Merkmale) zu dem Thema und verbinde sie durch Linien mit dem Thema (Ausgangskreis). Zu jedem Stichpunkt kannst du wiederum weitere Einfälle notieren.

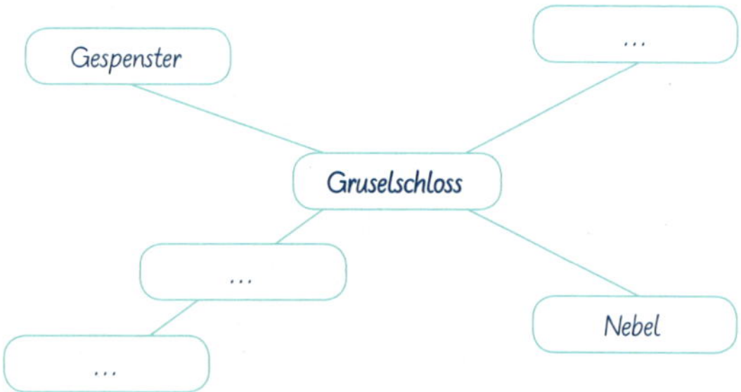

Ideen sammeln und ordnen: die Mindmap

→ S. 179; 213

Die Mindmap (engl. = Gedankenlandkarte) ist im Gegensatz zum Cluster (S. 352) dazu geeignet, die Ideen zu ordnen.
- Schreibe in die Mitte eines Blattes das Thema.
- Ergänze dann um das Thema Oberpunkte (Hauptthemen).
- Erweitere diese Oberpunkte um Unterpunkte (Unterthemen).

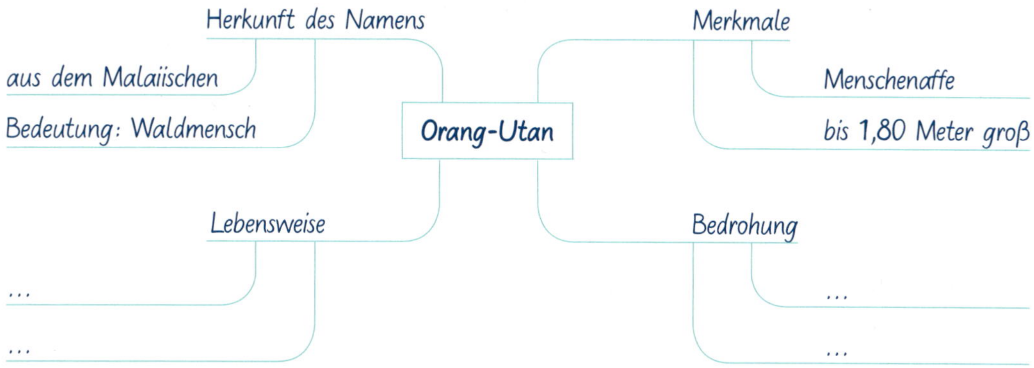

Eine Schreibkonferenz durchführen

→ S. 313–314

- Setzt euch in kleinen Gruppen (höchstens zu viert) zusammen.
- Einer liest seinen Text vor, die anderen hören gut zu.
- Anschließend geben die anderen eine Rückmeldung, was ihnen besonders gut gefallen hat.
- Nun wird der Text in der Gruppe Satz für Satz besprochen. Die Überarbeitungsvorschläge werden abgestimmt und schriftlich festgehalten.
- Korrigiert auch die Rechtschreibung und die Zeichensetzung.
- Zum Schluss überarbeitet die Verfasserin oder der Verfasser den eigenen Text.

Legt gemeinsam fest, wie ihr die Texte korrigieren wollt, z. B.:
- Anmerkungen nur mit Bleistift gut lesbar an den Rand schreiben.
- Folgende Korrekturzeichen verwenden:
  R = Rechtschreibfehler (Wort in der richtigen Schreibweise am Rand notieren)
  Z = Zeichenfehler (Satzzeichen einfügen bzw. streichen)
  T = Tempusfehler (richtiges Tempus notieren)
  ? = hier ist etwas unklar (= Bitte um Rücksprache)
  + = hier ist etwas besonders gut gelungen
  – = hier ist etwas nicht gut formuliert (Formulierungsvorschlag notieren)

Texte mithilfe der Textlupe überarbeiten

→ S. 126

Mit der Textlupe helft ihr euch gegenseitig, eure Texte zu überarbeiten. Auf einem Arbeitsblatt (der Textlupe) tragt ihr ein, was ihr bei euren Texten genauer „unter die Lupe" nehmen wollt, z. B. die Überschrift, den Aufbau, die Rechtschreibung …

1. Schritt: Bildet Vierer- oder Fünfergruppen. Jeder von euch hat seinen eigenen Text sowie eine Textlupe (→ das Arbeitsblatt, S. 126). Beides reicht er an seinen Nachbarn weiter.
2. Schritt: Der Nachbar liest den Text sorgfältig und hält dann Lob, Kritik und seine Verbesserungsvorschläge auf dem Arbeitsblatt fest. Dann werden Text und Arbeitsblatt wieder weitergereicht etc.
3. Schritt: Am Ende hat jeder die Texte seiner Gruppenmitglieder überprüft und erhält seinen eigenen Text sowie das Arbeitsblatt mit den Anmerkungen der anderen zurück.
4. Schritt: Überarbeitet eure Texte mithilfe der Verbesserungsvorschläge auf dem Arbeitsblatt.

Vortragen/Sinngestaltendes Vorlesen

→ S. 138

Vortragen oder sinngestaltendes Vorlesen bedeutet, dass du einen Text (z. B. eine Geschichte, ein Theaterstück oder ein Gedicht) ausdrucksvoll vorträgst und deine Stimme dem Geschehen anpasst. Zum Beispiel kann deine Stimme ängstlich, wütend, feierlich, raunend, aufgeregt … klingen und du kannst laut oder leise, langsamer oder schneller sprechen.
Überlege, welche Textstelle du wie sprechen willst, welche Wörter du besonders betonen willst und wo es sinnvoll ist, eine Pause zu machen. Markiere dann den Text mit entsprechenden Betonungszeichen.

Betonungszeichen

◄	(lauter)	→	(schneller)	||	(lange Pause)	___	(Betonung)
►	(leiser)	←	(langsamer)	|	(kurze Pause)	⤶	(Zeilensprung)

Eine Figurenskizze erstellen

→ S. 100

Die Beziehung zwischen Figuren (z. B. Abneigung, Freundschaft, Abhängigkeiten) kannst du in einer Figurenskizze darstellen:
- Zeichne für jede Figur/Figurengruppe einen Kasten. Schreibe in jeden Figurenkasten Namen und evtl. auch Eigenschaften der jeweiligen Figur.
- Bestimme die Beziehungen der Figuren, indem du die Kästen durch Pfeile verbindest und diese mit einem aussagefähigen Wort beschriftest (z. B.: *verliebt, fremd, gleichgültig, befreundet, verfeindet*).

Mit dem Schreibprogramm des Computers umgehen

Eine Datei anlegen

Wenn man einen Text am Computer schreiben möchte, muss man zunächst eine Datei anlegen, und das geht so:
- Computer starten, Textprogramm (z. B. Word) auswählen,
- in der Menüleiste auf **Datei** und **Neu** klicken,
- Text schreiben und die Datei unter einem Namen speichern (in der Menüleiste **Datei** anklicken und **Speichern unter** auswählen).

Einen Text am Computer gestalten

In der Menüleiste deines Computers findest du die folgenden Befehle, mit denen du einen Text gestalten kannst:

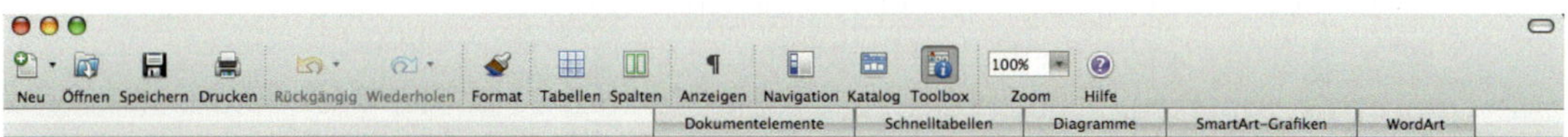

Ausschneiden und einfügen: Text mit der Maus markieren, auf die Schaltfläche Ausschneiden klicken und an anderer Stelle wieder einfügen (Symbol „Einfügen").

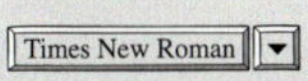

Kopieren: Text markieren, auf die Schaltfläche Kopieren klicken und an anderer Stelle wieder einfügen (Symbol „Einfügen").
Schriftart verändern: Text/Textstelle markieren, auf den Pfeil neben dem Auswahlfeld für Schriftarten klicken und Schriftart durch Anklicken auswählen.

Schriftgröße verändern: Text/Textstelle markieren, auf den Pfeil neben dem Auswahlfeld für Schriftgröße klicken und Schriftgröße durch Anklicker auswählen.

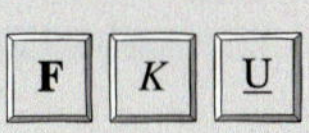

Fett, *kursiv* schreiben und unterstreichen: Text/Textstelle markieren, dann auf die Schaltfläche für fette, kursive oder unterstrichene Schrift klicken.

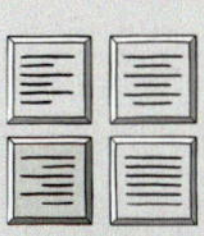

Textausrichtung festlegen: Text markieren, dann auf die Schaltfläche für linksbündige, zentrierte oder rechtsbündige Textausrichtung klicken oder Blocksatz auswählen.

Schriftfarbe festlegen: Text markieren, dann auf die Schaltfläche für die Schriftfarbe klicken und die Farbe durch Anklicken auswählen.

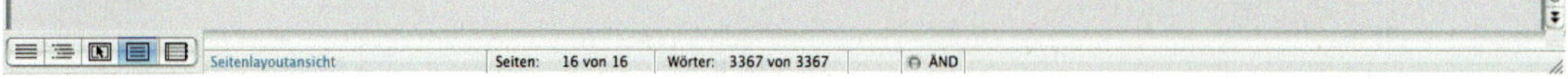

Die Rechtschreibprüfung am Computer nutzen

Das Textverarbeitungsprogramm „Word“ hilft dir auch, bei einem Text falsch geschriebene Wörter zu finden und zu korrigieren:

- Aktiviere das Rechtschreib- und Grammatikprogramm des Computers. Wähle hierzu im Menü Extras das Werkzeug Rechtschreibung und Grammatik aus. Das Programm markiert nun mögliche Rechtschreibfehler rot und mögliche Grammatikfehler grün.
- Überprüfe bei den rot und grün markierten Wörtern, ob diese tatsächlich falsch geschrieben wurden. Wähle dann aus dem Fenster Vorschläge das richtige Wort aus und klicke auf Ändern. Das Wort wird korrigiert und „Word“ springt dann automatisch zum nächsten falsch geschriebenen Wort.

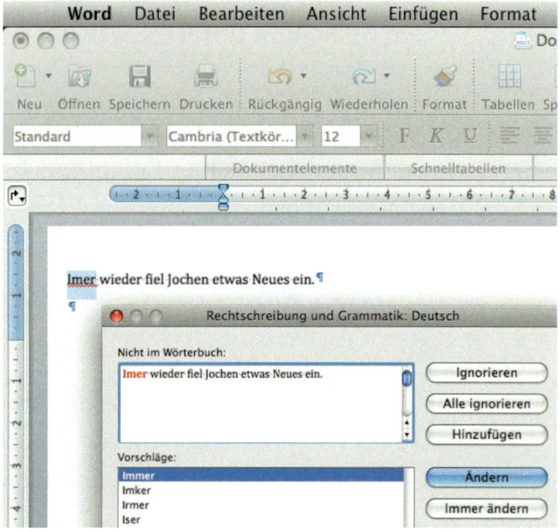

Beachte: Das Programm kann nicht alle Fehler finden und ist nicht immer zuverlässig. Zeichensetzungsfehler sind z. B. mit dem Programm nicht aufzuspüren und auch „das/dass-Fehler“ werden nicht gefunden. Umgekehrt kann es vorkommen, dass korrekt geschriebene Wörter (z. B. Eigennamen) als Fehler markiert werden. Schlage in Zweifelsfällen in einem Wörterbuch nach.

Den Thesaurus am Computer nutzen

Der „Thesaurus“ (griech. = Wortschatz) ist eine Art Wörterbuch sinnverwandter Wörter, mit dessen Hilfe man häufig benutzte Wörter wie „sagen“ durch sinnverwandte Wörter ersetzen kann:

- Markiere das Wort, zu dem du bedeutungsähnliche Wörter ermitteln willst. Aktiviere dann den Thesaurus, du findest ihn im Menü Extras ⟶ Sprache ⟶ Thesaurus.
- Um das markierte Wort zu ersetzen, klickst du mit der rechten Maustaste auf ein Wort, das das Programm vorschlägt.

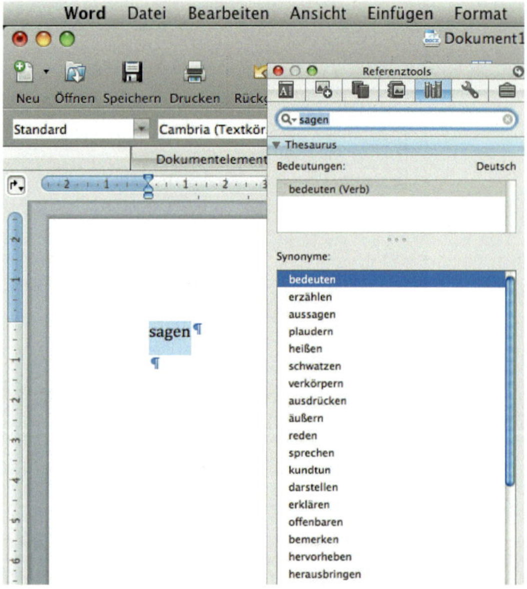

Beachte: Nur manche Wörter, die das Programm vorschlägt, entsprechen dem Wort, das du ersetzen willst. Überprüfe genau, ob das Wort wirklich passt.

Lösungen zu einzelnen Aufgaben

118 **1 a** Der Schluss C entspricht der Originalfassung von Brecht. Er lautet:
‚Dann gib auch den her', sagte er, nahm ihm den letzten Groschen aus der Hand und ging unbekümmert weiter.

148 **1 a** Die richtige Reihenfolge der Strophen lautet:
1. Strophe = A; 2. Strophe = C; 3. Strophe = F; 4. Strophe = B; 5. Strophe = E; 6. Strophe = D

2 Das Metrum (Versmaß) ist eine Kombination aus Jambus und Daktylus.

x ẋ x x ẋ x x ẋ x ẋ
Der Knecht hat erstochen den edlen Herrn,

x ẋ x ẋ x x ẋ x ẋ
Der Knecht wär selber ein Ritter gern.

3 Balladenmerkmale in „Die Rache" von Ludwig Uhland:
- in sechs Strophen gegliedert
- Paarreim; Metrum (→ Aufgabe 2)
- ungewöhnliches, spannendes Ereignis
- im Mittelpunkt Figur, die eine gefahrvolle Situation durchlebt
- dramatische Handlung mit Höhepunkt

165 **1** **Dialog:** Gespräch zwischen zwei oder mehr Figuren
Monolog: Selbstgespräch einer Figur
Szene: Kurzer, abgeschlossener Teil eines Theaterstücks; eine Szene endet meist, wenn neue Figuren auftreten und/oder Figuren abtreten.
Regieanweisung: Anregungen, wie die Handlung auf der Bühne eingerichtet werden sollte, z. B. wie sich die Figuren bewegen und wie sie schauen und sprechen sollten.
Spiel im Spiel: Eine Figur spielt auf der Bühne eine andere Rolle.

2 zum Beispiel:
Nico: Nico lebt mit seinem Vater zusammen, der als Fahrradkurier arbeitet. Er schauspielert gerne und träumt davon, durch eine Karriere im Film- oder Fernsehgeschäft reich und berühmt zu werden.
Oliver: Oliver kommt aus einem reichen Elternhaus, ist neu an der Schule und freundet sich mit Nico an. Sein Vater arbeitet in einer Filmfirma, die Werbefilme dreht.
Sonja: Sonja ist eine Schulfreundin von Nico.
Pia: Pia ist Olivers Schwester.
Monika: Monika ist die neue Frau von Olivers Vater. Sie möchte, dass Oliver und Pia nach den Sommerferien ein Internat besuchen.
Herr Hannemann: Herr Hannemann ist Nicos Vater. Er lebt mit Nico allein, war längere Zeit arbeitslos und arbeitet jetzt als Fahrradkurier.

4 Die Konflikte „Arme – Reiche" oder „Eltern – Kinder" könnten sich ankündigen:
Der Konflikt „Arme – Reiche" kündigt sich an, denn Nicos Vater verdient als Fahrradkurier nicht viel Geld, während Oliver aus einem reichen Elternhaus kommt. Nico ist aber nicht nur beeindruckt von Olivers luxuriösen Lebensumständen, sondern auch von dem Beruf von Olivers Vater, denn dieser ist – im Unterschied zu Nicos Vater – Chef bei einer Filmfirma. Nico wittert die Chance, durch Olivers Vater eine Karriere im Film- oder Fernsehgeschäft machen zu können.

Es könnte sich aber auch der Konflikt „Eltern – Kinder" ankündigen, denn Monika (die neue Frau von Pias und Olivers Vater) möchte, dass Oliver und Pia ein Internat besuchen, was Pia und Oliver ablehnen.
Auch zwischen Nico und seinem Vater könnte sich ein Konflikt ergeben, denn Nico träumt von einem Leben (z. B. einer Urlaubsreise auf einem Kreuzfahrtschiff oder einer Karriere beim Film), das ihm sein Vater nicht bieten kann.

244 **1** 1: wird … ausgebildet = Präsens Passiv
2: verabscheuen = Präsens Aktiv
3: werden … vorgetragen = Präsens Passiv
4: lieben = Präsens Aktiv
5: kann … schauen = Präsens Aktiv
erklettert hat = Perfekt Aktiv
6: führt … ein = Präsens Aktiv
7: wird … erfahren = Futur I Aktiv
gehasst werden wird = Futur I Passiv

2 2: Das Fach „Geschichte der Zauberei" wird (von allen) verabscheut.
4: Im Gegensatz zu Professor Binns wird der kleine, freundliche Zauberkunstlehrer Filius Flitwick (von den angehenden Zauberern und Hexen von Hogwarts) geliebt.
6: Die Zauberlehrlinge werden (von dem großen, dünnen, mit einem schwarzen Umhang bekleidete Severus Snape) in die Zaubertrank-Braukunst eingeführt.

3 1: Harry Potter wurde in der Hogwarts-Schule für Hexerei und Zauberei zusammen mit anderen magisch begabten Schülern ausgebildet.
3: In diesen Unterrichtsstunden wurden von dem Geist Professor Binns Daten und Fakten zur Geschichte der Zauberei auf eine ermüdende Weise vorgetragen.
5: Filius Flitwick konnte nur über das Lehrerpult schauen, nachdem er einen Bücherstapel erklettert hatte.

4 Dass Severus Snape Harry Potter hassen wird, wird Harry Potter allerdings noch schmerzvoll erfahren.
oder:
Harry Potter wird allerdings noch schmerzvoll erfahren, dass Severus Snape ihn hassen wird.

5 **a** Nachdem die Posteule die Zeitung gebracht hat, erfahren Ron und Harry vom Einbruch bei Gringotts.
b Nachdem die Zeitung (von der Posteule) gebracht worden ist, erfahren Ron und Harry …
c Nachdem die Zeitung (von der Posteule) gebracht worden war, erfuhren Ron und Harry …

256 **1 a** – in Deutschland: adverbiale Bestimmung des Ortes
- rechtzeitig: adverbiale Bestimmung der Zeit
- der Bundeswettbewerb „Jugend forscht": Subjekt
- Während dieses europäischen Jugendwettbewerbs im Bereich Naturwissenschaften, Mathematik und Technik: adverbiale Bestimmung der Zeit
- einer Jury: Dativobjekt
- ihre neuesten Erfindungen: Akkusativobjekt
- für den landesweiten Wettbewerb: Präpositionalobjekt
- Die Sieger des Landeswettbewerbs: Subjekt
- dann: adverbiale Bestimmung der Zeit
- Geldpreise für die Platzierungen: Akkusativobjekt

b – Während dieses europäischen (Adjektivattribut) Jugendwettbewerbs im Bereich Naturwissenschaften, Mathematik und Technik (präpositionales Attribut)
- ihre neuesten (Adjektivattribut) Erfindungen
- für den landesweiten (Adjektivattribut) Wettbewerb
- die Sieger des Landeswettbewerbs (Genitivattribut)
- Geldpreise für die Platzierungen (präpositionales Attribut)

2 a A = Satzgefüge; B = Satzgefüge; C = Satzreihe/Satzverbindung; D = Satzgefüge; E = Satzgefüge

b A: NS, HS.

B: HS, NS.

C: HS HS.

D: HS, NS, Fortsetzung HS.

E: NS, HS.

293 **1** Hier findet ihr den Text in der richtigen Schreibweise.

1: Ich bin Linny, 14 Jahre alt und Jugendreporterin, genau wie viele andere Jugendliche in Tegucigalpa, der Hauptstadt von Honduras.

2: Wir machen bei einer Kinder-Nachrichten-Sendung, die von UNICEF unterstützt wird, mit.

3: Ich war, als ich mein erstes Interview führte, ziemlich aufgeregt.

4: Sobald die Kamera lief, wusste ich, dass nun alles zu hören, aber auch zu sehen war!

5: Mir hat aber der Gedanke Mut gemacht, dass ich als Reporterin viele Leute, Orte und Themen kennen lerne und vor allem im Hier und Jetzt wirklich etwas bewegen kann.

6: Denn in Honduras, besonders hier in Tegucigalpa, gibt es viele Probleme, vor allem die Umweltverschmutzung, die wir nicht hinnehmen wollen.

7: Weil ich darüber berichten wollte, bin ich mit Edouardo, dem Kameramann des Kinderfernsehens, zu einer großen Müllkippe gefahren.

8: Dort gibt es riesige Abfallberge, hoch wie Vulkane, und ständig bringen Lkws noch mehr Müll.

9: Wir sind dort lange stehen geblieben, was mir schwergefallen ist, weil es so übel roch.

10: Auch außerhalb der Müllkippe sieht man sowohl in den Straßen als auch in den Wäldern, in den Flüssen und Bächen, in Seen oder in Tümpeln massenweise Müll herumliegen.

11: Man muss Angst haben, dass wir alle davon krank werden.

12: Als Journalistin habe ich die Pflicht, dass ich die Wahrheit herausfinde und öffentlich mache.

13: Dann können auch andere Menschen nicht mehr vor den Tatsachen davonlaufen, sondern müssen nachdenken lernen, wie die Dinge sich ändern lassen.

14: Wenn unsere Sendung mittwochabends direkt vor den Hauptnachrichten auf Kanal 5 läuft, erreichen unsere Berichte alle Menschen, die hier ein Fernsehgerät haben.

15: Meine Mutter sowie meine Geschwister gucken am Mittwochabend natürlich auch immer.

16: Dass mein Vater nicht auch hier sein kann, lässt mich traurig sein.

17: Er muss in den USA arbeiten gehen, weil er dort mehr Geld verdient als hier.

18: Nur alle drei Monate kann er uns von freitagabends bis Sonntagmittag besuchen kommen.

19: Nächstes Jahr aber wird er hoffentlich zurückkehren, um dann immer hier zu sein.

20: Wenn mir das Lernen weiterhin leichtfällt, könnte ich später Journalismus studieren.

21: Dafür brauche ich als Abschlussnote mindestens eine Zwei.

Textartenverzeichnis

Anekdoten
Anekdote über Ludwig XIV. 111
Ihering, Herbert: Die schlechte Zensur 112
Mann, Erika: Mein Vater Thomas Mann 114
Schreiber, Hermann: Der alte Mantel 113

Balladen/Gedichte/Songs
Biermann, Wolf: Die Ballade vom Briefträger William L. Moore aus Baltimore 149
Brecht, Bertolt: Die Seeräuber-Jenny 146
Dû bist mîn, ich bin dîn ... 219
Fontane, Theodor: John Maynard 136
Geibel, Emanuel: Die Goldgräber 153
Goethe, Johann Wolfgang: Der Zauberlehrling 139
Schiller, Friedrich: Der Handschuh 143
Uhland, Ludwig: Die Rache 148
von der Vogelweide, Walther: Ich saz ûf eime steine 219

Berichte
Aktionstag „Computerspiele" am Friedrich-Schiller-Gymnasium 27
Die Sims Social auf Facebook 24
Schwere Unwetter nach Hitzewelle 74
Wale in Neuseeland gerettet 85
Weißer Sommer 74

Beschreibungen/Anleitungen
Der schwebende Kochlöffel 238
Der Zerstäuber 263
Die Luftballonrakete 257
Eine Münze trockenlegen 266
Ein Marmeladenglas überlisten 265
Wärme fühlen? 267
Warme Luft 262

Diagramme/Grafiken/Landkarten
Iditarod Race 181
Jährlicher CO_2-Ausstoß verschiedener Länder und Regionen 306
Sportliche Gesellschaft 182
Sport und Spiel 182

Erzählungen/Jugendbuch- und Romanauszüge
Bauer, Michael Gerard:
Nennt mich nicht Ismael! (1) 90
Nennt mich nicht Ismael! (2) 92
Nennt mich nicht Ismael! (3) 97
Nennt mich nicht Ismael! (4) 102
Nennt mich nicht Ismael! (5) 103
Nennt mich nicht Ismael! (6) 105
Nennt mich nicht Ismael! (7) 109
Birken, Herbert: Achmed, der Narr 131
Boccaccio, Giovanni: Der Koch und der Kranich 127
Brecht, Bertolt: Der hilflose Knabe 118
Cesco, Federica de: Weißer Kranich über Tibet 61
Spaghetti für zwei 121
Craighead George, Jean: Julie von den Wölfen 87
Das Blindekuhspiel 117
Giufa lässt die Kleider speisen 120
Grindley, Sally: Das Mädchen Lu Si-yan 64, 66
Hebel, Johann Peter: Eine sonderbare Wirtszeche 115
Twain, Mark: Tom Sawyer 79

Filmbilder
Mercedes-Spot „Venedig" 204

Gedichte
(siehe auch Balladen)
Dû bist mîn 219
von der Vogelweide, Walther: Ich saz ûf eime steine 219
Zweiter Merseburger Zauberspruch 218

Interview
„Mega-Ärger statt Mega-Party" 19
Zum Thema „Treibhauseffekt" 308

Jugendtheater/Szenische Texte
Ahrens, Thomas / Ludwig, Volker:
Rosinen im Kopf, 1. Szene 158
Rosinen im Kopf, 2. Szene 162
Rosinen im Kopf, 3. Szene 166

Kalendergeschichten
Brecht, Bertolt: Der hilflose Knabe 118
Das Blindekuhspiel 117
Giufa lässt die Kleider speisen 120
Hebel, Johann Peter: Eine sonderbare Wirtszeche 115

Reportagen
Löschke, Sina: Die Reifeprüfung – Mit dem Hundeschlitten durch Alaska 180
Stock, Jörg: Heiß auf den Blitz 81

Sachtexte
Aktionstag „Computerspiele" am Friedrich-Schiller-Gymnasium 27
Denzer, Wolfram / Prestenbach, Ralf: Mülltonnenrennen 183
Die Sims Social auf Facebook 24
Do – der Weg 213
Ferrero: Goldener Windbeutel für „dreisteste Werbelüge" 201
Geisterstadt nach Hurrikan „Sandy" 307
Haas, Christian: Kuriose Events: After-Grunz-Partys und Zwergenweitwurf 174
Hermes, Kerstin: Die Fußball-Matrix des Bundestrainers 216
Hirschmann, Kai: Tauchen 190
Ickelsamer, Valentin: Teutsche Grammatica 220
Löschke, Sina: Die Reifeprüfung – Mit dem Hundeschlitten durch Alaska 180
Luther, Martin: „... denn man mus nicht die buchstaben ..." 221
Nieder, Susanna: Sechsmal „gut": fett, krass oder knorke? 223
Oma und Opa wissen es besser als wir – oder? 40
oneworld2share: „Das war nicht schlecht, das war richtig gruselig!" 45
Peters, Markus: Benimmkurse in der Schule: Knigge im Klassenzimmer 36
Schneider, Mara: Wer stehen bleibt, versackt 177
Schulz, Edgar: Klimawandel und Klimaschutz 306
Schwere Unwetter nach Hitzewelle 74
Sonnabend, Holger: Der Anfang der Olympischen Spiele 184
Stock, Jörg: Heiß auf den Blitz 81
Wale in Neuseeland gerettet 85
Weißer Sommer 74

Autoren- und Quellenverzeichnis

Ahrens, Thomas (*1952) /
Ludwig, Volker (*1937)
Rosinen im Kopf, 1. Szene 158
Rosinen im Kopf, 2. Szene 162
Rosinen im Kopf, 3. Szene 166
aus: Verlag Autorenagentur, Berlin 2009
Bauer, Michael Gerard (*1955)
Nennt mich nicht Ismael! (1) 90
Nennt mich nicht Ismael! (2) 92
Nennt mich nicht Ismael! (3) 97
Nennt mich nicht Ismael! (4) 102
Nennt mich nicht Ismael! (5) 103
Nennt mich nicht Ismael! (6) 105
Nennt mich nicht Ismael! (7) 109
aus: Nennt mich nicht Ismael! Aus dem Englischen von Ute Mihr. Carl Hanser Verlag, München 2008
Biermann, Wolf (*1936)
Die Ballade vom Briefträger William L. Moore aus Baltimore 149
aus: Die Drahtharfe. Balladen-Gedichte-Lieder. Verlag Kiepenheuer & Witsch, Köln 1977, S. 28
Birken, Herbert (1914–2007)
Achmed, der Narr 131
aus: Geschichten finden für Theatergruppen. Verlag Grafenstein, München 1987
Boccaccio, Giovanni (1313–1375)
Der Koch und der Kranich 127
aus: Das Dekameron. Übersetzt von Albert Wesselski. Reclam, Leipzig 1956
Brecht, Bertolt (1898–1956)
Der hilflose Knabe 118
aus: Bertolt Brecht: Gesammelte Werke, Bd. 12, Prosa 2. Suhrkamp, Frankfurt am Main 1967, S. 297 f.
Die Seeräuber-Jenny 146
aus: Die Gedichte von Bertolt Brecht in einem Band. Suhrkamp, Frankfurt am Main 1981
Busch, Stephanie / Noller, Ulrich
Urlaub im Baumhaus (1), (2), (3) 290
nach: Das Haus-Buch. Bloomsbury, Berlin 2007
Cesco, Federica de (*1938)
Weißer Kranich über Tibet 61
aus: Weißer Kranich über Tibet. Arena Verlag, Würzburg 2011
Spaghetti für zwei 121
aus: Freundschaft hat viele Gesichter. Rex Verlag, Luzern und Stuttgart 1986
Craighead George, Jean (1919–2012)
Julie von den Wölfen 87
aus: Julie von den Wölfen. dtv, München 2003, S. 14 ff.
Denzer, Wolfram /
Prestenbach, Ralf (*1970)
Mülltonnenrennen 183
nach: Go crazy – Unterwegs zu Europas verrücktesten Veranstaltungen. Knaur Taschenbuch Verlag, München 2009, S. 142 f.
Fontane, Theodor (1819–1898)
John Maynard 136
aus: Walter Keitel (Hrsg.): Theodor Fontane: Sämtliche Werke. Bd. 6. Carl Hanser Verlag, München 1964
Geibel, Emanuel (1815–1884)
Die Goldgräber 153
aus: Hartmut Laufhütte (Hrsg.): Deutsche Balladen. Reclam, Stuttgart 1991, S. 313
Goethe, Johann Wolfgang (1749–1832)
Der Zauberlehrling 139
aus: Erich Trunz (Hrsg.): Johann Wolfgang Goethe: Werke. Bd. 1. C. H. Beck Verlag, München 1982
Grindley, Sally (*1953)
Das Mädchen Lu Si-yan (1) 64
Das Mädchen Lu Si-yan (2) 66
aus: Das Mädchen Lu Si-yan. Bloomsbury, Berlin 2006
Haas, Christian
Kuriose Events: After-Grunz-Partys und Zwergenweitwurf 174
aus: URL: http://www.news.de/reisen-und-leben/855049439/after-grunz-partys-und-zwergenweitwurf/1/
Hebel, Johann Peter (1760–1826)
Eine sonderbare Wirtszeche 115
aus: Schatzkästlein des Rheinischen Hausfreundes. Emil Vollmer Verlag, Wiesbaden o. J.
Hermes, Kerstin
Die Fußball-Matrix des Bundestrainers 216
nach: URL: http://www.wdr5.de/sendungen/morgenecho/serienuebersicht/serien-2012/fussballem/wissenschaft.html
Hirschmann, Kai
Tauchen 190
aus: www.helles-koepfchen.de/artikel/142.html
Ickelsamer, Valentin (1500–1541)
Teutsche Grammatica 220
aus: Frühneuhochdeutsche Texte. Ausgewählt und eingeleitet von Gerhard Kettmann. Bibliographisches Institut, Leipzig 1971, S. 153
Ihering, Herbert (1888–1977)
Die schlechte Zensur 112
aus: Karl Heinz Berger / Walter Püschl (Hrsg.): Die Schaubude. Deutsche Anekdoten, Schwänke und Kalendergeschichten aus sechs Jahrhunderten. Verlag Neues Leben, Berlin 1964
Krabbe, Victoria (*1962)
Hamburg liegt in Frankreich 291
nach: Urlaub vor der Haustür. In: Geo-Saison Extra, 2008
Linde, Verena
Harte Schule 274
nach: GEOlino, Heft 5, 2009, S. 20–25
Löschke, Sina
Die Reifeprüfung – Mit dem Hundeschlitten durch Alaska 180
aus: Sport. Was die Welt bewegt. GEOlino extra Nr. 15, 2008, S. 46–53
Luther, Martin (1483–1546)
„… denn man mus nicht …“ 221
aus: Sendbrief vom Dolmetschen. in: D. Martin Luthers Werke. Kritische Gesamtausgabe. Böhlau, Weimar 1909, Bd. 30, S. 636 f.
Mann, Erika (1905–1969)
Mein Vater Thomas Mann 114
aus: Mein Vater, der Zauberer. Rowohlt, Reinbek 1998
Müller, Simone
Der CO_2-Fußabdruck 300
nach: Der CO_2-Fußabdruck. In: Geolino 8/2011, S. 30 f.
Nieder, Susanna
Sechsmal „gut“: fett, krass oder knorke? 223
aus: URL: http://www.tagesspiegel.de/zeitung/sechs-mal-gut-fett-krass-oder-knorke/176254.html
Peters, Markus
Benimmkurse in der Schule: Knigge im Klassenzimmer 36
aus: URL: http://www.sueddeutsche.de/karriere/benimm-kurse-in-der-schule-knigge-im-klassenzimmer-1.1026649

Schiller, Friedrich (1759–1805)
Der Handschuh 143
aus: Gerhard Fricke / Herbert Göpfert / Herbert Stubenrauch (Hrsg.): Friedrich Schiller: Sämtliche Werke. Carl Hanser Verlag, München 1958
Schneider, Mara
Wer stehen bleibt, versackt 177
aus: URL: http://www.news.de/sport/842185312/wer-stehen-bleibt-versackt/1/
Schreiber, Hermann (*1920)
Der alte Mantel 113
aus: Die Welt in der Anekdote. Eine Anekdotenreise durch die Gegenwart. Zusammengestellt und neu geschrieben von Hermann Schreiber. Paul Neff Verlag: Berlin, Wien, Stuttgart 1961
Schumacher, Hajo
Urlaubspläne am Familientisch (1) 288
Urlaubspläne am Familientisch (2) 289
nach: Entscheidung am Apfelsaftsee. In: GeoSaison Extra, 2008, S. 36 f.
Sonnabend, Holger (*1956)
Der Anfang der Olympischen Spiele 184
aus: Ruhmreiche Gladiatoren und mächtige Herrscher. Beltz & Gelberg Verlag, Weinheim/Basel 2008
Stock, Jörg
Heiß auf den Blitz 81
aus: Sächsische Zeitung vom 31.08.12
Twain, Mark (1835–1910)
Tom Sawyer 79
aus: Die Abenteuer des Tom Sawyer. Dressler-Verlag, Hamburg 1999, S. 70 f.
Uhland, Ludwig (1787–1862)
Die Rache 148
aus: Fritz Zschech (Hrsg.): Das deutsche Balladenbuch. Greifenverlag zu Rudolstadt, Rudolstadt o. J.
von der Vogelweide, Walther (1170–1230)
Ich saz ûf eime steine 219
aus: Helmut Protze (Hrsg.): Walther von der Vogelweide: Lieder und Sprüche. Auswahl mittelhochdeutsch – neuhochdeutsch. Neuhochdeutsche Fassung von R. Schaeffer. Verlag Philipp Reclam jun., Leipzig 1982, S. 24

Unbekannte/ungenannte Autorinnen und Autoren
Die Sims Social auf Facebook 24
Oma und Opa wissen es besser als wir – oder? 40
nach: Kölner Stadt-Anzeiger vom 15.3.2012
Anekdote über Ludwig XIV. 111
aus: Rudolf Schäfer (Hrsg.): Anekdoten. Reclam, Stuttgart 1988, S. 10
Das Blindekuhspiel 117
aus: Deutsches Anekdotenbuch. Callwey, München 1942
Giufa lässt die Kleider speisen 120
aus: Schwank aus Italien. Fischer-Verlag, Frankfurt am Main 1979
Text A 187
nach: URL: http://www.planet-wissen.de/sport_freizeit/olympische_spiele/geschichte_der_olympischen_spiele/index.jsp
Text B 187
nach: URL: http://www.kindernetz.de/infonetz/thema/olympia/olympia/-/id=42656/nid=42656/did=42620/gl87b6/index.html.
Ferrero: Goldener Windbeutel für „dreisteste Werbelüge“ 201
aus: URL: http://www.focus.de/finanzen/news/ferrero-goldener-windbeutel-fuer-dreiste-werbeluegen_aid_637703.html
Zweiter Merseburger Zauberspruch 218
aus: Heinz Mettke (Hrsg.): Älteste deutsche Dichtung und Prosa. Ausgewählte Texte althochdeutsch – neuhochdeutsch. Verlag Philipp Reclam jun., Leipzig 1976, S. 84 ff.
Dû bist mîn 219
aus: Karl Otto Conrady (Hrsg.): Der neue Conrady. Das große deutsche Gedichtbuch. Artemis und Winkler, 2000, S. 92
Lernen mit Pantoffeln? 270
nach: Geolino, Nr. 7/2009, S. 6 f.
Suman, die Kohlesammlerin 276
nach: Geolino 2/2012, S. 24–28
Für einen Monat Rollen tauschen 279
nach: Geolino, 11/2011, S. 62–65
Eine Schülerin berichtet 292
nach: Geolino Nr. 2/2011, S. 46–48
Der UNICEF-Juniorbotschafter-Wettbewerb 295
aus: Geolino Nr. 7/2011, S. 52 f.
Geisterstadt nach Hurrikan „Sandy“ 307
nach: SPIEGEL ONLINE, 17.11.2012, URL: http://www.spiegel.de/panorama/hurrikan-sandy-die-zerstoerung-von-seaside-heights-in-new-jersey-a-867794.html

Bildquellenverzeichnis

Illustrationen

Uta Bettzieche, Leipzig: S. 36, 38, 39, 40, 42, 44, 47, 49, 79, 80, 179, 191, 199, 206–207, 225, 231–234, 237–240, 242–245
Maja Bohn, Berlin: S. 21, 111, 112, 115, 117, 119–122, 124–125, 127–129, 131–133
Klaus Ensikat, Berlin: S. 135–140, 142–149, 153–154
Nils Fliegner, Hamburg: S. 211–212, 214–215, 217–222, 224, 251–253, 257–258, 260–263, 265–268
Peter Menne, Potsdam: S. 89, 90, 92, 95, 97, 99, 103, 105, 107, 109, 167, 171, 172, 270, 273–276, 279–280, 282–283, 285–286, 288–289, 291, 302, 304
Juliane Steinbach, Wuppertal: S. 52, 53, 57–59, 61, 62, 64, 66, 68, 69

Weitere Bildquellen

13: ullstein bild – imagebroker.net / uwe umstätter; 14 oben: Ruth Krämer, Berlin; 14 unten (1): © creative studio – Fotolia.com, (2): © meerisusi – Fotolia.com, (3): © kameel – Fotolia.com, (4): © poco_bw – Fotolia.com, (5): © Tino Hemmann – Fotolia.com, (6): © Elenathewise – Fotolia.com; 16 oben, Hintergrund: Getty Images / Gallo Images-David Malan; 17, 74: picture-alliance / ZB; 19, 30, 45, 73, 77, 82, 85, 113, 151, 173, 177, 178, 183, 189, 226, 230, 287: picture-alliance / dpa; 23: © jd-photodesign – Fotolia.com; 24, 25, 26: © Electronic Arts; 27: © PhotoAlto / Gerard Launet; 31: Caro/Oberhaeuser; 32 links, Hintergrund: © Martin Cintula – Fotolia.com; 33: © iStockphoto.com/Skynesher; 46, 35, 157, 158, 159, 160, 162, 165, 166, 168, 170, 209, 210, 312: Thomas Schulz, Teupitz; 51: Getty Images / Grant Faint; 52 links: © iStockphoto.com/zorani; 52 rechts: © lily – Fotolia.com; 52 Mitte: picture-alliance / CHROMORANGE; 54 rechts: Getty Images / Jean-Marc Truchet; 54 links: Getty Images /Jupiterimages; 56, 70, 71, 247, 248, 249, 250: akg-images; 58: picture-alliance / PhotoAlto; 60: Getty Images / blue jean images; 76: Getty Images / Richard Newstead; 81: © Stephan Geisler – Fotolia.com; 83: © Reinhard Marscha – Fotolia.com; 87: picture-alliance / All Canada Photos; 88: picture-alliance / WILDLIFE; 114: picture-alliance / KEYSTONE; 174: Getty Images / Sean Murphy; 180: picture-alliance / I27 / ZUMA Press; 181: Volkhard Binder, Berlin; 182 links: picture-alliance/ Globus Infografik; 182 rechts: picture-alliance / dpa-infografik; 184: picture-alliance / augenklick / Laci Perenyi; 188: picture-alliance / Sven Simon; 190: © Irochka – Fotolia.com; 193: Deutsches Rotes Kreuz; 194: Mit freundlicher Genehmigung der Berliner Stadtreinigung und der Heymann Brandt de Gelmini Werbeagentur AG; 195 rechts: Fachingen Heil- und Mineralbrunnen GmbH; 195 links: Lichtenauer Mineralquellen GmbH; 196: picture-alliance/dpa/dpaweb; 200: Joy.de, MVG MEDIEN VERLAGSGESELLSCHAFT, München; 201 rechts: Foodwatch e.V., Berlin; 203: Brot für die Welt, Stuttgart; 204, 325: Daimler AG; 213: picture-alliance / Aflo; 229: picture-alliance / Mary Evans Picture Library / HARRY; 235, 236: Cinetext Bildarchiv; 255: © liveostockimages – Fotolia.com; 256: Stiftung Jugend forscht e. V.; 269: © FRIEDRICH STARK; 295: M. Henley / PANOS / VISUM; 296: Getty Images / KidStock; 297: SEAN SPRAGUE / Still Pictures; 298: © cgar – Fotolia.com; 300: picture-alliance / John Greve; 301: Getty Images / Fuse; 303: Plant for the Planet Foundation / Michael Setzpfandt; 307: picture-alliance / Photoshot; 313: © guukaa – Fotolia.com; 314: www.BilderBox.com

Sachregister

A

Ableitung 273
Ableitungsprobe 342
Adjektiv 226, 251, 271, 279 f., **329**
Adverb 227, 275, 280, **334**
Adverbiale Bestimmung **249 f.**, 335
Adverbialien → Adverbiale Bestimmung
Adverbialsätze **257–262**, 266, 338 f.
AIDA-Formel 197, **324**
Akkusativ 327 f.
Akkusativobjekt 239, 248, 332, **335**
Aktiv 58 f., **238 f.**, 241, 244, 332
Alliteration 198
Althochdeutsch **218**, 349
Anapäst 142, **321**
Anekdote **112–114**, 310
Anführungszeichen → Wörtliche Rede
Anglizismen 198, 216, **348**
Antonyme 348
Apposition 251, 287, 297, 336, **341**
Arbeitstechniken
– Cluster 96, 186, 303, **352**
– Diagramme/Grafiken auswerten 29, **180–182**, 324
– Diktate **281**, 342
– ESAU-Verfahren 79
– Fehlerbogen 293 f.
– Figurenskizze **100**, 355
– Handout erstellen 304, **311**, 351
– Informationen festhalten 179
– Informationen recherchieren und auswerten 186, 305 f., 308, **350 f.**
– Internetrecherche 186, **305**, 350 f.
– Kurzvortrag halten 189, 308, 312, **352**
– Lesemethode **176**, 323
– Lesetagebuch 101
– Mindmap 179, 213, **353**
– Nachschlagen im Wörterbuch **178**, 342
– Partnerdiktat **281**, 342
– (aus der) Perspektive einer literarischen Figur schreiben **104**, 107–110
– Portfolio 52 f.
– PowerPoint-Präsentation 309 f., 351
– Präsentieren 312
– Projekte planen 171, 208, **302–304**
– Pro-und-Kontra-Diskussion 38 f.
– Schreibkonferenz **313 f.**, 353
– Standbild bauen 100
– Stoffsammlung anlegen 71
– Suchergebnisse (Internet) beurteilen **308**, 351
– Teamarbeit 302, **304**
– Texte überarbeiten 34, 50, 72, **79**, 88, 110, 126, 134, 245 f., 267 f., 314, **353 f.**
– Textlupe 354
– Training an Stationen 295–300
– Umgang mit dem Computer 186, 224, **309 f.**
– Vortragen 138, 170, 312, 352, **354**
Argument **37**, 39, **42**, 44, 47 f., 315
Artikel 271, **328**
Attribut **251**, 287, **336**
– Adjektivattribut 251
– Apposition 251, 287
– Genitivattribut 251
– präpositionales Attribut 251
Attributsatz → Relativsatz
Aufforderungssatz → Ausrufesatz
Aufruf 313 f.
Aufzählung **286**, 290, 291, 296, 341
Auslautverhärtung → Verlängerungsprobe
Ausrufesatz 337, 340
Ausrufezeichen 340
Aussagesatz 337, 340

B

Ballade **135–150**, 153–156, **322**
Befehlsform → Imperativ
Begleitsatz → Wörtliche Rede
Begleitwörter 344 f.
Begründung → Argument
Beispiel **37**, 42, 315
Berichten 16–**18**, 20, 22 f., 26, 30–34, 74, **316**
Beschreiben 51–72, **317**
– Bilder beschreiben **56 f.**, 70–72, 317
– literarische Figuren beschreiben 68 f.
– Personen beschreiben **54 f.**, 60, 317
– Vorgänge beschreiben **58 f.**, 317
Besitzanzeigendes Fürwort → Possessivpronomen
Betonungszeichen **138**, 354
Beugen → Konjugieren
Bibliothek 186, 350
Bildschirmpräsentation → PowerPoint-Präsentation
Bindewort → Konjunktion
Brief → Leserbrief
Bücherei → Bibliothek
Bühnenbild 172

C

Charakterisierung **94**, 319
Chorisches Sprechen 170
Cluster 96, 186, 303, **352**
Computereinsatz 186, 224, **309 f.**, **350 f.**

D

Daktylus **142**, 321
Dativ 327 f.
Dativobjekt 248, **335**
Deklinieren 327 f.
Demonstrativpronomen **229**, 271, 328, 345
Diagramm → Grafik
Dialog 145, **155 f.**, 161, 322 f., 326
Diktat **281**, 342
Direkte Rede → Wörtliche Rede
Diskutieren **37–39**, 42
Doppelkonsonant 272, **343**
Doppelpunkt 288 f., 341
Doppelvokal 343
Drama/Dramatik **145**, 319, 322, 323
Dreierfigur 198

E

Einstellungsgrößen 204 f., **325**
Einwände entkräften **39**, 42 f., 315
Einzahl → Singular
Ellipse 198
Epik **145**, 319, 322
Ersatzformen → Passiv
Ersatzprobe 76, 79, **336**
Er-/Sie-Erzähler **91**, 319
Erweiterungsprobe 76, 79, **336**
Erzähler, Erzählerin 91, **319**
Erzählform 319
Erzählgedicht → Ballade
Erzählung 121–123, 127 f., **320**
erzählte Zeit 96, 320
Erzählzeit 96, **320**
ESAU-Verfahren **79**, 88

F

Fall → Kasus
Farbgestaltung (Werbung) 210
Fehlerbogen 293
Femininum → Genus
Fernsehen 325 f.
Figur **68 f.**, 94 f., 100, 102, 104, 107 f., 110, 167, 319
Figurenskizze **100**, 354
Film 204, **206–210**, 325 f.
Finalsatz **259**, 338
Finite Verbform **330**, 334, 337
Folien erstellen → PowerPoint-Präsentation
Frageprobe 259, 263 f., **334 f.**, **338 f.**
Fragesatz 264, **337**, 340
Fragezeichen 337
Fremdwörter 198, **216**, **272**, 348
Frühneuhochdeutsch **220**, 349
Fünf-Schritt-Lesemethode **176**, 323
Fürwort → Pronomen
Futur **231**, 241, 330

G

Gedicht 138, 142, 219, **320–322**
- Anapäst 142, **321**
- Ballade 135–150, **145**, 153–155, **322**
- Daktylus 142, **321**
- Jambus 142, **321**
- Metapher **75**, 78, 84, **215**, 318, 322, 348
- Metrum **142**, 148, 321
- Personifikation **75**, 78, 84, 318, 322
- Reim **142**, 148, 198, 321
- Strophe **142**, 148, 321
- Trochäus 142, **321**
- Vergleich **75**, 78, 84, 215, 318, 322
- Vers 142, 321
- Vortrag 138, 354

Gegenargument **39**, **42 f.**, 315
Gegenwartsform → Präsens
Genitiv 327 f.
Genitivattribut 251
Genitivobjekt **248**, 335
Genus 327
- Femininum 327
- Maskulinum 327
- Neutrum 327

geografische Namen **273**, 345
Gesprächsregeln **37**, 315
Gestik 100, **161**
Getrennt- und Zusammenschreibung **277–281**, 346
- Adjektiv + Verb 279
- Adverb + Verb 280
- Nomen + Verb 277
- Präposition + Verb 280
- Verb + Verb 278

Gleichzeitigkeit → Temporalsatz
Gliedsätze **257–266**, 338 f.
- Adverbialsätze **257–262**, 266, 338 f.
- Objektsätze **263–265**, 266, 339
- Subjektsätze **263–265**, 266, 339

Grafiken auswerten 29, **180–182**, 306, 324
Groß- und Kleinschreibung **270–276**, 344 f.
- Fremdwörter 272
- geografische Namen 273, 345
- Nominalisierung 271, 345
- Ortsangaben 275, 345
- Zahlwörter 275, 345
- Zeitangaben 274 f.

Grundform des Adjektivs → Positiv
Grundform des Verbs → Infinitiv

H

Handlungsschritte 108, 124, 318
Handlungsträger → Passiv
Handout erstellen 304, **311**, 351
Hauptsatz **253 f.**, 283 f., 337
Hauptwort → Nomen
Headline 195, **197**, 324
Hintergrundbericht 26
Homonyme **211 f.**, 217, 348
Hörspiel **156**, 326

I

Ich-Erzähler **91**, 319
Imagewerbung **194**, 208
Imperativ 198, 242, **330**
Indefinitpronomen **271**, 328
Indikativ 22, 333
Indirekte Rede **22**, 126, 333
Infinitiv 330
Informationen festhalten 179
Informationen recherchieren und auswerten 186–188, **305 f.**, 308, **350 f.**
Inhaltsangabe 121–**126**, 129–**134**, 318
Internetforum 46
Internetrecherche 186, **305**, 350 f.
Interrogativpronomen 229

J

Jambus 142, **321**
Jugendbuch, Jugendroman 89–110
Jugendsprache 223 f.

K

Kalendergeschichte **115–120**, 318
Kamera 204, 208 f., **325 f.**
- Einstellungsgrößen 209, **325**
- Perspektiven 209, **326**
- Schnitt und Montage 206, 209, **326**

Kasus 327
- Akkusativ 327 f.
- Dativ 327 f.
- Genitiv 327 f.
- Nominativ 327 f.

Kasusfrage 327
Kausalsatz **259**, 338
Komma **283–291**, 340 f.
- Apposition **287**, 341
- Aufzählungen **286**, 341
- Infinitivgruppen mit „zu" **286**, 341
- Nachgestellte Erläuterung **287**, 341
- Satzgefüge **283–285**, 337, 340
- wörtliche Rede **288 f.**, 341

Komparativ 329
Konditionalsatz **259**, 338
Konflikt 97–100
Konjugieren 330
Konjunktion 253 f., **258 f.**, 261, 284, 286, 329, 337 f.
- Nebenordnende Konjunktion **253**, 286, 337
- Unterordnende Konjunktion **254**, 258 f., 261, 284, 337

Konjunktionalsatz → Adverbialsatz
Konjunktiv **22**, 235 f., 333
- Konjunktiv I **22**, 333
- Konjunktiv II 22, **235 f.**, 333

Konsekutivsatz **259**, 338
Konsonant 343
Konzessivsatz **259**, 338
Kreuzreim → Reim
Kurzer Vokal 343
Kurzvortrag **189**, 308, **312**, 352

L

Langer Vokal 343
- Wörter mit Doppelvokal 343
- Wörter mit einfachem Vokal 343
- Wörter mit h 343
- Wörter mit langem i 343

Lautmalerei 322
Lesemethode **176**, 323
Leserbrief **43**, 50, 315
Lesetagebuch 101
Logo **197**, 324
Lyrik → Gedicht

M

Maskulinum → Genus
Medien 325 f.
- Computer 186, 224, **309 f.**, **350 f.**
- Fernsehen 325 f.
- Film 204, **206–210**, 325 f.
- Internet 186, 305, **350 f.**
- Radio 199

Mehrteilige Prädikate 334
Mehrzahl → Plural
Meinung **37–39**, 41–44, 46, 50, 315
Metapher **75**, 78, 84, **215**, 217, 318, 322, 348
Methoden → Arbeitstechniken
Metrum **142**, 148, 321
Mimik 100, **161**
Mindmap **179**, 213, 353
Mitlaut → Konsonant
Mitmachkampagne 194
Mittelhochdeutsch **219**, 349
Modalsatz **259**, 338
Monolog 145, **155 f.**, 161, 323
Montage **206**, 209, 326

N

Nachgestellte Erläuterung **287**, 341
Nachproduktion → Postproduction
Nachschlagen → Wörterbuch
Nachsilbe → Suffix
Nachzeitigkeit → Temporalsatz
Namenwort → Nomen
Nebensatz 252, 254, 259, 264, 283 f., **337–340**

Neologismus 198
Neutrum → Genus
Nomen (Substantiv) **226**, 271, 277, **327**, 344–347
– Begleitwörter 271, 344 f.
– Genus 327
– Kasus 327
– Numerus 327
– Wortbildung 347
Nomensignal **271**, 344 f.
Nominalisierung **270 f.**, 345
Nominativ 327 f.
Numerus 327
– Plural 327
– Singular 327

O

Oberbegriff 179, 188, **213**, 217, 348
Objekt 239, 248, **335**
– Akkusativobjekt 239, 248, 332, **335**
– Dativobjekt 248, **335**
– Genitivobjekt 248, **335**
– Präpositionalobjekt 248, **335**
Objektsatz **263–266**, 339
Ortsangaben **275**, 345

P

Paarreim → Reim
Pantomime 165
Partizip 232 f., 241, 271, **331**
– Partizip I 271, **331**
– Partizip II 232 f., 241, 271, **331**
Partnerdiktat **281**, 342
Passiv 58 f., **239–244**, 332
– Ersatzformen **242**, 332
– Handlungsträger **239 f.**, 332
– Vorgangs- und Zustandspassiv 243
Perfekt **232**, 331
Personalendung → Konjugieren
Personalform des Verbs → finite Verbform
Personalpronomen **228**, 328
Personen beschreiben **54 f.**, 60, **68 f.**, 317
Personifikation **75**, 78, 84, 318, 322
(die) Perspektive einer literarischen Figur einnehmen **104**, 107–110
Plural 327 f.
Plusquamperfekt **233 f.**, 331
Pointe 114, 118, 320
Position → Meinung
Positiv 329
Possessivpronomen **228**, 328
Postproduction **210**, 326
PowerPoint-Präsentation **209 f.**, 351
Prädikat **248**, 334
– Mehrteilige Prädikate 334
– Prädikatsklammer 248
Prädikativ 334
Präfix 347
Präposition 226, 271, 280, **329**
Präpositionalobjekt **248**, 335
Präsens **231**, 234, 321, 330
Präsentieren **309 f.**, 312
Präteritum **233 f.**, 331
Proben 336, 342
– Ableitungsprobe 342
– Ersatzprobe 76, 79, 336
– Erweiterungsprobe 76, 79, 336
– Frageprobe 338
– Umstellprobe 79, 248, 334, 336
– Verlängerungsprobe 342
– Weglassprobe 79, 336
Projekte 171 f., **302–304**
– Ballade szenisch gestalten 155
– Hörspiel gestalten 156
– Portfolio gestalten 52 f.
– Theaterstück aufführen 155, 171 f.
– Werbespot drehen 208 f.
– Wörterbuch der Jugendsprache entwerfen 214 –216
Pronomen **228–230**, 328, 345
– Demonstrativpronomen **229**, 271, 328, 345
– Indefinitpronomen 271, **328**, 345
– Interrogativpronomen **229**
– Personalpronomen **228**, 328
– Possessivpronomen **228**, 328, 345
– Relativpronomen **230**, 338
Pro-und-Kontra-Diskussion 38 f.
Punkt 337, 340

Q

Quellenangaben machen 186

R

Radio 199
Recherchieren → Informationen beschaffen
Rechtschreibproben 342
– Ableitungsprobe 342
– Verlängerungsprobe 342
Rechtschreibung
– Getrennt- und Zusammenschreibung **277–281**, 346
– Groß- und Kleinschreibung **270–276**, 344 f.
– Kommasetzung **283–291**, 340 f.
– Kurze und lange Vokale 343 f.
– Nominalisierung **271**, 345
– Rechtschreibtipps 342
– Silbentrennung 342
– s-Laute (s, ss oder ß) 344
– Training an Stationen 295–300
Redebegleitsatz **288 f.**, 341
Redewendung **214**, 349
Regelmäßige (schwache) Verben → Verb
Regieanweisung **161**, 323
Regieplan 155
Reim 142, 148, 198, **321**
– Kreuzreim 321
– Paarreim 321
– Umarmender Reim 321
Relativpronomen **230**, 338
Relativsatz 230, **252**, 338
Reportage 81–**84**, 85 f., 151 f.
Requisiten **155**, 172
Rhetorische Frage 198
Rolle 323
Rollenbilder 205

S

Sachtexte erschließen **174–176**, 178, 183, 323
– Diagramme/Grafiken auswerten 29, 180–**182**, 324
– Lesemethode **176**, 323
– Schlüsselwörter 176
– Sinnabschnitte 176
– Unbekannte Wörter klären 176, **178**
Sachtexte untersuchen 190–**192**
Sachtexte zusammenfassen 177–**179**
Satz 334–341
Satzarten 337
– Ausrufesatz/Aufforderungssatz 337
– Aussagesatz 337
– Fragesatz 337
Satzbauplan 255
Satzbaustein → Satzglied
Satzergänzung → Objekt
Satzgefüge **254**, 283–285, 337, 340
Satzglied **248–252**, 334–336
– Adverbiale Bestimmung **249 f.**, 262, **335**
– Attribut (Satzgliedteil) **251**, 287, **336**
– Objekt 239, 248, **335**
– Prädikat 248, **334**
– Prädikativ 334
– Subjekt 239, 248, **334**
Satzreihe **253**, 337, 340
Satzschlusszeichen 337, 340
Scheinfrage → Rhetorische Frage
Schildern **74–80**, 87 f., 318
Schnitt **206**, 209, 326
Schreibkonferenz **313 f.**, 353
Schwaches Verb → Regelmäßiges Verb
Selbstlaut → Vokal
Sicht einer Figur → Perspektive einer Figur
Signalwörter → Begleitwörter
Silbentrennung 342
Singular 327
Sinngestaltendes Vorlesen **138**, 354

s-Laut 344
Slogan 197 f.
Soziale Netzwerke 14 f.
Spiel im Spiel 161
Sprachgeschichte **218–222**, 349
Sprachliche Bilder **75**, 78, 84, 215, 318, **322**
Standardsprache 223
Standbild bauen 100
Starkes Verb → Unregelmäßiges Verb
Statement → Position
Steigerung →Adjektiv
Steigerungsstufe 1 → Komparativ
Steigerungsstufe 2 → Superlativ
Stellung nehmen **43–50**, 315 f.
Stellvertreter → Pronomen
Stilmittel 322
Stimmhaftes s 344
Stimmloses s 344
Stopp-Technik 167
Strophe **142**, 148, 321
Subjekt 239, 248, **334**
Subjektsatz **263–266**, 339
Substantiv → Nomen
Suffix 347
Superlativ 329
Synonyme **212**, 348
Szene 155, **161**, 166–169, 206, 323, 326
– Filmszene **206**, 326
– Theaterszene 155, 161, **166–169**, 323

T

Tageszeiten 275, 345
Tätigkeitswort → Verben
Teamarbeit 302, 304
Temporalsatz 259, **261 f.**, 338 f.
– Gleichzeitigkeit **261**, 339
– Nachzeitigkeit **261**, 339
– Vorzeitigkeit **261**, 339
Tempus 231–234, 241, **330 f.**
– Futur **231**, 330
– Perfekt **232**, 331
– Plusquamperfekt **233**, 331
– Präsens **231**, 330
– Präteritum **233**, 331
Texte überarbeiten 34, 50, 72, **79**, 88, 110, 126, 134, 245 f., 267 f., 314, **353 f.**
Texte zusammenfassen → Inhaltsangabe
Textkritik 101
Textlupe 354
Theater 157–172, **323**
– Bühnenbild 172
– Chorisches Sprechen 170
– Dialog 145, **155 f.**, 161, 322 f., 326
– Monolog 145, **155 f.**, 161, 322 f., 326
– Pantomime 165
– Regieanweisung **161**, 323
– Rolle 323
– Spiel im Spiel 161
– Stopp-Technik 167
– Szene 155, 161, 166–169, 323
Trochäus 142, **321**

U

Überarbeiten →Texte überarbeiten
Übertragene Bedeutung → Metapher
Umarmender Reim → Reim
Umstandswort → Adverb
Umstellprobe 79, 248, 334, 336
Unregelmäßige (starke) Verben → Verb
Unterbegriff 179, **213**, 217, 348

V

Verb **231–244**, 330–333
– Aktiv und Passiv 238–244
– Imperativ 198, 242, **330**
– Indikativ 22, 333
– Konjunktiv **22**, 235 f., 333
– Modus/Modi 235–237
– Personalform 337
– Regelmäßige (schwache) Verben 233, **331**
– Tempus/Tempora (Zeitformen) 231–234, **330 f.**
– Unregelmäßige (starke) Verben 22, 233, **331**
Vergangenheitsform → Perfekt, Plusquamperfekt, Präteritum
Vergleich **75**, 78, 84, 215, 318, 322
Verhältniswort → Präposition
Verknüpfungswörter → Konjunktion
Verlängerungsprobe 342
Vermenschlichung → Personifikation
Versmaß → Metrum
Verwandte Wörter 342
Vokal 343
– Kurzer Vokal 343
– Langer Vokal 343
Vorgangsbeschreibung **58 f.**, 317
Vorgangspassiv → Passiv
Vorsilbe → Präfix
Vortragen 138, 170, 312, 352, **354**
Vorzeitigkeit → Temporalsatz

W

Weglassprobe 79, 336
Wem-Fall → Dativ
Wen-Fall → Akkusativ
Werbung 193–205, **324 f.**
– Imagewerbung 194
– Internetwerbung 200
– Mitmachkampagne 194
– Radiowerbung 199
– sprachliche Mittel 198
– Werbespot drehen 208–210
– Werbespots untersuchen 204–207
Wessen-Fall → Genitiv
W-Fragen 17 f., 353
Wochentage 263, 336
Wortarten **218–225**, 318 f.
– Adjektiv 226, 251, 271, 279 f., **329**
– Adverb 227, 275, 280, **333**
– Artikel 271, **328**
– Konjunktion 253 f., **258 f.**, 261, 284, 286, 329, 337 f.
– Nomen **226**, 271, 277, **327**
– Präposition 226, 271, 280, **329**
– Pronomen **228–230**, 328
– Verb **231–244**, 330–333
Wortbedeutung 212, 215 f., **348**
Wortbildung 347
– Ableitung 347
– Zusammensetzung 347
Wörterbuch 178, 224, **342**
Wörter verlängern → Verlängerungsprobe
Wortfamilie 347
Wortfeld 348
Wörtliche Rede **288 f.**, 341
Wortneuschöpfung → Neologismus
Wortspiele 196, 198, 212
Wortstamm 342, 347
Worttrennung am Zeilenende → Silbentrennung

Z

Zahlwörter **275**, 345
Zeichensetzung **283–291**, 340 f.
– Anführungszeichen 341
– Ausrufezeichen 340
– Doppelpunkt 288 f., 341
– Fragezeichen 340
– Komma **283–291**, 340 f.
– Punkt 337, 340
– Wörtliche Rede **288 f.**, 341
Zeitangaben 274 f.
Zeitform → Tempus
Zeitgestaltung in Erzähltexten (Zeitdeckung, Zeitdehnung, Zeitraffung) **96**, 320
Zeitlupe 210
Zeitraffer 210
Zeitwort → Verb
Zuhören 312, 315
Zukunftsform → Futur
Zusammenschreibung → Getrennt- und Zusammenschreibung
Zusammensetzung 347
Zustandspassiv → Passiv
Zweierfigur 198